东北大学百年校庆丛书
1923 - 2023

我的大学

主审　孙　雷
主编　李　鹤　刘延晖

东北大学出版社

ⓒ 李　鹤　刘延晖　2023

图书在版编目（CIP）数据

我的大学 / 李鹤，刘延晖主编. — 沈阳：东北大
学出版社，2023.7
　ISBN 978-7-5517-3275-8

　Ⅰ. ①我… Ⅱ. ①李… ②刘… Ⅲ. ①东北大学—校
史—文集 Ⅳ. ①G649.283.11-53

中国国家版本馆CIP数据核字（2023）第109209号

出 版 者：东北大学出版社
　　　　　地址：沈阳市和平区文化路三号巷11号
　　　　　邮编：110819
　　　　　电话：024-83680267（社务部）　83687331（营销部）
　　　　　传真：024-83683655（总编室）　83680180（营销部）
　　　　　网址：http://www.neupress.com
　　　　　E-mail:neuph@neupress.com
印 刷 者：辽宁一诺广告印务有限公司
发 行 者：东北大学出版社
幅面尺寸：170 mm × 240 mm
印　　张：26
字　　数：495千字
出版时间：2023年8月第1版
印刷时间：2023年8月第1次印刷
责任编辑：白松艳　孙　锋　石玉玲
责任校对：曹　明
封面设计：解晓娜　潘正一
责任出版：初　茗

ISBN 978-7-5517-3275-8　　　　　　　　　　　　定价：100.00元

总序

习近平总书记在文化传承发展座谈会上强调，在新的起点上继续推动文化繁荣、建设文化强国、建设中华民族现代文明，是我们在新时代新的文化使命。要坚定文化自信、担当使命、奋发有为，共同努力创造属于我们这个时代的新文化，建设中华民族现代文明。

大学文化，是大学在长期的办学实践中，经过代代学人的不懈追求、沧桑历史的传承积淀，涵育出的一种独特的文化形式，体现着一所大学的发展历程和学术传统，凸显着一所大学的思想理念和精神气质，它是大学的血脉根基，是大学的灵魂所在。古今中外的一流学府，无一不是在其所处的时代背景下塑造并形成自身的精神文化，以探索未来新知，引领文明之进步、社会之发展。在全面推进中国特色、世界一流大学建设，全面建设社会主义文化强国，实现中华民族伟大复兴的大背景下，中国大学应有做文化引领者的担当，中华文明呼唤有灵魂的大学。

东北大学创建于1923年，至今已有一百年的历史。一百年来，一代代东大人书写了坚守初心使命、矢志育才报国的奋斗史创业史，形成了"爱国爱校、严谨治学"的光荣传统、"献身、求实、团结、创新"的优良校风、"自强不息、知行合一"的校训精神和"实干、报国、创新、卓越"的文化品格。这是百年东大砥砺奋进的"精神密码"，是全体东大人接续奋斗的"价值坐标"，是东大历百年而常新的力量之源。正是凭借着这种强大的文化和精神力量，百年东大在上下求索中回答时代之问、勇担时代之责，谱写了与国家同呼吸、与民族共命运、与时代相偕行的壮丽篇章。

"求木之长者，必固其根本。"东北大学一百年波澜壮阔的历史，是一座宝贵的精神和文化宝库，学校发展、变革的文化脉络和历史进程，既是东大自身记录历史、面向未来的宝贵参照，也是中国近现代史中的教育缩影。为此，我们满怀珍重与敬意开展东北大学百年校庆系列丛书编写工作，以期将一个真实、鲜活、厚重、坚韧的东大用文字与图像的形式呈现在读者面前。

在关心和支持东北大学发展的师生、校友共同努力下，在为丛书编辑出版过程中发挥重要作用、作出积极贡献的专家学者指导帮助下，东北大学百年校庆系列丛书共计10本出版发行。这套丛书文脉清晰、内容丰富、事例翔实、图文并茂，既有对东北大学文化内涵的系统阐释，又有百年办学实践中具有典型性、代表性的人物故事；既有东大早期办学救国的珍贵史料，又有新时代东大立德树人、科技报国的生动纪实；既有校园中东大师生的活跃风采，又有海内外校友对母校的深情眷恋；既有对楼馆风物的抒情描摹，又有今日校园的如画风景。这套丛书的出版，是对东大百年文化的挖掘凝练，是对东大百年办学实践的梳理总结，是将作为思想结晶的文化藏于器、寓于形的实践创造，具有深远的历史意义和文化价值。

人类伟大的精神之花，必将结出丰硕的文明之果。一所大学之精神文化，在缔造辉煌成就的同时，也必定成为支撑其前行的不竭动力。站在建校百年的历史节点，我们回望过去，将历史化身纸书，将文化刊刻梓行，旨在继承和吸纳中进步，在传承和创新中发展。唯有如此，才能使东北大学的精神与文化超越时空，展现出永恒的魅力和风采；才能肩负起一所大学的时代责任和历史使命，在新时代新征程上，为建设教育强国、为以中国式现代化全面推进中华民族伟大复兴作出新的更大贡献。

百年东大，风华正茂；百年东大，文化日新。东北大学再上征程，朝着下一个百年的宏图愿景砥砺前行。

丛书编委会

2023 年 7 月

序

百年东大育英才，白山黑水竞芳华。

这是一本在特殊时期，凝结了特殊感情，记录着特殊故事的书。这是在2023年，东北大学建校百年之际，她的学子写给她的"情书"和"家书"，是写给她的贺信、感谢信，也是学子写给自己的"回忆录"与"决心书"，是东大人心有灵犀以文相聚共同写下的"围炉夜话"——

为迎接东北大学百年华诞，2021年末，东北大学举办了百年校庆"我的大学"主题征文活动。活动期间，热爱和关心母校发展的海内外校友和全体师生员工积极参与和踊跃投稿。因为工作的缘由，我得以第一时间拜读了这些稿件及从投稿中优中选优形成的这本书稿。一篇篇校友的文章，带着满满的回忆与情感，带着浓浓的对母校的祝愿与期望，对老师同学的思念，对大学校园生活的眷恋，情真意切、娓娓道来、引人入胜。

书中有数代东大人的缩影。1928年考入东北大学的马加在九一八事变后，与东北大学大部分师生一起流亡北平，先后创作了诗歌《火祭》、中篇小说《登基前后》，体现了东北沦陷、祖国人民遭受外敌侵略的无奈与愤怒；一二·九运动中，创作了《故都进行曲》，用他的作品发出一个流亡青年的呐喊，激起民众抗日救国的热情。20世纪50年代的大学生回顾自己"成为家族、家乡唯一考取重点学院的大学生"的欣喜，回忆"把全部的精力用在专研学业上"的拼搏，回忆同学们服从国家分配走到国家机关、科研部门、企事业单位、担任政治辅导员等不同的工作岗位，回忆为校友会工作与母校剪不断的情缘。60年代的学子感叹"我们能成为祖国的高级建设人才，哪一个不是来自这工程师的摇篮？"回忆大学生活，"百年华诞舞翩跹，初心岁月梦逐园。"70年代的学生回忆"大学的第一堂课是去工厂"，回忆"给老师们做试验助手""解决了世界各国近百年来未能解决的高炉冶炼钒钛磁铁矿的高难技术难题"，投入而忘我。77、78级学生，感沐改革开放的春风，乘着高考改革的东风，欣喜地走进大学校园。80年代开始，校园学习生活更加多姿多彩，"同学是什么？是一部史书。你写成功，我书悲壮，他记辉煌。写下无悔人生，汇入时代典藏。同学是什么？是一卷诗集。你重抒情，我偏叙事，他兼评议。讴歌华夏盛世，抒发一腔胸臆。"为同学之间的相聚忙碌而乐此不疲——"聚会佳期正迫近，热情筹备去来忙。个中趣味君知否？同窗情深最难忘。"90年代、2000年后入学的学子，充满了朝气与活力，坚定写下："我们来自五湖四海，崇科学尚民主人文；可下五洋而师长技，能攀高峰以看世界。""江河行地，日月经天；风霜砥砺，薪火相传。晨光熹微，真理满载；默默无闻，潜心奉献，爱国进步刻心间，心中信仰不曾变。"这当中也有祖孙三代同为东大人的赤诚选择和深情维护的传承故事。

书中有许多恍若相识的名字，有许多似曾相识的场景，有许多让人感同身受的经历。这里有初入学府的意气风发、泛舟学海的求知快乐，有催人奋进的谆谆教诲、启迪人生的生活点滴，还有转角之间的故人知己和毕业离校的祝福勉励……一篇篇饱含深情的文章、一张张不同年代的照片，如陈年老酒般甘醇柔和、沁人心脾，既唤起难忘的大学回忆，又充满真诚。回顾成长经历以激励后学，希望东大人始终珍惜光阴、爱惜学校，不忘初心、砥砺前行。

书中记载了东北大学校歌"惟知行合一方为贵，惟自强不息方登高……"带给学子的心灵震撼、精神振奋、斗志激扬，及母校"自强不息、知行合一"校训精神和文化带给学子影响一生的、深入骨髓的、受用终身的"精神动能"；先辈书写"爱校、爱乡、爱国、爱人类""誓卫民族之篇章"彰显的大爱情怀；"献身、求实、团结、创新"优良校风的"历代弘扬，掷地有声"；记载了"实干、报国、创新、卓越"文化品格引领下的"不慕虚名，不尚浮华"，脚踏实地、励志图强；记载了课堂上老师对学子的知识启发、思想上的关怀引领；记载了校园建筑、一草一木带给学子的身心归属。各方学子从五湖四海而来，向四面八方而去，人生都因为东大而变得不同，深深刻下东大的印记。

同一个世界，不同的时间，相似的经历，共同的梦想。每个东大人心中、眼中、文字中都呈现出一个兼具共性与个性的东大，共同被描绘成东大的"画像"。每个东大人与学校一点一滴的联系正是学校百年发展不可或缺的组成部分，每个东大人在学校收获的一字一句的启迪、在工作岗位和生活中践行的东大精神都升华了大学存在的意义，这些共同构成了"我的大学"——我们的大学。大学培养了人，大学人又在创造、推动大学的发展。

本书百余篇文章以"我的大学"为主题进行汇编整理，整书分为上篇诗歌赋文和下篇记事散文，诗歌赋文部分包括献礼校庆、怀念恩师、歌颂母校等题材，记事散文部分包括"情缘东大""母校记忆""校园点滴""师恩难忘""同窗情深"五章，其中既有个人单独创作，也有多人集体创作。希望以《我的大学》一书见证与留存东大人与母校的精彩故事，总结东大办学经验，补充东大发展记忆，作为献给东北大学100岁生日的珍贵礼物。

亲爱的老师、同学、校友，我们的母校迎来100岁生日了！100年风雨兼程、100年初心不忘、100年砥砺前行。百年东大积累了丰富的办学经验，形成了鲜明的东大特色，这是全体东大人共同创造的成果——

弘扬爱国主义光荣传统。东北大学始建于1923年4月26日，以御侮兴邦为办学初衷。1928年8月至1937年1月，著名爱国将领张学良将军兼任校长，东北大学师生曾是一二·九运动的主力和先锋，"自强不息、知行合一"校训精神已深深熔铸在每一个东大人的血液中。

多地流亡办学弦歌不辍。东北大学是近代中国第一所流亡大学，1931年九一八事变后，东北大学被迫流亡办学。东大师生背井离乡，流离燕市，转徙长安，借住开封，南渡潼川，抗战胜利之后方复员沈阳，至辽沈会战打响之际再迁北平，最后伴随着全国解放而复建。1949年3月，在东北大学工学院和理学院（部分）的基础上成立沈阳工学院。1950年8月，定名为东北工学院。1993年3月，复名为东北大学。

以工为主多学科交叉融通发展。学校设有哲学、经济学、法学、教育学、文学、理学、工学、管理学、艺术学、交叉学科等多个学科门类。以"智能"赋能学科升级，实施4项重大引领计划，培育3项工程，"世界一流、国家一流、省一流、校一流"四级学科建设梯次协同共进，交叉融通可持续发展的学科生态体系更具活力。学校坚持面向新一代信息技术、新材料、低碳冶金、生命健康和新兴交叉学科等前沿领域，推动大学科学园建设，为东北大学服务国民经济建设和东北老工业基地全面振兴奠定了新的重要基础。

学校坚持服务国家重大需求和区域经济发展的科研方向。回首百年，全体东大人薪火相传，矢志奋斗，始终坚持与国家发展和民族复兴同向同行，为中华民族伟大复兴的中国梦贡献东大人的智慧和力量，展现了东大人的责任与担当。在建设时期，学校先后研发出国内第一台模拟电子计算机、第一台国产CT、第一块超级钢，以及钒钛磁铁矿冶炼新技术、钢铁工业节能理论和技术、控轧控冷技术、混合智能优化控制技术等一大批高水平科研成果，兴办了第一个大学科学园，在技术创新、转移和产学研合作方面形成了自己的办学特色。"十三五"以来，学校承担各类科技项目9000余项，获省部级及以上科技奖励320余项。其中，国家科技进步一等奖和国家自然科学二等奖等国家科技奖励14项，省部级一等奖78项。获得国家专利6131项，其中发明专利5726项。

学校始终坚守立德树人初心，为党育人、为国育才使命。以坚强有力的党建工作引领一流大学建设，先后两次获评"全国先进基层党组织"，入选首批10所"全国党建工作示范高校"培育创建单位、首批10所"三全育人"综合改革试点高校、首批10所"一站式"学生社区综合管理模式建设试点高校和第二批教育融媒体建设试点单位，获批教育部课程思政教学研究示范中心。100年来，40余万名毕业生分布在国家采矿、冶金、制造、信息技术、建筑、软件、环境、教育、公共管理、工商管理等多个行业。涌现出一大批行业精英、大国工匠、兴业英才。其中，包括先后培养中外院士70余位，在政府、企业担任重要领导职务1200余人……

沈阳南湖校区、浑南校区、沈河校区，秦皇岛分校和佛山研究生创新学院遥相呼应，编织着多少人的青春之歌、成才之梦。

我也是东大四十万名毕业生中的一员，在这里求学，毕业留校工作，经历过多个工作岗位，如今任党委常委副校长，分管对外联络和校友联络等工作。此时此刻，与广大校友一样深刻感怀学校培养之恩、校庆之喜，以及校友欢聚之乐。如今人生行进至60岁，感慨与东大半生相伴，人生有幸在东大学习、成长、发展，较多地见证、参与、奉献于学校的建设事业。

我1981年考入东北工学院物理系应用物理专业，1985年大学毕业留校工作，任东北工学院党委宣传部干事。此后先后在共青团、宣传部、组织部等部门工作，是共青团第十四届中央委员会候补委员，政协沈阳市第十一届委员会委员，政协沈阳市第十二、十三、十四届委员会委员、常委。从2021年开始还任百年校庆办公室主任，分管百年校庆工作，制定了《东北大学建校100周年校庆活动筹备方案》，策划了建校100周年校庆活动十大工程、100项子工程，辗转多地联络校友共同开展庆祝工作。在走访校友企业、参加"百年东大传旗手"、出席校友总会会议暨百年校庆动员会的过程中，更加深刻地感受到校友对母校的关心、关注和支持。

人们常说留下的人都是勇敢的，要一次次走过曾经走过的路，一遍遍回忆留下的记忆，为你们守护好家园。我想说，东大人无论身在何地，为了我们共同的家园，心都在一起。

东北大学建校百年来始终坚持与国家发展和民族复兴同向同行、爱国奋斗，始终勇立潮头、逐梦前行、创新创业，如今即将翻开新篇章，面向新时代。

学校"十四五"规划确立了未来阶段性建设目标——

到2025年，学校发展核心指标取得突破性进展，2~3个学科进入世界一流前列或行列，育人能力显著提升，人才培养质量明显提高，汇聚一批战略科学家和领军人才，在国际科技前沿领域取得重要突破，产生一批具有国际影响的标志性、原创性成果，基本建成"在中国新型工业化进程中起引领作用的'中国特色、世界一流'大学"，成为国家战略科技力量的重要支撑和服务经济社会发展的重要引擎。

到2035年，学校办学高度国际化，整体实力、人才培养能力、核心竞争力达到世界一流大学水平，构建起完善高效的现代大学治理体系，成为"中国新型工业化进程中起引领作用的'中国特色、世界一流'大学"。3~4个学科在工业智能、低碳冶金、新材料等领域进入世界一流行列，形成基础稳固、特色鲜明、协调发展的学科布局。拥有一批享誉世界的战略科学家和学术大师，培养出一大批在国内外具有重大影响力的杰出人才，在国际科技前沿领域取得多项重要突破，产生一批具有国际影响力的标志性原创性成果，成为引领行业技术进步与转型升级的重要支柱，以及服务国家重大需求和东北振兴战略的典范，有效服务国家高水平科技自立自强，支撑国家战略科技力量建设。

面向未来，东北大学以习近平新时代中国特色社会主义思想为指导，继续遵循"教育英才"的办学宗旨，围绕办学目标和定位，坚定"创新型、特色化、开放式"发展道路，为建成"在中国新型工业化进程中起引领作用的'中国特色、世界一流'大学"而不懈努力。

学校发展蓝图已经绘就，值此建校百年重要节点，请让我们以"凡我所在，便是东大"的责任感和使命感，继续共同助力母校前行！

正像校友写到的："使命如此其重大，信念如此之灼灼，我辈能不奋勉乎？

自强不息，积跬步，而行千里；知行合一，路虽远，行则将至！""衷肠赤烈图国泰，一脉潜心育栋梁。烁烁薪火成重器，巍巍世纪再新章。"

东大百年是一代代东大人共同创造的结果。百年东大离不开海内外全体东大人的共同努力，更离不开一代又一代东大人的顽强拼搏和不懈奋斗！

展望新的百年，让我们以此为约，在党的坚强领导下，师生、校友紧密团结，继往开来，初心不改，使命不负，代代传承，为了我们的更好的东北大学而努力奋斗！

东北大学党委常委、副校长

孙雷

2023年3月

目 录

上篇 诗歌赋文

百年章回，府学赞歌
    ——献给东北大学建校100周年 ·················· 党锐强 003

我的大学 ·· 郝 福 007

我为母校东北大学百年校庆在歌唱 ················ 马维枢 008

沁园春·贺东大百年 ································· 王宝龙 011

华年未央 ·· 刘成容 012

听他说·走过百年的东大 ···························· 宋亚男 013

百年东大，追古望今 ································· 罗廷香 019

百年风雨征程，归来仍是少年 ···················· 宋 鑫 022

时光·印记 ··· 孟东辉 024

东大魂 ·· 张景强 025

念师恩 ·· 赵海峰 027

百年东大 ·· 王淑艳 028

浣溪沙·贺东大百年华诞 ···························· 姜健生 029

沁园春·启梦东大 ······················· 刘美军 袁中甲 030

同学是什么 ··· 杨峻岩 032

百年东大，盛世华诞

　　——东北大学93采矿系聚会有感 ·············93采矿系校友代表　035

东北大学赋 ·····························龚乃相　041

百年东大赋，万千学子心 ···················刘　强　043

百年东大赋 ····················百年东大·智慧学堂　045

下篇　记事散文

第一章　情缘东大

我与母校情相系 ·························王永义　054

感恩母校培育情 ·························王玉辉　058

一块石头改变了我的人生 ····················傅腾龙　061

澳门学生回忆东大四年：情谊无限，芬芳绵延 ·········冯燕芝　064

真诚献出一份爱，我为校庆添光彩

　　——来自新疆的祝福 ······果海尔妮沙·麦麦提斯迪克　木亚萨尔·阿卜拉　068

我与东大始于一见钟情 ·····················赖骏鸿　070

我的东大缘 ····························李新根　074

我与她的34年

　　——致百年东大 ·····················徐姝婷　076

我的东大七年

　　——写在母校东北大学百年校庆之际 ···········周彦君　082

匆匆那年，葱葱那些年 ·····················王言博　084

六年求学时光，铸就东大一生情缘 ··············徐永乐　087

感念母校，一生东大情

　　——写在东北大学百岁华诞之际 ·············宗　校　092

振翅起高飞——我的"东大"情缘

　　——献给母校百年华诞 ·················刘　燕　094

冷暖东大 ·····························吴厚亮　099

人生就是一场不断跨越"维度"和"界限"的升级 ·······袁建东　102

我与东大的十一年 ·······················秦　森　109

学缘廿载，青春不惑

　　——母校东北大学建校100周年随感 ……………………………… 高　广　113

以笔为戈的革命呐喊 ……………………………………………… 张旭华　117

漫漫为学路，东大情更深 ………………………………………… 李立品　120

我姥姥的东大情缘 ………………………………………………… 胡艺轩　123

我在东北大学的学术人生 ………………………………………… 朱伟勇　126

放飞梦想，从东大启航 …………………………………………… 张文旭　131

第二章　母校记忆

我的"大东大" ……………………………………………………… 郎连和　136

刻骨铭心的记忆

　　——我的毕业实习与唐山大地震 ……………………………… 邵大华　141

回忆我的大学生活 ………………………………………………… 姜玉原　145

礼赞：校友团队校友会 …………………………………………… 赵新良　148

难忘的大学生活 …………………………………………………… 罗树清　150

母校培育伴我行 …………………………………………………… 孙再棣　153

再忆南湖园 ………………………………………………………… 黄孝东　156

东大母校——我一生的骄傲 ……………………………………… 崔鹏飞　158

你把我变成你的地方

　　——我们的迁徙与归巢 ………………………………………… 徐　歌　161

岁月如歌

　　——关东求学　走向生活 ……………………………………… 顾伟成　164

忆念母校东北工学院厚重的潜质底蕴 …………………………… 郑鹿鸣　169

我和我的东大 ……………………………………………………… 陈　旭　174

关于2016年毕业季的一切 ………………………………………… 刘曾祺　176

我的大学

　　——难忘的时光 ………………………………………………… 孙秀柱　180

回忆东北工学院"64煤" …………………………………………… 董双干　183

第七次科学报告会琐忆

　　——感恩东北工学院 …………………………………………… 樊建章　189

"分形"视野中的"凡我所在，即为东大" ………………………… 黄晓伟　192

不忘初心，感恩前行 ·················· 安成钢 196

一切都是最好的安排 ·················· 全小莲 198

终于等到这一天 ······················ 马佳序 202

收　获 ··························· 王　浩　高昱婷 204

第三章　校园点滴

无悔青春 ···························· 王　瑞 208

我在东大的日子 ······················ 任晨辉 211

惟知行合一方为贵 ···················· 姚广仁 215

我与老校长张学良长孙张居信先生的讲解缘分 ·· 张晓佳 218

我的大学冰场 ························ 钱红兵 220

传承东大优良校风和传统

　　——记"知行者"沙龙第六期 ········ 李绍荣 223

勤工俭学 ···························· 王振宇 226

母校里的那次入党谈话 ················ 陈予善 229

我的大学

　　——当课堂上的知识都被忘掉之后 ···· 张子睿 232

东大纪事 ···························· 刘广远 236

我别样的大学生活 ···················· 韩　冰 241

追梦的东大人 ························ 陈　玺 245

四载励志求学，吾辈受益良多 ············ 于兴荣 248

那些花儿 ···························· 韩　松 250

与图书馆的乍见之欢与久处不厌 ·········· 张廷安 254

我在东大的四年 ······················ 李　龙 259

北　秋 ····························· 陈鑫宇 261

第四章　师恩难忘

难忘工程力学系的激情岁月 ·············· 张清俊 264

深情切切，良意拳拳

　　——我与院士闻邦椿老师的情缘 ······ 康焕龙 268

情同父母，师恩如山 ·················· 吕景峰 272

怀念导师杨自厚 ·················· 孙新岸 276

老当益壮，不坠青云之志 ·················· 赵传进 280

书写东大故事，承传东大精神

　　——我所经历的三任好校长 ·················· 曹云凤 283

只因明月挂心空 ·················· 赵　雷 288

沐春风 ·················· 李钰洋 292

我的大学生活

　　——怀念两位恩师 ·················· 马玉凤 296

师恩·传承 ·················· 丁　桦 301

在公共管理的品质中务实与关怀同在

　　——与娄成武教授的相处点滴 ·················· 谷民崇 305

一生为师，以道济学子 ·················· 吴价宝 308

缅怀恩师马龙翔教授 ·················· 陈绍龙 311

纪念李华天教授 ·················· 唐学樑 316

潘德惠老师——我怀念你 ·················· 童调生 318

忆军训教官王国刚 ·················· 关伟晖 320

我的"大物"老师

　　——记辽宁省本科教学名师陈肖慧教授 ·········· 朱轩玉　迟美琪 324

40多年前照片勾起的回忆 ·················· 梁全胜 329

我的恩师王金波教授 ·················· 柳静献 332

喜庆百年东大，感恩百岁宁恩承 ·················· 魏向前 338

第五章　同窗情深

大一时的那间教室 ·················· 张　巍 348

毕业40年东大学子情 ·················· 吕俊杰 350

那个激情燃烧的夜晚 ·················· 宋建军 352

东大——温暖富足的家 ·················· 陈桂平 355

同学间的纯真情 ·················· 陈万里 360

我们的汗水浇筑过辽宁三河大坝 ·················· 邓世军　葛　明 363

那年那月，那些学生会的往事 ·················· 宋铁瑜 367

同窗相伴几度秋，再度聚首情依旧

　　——忆东北大学计算机058班毕业十周年返校聚会 ………… 黄子龙　372

朝花夕拾——忆东大同窗 ………………………………………… 李　洋　376

想念同学和那些花名 ……………………………………………… 梁　镒　380

母校为我插上翅膀

　　——海阔天空任我飞翔 …………………………………… 李中和　384

庆祝母校百年华诞，传承母校红色基因

　　——千名校友共同参与开展"五大工程" ……………… 窦盛功　387

后记 ………………………………………………………………… 394

上篇

诗歌赋文

百年章回，府学赞歌

——献给东北大学建校 100 周年

党锐强

百年时光，弹指一挥

百年往事，桃李天下

多少个风风雨雨迎候

多少往事如烟，遗撒在白山黑水间

惯看月满盈亏，潮起潮落

百载永不停歇

百年章回，涂满辛酸泪

别离渐行渐远的昨天

沐浴晨曦掩映朝阳

冒雨雪风霜，从风云激荡里走来

一路跋山涉水，一路披荆斩棘

在东北大地植得小树荫荫郁郁

直至松柏参天、葱茏

一卷丰厚的画册就此延展

数万个星辰西渐，数万次灯火牵手允诺

时光驱赶不动累加的年轮

炽热之火倾情燃烬生命的厚度

逝去的数万个日夜轮回

堆砌成东北大地最高大的存在

我的东大

请让我轻轻拂拭蒙尘的岁月

请允许我心怀感恩，虔诚聆听您百年走来的倾诉

让我再次重温您征程漫漫积攒的辉煌

回望，您一路走来的铿锵步调

我将思绪投向1922年

这一年，国际国内风云激荡，波诡云谲

这一年，革命浪潮蓬勃涌动

这一年，紫气升腾云聚海内有志青年

这一年，豪情万丈渡仁人群贤

瀚海无边尽显胸襟博大

漫漫百年孕育以人为本的品质

自由呼吸，心底无私

审时度势，勇为人先

百年一华诞，不短不长

但极尽沧桑厚重，砥砺漫漫

自强不息、知行合一

您从激荡风云里走来

踏过泥泞沼泽，顶寒风冒酷暑

艰难困苦玉汝于成

锻造了您结实的肌骨

烟云弥漫坎坷几何

回首向来萧瑟处

细数逝去的每一天

不难发现行过的坎坎坷坷

我在这座浸透岁月风霜的城堡回望

在科学的殿堂里寻寻觅觅，搜寻民族复兴的路径

百年征程即为一瞬

我寻着岁月残留的足音

任凭往事渐次褪色、模糊

我将牢记，奠定学校基石的老先生

我将牢记，荣校报国的莘莘学子

他们的名字被镌刻进校园的一草一木

见证您每一步走来的荣辱辛酸

您的历史，群星璀璨

您的未来，在年轻舵手的手中劈波斩浪

山高水长，数十万株生命的崇高凝结为永恒

巍巍上庠，遍布大江南北的学子将精神的家园建成一流

百年坚持不懈，终于成就您教育的荣光

百年无私奉献，铸就了您无上的辉煌

东北大学，我最引以为傲的母校

我是您绚丽花园里微微一抹绿

是您潺潺流水里翻涌的一片浪花

是您沧桑躯干上一束烂漫的红叶

是您瀚海寰宇里涌动的一颗晶莹星辰

躬逢闹钟击打抵达时光的虬枝

百年华诞欢腾的礼花绽放苍穹

我内心激荡，感恩这片苍老且青春的净土

是您接纳我杂乱的足迹

引我行向光明和远方

当此纪念之日，我用镜头重新定格您的厚重

我时常回眸，您往昔的博大和峥嵘

一次次惊叹，您恪尽职守的责任和担当

今天，我们享受鲜花和盛典

用嘹亮悠扬的歌声致以最赤诚、衷心的祝愿

今天的校园

多彩的旗帜，迎风飞扬

动听的音符，婉转悠长

请让我用最激越的音符奏唱，与笑语欢声相伴

请让我用最纯真的嗓音歌唱，附以鲜花芬芳
致敬属于您的无上荣光和前行的梦想
来吧，让我们汇集激情、使命和青春
颂扬这生生不息的东大力量

作者简介——

党锐强，东北大学校友。甘肃会宁人，现居新疆。现供职于吐鲁番市文化体育和旅游局。

我的大学

郝　福

我的大学，地处东北。
四季分明，风光旖旎。
初入校园，人生独立。
四年苦读，磨炼意志。
那里有勤劳朴实的校友，
那里有诲人不倦的老师。
她授予我开启知识宝库的钥匙，
为我在前行中释疑解惑。
她筑成我继续攀登的阶梯，
让我拾级而上，不断进取。
她与国共生，与民以利，
她年过百岁，壮心不已。
枝繁叶茂，芬芳桃李，
有幸蒙育，我心永依。

作者简介——

郝福，1985 年毕业于东北工学院有色系 81 冶炼专业。现就职于包头稀土研究院。

我为母校东北大学百年校庆在歌唱

马维枢

在祖国雄伟、壮丽、辽阔、富饶的土地上，

十四亿祖国人民，勇敢、坚强、勤劳、善良，

在党的领导下正以雷霆万钧之力，

排山倒海之势，席卷全国，

坚持深化波澜壮阔的改革开放，

伟大的社会主义建设事业，全胜小康！

值此之际，传来了令人振奋的特大喜讯，

我们的母校——东北大学百年华诞！

我们欢呼，我们歌唱，

我们奔走相告，我们欢聚一堂，

为庆祝母校百年华诞，干杯！

白山兮黑水兮，山高路险水深浪急，

东大兮学子兮，无所畏惧，奋勇向前。

百年的东大，是雄鹰，展翅翱翔在祖国的蓝天；

百年的东大，是骏马，昂首奔驰在祖国辽阔的平原；

百年的东大，是海燕，在暴风雨中拼搏成长壮大，高傲地飞翔……

我在校五年，是何等的短暂，

然而我的老师，呕心沥血，历尽艰难，

辛勤的园丁，无数的汗水，浇灌着我的心田，

我的老师，把他们最宝贵的青春和全部精力都无私地奉献，

全部倾注在他们所热爱的教育事业上。

从白山黑水，到黄河、长江、南海；

从乌苏里江、鸭绿江，到天山南北、帕米尔高原，

万紫千红，百花迎春，桃李满天下……

我们能成为祖国的高级建设人才，

哪一个不是来自这工程师的摇篮？

饮水思源，是我们的恩师，

为我们推开了知识的天窗，哺育我们茁壮成长……

不当家不知柴米贵，不养儿不知父母恩，

没有处在那特殊扭曲的年代，怎么可能知道

我们母校的领导和老师是多么高风亮节，情怀博大！

寂静取代了书声琅琅，欢乐的校园空空荡荡，

最大的浪费就是人才的浪费啊！

我们的老师，泪水和血水都流在心里，

不计个人恩怨，顾全大局，委曲求全！

打起背包，走出校园，来到矿山，来到工厂，

在井下的坑道里，在车间的高炉旁，这里就是他们的讲堂。

知识就是力量，祖国的繁荣富强，就是他们最崇高的理想！

不管什么巨大的力量，什么艰难和险阻，

都阻挡不了他们赤胆忠心，热爱祖国的强烈愿望！

他们不顾个人安危，不计个人得失、恩怨，

满腔热血要洒在自己的讲堂！

他们要把一切献给人民献给党！

他们用自己无数的心血和百折不挠的刚强毅力，

谱写新中国教育史上可歌可泣，催人泪下的壮丽诗篇！

凭君查遍历史五千载，中国几千年，世界近百年，

你可否找到这样的老师，这样的课堂？

这就是举世无双！

不论你是谁，你走到哪里，

只要你是从东北大学走出的学子，

老师们的言传身教，都是我们做人做事的准绳，学习的榜样。

我的母校东大，不必面面俱到，不必全面细讲，

仅从采矿、选矿到冶炼，从铁水奔流、钢花闪烁，到型材出厂。

是我们东大学子支援祖国建设，走向四面八方。

今天，我们的东大，早已冲出亚洲，走向世界，

科技的种子到处生根、发芽，含苞怒放，誉满全球，贡献全世界！

看吧！伟大的祖国，繁荣富强，

雄伟地屹立在东方，闪烁着无数的东大的光芒。

我们作为东大的学子，怎能不骄傲，

怎能不自豪，怎能不狂舞，

怎能不高歌，尽情欢唱！

今天的东大，为年轻的校友们英雄用武，开辟了广阔无垠的天地。

天高任鸟飞，海阔凭鱼跃。

年轻的校友们，乘着我们东大百年校庆强劲的东风，

你们大显身手，大展宏图的春天来了！

长江后浪推前浪，一代更比一代强！

为母校东大发扬光大，锦上添花，更加灿烂辉煌，

历史的重任无可争议地落在你们的肩上，

理想寄托在你们的身上，

迎着那黎明的曙光，霞光万丈的朝阳，

姑娘们，小伙子们，可爱的年轻的学友们，

希望你们鼓足勇气，张开理想的翅膀，

冲上蓝天，高傲地飞翔，

飞翔啊，飞翔！

作者简介——

　　马维枢，中共党员，1963年考入东北工学院金加系有色金属及合金压力加工专业，在68金加2班学习，曾任物理课代表、电工学课代表等，1968年毕业。退休前系大连市中山区工业局技术开发科科长，高级工程师。

沁园春·贺东大百年

王宝龙

白山黑水，文曲开元，帜耀中华。

忆往昔少年，唤醒雄狮；江山万里，奋进图强。

励志校风，学子绻情，历历峥嵘万卷藏。

高楼起，揽九州赤子，四海宾朋，擎旗接力共长征。

百感萦，砥砺奋勇行。

赞师德蕙芷，翼展鹏程；飞天探海，富国民强。

巨笔宏图，奋进路畅，百尺竿头再攀登。

新时代，复兴圆梦，艳丽谱华章。

作者简介——

王宝龙，东北大学秦皇岛分校 2009 级市场营销专业毕业生，目前在中国文化旅游摄影协会工作。

华年未央

刘成容

白山黑水间，回首是少年。

忆往昔，风雨壮阔，岁月如歌。

看今朝，韶华长存，繁盛可期。

百年正芳华，再赴新征程。

作者简介——

刘成容，女，汉族，四川宜宾人，2020年9月就读于东北大学马克思主义学院马克思主义理论专业。

听他说·走过百年的东大

宋亚男

序幕

幕布拉开，那个时代，如同一首似利刃的诗。在这个即将被遗弃的世界，究竟剩下了什么，剩艺术的废墟、麻木的人们和旧时代的泡沫。他站在星空下问："我们该如何存活？"我们要奋力改变这个破败不堪的时代。我们要屹立于中华大地，生长于白山黑水间，应世界进化之浪潮，期终达世界大同之目标，书写知行合一的拳拳之心。穿越百年的历史长河，生生不息。谨以此诗献给历经百年峥嵘岁月的东北大学。

《无声的石，有声的历史》，作者拍摄于 2021 年 10 月

他说："我自豪于我的诞生，在纷繁动荡、兵荒马乱的年代里，在一个贫乏的时代举着内心的焰火。知行合一，步履维艰，秉持着孜孜不倦的兴国使命；自强不息，不畏艰险，爱校、爱乡、爱国、爱人类的追求未曾忘却。彼时我亦是风雨飘摇中的一叶孤舟，在中华大地上投身于风雨之中，无怨无悔。"

《体育馆的静默》，作者拍摄于2021年11月

（一）初心如磐

长白山巅，黑龙江畔；
　百士千贤，桃李不言。
知行合一，鸿鹄志坚；
　自强不息，步履维艰。
白山黑水，行之则远；
　赤子之心，日月可鉴。
一二·九运动硝烟弥漫，
赤子之心穿透历史背面。
固守本色，报国之火正燎原，
国难当头，视死如归心甘愿。
　时代佳话代代相传，
　教育圣火微光点燃。

　伫立深渊，振铎拍案，
　书生意气，理想拂面。
跃过凛冽之冬与闪电，
　找寻真理与语言。
宠辱不惊，忧国在先，
剑指乾坤，虽死犹在。
满腔热血为今朝澎湃，
　壮志雄心存心间。

发展

他说："我曾经几度更名换姓，踽踽独行，也曾迷茫彷徨，也曾不知所措。新中国成立之初，一穷二白的建设年代里，我是'东北工学院'，后几经辗转，于那个改革开放一路高歌猛进的时代里，复名于我。我还是我，我亦不是我。变的是各个学科建设的完备与创新，是国家赋予我新的血液与使命，不变的是我赤忱热血和勇敢担当。我始终铭记'惟知行合一方为贵，惟自强不息方登高'的谆谆教诲，如春风化雨般，烙刻在我走过的轨迹上。在无法复制别人的经历之时，从来不会因为要显得合群而勉强。"

"我要开创自己的先河，我有我坚守的固执和信仰。白山黑水，是我寄托的故乡；世界大同，是我奋斗的目标。"

《直指蓝天》，作者拍摄于 2021 年 10 月

（二）使命在肩

浮云青山，星火斑斓，
草木葳蕤自生烟，
神州大地纳百川。
星星之火，定可燎原，
开天辟地，生死无憾，
吾辈青年勇向前。
山川秀美，民风纯粹，

校风示范，潜心钻研，
　铸魂育人终不倦。
莘莘学子，风华粲然，
　吾辈奋斗之华年。
　向光明且背黑暗。
莘莘学子，热血青年，
　不卑不亢不自叹。
誓将身死，使命在肩，
　一生奔赴情甘愿。

《伫立》，作者拍摄于2021年9月

吾辈之诚，吾国灿烂。
　少年自强记心间。
钟灵毓秀，芳华人间，
山河大好，神州璀璨，
　民族自由无羁绊。
几度更迭，千金不换，
信仰与爱，使命着肩，
　学术氛围筑新篇。

尾声

他说："风云诡谲的时代已经过去了。友谊归友谊，历史归历史。时代是出卷人，我们是答卷人。时代赋予我更为伟大的使命，坚定信仰，不负山河。一百年不是终点，是新的奋斗契机和起点。一百年沧桑巨变，一百年曲折发展，一百年潜心钻研，一百年初心不改。我始终坚定如山，信仰如磐，坚信着的理念，如飞蛾扑火在破晓中璀璨，追逐花束和真理。"

《熟悉的路牌》，作者拍摄于2022年3月

（三）百年起点

江河行地，日月经天；
风霜砥砺，薪火相传。
晨光熹微，真理满载；
默默无闻，潜心奉献，
　爱国进步刻心间，
　心中信仰不曾变。
道阻且长，不问终点；
世纪风雨，恢宏画卷，
　复东大光华之灿烂。
纵横经纬，得失泰然；
壮丽史诗，盛世佳篇，
　复东大光华之灿烂。

耕耘百载，赤子情怀，
　百年宏图大展，
　未完待续之起点，
　拨开云雾，风华绝代，

晨光熹微斑斓，
复东大光华之灿烂。

作者简介

宋亚男，1997年10月生，山东德州人。东北大学马克思主义学院马克思主义理论2021级硕士研究生，现任东北大学校研究生科技服务中心通讯社中心主任，负责《沈阳研究生》杂志和《东大研究生》报纸编辑等各项工作。自2021年入校以来，积极参与校内外各项活动，荣获辽宁省网络文化节东北大学网文征集一等奖，东北大学校团委"我与共青团的故事"征文活动一等奖，东北大学"白鸥振羽，惊蛰鸣春"写信活动一等奖，东北大学"学书有道，诚信为德"之"学术道德驻我心"征文活动二等奖，东北大学第四届研究生诗词大会二等奖等。

百年东大，追古望今

罗廷香

善慈吾校，史从中来，历观悠久，百年维新。
源系革命，根自传承，化成民教，盖立大学。
于民水火，勤谋教育，以求兴邦，振我族类。
始立本校，群贤集至，良师百纳，才人广聚。
建事出策，豪志威武，同心同往，勇树佳绩，
尽力得势，极位高府。等辈振翼，校风盛泽，
学风淳穆，师风正蓓，人风吹蕾，蔚为浑厚。
在世之中，先发救亡，后器国强，步履维艰。
声援文运，将出图强，作头先锋，吾辈难忘。

东北大学旧址正门

九一八变，举国趑趄，校所内外，破惨逾烈，
师才流难，河山空悬，余悲极盛。临难当头，
百折不挠，奋救国难，困且志坚，不坠青云。

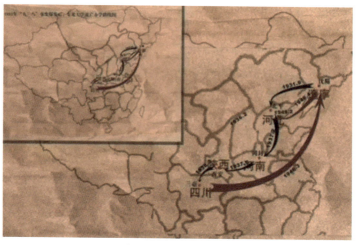

东北大学流亡路线图

抗日救亡，学生推风，主力悍行，先锋盖高，
怀邦厚志，昆山之肩，横楹抵住，耀照薨梁。
于此而后，时局虚荡，先流燕市，后徙长安，
命息沿叠，不失忠魂，抆血自觉，勖士自强，
生生不息。建国兴业，正校正教，名之迭序，
校乃恒存。风清气正，泰乎云苍，如庞如驾，
鸾鹤腾天。改革新潮，学园鼎立，研究青邈，
敢追赶超，别丽四方，同属勤教，拔萃一方。
共仗安危，骆路驰长，翻覆维新，道流辉煌。

一二·九运动中高举旗帜的东大师生

历更新颜，初心不忘，去散历史，神气悠扬。
今之华诞，百年连古，溯史勤勉，以励吾曹。
良师高风，弟子奋上，荐宇百年，载德载疆，
远道弥耳，洪心策力。百年长功，耕耘之殇，
流芳千载，概见精神。缨情素尚，幽人长往。
追古望今，百年越貌，鲲鹏拂远，百年向往。

作者简介——

罗廷香，女，中共党员，云南临沧人，东北大学马克思主义学院2020级硕士研究生。

百年风雨征程，归来仍是少年

宋 鑫

你从黑暗中走来，手捧知识的火种；
你从风雨中走来，肩扛不灭的信仰；
你从艰苦中走来，怀揣建设的梦想；
你向复兴中走去，孕育不灭的希望。

百年前，千里冰封，万里雪飘；
你在祖国的大地上书写下振兴教育的新篇章。
建校舍，兴学科；
纳贤才，倡同校。
"知行合一"力戒纸上谈兵，
强魂健体驳斥"东亚病夫"。
你在泥土中扎根，
在露水灌溉下茁壮成长。

九十年前，山河破碎，风雨飘摇；
你在祖国的大地上播种下一簇簇爱国的花朵。
先北平，后开封；
转西安，下三台。
奥林匹克赛场上高高扬起的旗帜，
一二·九运动中身先士卒的身影。
你在狂风中呐喊，
在暴雨袭来时傲然挺立。

七十年前，满目疮痍，百废待兴；
你在祖国大地上刻画下知识报国的铮铮誓言。

聘名师，迁校址；

整院系，编教材。

第一台模拟计算机的问世，

高炉结瘤问题的成功解决。

你在鸟鸣中苏醒，

沐浴在斜阳中遥望远方。

如今，朝气蓬勃，欣欣向荣；

你在白山黑水间留下最动人的容颜。

爱吾校，爱吾乡；

爱吾国，爱人类。

听历史之言语，

应时代之召唤。

你在晨光中微笑，

在宏伟的梦想中静待花开。

历史车轮滚滚向前，

百年弹指一挥间，

踏着岁月的尘土，

怀揣复兴的梦想，

你将继续向前！向前！向前！

作者简介——

宋鑫，汉族，1997年9月30日生，山东枣庄人。东北大学马克思主义学院2020级马克思主义理论专业学生。曾担任东北大学研究生科技服务中心理论与发展分中心秘书与宣传部部长，两次荣获东北大学一等学业奖学金。

时光·印记

孟东辉

是东北的风，还是秦皇的雨，
是告别青春的恋情还在唱歌的你。
在懵懂忧伤中踏上陌生无助的阶梯，
是辉煌的序曲，
还是从此的迷离。

是高山的问，还是大海的迷。
是邂逅远方的伙伴还在思乡的你。
在似水流年中走过自由欢畅的淋漓，
是短暂的相遇，
还是一生的话题。

是雪中的树，还是浪里的旗。
是回望母校的白杨还在流泪的你。
在蹉跎岁月中掩埋如影随形的崎岖，
是想念的寄语，
还是梦里的风笛。

作者简介——

孟东辉，东北大学秦皇岛分校地质专业，1871班。1991年毕业后，在辽宁省阜新市地质矿产局、国土资源局工作。2014年，发表小说《雪落天堂》。2019年，在上海创办上海倾煜文化传播股份有限公司，提出艺术品估值的"博弈议价"理论，开发《风相艺术城邦》FV-aa-TS艺术品在线交易系统。2021年，创办DAO组织：艺术品资产化战略联盟AASA。

东大魂

张景强

白山①卓绝，今史为鉴；
黑水①忠魂，勖尔多士②。
沈水③之阳，奉天④建校；
传承百年，其名东大。
先哲曾书写，
爱校爱乡，爱国爱人类⑤，
誓卫民族之篇章；
英杰照汗青，
献身求实，团结兼创新⑥，
共筑天下之大同。

我们来自五湖四海，
崇科学尚民主人文；
可下五洋而师长技，
能攀高峰以看世界。
吾师鞠躬以教化国士，
我辈尽瘁以建设中国；
师出王门兮，崇厚德以自强；
高山仰止兮，惟知行以修身。
愿以此为羁绊，结草木而成林，
砥砺奋进世界历史之洪潮；
愿以此为荣光，聚星火而燎原，
赓续璀璨中华文明之渊源。

东北大学正门牌匾

使命如此其重大，

信念如此之灼灼，

我辈能不奋勉乎？

自强不息，积跬步，而行千里；

知行合一，路虽远，行则将至⑦！

注释：

①白山黑水：即长白山、黑龙江，泛指东北地区。

②勖尔多士：源自身任西北军总司令及东北大学校长职务的张学良集国难家仇于一身，决心雪消东北、华北沦陷的耻辱，于1936年将东北大学迁往古城西安，并在小南门外原西北大学农科所所在地修建校舍，张学良校长特在大礼堂基墙立两块碑石，其一上书"沈阳设校，经始维艰；自九一八，惨遭摧残；流离燕市，转徙长安；勖尔多士，复我河山"八句充满爱国激情的题词，激励东大莘莘学子，勿忘国耻。

③沈水：今浑河。

④奉天：旧时沈阳又称奉天，有受命于天，顺应于时之意。

⑤爱校爱乡，爱国爱人类：源自刘半农先生题词东北大学校歌，张学良校长怀大义而捍卫民族团结，立誓复我河山之声而今犹响。

⑥献身求实，团结兼创新：为东北大学校风写照，辗转流离，历经磨难，犹以国家兴亡为任，尽匹夫之责，求实创新，英杰辈出，为中华之复兴、人类之大同添砖加瓦。

⑦路虽远，行则将至：出自荀子《荀子·修身》，意合东北大学"自强不息、知行合一"校训。

作者简介——

张景强，男，副教授，1983年1月生，陕西汉中人。本硕博毕业于东北大学，少时钦佩张学良校长民族大义，弃文从理，以实干兴邦为勉，入东大，师从恩师王宛山教授，2013年毕业后供职于沈阳航空航天大学，任机电工程学院教师，兼机械制造及自动化系主任、硕士研究生导师，寓教育人，航空报国。主持国家级、省级科研项目若干，主要研究精密与超精密加工技术、超硬材料磨具制备技术。

念师恩

赵海峰

白山黑水里，谆谆如父语。
百年知行路，师惑传道引。
泰顶只可慕，徒自负师恩。
一朝悟得过，前程花似锦。
遥看同门后，诲学似目已。
春来花繁茂，天下满桃李。

作者简介——

　　赵海峰，男，1978年生，师从王宛山教授，2008年毕业于东北大学机械制造及其自动化专业，获得工学博士学位。2008—2018年在北方重工集团工作，2019年至今任沈阳工业大学化工装备学院教授，兼任全断面掘进机国家重点实验室副主任。主要从事汽轮机、全断面掘进机、网络化制造、软件开发等方面的技术研究工作。承担并完成国家级科研项目5项、省市级科研项目12项，获得国家科学技术进步奖二等奖，国家公派高级访问学者。

百年东大

王淑艳

白山黑水孕名校
百年薪火相传
砥砺前行
精心培育国家栋梁
实干创新
桃李满天下

东北大学育英杰
万计园丁学子
刻苦钻研
自强不息
知行合一
报效祖国
服务全人类

作者简介——

王淑艳，女，辽宁盘锦人，中共党员，1974届机械系矿山机械专业2班学生，毕业后在辽宁丹东五龙金矿从事矿机领域的管理工作，于2007年退休。

浣溪沙·贺东大百年华诞

姜健生

美景沈阳东大天，
百年华诞舞翩跹，
初心岁月梦逐园。

昔日同学亲友谊，
现今聚会游旅团，
欢集母校庆百年。

作者简介——

姜健生，男，福建龙岩人。1963 年考入东北工学院炼钢专业。先后在本溪特钢厂、抚顺特钢厂、福建省冶金设计院工作。

沁园春·启梦东大

刘美军　袁中甲

那年乙酉，白山高高，黑水滔滔。

慨名威华夏，知馨寰宇；汉卿救邦，长春独奥。

日饱诗书，夜谈家国，同学少年结英豪。

忆往昔，抚似水流年，心潮潮。

芳华如此美好，数时代潮儿我独俏。

惟自强不息，知行合一；日积跬步，年丰羽毫。

飞鸿竞翔，逐鹿争雄，纵横沙场率天骄。

期未来，传薪火百年，身佼佼。

作者简介————

　　刘美军，男，汉族，1988年6月生，大学本科学历，中共党员，现就职于中国广核集团。2005—2009年，就读于东北大学信息科学与工程学院自动化专业。在校期间，曾任东北大学校园文化促进会会长，信息科学与工程学院东信论坛工作室主任，2008中国风险投资论坛·振兴东北投资高峰会志愿者项目负责人。获得国家励志奖学金、东北大学奖学金、沈阳市"优秀大学生"、东北大学"优秀学生干部标兵"、东北大学暑期社会实践优秀个人、FLL机器人世锦赛中国北方区公开赛优秀教练员等荣誉。

　　袁中甲，男，汉族，1986年8月生，研究生学历，中共党员，现就职于中国冶金科工集团有限公司，任处长。2005—2009年，就读于东北大学信息科学与工程学院自动化专业，2009—2011年，就读于东北大学信息科学与工程学院控制理论与控制工程专业。在校期间，先后任班长，东北大学信息科学与工程学院学生会副主席，东北大学研究生会副主席兼信息科学与工程学院研究生会主席，共青团东北大学委员会宣传部副部长兼思想教育中心主任。所在班级自动化059班荣获"辽宁省优秀班集体"荣誉称号；个人先后荣获辽宁省"优秀毕业生"、辽宁省"优秀学生干部"、"挑战杯"辽宁省大学生课外学术科技作品竞赛一等奖、沈阳市"市长奖学金"、沈阳市"优秀大学生"，东北大学"优秀学生党员"等多项荣誉。

同学是什么

杨峻岩

同学是什么？是一家兄弟。
你在江南，我在塞北，他在西域。
远隔千山万水，亲情从未淡漠。

同学是什么？是一地春草。
你是菖蒲，我是蓬草，他是青蒿。
年年生生不息，遍布天涯海角。

同学是什么？是一窝工蜂。
你进菜地，我入瓜田，他赴果园。
终日采蜜不止，生活充满甘甜。

同学是什么？是一群良驹。
你在内蒙，我在河曲，他在伊犁。
一路奋蹄前行，志在千里万里。

同学是什么？是一队飞鸟。
你是苍鹰，我是朱雀，他是海燕。
展翅搏击云天，巡游大美河山。

同学是什么？是一片森林。
你是香樟，我是红松，他是金楠。
人人争做栋梁，撑起广厦万间。

同学是什么？是一簇花蕾。
你是腊梅，我是百合，他是睡莲。
日丽风和露浓，群芳争奇斗艳。

同学是什么？是一篮鲜果。
你是蜜桃，我是槟榔，他是菠萝。
品味甘甜苦涩，营造多味生活。

同学是什么？是一夜星河。

你是织女，我是启明，他是南极。

今夜星光璀璨，高天群星熠熠。

同学是什么？是一道彩虹。

你呈大红，我显深蓝，他泛正黄。

构架七彩桥梁，展现人生辉煌。

同学是什么？是一橱珍玩。

你是南红，我是绿松，他是碧玉。

历尽千雕万琢，方显高雅富丽。

同学是什么？是一坛老酒。

你爱茅台，我喜绍兴，他好张裕。

越饮越有兴致，越品越有情趣。

同学是什么？是一杯清茶。

你饮龙井，我喝毛峰，他品茉莉。

君子之交如水，同窗之情似漆。

同学是什么？是一部史书。

你写成功，我书悲壮，他记辉煌。

写下无悔人生，汇入时代典藏。

同学是什么？是一卷诗集。

你重抒情，我偏叙事，他兼评议。

讴歌华夏盛世，抒发一腔胸臆。

同学是什么？是一个梦想。

你盼成功，我想富裕，他要健康。

有梦就去追逐，莫负大好时光。

东北大学七三工企二班同学毕业四十周年团聚会合影

作者简介——

　　杨峻岩（1949年12月—2022年4月），辽宁岫岩人。1973年9月进入东北工学院工业企业自动化二班学习，毕业后被分配到校办厂工作。1984年起担任《控制与决策》专职编辑。1999年任编辑部副主任，2009年退休。曾获辽宁省科技期刊十佳主编、全国高校自然科学期刊优秀编辑、辽宁省科技期刊优秀编辑等称号，获得全国银牛奖。

百年东大，盛世华诞

——东北大学93采矿系聚会有感

93采矿系校友代表

致敬东大百年历史（1923—2023年）踏寻砥砺前进脚印。
感恩东大卅载情缘（1993—2023年）恋怀青春求学岁月。

资源与土木工程学院1997届毕业生合影留念

卅载同学会序

任永安

躬逢母校百年华诞，忆起卅载相聚情景，心怀激荡，夜不成寐；旭日临窗，东风拂面，遥望南天，欣然命笔。

——作者题记

丁酉之秋，丹桂飘香，天朗日晶，惠风荡漾。仙客竞放，花团锦簇；松柏争茂，苍翠欲滴。采矿学子，卅载再会。怀抱相拥，别来无恙？年事入梦，逝者如斯！人虽四海，情同此心！抚今追昔，能不慨然？

遥想当年，入学之初，东大复名；毕业之际，香港回归。

年少无畏，立志指点江山；学子何惧，砥砺际会风云。军训苦旅，习练

正步困乏之辛；长途拉练，践行长征万里之艰；打靶归来，歌声响彻云衢；分列军阵，气势直冲霄汉。至今犹记，风华园内，书声琅琅；图书馆邸，鸦雀无声。学馆肃立，解惑授业；三尺讲台，皓首严师；勤学笃思，学子奋发。期末临近，人心向考，教室苦少，座位稀珍。学子如织，时见戴月披星；中心考场，偶传惊心之闻。假日偷闲，或冶金学馆内，通宵经典；或图书馆里，纵横博览；或绿茵场上，虎跃龙腾；或风华园中，低语款款；或同道相携，冲浪踏青；或夜市同临，觥筹交错。四年瞬目，弹指芳华。别意离愁，南湖垂柳依依；吉他独奏，岂非同桌之汝？临别赠言，自是英雄气短；车站送别，何忍泪落如雨！互道珍重，此去关山路遥；鹰击长空，其志岂在万里？

93级采矿系同学毕业20周年相聚母校合影留念

廿载重逢，相约故园。清风入怀，浑水萦带；高楼耸立，鳞次栉比；经年巨变，沧海桑田！北门留影，笑语盈喧；同声奋跃，声震碧天；图书馆前，军歌嘹亮，团结就是力量；攘臂振呼，勇往直前，青春激情再现；阶梯教室，同窗受教。迟到早退之状，依稀当年；前疏后密之形，宛如昨天；绿草丰饶，载歌载舞；廿载印记，创意即现。欢呼雀跃，一如儿男！汉卿会堂，追溯母校历史；将军像前，缅怀伟烈丰功；往圣先哲，救国救民，率先垂范；国恨家仇，同仇敌忾，赴汤蹈火，激昂慷慨，壮哉东大！天下为先！

午后微雨，会堂齐聚。领导致辞，感母校变化之日新月异，谋明天发展之宏伟蓝图。学术声誉，闻名国内海外；双流同创，未来指日可待；学子献言，谢恩师教诲之德，言犹在耳；师长有云，叙往昔故人故事，如数家珍。老当益壮，白首青云，吾师高风，山高水长！生之何幸，得遇良师；慰勉勤勤，有逾忘年；把酒言欢，有泪莹然！邀酒频频，相见恨短；且拼一醉，酬我同袍！对酒当歌，人生几何？桑榆已逝，东隅非晚；逝者已矣，来者可追；相约卅载，后会可期！曹植诗云："丈夫志四海，万里犹比邻。恩爱苟不亏，在远分日亲"，以此雅句，与君共勉！

诸位同仁，勠力同心；东大精神，铸我魄魂；自强不息，初心不忘；知行合一，此生铭记。

百年东大，盛世华诞。期我母校，英才茁长，层楼更上，再谱华章！

筹备聚会有感
康玉梅

对月无眠夜犹长，揽衣不复待窗光。

星明渐淡避初日，秋露微冷生晓凉。

聚会佳期正迫近，热情筹备去来忙。

个中趣味君知否？同窗情深最难忘。

聚会有感
李少丕

南湖东岸旧韶光，黑水白山汉卿堂。

戎装稚气风前立，夜课归来影正长。

千日理工文法阅，半生苦辣酸甜尝。

少年同志今何在，意气如虹鬓染霜。

忆同窗
李云成

青山绿水，四年寒窗，一朝九读，学业有成鸿鹄飞。二十载，弹指间，或功成，或名就，即便布衣也风流。一舍西，梦回绕，一身寒衣，始终不忘青云志。再聚首，秋风飒爽，笑容依旧，岁月爬上了额头。

入本溪，下长岭，术业求索已成忆；走南芬，去红透，踟蹰迷茫消无踪。一室八友，棋琴书画弄神通；两题三论，采矿馆里话雄风。俱往矣，当年绿茵起高楼。

南湖畔，浑河旁，樱枝红墙，白雪松波状元郎。习文弄墨，挑灯苦读争相当，意气风发，心存报国做栋梁。能歌善舞照胆量，谈笑风生有文章。图书室里，陌面相逢验情商，蓦回首，笑脸桃花，几盒磁带诉情长，草莓床单多思量。

东门外，车站旁，昔日作别泪两行。玉琼红梅今何在？不忘当年有菜

汤。二十余载名和利，大大带我奔小康。是非成败自书评，桃李天下为国昌。故地重游忆往昔，舍馆依旧在，亭台换新墙，何时再同窗？

聚会感怀
陈建兵

未暇弹指二十年，
计日难说每一天。
小道依连多旧梦，
学楼再访尽新颜。
推杯不尽言由意，
笑罢才觉泪已渊。
慎莫相催今夜里，
关山明日又心牵。

聚会有感
宁新亭

遥想青葱蹉跎生，
春华挑灯已梦中。
苦寻觅觅二十载，
重拾同窗音笑情。
乱云五蕴恰少年，
胡语巫山云雨衷。
沉思何故千里逢，
乃求华发续时空。

东大情结早已成为我们记忆中的深刻烙印，是我们心灵芳草地中珍藏着的纯纯的爱，不曾磨灭，永远怀念。

即将迎来百年华诞的东北大学令人耳目一新，卓越发展，踔厉奋进，再谱华章！令我们采矿学子心潮澎湃，充满期待！

值此东大百年校庆，93采矿系毕业重聚之际，采矿学子期待重温大学的美好时光，憧憬母校未来的蓬勃发展，无不激动而兴奋、幸福而感动，遂将此情此景付诸笔端诗词歌赋，抒发离别东大二十余载的同窗情、母校情，抒发对母校百年历史的感怀敬畏之心和百年校庆的期待祝福之情。

（王瑛楠）

作者简介——

　　任永安，山西原平人，1997年毕业于东北大学资源与土木工程学院采矿系矿山建设（工业与民用建筑）专业，中共党员，高级工程师。现在太原市城北市政集团公司任职。

　　康玉梅，1973年生，辽宁灯塔人，1997年毕业于东北大学资源与土木工程学院采矿系矿山建设（工业与民用建筑）专业，获学士学位。2003年获得东北大学结构工程专业硕士学位，毕业后留校任教。2009年获得东北大学工程力学专业博士学位。现为东北大学资源与土木工程学院土木工程系副教授。

　　李少丕，1997年毕业于东北大学资源与土木工程学院采矿系采矿工程专业，中共党员。现在鞍山市人大常委会法工委工作。

　　李云成，1972年生，山东章丘人，1997年毕业于东北大学资源与土木工程学院采矿系采矿工程专业，现在中科清宇（北京）视觉科技有限公司工作。

　　陈建兵，1975年生，湖北公安人，1997年本科毕业于东北大学资源与土木工程学院采矿系矿山建设（工业与民用建筑）专业，2002年于同济大学获得博士学位。现为同济大学长聘特聘教授，博士生导师，同济大学学术委员会委员、土木工程防灾国家重点实验室副主任。国家杰出青年科学基金获得者。主要从事结构非线性分析与工程可靠性方面的研究工作。出版著作、教材共3部，在国内外学术期刊发表论文160余篇，论著被30多个国家和地区的学者在土木、机械、海洋、航空航天、应用数学等十余个领域引用和应用。曾获国家自然科学二等奖（第二完成人）等奖励。当选为国际结构安全性与可靠性协会（IASSAR）执委会执委、国际土木工程风险与可靠性协会（CERRA）主席团成员、国际结构安全性联合委员会（JCSS）规范工作组共同组长、中国振动工程学会随机振动专业委员会主任等学术职务，兼任 *Structure and Infrastructure Engineering*、*ASCE-ASME Journal of Risk and Uncertainty in Engineering Systems*、《振动工程学报》等国内外期刊副主编，*Structural Safety*、*Probabilistic Engineering Mechanics* 等期刊编委。

宁新亭，1973年生，山东烟台人，1997年毕业于东北大学资源与土木工程学院采矿系采矿工程专业，2000年获得东北大学资源与土木工程学院采矿工程专业硕士学位。现任北京云网思创有限公司总经理。

王瑛楠，1974年11月生，辽宁鞍山人。1993年入学，1997年毕业于东北大学资源与土木工程学院采矿系矿山建设（工业与民用建筑）专业，高级工程师，现就职于中冶焦耐工程技术有限公司，先后任职于土建室、人力资源部和行政服务中心。曾任公司团委副书记，现任行政服务中心副主任。曾获"鞍山市优秀团干部"称号。多次获得"公司先进工作者"和"公司优秀共产党员"称号。

东北大学赋

龚乃相

白山黑水，人杰地灵。赫赫名校，雄踞盛京。尽染古城千秋瑞气，更沾王者两代遗风。一九二三，北陵始建。校园幽雅，林木葱葱。学科广博，人才济济；名流执教，师资丰盈。奥运选手刘长春，建筑大师梁思成……如响雷之贯耳，不一一而述评。

一九二八，汉卿掌校。倾私囊扩建校舍，花重金礼遇师生。办学水平，堪比清华北大；学校规模，高楼更上一层。

烽烟滚滚，鼙鼓声声。至九一八，祸起东瀛。金瓯破碎，生灵涂炭；东北沦陷，流亡北平。迁徙西安，后至三台，几经辗转，辛苦师生。颠沛流离，不屈不挠；一路求学，一路抗争。

伟哉东大，爱国传统。学生运动，屡现行踪。救亡图存，挺身抗日；先驱报国，血染旗红。五月鲜花，开遍原野。动人旋律，响彻天空。

祖国解放，隐姓埋名。余脉延续，薪火传承。沈水之阳，东工创办。主楼宏伟，四馆称雄。理工为主，余皆其次。冶金采矿，颇负盛名。谢绪恺判据名振科苑，国内首台模拟计算机在此诞生……骄人业绩，可圈可点；史册记载，有据为凭。

改革开放，百废待兴。科技前导，教育先行。把握机遇，与时俱进。学校发展，日益昌隆。

争取复校，艰难历程。一十三载，不懈奋争。各届领导，锲而不舍；京华校友，首发先声。海外学长，不遗余力；功不可没，捷迁恩承。天道酬勤，十年一剑；一九九三，水到渠成。国家教委，批准复校，耄耋校长，亲笔题名。东北大学，梅开二度；凤凰涅槃，浴火重生。

七秩寒暑，一朝复兴。十万校友，雀跃欢腾。大馆集会，共襄盛举。长风万里，青史留名。快速跻身国内名校行列，首批进入国家"211工程"。分设学院，扩大招生；不拘工理，文管相容。人才辈出，硕果累累；国际交往，声名日盛。

今日东大，欣欣向荣。南湖之畔，松柏掩映。花团锦簇，喷泉流水；琼楼映日，直指苍穹。校园小路，青春倩影；莘莘学子，琅琅书声。东软公司，打造神话，IT产业，如日蒸蒸。自动控制，久负盛名，院士先导，中外蜚声。足球牛牛，夺关斩将；棋天大圣，呼霸称雄。当年首倡建高校科技园，陆钟武院士高瞻远瞩；如今三好电子一条街在沈阳，宛如中关村于首都北京。

学校发展，远近驰名。领袖视察，激励师生。教授年轻，院士不老；治学严谨，百家争鸣。学生思想活跃，思维驰骋纵横。课余生活丰富，爱国情有独钟。双馨苑里，弹琴作画；体育馆中，活虎生龙。"献身求实，团结创新"。历代弘扬，掷地有声。"自强不息、知行合一"。先宗不忘，矢志永铭。

展望未来，满怀憧憬。整合资源，提升水平。跻身世界名校，培养俊彦精英。待到百年华诞，高教领域称雄。

作者简介——

龚乃相（1954—2020），汉族，东北大学退休职工，中国诗赋学会会员。是东北大学恢复校名时，时任东大校长前往夏威夷为老校长张学良贺寿，所献寿联的创作者；东北大学图书馆门前花园各拱门名字、校内多条街道名字的创作者。曾荣获《万年袖珍日历》等三项国家专利，与人合编《中国家政大典》，在国内外几十种报刊上发表楹联、诗词、灯谜等作品，并入录十几种专著。参与创办全国第一家自行车俱乐部和辽宁省灯谜学会，有多种社会兼职，艺术作品多次获奖。

百年东大赋，万千学子心

刘 强

人民江山，泱泱华夏；白山黑水，有我东大！时光荏苒，春秋几度！转瞬百年，母校寿诞！万千校友，上至古稀老翁，下至青春少年，来自五湖四海，分布全国各地，闻此喜讯，无以为报，何以言表？唯作此文，祝贺母校！

遥想百年之前，军阀混战，国家危难。为扶华夏将沦陷，救民族于危亡，感人才之重要，仁人志士，挺身而出，建立东大！十年树木、百年树人，此乃为国为民之富强深谋远虑也！东大成立以来，"自强不息、知行合一"，中西合璧，学术蔚然。梁思成、林徽因、章士钊、梁漱溟、罗文干、冯祖荀、刘仙洲、黄侃、刘半农等一批名师执教东大。人才辈出，群英荟萃！

三十余年前，我乃一青涩少年。来自古城保定，考入东大，全家庆贺，以我为荣。父亲送我到校，感叹学校之宏伟壮观。我送父亲离开后，竟然找不到宿舍。今日想来，仍旧莞尔。本来与各省兄弟同一宿舍，但年轻气盛，自作主张，换到对门。从此与七名辽宁本地同学同一宿舍。一年不到，燕赵翩翩少年，豪爽气概俨然已成东北大汉也！

点点滴滴，青春记忆；今日想来，依旧温馨。生我养我者，河北保定也；教我育我者，沈阳东大也！谁人青春不迷茫，哪个年少不漂亮！偶尔翻看老照片，百感交集；也曾带女儿参观东大，感叹人生易老，青春不在，但母校记忆，未曾淡化。依旧傲然屹立的主楼、冶金学馆、采矿学馆、机电学馆、建筑学馆、一舍二舍三舍四舍，这些名字，萦绕脑海；一砖一瓦，一草一木，一张张笑脸，一幕幕故事，我的母校，我的东大，我的青春，我的回忆！母校，乃母亲之校也！以博大之胸怀，无私之奉献，教育数十万莘莘学子，成就三百六十行中坚力量。母校百年寿诞，可喜可贺也！

然何为大学？古之修身成人之道也！明明德，亲亲民，止至善！今日之大学，应培养国家之栋梁也！新时代大学之道，在不慕虚名，不尚浮华，不追求所谓名校，不培养所谓精英。而当以教育为本，以育人为先。"实干、报国、创新、卓越"，看我东大，毕业生多在企事业一线，为企业骨干，中坚力量！更是

国家新时代发展，中华复兴之中流砥柱也！东大之定位，东大之使命，东大之价值，由此可见一斑！

即便下笔千言，激扬文字，又怎能抒发胸臆？万千校友，感同身受！虽身在他乡，亦遥祝母校！希望在校就读之后辈，刻苦学习，勇于创新，砥砺前行，不负韶华！

百年东大，东大百年！中华民族，于世界百年未有之局面，不忘初心跟党走，牢记使命创未来！借此母校百年寿诞之际，遥祝下一个百年，你我虽已不在，然母校更加风华正茂，中华民族必将傲然屹立东方！

谨以此拙文，与各地校友同声相应、同气相求，为母校庆生！

作者简介——

刘强，河北保定人，毕业于东北大学热能工程专业，获工学学士学位，创办保定思飞企业策划有限公司、雄安容锦企业管理咨询有限公司，资深管理咨询专家、实战营销专家、文创专家、职业培训师、员工思想理论倡导者。拥有十几年咨询策划及培训经历，为上百家企业及数万名员工提供高质量咨询培训服务。

在全国营销第一刊《销售与市场》发表十几篇高质量文章，著有《中国员工你合格吗？》《员工心法——合格员工的修炼之路》两本专著。

百年东大赋

百年东大·智慧学堂

　　黑水滔滔，白山嵯峨；兹有东大，邃密群科①。岁序癸卯，仲秋既朔；气调四序，俊采集咸；十秩盛事，躬逢新篇。是以爰赋其略，缀文百年。怀渊献②之肇始，罹乱世之深渊。覆压"三座大山"，厮磨内忧外患。自强不息，救亡图存之呐喊；知行合一，育人兴邦之良方。初心砥砺，承先辈之夙愿；与国同向，歌世纪之华章。云蒸霞蔚，各倾陆海；东大盛景，契阔谈宴。拜以斯赋，与君同愿！

　　嗟叹神州陆沉，风雨如磐；列强环伺，国运维艰。是以立民族之危亡，期御辱而图强；兴大学以百年，申硕学以懮边。

　　乃至沈阳设校，坐盛京而忧赤县；冠名"东北"，襟黑水而屏白山。山川雄浑，享橐籥③之绵昌；民风纯良，沐百业之博产。原夫东大草创，地处市井，壅塞不堪；后至北陵，黉宇轩敞。

　　及汉卿长校，报"现代"之宗旨，育"专深"之才贤④。振聋发聩，刘曲庵之辞严；响遏行云，赵宣仲之曲端。针砭时弊，章行严之风范；提领哲学，梁寿铭之高瞻⑤。梁林伉俪，举建筑之滥觞；仙洲巨擘，固机械之基奠。人才茂繁，盛极一时；建校八载，蔚为壮观。校院广阔，亘三里之绵远；南北交相，蕴文理之精研。堂皇巨厦，冠远东之开元；舍宇壮丽，雍斯文之明宣。良师荟萃，集鸿儒之宗仰；设备齐全，增学科之新篇；经费充足，创留学之先章。知行合一，推企业之首见；五育并举，开同校⑥之始端。体育强校，夺举国之桂冠；兴扬文化，成学术之上庠。

　　长叹九一八，国情何堪；豺狼虎视，故城蒙难。是以擎薪火而流亡，绵文脉以图昌；尽颠沛而不窘，启民智以救亡。

　　比至北平，五月鲜花，发书生之意气；首参奥运，宣中华之砥砺。亦"德"亦"赛"，一二·九之首义；允文允武，牺牲者之弘毅⑦。行至开封，一路腾挪，本生于忧患；蜀道难攀，赤子同袍，慨壮志未展。西安事变，扭时局之靖难；呕心沥血，忠报国于杏坛。

夫辗转数地，无忘济危拯溺之志；迁徙八次，不绝弦歌诵读之声。壮怀激烈，难平师生同仇敌忾；一十八载，不失求真务实之知。研学术，振木铎以资教化；办壁报，抨时政以求民主。通晓诗史，陆衍庐之鸿儒；贯史通地，金谨庵之硕学⑧。泽被小城，守文脉之绵延；寒来暑往，历星霜之数易。及至光复，转乾坤之振作；重返沈城，遄意兴而飞扬。尝胆卧薪，缅黑水而怀白山；收京降敌，珍禹时而重舜壤。有诗云："此时真个还乡去，来日无忘守土难⑨。"

试看红旗漫卷，日月重光；老校逢春，赤子衷肠。是以应百废之待兴，奋工业之行先，铸强国之重器，修致世之典范。

及至盟校，名定工学院；长沼湖畔，蓝图宏远；树梁掌序，学研齐肩。四大学馆，袭文韵之庄严；苍松翠柏，岿学府之巍然。矿冶名宿，掖后学而登攀；新学发端，弄潮流而争先。钢铁洪流，耀攀西之僻远；稀土精纯，历漠北之霜寒。莽矿深坑，虽应召而志宏；弹光石火，强国防而功隆。筹算争锋，开信息其源宗⑩；机簧巧运，应百业其中通。济济多士，巍巍巨匠，襄国为民，仰止高山。

夫渤海之滨，燕山之南；分校临榆⑪，气贯一脉。夫西接南湖，东控三好；街园遥相，双创典范。东工盛名，丹凤仪唱；四时之景，神采各异。擎钢铁之脊梁，更时代之新元！

嗟夫！百年学府，虬枝云干；实干兴业，繁育英才。是以奋世纪之征铎，慨东方之沧桑；激千层之涛浪，巡万里之天疆。

至若校迎复名，脉承东大；云物甚美，人文日达。学长耄耋，累舟车之频促；将军情深，遥万里之题书⑫。为国倚重，焉能不殚精至诚；名列重点⑬，岂敢不夙寐凤兴。登峰卓鼎，超级钢之重器。东软鸣钟，第一股之先驱。创业激荡，养民生而资产业；捷报频传⑭，志大略而锚宏图。

是时也，葺旧园于沈河，谨庠序而无类；辟新府于浑南，整学科而赶追。叶翻银杏，花粲桃李；风和万籁，古建朴逸。遂采矿冶金汇融、信息机械益彰；人文建筑氤氲，商管生物同光。立德树人，启发展之明贤；党建示范⑮，成时代之经验。名闻东欧，扬孔子之思辨⑯；"一带一路"，回丝绸之今响；振兴东北，灼桑梓之沃野；脱贫攻坚，奋昌宁之陌阡。壮哉，论学则牢笼古今，揆德则楷模士林，煌煌东大，鼎力治平！

赞曰：

白山黑水风云起，庠序巍峨冀未央。

炮彻国殇流难路，躬身时势守文昌。

衷肠赤烈图国泰，一脉潜心育栋梁。

烁烁薪火成重器，巍巍世纪再新章。

注释：

① 取自周恩来："大江歌罢掉头东，邃密群科济世穷。"

② 渊献，意指大渊献，亥年的别称。此处指代东北大学成立于 1923 年。

③ 橐籥，形容造化。出自乾隆《盛京赋》："伟嘉祯之萃荟，信橐籥之絪缊"。

④ 1928 年，张学良主政东北并兼任东北大学校长，提出"研究高深学术、培养专门人才，应社会之需要，谋文化之发展""培养实用人才，建设新东北，以促进国家现代化，而消弭邻邦的野心"。

⑤ 刘半农，字曲庵，东北大学校歌词作者；赵元任，字宣仲，东北大学校歌曲作者；章士钊，字行严，著名爱国民主人士，中央文史研究馆原馆长，时任东北大学文学院教授；梁漱溟，字寿铭，中国著名思想家、哲学家、教育家、社会活动家、爱国人士，现代新儒家的早期代表人物之一。1928 年，梁漱溟、杨荣国、肖公权等著名哲学家在东北大学创办"哲学系"，使东北大学的哲学系成为东北地区建系最早、水平最高、人才最多、影响最大的哲学系。

⑥ 指"男女同校"。1928 年开始招收女学生，为东北大学发展树立新风尚。破除旧俗，男女同校。

⑦ 1931 年起东大有近 400 名学子投笔从戎，60 多位烈士献出了宝贵的生命。1935 年，一二·九运动中，东大师生走在游行队伍的最前列，成为主力和先锋。东大学生宋黎担任总指挥。东大校友苗可秀任中国少年铁血军总司令，痛歼日军，1935 年负伤被俘，就义时年仅 29 岁。1938 年，东大校友佟彦博驾驶飞机，在日本长崎上空抛撒下 100 多万张对日传单，周恩来特赠锦旗"德威并用、智勇双全"。东大校友丛德滋从事隐蔽战线工作，毛泽东主席签发的"第 00001 号烈属证"纪念着丛德滋捐躯赴国难的赤胆忠心。

⑧ 陆侃如，字衍庐。1942 年，到四川三台，任内迁的东北大学文学院院长兼中文系主任。金毓黻，字谨庵（又字静庵）。中国历史学家、教育家。1931 年 3 月，受聘为沈阳东北大学大学委员会委员，1934 年秋，兼东北大学史地系教授，1937 年 7 月，全面抗战爆发，中央大学和东北大学分别迁校四川沙坪坝与三台，金毓黻在两校均有职务。

⑨ 1945 年 8 月抗战胜利之后，陆侃如教授欣然提笔撰写对联：万里流亡，尝胆卧薪，缅怀黑水白山，此时真个还乡去；八年抗战，收京降敌，珍重禹时舜壤，来日无忘守土难。

⑩ 指东北工学院研制出中国第一台模拟计算机。

⑪ 临榆，秦皇岛的别称。1987 年 6 月，经国家教委与冶金工业部批准，被东北工学院接收，成立"东北工学院秦皇岛分院"。1993 年 3 月，随东北大学复名，更名为"东北大学秦皇岛分校"，是东北大学的重要组成部分。

⑫ 1992 年开始，宁恩承、张捷迁等海内外校友共同呼吁将东北工学院复名为东北大学，1993 年，国家教委正式批准东北工学院复名为东北大学，学校聘请张学良为东北大学名誉校长，题写"东北大学"牌匾。

⑬ 1996年，东北大学进入国家首批"211工程"重点建设行列；1998年，东北大学进入国家首批"985工程"大学行列，并划入教育部直属。2017年9月，入选国家首批"双一流"建设高校。

⑭ 东北大学面向未来，积极布局高新技术产业。2021年5月，入选教育部公布的全国首批未来技术学院名单。东北大学ACTION团队四次获得全国大学生机器人大赛全国总冠军。东北大学研发的小牛翻译，承担2022年北京冬奥会上的语言智能服务及技术保障中的工作。

⑮ 2018年12月，东北大学党委被教育部列为首批"全国党建工作示范高校"培育创建单位。

⑯ 2014年10月，东北大学和白俄罗斯国立技术大学在白俄罗斯首都明斯克联合建立了世界首所科技型孔子学院——白俄罗斯国立技术大学科技孔子学院。

团队简介——

百年东大·智慧学堂，是由一群爱校的东大人发起、在校教职工和学生为主体共同参与的团队组织。自2021年成立以来，得到东北大学校庆办、工会、外联处等部门的指导和关怀，开展了一系列丰富多彩的活动，为百年东大贡献力量。

集体创作人员名单

召集人

李　鹤

组织协调

李佳佳　刘丽娜

统稿组

姜玉原　陈桂云　陈　均　尹　宏　陈　田

开篇和结尾

组长

姜玉原

组员

张　璐　陈　田　李佳佳

东大成立——九一八事变

组长

张　琦

组员

王延邦 尹 宏 赵 鑫 包妮沙 陈 猛

流亡办学——东北大学解体

组长

高 广

组员

刘英仙 王 娜

东北工学院成立——东大复名

组长

陈 均

组员

马 亮 张旭华

东大复名——建校百年

组长

陈桂云

组员

焦明海 李小禾

相关文献

陈桂云 王钰慧

《百年东大赋》朗诵团队（部分创作组成员）

下篇 记事散文

第一章

情缘东大

我与母校情相系

王永义

我出生在农村，父母都以种田为生，没有文化。我自幼随父亲在家务农，赶上饥荒年月，更是雪上加霜。父亲希望儿子有文化，能离开农村有出头之日。九岁那年我上了小学，后来又考上县里唯一的一所中学，初中毕业后，家里经济状况更加困难，父母节衣缩食供我念完了高中。

1959年，我考入全国重点大学——东北工学院，成为我们家族、我们乡唯一考取重点大学的大学生。父母及乡亲们都为我感到高兴，我也下定决心一定要学好本领，不辜负父母的期望。

五年大学生活光荣入党

当年八月末，我进入东北工学院钢铁冶金系，开启了我的大学生活。经过学前专业教育，我深刻地认识到钢铁产业在国家经济中的重要地位和作用，使我更加热爱自己所学的专业。入校后，我更是把全部的精力用在学业上。五年的大学生活中，受党组织的委托、班级同学的信任，我连任班级团支部书记五年。五年时间里，在同学和老师的帮助下，我逐渐克服了团支部工作占用学业时间的问题，学习方法得到了改进，学习成绩进一步提高，工作时也更有干劲了。五年来，与全班同学一起经历了"教育革命"，参加校内外科研攻关，多次下乡支援农业生产，从春种到秋收，我都冲在前面，多次被评为"红旗手""标兵"，受到民兵师部（学校党委）的表彰。也与全班同学一起顺利度过了经济困难时期，经过了各种考验。全班同学身体素质、学习成绩、政治活动等各方面都走在全年级前列，受到年级党支部和系领导的表彰。

五年的大学生活，在党组织培养教育下，我在学习和工作中得到了锻炼，有了很大的进步。我的毕业论文被评为优秀论文并在全系会议上发表。指导老师白光润教授为了提高我的外文水平，除了给我布置毕业设计的任务外，每周还额外规定我翻译外文文献，使我在按时完成毕业论文的同时，又提高了外文水平。

党要求每名大学生都要成为又红又专的革命事业的接班人，作为大学生，不仅要有坚定的无产阶级立场，还必须有真才实学，掌握科学本领，才能在建设国家伟大事业中作出贡献。

大学毕业前夕，1964年6月28日，党支部讨论通过我的入党问题，并在全院张贴了海报。能成为一名中国共产党党员我感到十分光荣，同时也感到肩负的使命艰巨。我把支部大会同志们提出的缺点牢记在心，并尽快改正，努力做一名合格的党员，终身保持共产党员本色。

随后，东工简报金老师约稿，让我谈谈入党后的感想和今后的打算，我结合自身实际，在1964年7月21日发表了题目为"不断革命，永远前进"的文章。此篇文章发表至今已有59年，学校已由昔日的东北工学院复名为东北大学，学校迎来翻天覆地的变化。东北大学抓住机遇，办出特色，如今已经成为"多科性、研究型、国际化"的国内一流、国际知名的高水平大学。

担任政治辅导员工作

我毕业那个年代国家包分配，用人单位有国家机关、军工科研部门、企事业单位等。学校主管学生分配的老师将毕业生情况明细列出，包括健康情况、学习成绩、政审意见（是否适合绝密、机密工作）。根据每个人三方面评价标准，分配到相应的单位。我的情况是身体健康、学业优秀、政审符合绝密。辅导员孟庆云老师将我分配到冶金工业部本部，同去的三人都是党员。分配方案公布后，不到两周时间，我的方案有了变更。系党总支书记王镛找我谈话，为了加强教师队伍建设，充实教学一线新生力量，经教研室老师提名，党总支、政治处共同研究决定，将我留校充实教师队伍，我完全服从组织安排。

当年期末，65级三个班的学生即将毕业，学校让我担任他们的政治辅导员，加强毕业班级学生的政治思想工作并做好毕业生的分配工作。我感到任务重、压力大，同时也感受到这是组织对我的考验、对我的信任，我勇敢地接受了这项任务。在做学生思想工作时，碰到各种不易解决的问题，我便找到我的辅导员孟庆云老师寻求帮助。在孟庆云老师的帮助下，我很快迈开了脚步，打开了局面。孟庆云老师是我做辅导员的榜样，他是一名优秀的党员，1960年毕业后在教研室从事教学工作多年，是教研室的骨干教师，有丰富的教学经验。学校为加强学生的政治思想教育，从教师队伍中抽调优秀教师充实辅导员队伍，孟庆云老师就是其中一员。孟庆云老师做过几个年级的辅导员，工作兢兢业业，任劳任怨。辅导员的工作量是任课教师的几倍，他为解决学生的思想问题经常与学生谈话到深夜，自己的休息和睡眠都很难保证。东工简报约稿，以同学们主动要求到一线锻炼自己为案例刊登简报，带动了更多的学子奔赴生产一线。三个班级同学服从分配，都光荣地走向了所分配的工作岗位，在离校后三个月左右，更是寄来

近百封信件，向母校报告在新单位的工作、生活情况，感谢母校对他们的培育，并表示在新的工作岗位会立足本职岗位踏实工作，会以优异的成绩回报母校、党组织和老师的培养，为东工争气，为国家立新功。同学们的来信是对我工作的肯定和信任，鼓励和鞭策我更好地做好学生的思想政治工作，像孟庆云老师那样做好辅导员工作。

参加营口钢铁大会战

为照顾家庭，解决两地生活问题，我于1971年被调回营口工作，参加营口市钢铁大会战。营口市委决定在老边区建立小钢铁联合企业，从1970年开始，发动全市力量进行钢铁会战。

我到指挥部报到后就投入基层工作，在工厂车间当技术员、工程师。在一片杂草丛生的盐碱地建新的工厂、车间，经过十多年的会战，建起了炼铁厂、轧钢厂、钢厂、中板厂、机修厂、铸钢厂等，小钢联初具规模。会战初期条件艰苦，办公室建在简易房内，会战指挥部没有条件为我们提供家庭宿舍，我只能与家人居住在只有20平方米的简易房内，有时还要与工人一起倒班，但是艰苦的工作是对我最好的磨炼。在工作中碰到困难总会想起母校对我的栽培和教育，鼓励自己要成为合格的科技干部、共产党员，更是下定决心为母校争光、做好工作。

参加钢铁大会战，我得到了锻炼，先后在轧钢厂、钢厂、中板厂做技术管理工作。筹建营口市冶金技校，我既当校长又当老师，为工厂培养了一百多名炼钢、轧钢学生，为工厂充实了技术骨干。在小钢联技术工作中，我注意总结经验，在省级报刊发表十余篇论文，先后晋升为工程师、高级工程师。1980年以后，在营口市冶金工业局工作。2013年被聘为营口市人民政府第三届技术顾问委员会科技顾问。

东大营口校友会工作

东北大学校友总会是经民政部批准的合法群团组织，并号召全国各省市成立校友会。学校领导希望冶金系统有人出来牵头筹建。因我在东大学习和工作长达十三年，对学校更了解，方便开展工作，冶金局长就把这项任务交给我。我愉快地接受了这项任务。

1992年成立东北大学营口校友会筹备组，组长由局长或总工程师担任，各企业出一名东大毕业的厂长或总工程师，组成七名同志的筹备组上报东北大学校友总会。经过工作串联全地区二百余名校友，校友纷纷支持这项工作。在校友总会的帮助下，组建完善营口校友会机构，制定校友会章程、工作方针等管理制度，将民政部批准东大成立校友会的文件上报营口市民政局。营口市民政局于

1996年批准成立东北大学营口校友会，并在营口银行领取开户执照，是辽宁省首个经过民政局批准注册的校友会。退休后，我更是全力做好校友会工作，跑遍了营口市各个县区，截至2010年收集到营口东大校友共计2200余名（2010年以后分配来的没统计在内）。

尽管在30余年的校友工作中碰到不少困难，但我还是坚持了下来，是母校的关怀、校友总会的支持给我力量，让我有信心和干劲。我与母校的情缘剪不断，希望丝丝情谊直到永远！

作者简介——

王永义，辽宁大连庄河人，1937年生。1959年考入东北工学院钢冶系压力加工专业，毕业前在校入党。毕业后留校任教，做辅导员工作。1971年回营口市参加钢铁大会战，曾任营口冶金技校校长，冶金工业局高级工程师、总工程师、营口市政府科技顾问。1992年开始筹建东大营口校友会，任副会长、会长、秘书长至今30余年。

感恩母校培育情

王玉辉

"想念是件苦差事，然而我总是——情不自禁"，这是东北工学院1991届毕业纪念册的主题词。一晃三十多年过去了，每当看到这句话，内心总是激动不已，心潮澎湃！

随着社会的发展和自己年龄的增长，社会进步、母校发展及个人成长都已不可同日而语。特别是进入新时代，母校为国家、为社会培养了几十万栋梁之材，在祖国各个地方、各个岗位上作出了自己的贡献。作为母校培养的一分子，虽然在校仅有四年时光，但对我以后漫长人生路上所形成的做人做事风格及专业发展都起了决定性的作用。三十多年后的今天，再次回忆在母校那四年的日日夜夜，让我更加感恩母校的培育之情，更加怀念在母校学习生活的日子。

也许我对母校的心得体会和感悟理解得没有那么深刻，仅从母校对我综合能力的提升和专业技术的培养两个方面分享一下自己的心得。

1987年，一个懵懂青年，从齐鲁大地进入白山黑水的母校热能工程系学习。从未出过县城的我来到沈阳，看着陌生的一切，像是到了另外一个世界。刚到学校，更多的是新奇和不安，是学校细致的学生工作影响和改变了我的生活和人生；系里做学生工作的老师和辅导员像兄长一样关心我们，使我很快融入母校大家庭。

在大学生活的那四年，即1987年到1991年，大到世界、国家形势，小到个人经历，都上演了非常大的变局。那个年代，无时无刻不在发生变革，形势巨变再加上个人处于成长定型、思维定势的关键时期，经过学校领导层和负责具体学生工作的老师们细致、耐心、持久的工作，最终我们整体发展稳定，思想更加成熟。是他们把母校爱党、爱国、爱学生的基因传承给我们，刻进了我们的DNA中，并在往后都不曾改变。

我在校时，陆钟武教授是院长，赫冀成教授是系主任，他们都对我有过教诲。记得在大学三年级组织全系参加校运动会时，我还向赫冀成教授借了几十条领带给仪仗队用。赫冀成教授平易近人的风格至今让我牢记心间。

　　负责我们热能系学生工作的主要是罗宗岳老师、王永久老师和卜庆才老师。那时候，王永久老师岁数和我们差不多，但王永久老师心细且性格纯厚，对我们关怀备至，教育引导我们努力为大家服务，在付出中成长，在努力中得到锻炼，在锻炼中提升自己的综合能力。大学二年级时，王永久老师让我当兼职辅导员，得到了参与学生管理工作的机会，我还担任了系学生团总支书记。经过三年多的历练，虽然自己基础能力不太高，但经过老师的培养和自己的努力，使自己在综合能力和综合素养上有了很大提高，为我以后的生活和工作打下坚实的基础。

　　毕业时，系里动员我留校，但由于多种原因，我最终决定到天津工作。工作中，我发扬母校务实作风，无论在哪一个岗位都坚持实事求是，坚持底线思维和系统思维，工作生活顺利时不沾沾自喜，低谷时不妄自菲薄、自甘堕落；处事上从不人云亦云，也算是在个人成长上有所成就，这都得益于母校和母校老师们的培养，特别感谢像王永久老师一样的良师益友。

　　由于参与学生管理和社会活动，与同时在校的1987、1988、1989、1990四届热能系同学都有接触，为我以后参与社会交往和校友会工作提供了丰富的资源。感谢母校提供的广阔人生舞台。

　　毕业后，我在努力工作之余，一直参与校友会工作，尽自己微薄之力服务于校友，至今已经三十年有余，虽经万千变化，但初心未改。今后我还将为加强校友与母校联系做出更多努力。

　　在专业知识学习上，母校在高校界极具盛名，母校的专业老师知识渊博，在传授知识的同时，也传承了母校的精神，这让我们学生在以后职业规划和知识赛道变换中能及时适应环境变化，对做到在变化中生存和发展有非常大的帮助。

　　在校时，专业老师任世铮教授和成心德教授，当时已是前辈中的前辈，都给我上过课，也都和我有过非常深入的交流。作为学生，我也在老师们的领导下组织过多次学术活动，老教授们严谨的治学态度和缜密的学术思维，教导并影响了我从那时起直到现在全部的专业活动。

　　当时教过我的几位母校骨干老师，如纪维礼教授、李福忠教授、高泰荫教授等，当年都是意气风发、指点江山的青年才俊，在专业上都很有建树。我毕业后与一些老师有过交流，特别是毕业二十周年我组织全系同学回母校时又见到多位恩师，彼此都非常高兴；其他恩师的教诲，也都珍藏在我的记忆里，终生难忘。

　　母校的发展离不开老师们的辛勤努力，大学之所以为大学，因为有大师。而有老师才会有大师。参加校友会工作的缘故，我有幸聆听过母校历任校长的讲话，从赫冀成校长、丁烈云校长、赵继校长到冯夏庭校长，我坚信东北大学在历

任校长带领下，在传承中发展，定将成为世界名校！

　　毕业后，我从事工业热工技术工作，担任机械工业第五设计研究院工业炉研究所所长十二年，经历了中国热加工工业的辉煌；随着新能源汽车行业的发展和"双碳"目标的提出，新能源三电成为发展的最新赛道，我在中国汽车工业工程有限公司（原机械四院和五院重组而成）最新创立的三电工程所任所长，在新能源电池、电机、电控及氢燃料电池氢能利用等方面开展工艺工程设计管理工作。这种知识平台的变化及行业引领等学术思维的形成，都是受到母校恩师们的教诲影响，在校学习四年，使我受益终生。

　　总结起来，在母校学习的四年使我形成了正确处理问题的思维逻辑方法，使我在工作和生活中能够适应变化，处事不乱，宠辱不惊；再加上在母校学习的专业知识，使我能够适应技术的进步和变化。在此基础上，通过传承母校厚重的文化，力所能及地为校友和母校做一些事情，使得我骨子里的母校文化基因能够继续传承下去。

　　值此母校百年校庆之际，在这里表达感恩母校的培育之情，祝母校发展越来越好！也向教导过我的恩师和一起学习过的同窗表达思念之情！

作者简介——

　　王玉辉，男，1969年9月生。1987年9月—1991年7月就读于东北工学院（现东北大学）热能工程系热能工程专业，1991年7月到机械部五院工作，机械四院与机械五院重组为中国汽车工业工程有限公司（简称"中汽工程"）后在中汽工程工作至今，历任工业炉研究所所长、铸造工程所副所长等，现任中汽工程三电工程所所长、教授级高级工程师，东北大学校友总会理事，东北大学天津校友会副理事长、秘书长。

一块石头改变了我的人生

傅腾龙

在东大校园里，有一块石头，这块石头改变了我的人生。

过去十五年里，我经历了几次重大的难关，但想起这块石头，我就充满了力量，心中就会涌出无穷的勇气。

第一关，语言关。

在澳门出生的我，来到东北最大的挑战就是语言，老师在课堂上讲的话，我只能听懂30%~40%，也因此我很快迎来了大学生活中的第一个不及格，接着成绩下滑之势就像破了的窗，逐渐演变成多科不及格。

我曾经一度以为自己无法适应内地高校的学习环境，会被学校劝退。辅导员找我谈话那天，我走在校园里，经过那块石头，心里有个声音对自己说："如果连读书、毕业这样的事情都搞不定，以后还能做什么大事？"

在老师的关怀和同学们的辅导下，从站在退学的边缘到顺利毕业，我开始明白那块石头的精神。

第二关，生存关。

工管信息0701毕业合照

从东大毕业后，我没有马上回澳门，而是希望留在沈阳工作，证明自己有能力在内地像当地人一样生活，但可惜双选会的时候，没有公司录取我，最终辗转找到一份在福建三明做汽车销售员的工作。

同一时间，澳门的大学毕业生第一份工作就能拿到超过1.5万澳元的月薪，而我只有800元人民币的底薪，住着月租350元的民房，没有热水器和空调，在一个陌生的城市，从零打拼到店铺的销售冠军。

那四五年里，有些澳门青年收获了人生的第一套房子，组建了自己的家庭，而我则收获了那块石头的精神。

第三关，创业关。

离开三明以后，我回到澳门工作。当工作中遇到非常棘手的技术问题时，我除了不断请教别人以外，每天下班后就留在公司研究，从技术原理到应用测试，花了整整一个月的时间，最终解决了大家都认为解决不了的问题，自己也从一个门外汉变成了半个专家。

在那段时间，我还考上了澳门的公务员，但我心中一直渴望有更大的发展，于是放弃了很多人梦寐以求的公务员工作，顶着来自身边亲朋好友的压力，毅然回到内地创业。由于没有创业经验，很快便把所有家当都赔了进去，不敢跟别人说，不敢回澳门，我在彷徨无助时，想起那块石头，既然我过得了语言关、生存关，我也一定可以过得了创业关。

别人一天工作8小时，我工作16小时以上，最多一天内飞3个不同的城市，为的就是争一口气，不想成为别人口中那个"没有竞争力，最终还是要回到澳门打工"的人。最终我代理的冲锋衣成为电商平台的品类全国销量第一，但我却没有感到任何的喜悦。

第四关，使命关。

我不知道自己为什么创业，仅仅是为了赚钱吗？我陷入迷惘，消耗自己的身体健康换取物质，真的有意义

作者在澳门大学为青年分享创业知识

吗？创业到底为了什么？

直到越来越多青年朋友来找我咨询创业问题时，我才发现，原来自己所经历的挫折、困难，可以帮助其他人少走弯路，提升创业的成功率。于是我开始服务青年，通过创业教育帮助更多青年降低创业的风险。

我不仅要自己践行那块石头的精神，而且要把这种精神传递给更多的青年。

新冠病毒感染疫情暴发以来，澳门的经济遭受前所未有的打击，世界亦正经历百年未有之大变局，澳门青年能否借着经济深度调整的时期，化危为机，化被动为主动，积极融入国家发展大局成为我最关心的事。我甚至舍弃了很多自己发展的机会，转而为国家、为澳门谋求更大的发展空间。

因为始终相信，不仅我自己，还有我所在的地方、我的国家，都能践行那块石头上的八个大字："自强不息、知行合一"。百年东大，正值青春，以青春之我，创建青春之家庭、青春之国家、青春之民族、青春之人类、青春之地球、青春之宇宙。只要我辈不妄自菲薄，必将实现中华民族伟大复兴的中国梦！

作者简介——

傅腾龙，澳酷文化传播有限公司联合创办人、广州文欣创业教育投资有限公司执行董事。主动跳出澳门"舒适区"到内地创业，几经挫折仍不放弃，最终成为某电商细分领域龙头。疫情下不忘回馈澳门，服务指导300余家中小企业和1000余名青年创业转型，为澳门青年融入国家发展大局树立了优秀榜样，曾入选"第五届中国青年好网民""2022年全国向上向善好青年"。

澳门学生回忆东大四年：情谊无限，芬芳绵延

冯燕芝

我的母校——东北大学，即将迎来百年华诞。百年风雨，百年沧桑，百年树人，英才辈出。在这百年里，母校为新中国建设培养了一批批在各行各业建功立业的人才。作为东北大学的一分子，我衷心祝愿母校再创辉煌、桃李芬芳。

回想当年千里迢迢从澳门赴东北求学，很多人曾问我，你为何选择来这么远、这么冷的大东北读书？当初的原因很简单，我是一个喜欢闯荡，喜欢探索，喜欢尝试的女孩儿。东北大学是当年内地来澳招生的众多高校中离澳门最远的一所高校，没有任何的思想挣扎，我选择报读东北大学。在取得了东北大学的录取通知书并获澳门蔡氏教育文化基金会的资助后，我便踏上离家千里的东北大学求学之旅。

到东大求学之前，我一直在澳门生活。众所周知，澳门是一个弹丸之地，回归时的人口只有约50万人，面积也只有23.8平方千米。从我家步行到就读的中学只需要十分钟路程。直到远赴东大后，我的世界突然扩大了无数倍，接触到了很多从未接触过的人和事，这些经历丰富了我的人生。

1998级市场营销班

岁月如梭，转眼即逝，每每回想起在东大的点点滴滴，都清晰在目，有太多值得回味的人和事。除了得到教师们的悉心教导及辅导员的照顾外，还得到外事办的老师对我们几个澳门学生在生活上的支持，以帮助我们尽快适应内地生活和学习节奏。更是得到当时的校党委副书记齐书聪的关怀，多次邀请我们到她的宿舍畅谈。

在东大求学期间的故事数之不尽，学习成长的过程有苦有泪，也有学成的喜悦和感恩。但不得不说的是，在这里我收获了很多友谊。大一暑假期间，我和来自福建的盈盈同学一起去杭州游玩，因为是临时起意，只买到绿皮火车的站票。当时从沈阳到杭州，火车行程需24小时，我们准备了报纸，打算上车后坐地上。没想到的是，火车上的乘客很热心，不断有人让我们"蹭坐"。当时车厢中冷气开得很足，寒气逼人，又因为是盛夏，我们都没带长衫，冻得直打哆嗦。一位探亲结束要回部队的军人从行李箱里取出了两件衣服借我们披上。这些事情，都让我感受到了祖国人民的善良和用心。可惜当时没想到留下对方的联系方式，事后回想，只觉世上的萍水相逢，多有不求回报的善意。

我曾有一学期报读了"珠宝鉴赏"。课堂上老师精彩的讲解，令我再三回味，和同学们兴奋地分享后，同学们带我去沈阳故宫、中街、太原街、展览馆"寻宝"。直到现在我还珍藏着这些价钱并不高的地摊宝贝。和同学们在严寒的冬天学习滑冰，来自南方的我在冰天雪地里一拐一跌。在同学们的帮助下，我学会了滑冰并顺利通过了体育考试……这些被我一直收藏着的宝贝和无数的经历，见证了我的成长和同学们的情谊。

大学四年，太多的画面，太多的回忆。直至今天，我们仍常常联系，也会在工作及生活之余争取见面相聚的机会。每次聚会都有谈不完的话题、说不完的趣事。几年前两个同学携眷带幼来珠海横琴长隆游玩，他们舍近求远，没有在横琴住，特意办港澳通行证来澳，目的是和我见面聚一下。当晚下班后，我们在酒店大堂聚会，喝着鲜奶、果汁，回味着大学生活的点滴、畅谈人生趣事，这就是友情长存的见证。记得有一次盈盈在没有预先通知我的情况下，约上我另一个大学闺蜜妮娜突然到澳门探望我，给了我一个大大的惊喜，我们一起到澳门地标大三巴牌坊打卡，发到东大同学微信群，让同学们一起感受我们的喜悦。

2014年同学们来澳聚会，摄于澳门大三巴牌坊

（从左到右：北京校友晏妮娜、福建校友蔡盈盈和作者）

在东大的生活，也令我们几名澳门校友变得更加亲密。大家在毕业回到澳门后，虽然各自忙于工作和家庭，但仍会抽时间相聚，细说校园往事，一起分享在澳门寻找到的"东北味"，是母校东大把我们联结在了一起。

几年前，我随澳门蔡氏教育文化基金会的理事到沈阳参访，特意回到东大，在熟悉又陌生的校园内，感受到的是学校不断的变化和进步。每当看到同学转发东大的新信息，看到母校取得的新成就，总会开心和激动不已。期待母校在下一个百年再创辉煌！

2018年作者回沈阳探望同学

澳门校友常欢聚，2019年夏摄于澳门氹仔地堡街

（从左到右：李瑞菁、邓美英、作者、张琪琪、张丽娇、李涛、何佩芳、林娜英）

本文特别感谢福建校友蔡盈盈、北京校友晏妮娜和澳门校友李涛的支持。

作者简介——

冯燕芝，2002年毕业于东北大学工商管理学院市场营销专业。从事成人教育接近20年，目前为澳门新华夜中学教师，同时担任澳门蔡氏教育文化基金会理事及秘书长。

真诚献出一份爱，我为校庆添光彩

——来自新疆的祝福

果海尔妮沙·麦麦提斯迪克　木亚萨尔·阿卜拉

我叫果海尔妮沙，是东大2011届毕业生。

我叫木亚萨尔，是东大2016届毕业生。

我们都来自新疆。

白山兮，黑水兮。我们骄傲，因为我们曾经是东大学子；我们幸运，因为今天能看到母校腾飞的模样。

记忆中的母校就像家乡洁白的棉花——带给人温暖；

记忆中的母校就像家乡香甜的哈密瓜——让人流连忘返。

我们想念母校的四季。

毕业以后，我们俩选择回到家乡，在祖国最西边的城市喀什为家乡金融事业作贡献。母校的培育之恩，我们终身不忘。

果海尔妮沙：时光荏苒，转眼间大学毕业已有十年，但是大学时的那些回忆都历历在目，仿佛就发生在昨天。

木亚萨尔：是的，我也毕业五年有余，每每回想起大学生活，恩师的谆谆教导，同学们的互助友爱，浓厚的学习风气，还有丰富多彩的课余生活——所有这些，不但成为我们记忆中的宝贵财富，也成为增强我们工作、生活能力的源泉。

果海尔妮沙：是的，我们徜徉在知识的海洋里，不仅学到了知识、开阔了视野，还结识了很多知识渊博的老师和努力拼搏的同学，老师们孜孜不倦、教书育人的奉献精神滋养着我，同学们不畏艰难、积极向上的心态激励着我，让我的大学时光充实而美好！

木亚萨尔：学姐，大学里哪些事对你影响较深呢？

果海尔妮沙："内地新疆高中班"让我有机会到广东广雅中学就读高中，享受优质教育资源；"大学生助学贷款"政策解决了我的大学学费难题。每每想到这些，总觉得自己是很幸运的人，是党和国家好的教育政策帮助了我，不然我不会有机会来到祖国这么发达这么美丽的城市求学、成长。从小热爱读书的我，特别喜欢东北大学的图书馆，在校期间担任学校图书馆志愿者，整理图书的同时阅读了很多图书，让我受益匪浅。你呢，学妹？

木亚萨尔：学姐，我跟你一样也是享受内高班政策过来的，所以我也心存感激。除了学习之外，日常生活中印象最深刻的是大三那年冬天的一个晚上，我突然发高烧、浑身发抖，接着不知昏睡了多久。等我睁开眼睛时，我躺在医院的病床上，旁边有我的舍友们和我的班主任，我鼻子一酸、两眼模糊……由于当时已经搬至浑南校区，加之已是凌晨两点，校医务室特意安排了车把我送至最近的医院，及时安排就医，舍友们整夜陪着我，班主任得知此事也是第一时间赶过来。当时我再次感受到了"家"的温暖。

"饮其流者怀其源，学其成时念吾师。"在母校百年华诞之际，衷心感谢母校的教师给予我们的一切关爱和培养。敬爱的母校，我们虽然离开了您五年、十年、甚至几十年，相隔五千里、甚至更远，但在您的怀抱中度过的人生中最关键、最美好的年华，从未从记忆中抹去。我们由衷地感激您，是您昨天的培育，造就了今天的我们。我们带着那些美好的回忆、学到的知识和满满的正能量，扎根边疆、奉献央行。

最后，祝愿百年母校越办越好，培育更多的人才，更续辉煌！

祝福母校生日快乐！

作者简介——

果海尔妮沙·麦麦提斯迪克：2011年毕业于东北大学文法学院经济学专业，目前在中国人民银行喀什地区中心支行工作。

木亚萨尔·阿卜拉：2016年毕业于东北大学文法学院经济学专业，目前在中国人民银行喀什地区中心支行工作。

我与东大始于一见钟情

赖骏鸿

韶光流转，盛事如约。在这微风轻拂，树叶飘荡的季节里，东北大学即将迎来属于她的一百周年华诞。一百年砥砺耕耘的风雨历程，一百年求索进取的辉煌足迹。一百载风雨兼程，一百载奋勇向前，东北大学的今天离不开历届东大师生的团结协作与艰苦奋斗。

东北大学的百年发展史，是一个新旧时代的交替。

云涛日破，往事沉浮。20世纪初，中国处于内忧外患之中，东北肥沃的黑土地孕育着富庶，引得列强垂涎。日本以其地理条件的便利，将魔爪伸向东北，不仅进行残酷的经济侵略、资源掠夺，还进行文化控制。在这风雨飘摇的时局中，东北大学诞生了。学校承载着老一辈人的精神寄托，在动荡的年代里，破茧而出，在承载着新使命的同时，展现出巨大的生命力。"知行合一"是东北大学当时的校训。1928年8月16日，震惊中外的皇姑屯事件刚刚过去两个多月，身负国仇家恨的东北保安委员会委员长张学良继任东北大学校长。一直以教育为立国之本的少帅对东大的发展倾注了大量心血，明确提出以"研究高深学术，培养专门人才，应社会之需要，谋求文化之发展"为办学宗旨，在学校建设和管理方面采取了一系列新举措，东北大学从此进入了发展的新时期。东北大学在方方面面都得到充足的支持，未来发展无限光明。

风雨载途，万事巨变。正当学校蓬勃发展之际，九一八的炮火炸碎了东北大学的强校之梦。东北地区作为首个被侵略的地区，东北大学也受到了极大的牵连。由于种种原因，东北大学不得不开启流亡之路，在全国各地辗转，不断恢复办学、停学，学校本身受到不小的影响。

力耕躬学，光明初现。在东北全境解放后，为保证新中国建设对人才的大量需求，1949年3月，东北行政委员会决定，以东北大学工学院为基础建立沈阳工学院，校址设在沈阳原奉天工业大学和市第二工科学校。次年4月，东北人民政府工业部决定筹建东北工业大学，包括沈阳工学院、抚顺矿专和鞍山工专。8月，东北人民政府发布命令，将上述三校合组为东北工学院。1993年，国家教委正式批复将东北工学院复名为东北大学。1993 年 4 月 22 日复名仪式隆重举行。在东北大学的发展史上，这是值得铭记的一天。校训也演变成了今天的"自强不息、知行合一"。

不忘初心，砥砺前行。在即将到来的东北大学一百周年华诞之际，作为东大学子，希望母校发展越来越好！校园如画，盎然春意。立德树人，卓育英才。百年校庆，欣逢盛世。百年强校，活力焕发。百年东大，奋勇激进！

风萧萧兮易水寒，学子入校兮两年尔。与东大的故事始于高考结束后的那本签名册，那是一见钟情的心动，是挥散不去的存在，是对未来的美好期待！带着那份 2000 千米之外的赤诚之心，在那个炎热的夏天，带着满心期待与欢喜，踏进了东大校园。还记得学校的横幅在微风中荡漾，别有一番诗意；还记得学校里的建筑，是令人沉醉的红墙白瓦；还记得图书馆前帐篷云集，人来人往，车水马龙……这一切的一切似乎熟悉而又陌生，熟悉的是这是我梦里的校园；陌生的是什么呢？也许是距离，还有那来自五湖四海的人吧。

余晖下的东北大学浑南校区小西门

心若向阳，年华未央。这一切都像梦一样，捉摸不透。我怀着初生牛犊般的忐忑不安和对新鲜生活的憧憬，踏进了东大校园。身份的转变似乎有些快，在纷杂的生活中，我似乎乱了阵脚。"还记得年少时的梦吗？像朵永远不凋零的花。"还记得年少时的梦吗？我似乎已经不记得了，但我仍然希望我是一朵永远不凋零的花。

静好如初，安之若素。青春，是镌刻在每一个人灵魂深处的一段记忆。无论如何，它都在那里，柔软了时光，丰盈了岁月。青春就像一条河，左岸是我们无

法忘却的记忆，右岸是值得我们紧握的璀璨年华，心中流淌的是我们岁岁年年笑泪交织的感悟。情不知所起，一往而深。人生如一片茶叶，在烈日下开花，在暴雨中成熟，在火焰上焙制，没有磨砺，怎能让那浸渍在茶叶中的芳香生发出来？纵使人生多磨难，我们仍需坦然以待。不甘落后的竞争，让我们兴奋，却揉进了焦虑；紧张充实的每天，多彩中又似乎那么枯燥。我们为何不多一份从容和淡定去应对呢？正如杨绛所言："人生最曼妙的风景是内心的淡定与从容。"我们莫如用一种"静好如初，安之若素"的态度去感知东大，感知生活。这种时光，或许只有在身临其境和满心回忆的时候，才是最美好不过的吧。我已经在东大度过了两年青春时光，过去、现在和未来，都将是我与东大不可割舍的每一天。我也将承载着东大的初心，在自己的人生阅历上谱写诗篇。

心之五彩，聚此斑斓。曾经很喜欢三毛的一首诗："如果有来生，要做一棵树，站成永恒。没有悲欢的姿势，一半在土里安详，一半在风里飞扬；一半洒落荫凉，一半沐浴阳光。非常沉默，非常骄傲。从不依靠，从不寻找。"树的一生若是这样，永恒、平常、沉默、收获，那成为树又有何不可呢？也许不是这样，我们会怀揣着初心去感知世界、活在当下，而树不会……愿我们以后不忘进入东大时的初心，活出自己想要的模样。

不畏将来，不念过往。曾很喜欢丰子恺在《不宠无惊过一生》中写下的"不乱于心，不困于情。不畏将来，不念过往。"在彼时那个阶段，生命的沉积在十几年的寒窗中芳香馥郁，美丽初现。若想生命之花暗香浮动，唯有把一切献给现在，明确自己的目标，牢记每一个不曾起舞的日子都是对生命的辜负。为生活，更是为自己，许下一个承诺，愿不负一生的努力，愿不会感慨"最是人间留不住，朱颜辞镜花辞树。"往事已过，可堪回首。人生没有重来的机会，只有后悔的机会啊。

蓦然回首，仍是少年。是夜，月光入户，烛影飘摇；庭前落花，无人知晓；少年面骨桀骜，燃烧青春。一面桌，一张椅，一叠纸，一支笔。寒窗苦读，是刻苦的见证；满袖檀香，是用功的证明。数年如一日，与明月结伴，与烛光共行。是少年人的执着，是读书人的坚定。吹灭读书灯，一身都是月。踏进校园，便是东大人；踏出校园，承载的便是东大的初心。

树在，山在，大地在；你在，我在，东大在。正如东大校训"自强不息、知行合一"。我与东大的故事始于"自强不息"，东大与我的故事始于"知行合一"。百年东大，未来可期！

作者简介——

赖骏鸿，2002年4月生，四川成都人，就读于东北大学软件学院信息安全软信2001班。曾荣获东北大学社会实践优秀个人，东北大学学业特长优秀个人，获得东北大学校级二等、三等奖学金各一次。

我的东大缘

李新根

有时候静下心来想想，生活真的很奇妙，一些看似非常偶然的事情却成了改变人生轨迹的重要节点，也许这就是缘分吧。正是那些看似偶然的瞬间使我与东大结下了不解之缘。26年前，是缘分让我选择了东大；20年前，又是缘分使我与东大的发展同呼吸共命运。

由于地理位置的原因，高考之前我基本上没有考虑过报考北方的高校，但一个偶然的机会改变了我心中固有的想法。记得上高中的时候，很多同学都订阅《中学生数理化》杂志。高三那年我看到某一期杂志的封底介绍东北大学，从小就仰慕英雄人物的我，当时就被宣传简介中张学良将军这样一位"千古功臣"深深地吸引了。那时我就暗下决心：我要报考东北大学。26年前的一天——1997年8月16日，是我一生中最难忘的日子，我收到了高考录取通知书。我终于被梦寐以求的东北大学录取了，成为了一名真正的东大人。

入学之后的学习和生活环境证明我当初的选择是明智的。校园内道路宽阔，苍松翠柏绿树成荫，使人心旷神怡；花园中姹紫嫣红，假山喷泉错落有致，令人流连忘返；教学楼庄重典雅，传统而不失现代美，给人艺术享受；图书馆藏书丰富，图书期刊数不胜数，启人心智思想；老师们学识渊博，治学严谨诲人不倦，使人受益匪浅；自习室秩序井然，莘莘学子勤学苦读，促人奋发图强；运动场馆设施先进，强身健体英姿飒爽，催人昂扬向上；校园文化丰富多彩，塑造人格陶冶情操，使人全面发展。

近七年的学习生活转瞬即逝，正当我为即将与东大挥手作别而伤感之际，又是一个极其偶然的机会，使我的命运与东大更加紧密地联系在一起，并能为她的发展进步贡献自己的绵薄之力。

从2003年上半年开始，我们班的同学就开始为找工作而四处奔波。我也一样，早早就着手联系工作。4月1日那天，我在校外接到辅导员的电话，说市委宣传部在招聘，问我想不想去试试，我当时还以为是玩笑，但一想辅导员打的电话，应该不会有假，就立即返回学校报名。那时候"非典"开始在全国蔓延，初试过后，等了半个多月才进行面试，等到面试结果出来已是 5 月初，那时候，由于"非典"肆虐，学校已封闭管理，学生不能随便出入。

有一天，我去辅导员那里交材料，当时辅导员问我最近有没有什么事，我说没有，他说那去批改成人高考的试卷吧。此前，成人高考是在上半年进行的，那年由于"非典"的原因，成人高考被迫推迟了，我当时没有多想就答应了。

批改成人高考试卷的第三天，我们学院分管学生工作的司院长来看望大家，那时候我是我们班的班长，看到我在那里批改试卷，就对我说，学校学报编辑部想在我们学院招聘一名应届毕业生留校当编辑，让我问问同学们谁有兴趣，可以到她那里报名。我想了一会儿，对司院长说，我想去试试。司院长平时对我比较了解，认为我比较适合从事学报的编辑工作，就鼓励我去应聘。

其实之前编辑部早就在物色人选，也有好多人去面试，但由于种种原因都没有被留下，所以那个岗位一直空缺着。想到这里，我心里也就没有抱太大的希望，但又想既然来了，就尽力表现吧，结果顺其自然好了。没想到的是，经过一番面试和领导谈话之后，我最后被录用了，成了一名永远的东大人。

作者简介——

李新根，文法学院行政管理专业 1997 级校友。东北大学学报编辑部主任助理，副编审，兼任全国理工农医院校社科学报联络中心副理事长、辽宁省高校学报研究会副秘书长。其责编的论文被《新华文摘》《中国社会科学文摘》《高等学校文科学术文摘》及人大复印报刊资料等全文转载 100 余篇。在《编辑学报》《科技与出版》《出版科学》等核心期刊发表学术论文 10 余篇。曾获全国高校社科期刊优秀编辑、东北大学先进教育工作者、东北大学"三育人"先进个人等多项奖励。

我与她的34年

——致百年东大

徐姝婷

1989年　　我0岁　　她66岁

1989年，一个女婴呱呱坠地。几天后，父母带她回到位于东北大学二舍的教职工宿舍，那时候她还不知道，她与这所学校、这片土地的命运交缠已经悄然开始。

1989年，东北工学院创建了中国第一个大学科学园。东大先后研发出我国第一台模拟电子计算机、第一台国产CT、第一块超级钢，以及钒钛磁铁矿冶炼新技术、钢铁工业节能理论和技术、控轧控冷技术、混合智能优化控制技术等一大批高水平科研成果，为高校科研成果直接转化成生产力提供了宝贵的经验。

1993年　　我4岁　　她70岁

1993年，东北大学的小花园是四岁的我最喜欢的地方。春天，我会踮着脚用小塑料桶从喷水池里打水，再去浇小花园里的花花草草；夏天，我会偷偷去尝小花园里樱桃树上结的果子的味道；秋天，我会踏着林荫道上的落叶，跟小朋友们玩跳房子；冬天，我会从学校铺满积雪的小山包上滑下去，冲进好似童年般蓬松甜蜜的雪堆中。

1993年，国家教委正式批准东北工学院复名为东北大学，学校聘请张学良为东北大学名誉校长。秦皇岛分院随东北大学复名而更名为"东北大学秦皇岛分校"。此时，距离1923年奉天省公署颁发"东北大学之印"、东北大学宣告成立，已经过去了整整70年。1923年10月，东北大学正式开学。学校仿德国柏林大学设计，王永江校长亲题"知行合一"为东北大学校训。在学校附近另开设东北大学工厂，占地200亩，供学生实习使用，刚刚诞生的东北大学已经开始运用现代教育的方式和手段，启迪学生思想，丰富学术文化。

1928年，身负国仇家恨的张学良成为东北大学第三任校长，他在对学生讲话时说，"我很希望诸君，要坚定了志向，各用自己之所学，全国学者都能如此，则中国自强矣"。"自强不息"出自《易经》中乾卦的象传，其词云"天行健，君子以自强不息"，张学良校长以"自强不息"鼓励东大学生。

自此，"自强不息、知行合一"便成为东大师生薪尽火传的信念与理想。

1998年　　我9岁　　她75岁

1998年，小学二年级的我，就读于东北大学家属院里的望湖路小学，每天上学放学都会经过东北大学小西门，看到里面穿梭的大学生哥哥姐姐，心中油然而生一种羡慕和向往之情，小小的脑袋里第一次有了"以后要像哥哥姐姐们一样，来这里读大学"的梦想。

1998年，东北大学进入国家首批"985工程"大学行列，并划入教育部直属，秦皇岛分校也同步划入教育部直属，成为国家重点大学，为学校的发展带来根本性改变。

70年前的1928年，爱国将领张学良兼任东北大学第三任校长。他明确提出，以"研究高深学术，培养专门人才，应社会之需要，谋求文化之发展"为东北大学的办学宗旨。先后捐出约180万银元，用于扩建校舍、高薪礼聘著名学者、购置国外先进实验设备、资送优秀学生出国。章士钊、梁漱溟、罗文干、冯祖荀、刘先洲、黄侃、庄长恭等一大批名师执教东大，可谓英才荟萃、硕彦云集。梁思成、林徽因夫妇也应张学良校长邀请来东大，创建了中国第一个建筑系。校园内，理工科大白楼，化学馆，纺织馆，图书馆，大礼堂，实验室，汉卿南，北楼，教授住宅东、西新村和当时亚洲最大的体育场鳞次栉比，建筑宏伟、壮丽辉煌（2001年东北大学和北京大学、清华大学和武汉大学的校园早期建筑被确定为国家重点文物保护单位）。张学良校长还极力倡导男女同校，1928年，共50名女生进入东北大学校园。他对体育教育也异常重视，组织学生代表队参加各类体育比赛。

2002年　　我13岁　　她79岁

2002年，我上初中，为了上学方便，搬离了东大家属院。在我的中学时代，学校生活和课外补习几乎占据了我全部的时间，几年间似乎也没太多机会回东大看一看，然而她却像一颗埋在我心底的种子，在时间的积累和岁月的养料中，不断积蓄力量，只待破土的一瞬。

2002年，教育部、辽宁省人民政府、沈阳市人民政府三方签订重点共建东北大学协议。同年10月，东北大学顺利通过教育部"十五""211工程"建设可

行性研究报告专家论证。

2008年　　我19岁　　她85岁

2008年，我们的命运在这一年正式被书写到一起。又或者说，早已熟识彼此的我们，终于在这一年换了一个更为亲近的身份相处——这一年，我终于如愿考上了东北大学，成为一名东北大学大一新生。

这一年发生了两件大事——北京奥运会和汶川地震。

随着举国各界为北京奥运共尽自己的力量，大家的视线也随着奥运被拉回到1932年。那一年，张学良校长出资8000银元资助东北大学学生、百米全国纪录保持者刘长春参加在美国洛杉矶举办的第10届奥林匹克运动会。7月30日，刘长春手执中国国旗阔步走在奥运会开幕式上，成为中国首次参加奥运会的唯一运动员。

2008年虽然有举世瞩目的北京奥运会，但同年5月的汶川大地震，却给这一年永远地留下了灰色的记忆。但也正是东北大学在这次地震中的作为，让我真切看到了一所大学作为国之重器的责任与担当。

当时，一听到发生地震的消息，东北大学学生就在学校先锋网上表达了为灾区捐款捐物、自愿献血的迫切愿望。地震发生2天后，学校600余名学生主动在沈阳中心血站采血车前排起了长队，挽起了衣袖，自愿为灾区人民献血。同学们在捐款箱前捐出了他们节省下来的生活费，当日捐款总额达9万元。学校也对受灾同学进行了慰问，在经济上、物资上提供了大力帮助。

这一切都给我带来极大的感触，让我意识到，能力越大责任越大，作为国之栋梁的摇篮的东北大学，就是要在国家需要的时候，挺身而出！

2012年　　我23岁　　她89岁

四年时间何其短暂，我在东北大学度过了一生中最无忧无虑的时光，在这里学到了积极、求索、知行合一的治学精神，培养了无畏、无惧、自强不息的人生态度。

十大歌手比赛中摇晃的荧光棒，篮球场肆意挥洒的汗水；课堂上老师的旁征博引，期末在图书馆的奋笔疾书；夏天在游泳馆透过落地窗看到的绚烂夕阳，冬天在五五体育场冰刀划下的优美弧线；九舍食堂的鸡腿饭，二舍食堂的包子，桃园亭的麻辣烫……这些细微得不能再细微的记忆碎片，平常得不能再平常的点点滴滴，在经历的当时也许都没有任何知觉，却在分别之后，成为往后漫长岁月中温暖我、支撑我、指引我的强大力量，让我可以独自走过南加的烈日炎炎，北京的秋风萧索，上海的繁华浮躁。不管我走到哪里，不管我面对什么，都不曾退缩，因着这些记忆深处的碎片，组成了勇敢的我、正直的我。不管我离得多远，不管时间过了多久，那年少肆意的眼神，昂扬的嘴角，那东大赋予我的精神与品质，成为我面对以后人生无论何种境遇最珍贵的骄傲与资本。

2015年　　我26岁　　她92岁

2015年，结束了三年南加州旅居生活的我，回到祖国，开始了择业、工作。进入社会，由学生到社会新人身份的转变，遇到了更多挑战，也收获了很多机遇和成长。初入社会，一切都是新的、陌生的，竞争激烈的工作环境甚至可以称得上凶险。独自在异乡打拼，见识到许多冷暖与悲欢，而在我以为自己快要撑不下去的时候、快要妥协甚至放弃的时候，总能想起"自强不息"这四个字。

何为自强不息？在26岁时，我对这几个字有了新的理解。

生活中，在顺境可以做到努力、上进的人固然不少，但是，能在逆境中依然不放弃希望，在苦难甚至绝望的时候不失掉勇气和信念，才是真正的自强不息。人不应该因为看到希望才努力，而是因为努力才能看到希望。

2015年10月，东北大学和中国（海南）改革发展研究院联合发起成立了中国东北振兴研究院。中国东北振兴研究院汇聚了国内顶级政治经济研究专家，整合东北地区政府、产业、学术、研究等机构的专家资源，并与国内外前沿政经研究机构联动，为东北振兴提供决策咨询和对策建议。

以民族兴旺、家乡振兴为己任，一直以来都是东北大学作为扎根东北，辐射全国的国之重器责无旁贷的使命。正如80年前，东北大学作为一二·九抗日爱国运动的先锋队和主力军，守护一方国土，在中国共产党的领导下，组织抗日爱国运动。东北大学师生冲破手持大刀的军警包围，孤军出动，从崇元观到西四北大街，再到东交民巷。他们冒着严寒，一直坚持到夜晚，成为斗争中的主力和先锋。斗争中，有四十多名东大学生被捕，张学良校长写信营救出被捕同学。而一二·九运动也标志着中国知识青年爱国运动走向新的历史时期，成为东大精神的重要组成部分。

2018年　　我29岁　　她95岁

2018年，在我来上海3年之后，各方面逐渐稳定，也终于找到并加入了组织——东北大学上海校友会。

在这里我认识了很多优秀的学长，在他们身上学到了为人、处事、治学、待人等方方面面的方法，也看到了未来的更多可能性，让我相信，作为东北大学毕业生的我，必将有一个璀璨的未来。而渐渐地，在我得到了大家许多不计回报的帮助和指引后，我也开始想要以我个人的绵薄之力，为母校、为校友会、为学弟学妹做一些事情。

我开始以校友会正式成员的身份服务和帮助大家，在上海校友会赵周礼会长等学长的带领和指导下，我参与组织举办了毕业生迎新活动、一二·九徒步活动、青年校友联谊活动，以及一系列线上线下的知识、信息分享活动来关怀和帮助不同年龄、不同需求的校友更好地在上海生活和发展，同时参了长三角企业家俱乐部的诸多活动，为校友互通有无，共创事业搭建平台。

我记得在开始接触和了解校友会的时候，问过学长一个问题——为什么愿意在校友会花那么多时间和精力，特别是在他们都已经事业有成、时间特别宝贵的时期？他们当时给我的答案让我印象非常深刻，同时也直接促成了日后我的加入。他们说，因为自己在初来上海、在人生迷茫、在遇到困难的时候，他们的校友、前辈曾经慷慨地伸出援手，帮助他们成为了现在的自己，所以，他们也愿意将这种义务、爱心和幸运传递下去。

在我看来，这正是东大精神的延伸和传承。因为我们都是东大人，骨子里流着一样的血，精神上崇尚一样的魂，所以我们天然地就有对彼此的认同、信赖和责任感。虽然在校只有短短几年，可是这几年给我们的却是一生都无法抹去的印记。非但无法抹去，这印记将在之后的岁月里随着经历的不同、思考的加深，历久弥深。正如一二·九运动中为民族存亡不顾个人安危的东大人，正如汶川地震中慷慨解囊的东大人，正如那些奋战在科研领域为国为民的东大人，也正如每一个在和平年代兢兢业业普普通通的东大人。它让我们更加有责任感、有大爱，也有饮水思源的感恩心和同理心，让自强与互助成为一种良性循环，让东大精神成为一颗种子，在世界各地，在任何土壤中都得以开花结果，感染更多的东大人和非东大人。

2018年至今，东北大学先后入选教育部首批国家级新工科研究与实践项目，被列为首批"全国党建工作示范高校"培育创建单位，东北大学低碳钢铁前沿技术研究院，被列入教育部第二批教育融媒体建设试点单位，加入辽宁省钢铁产业产学研创新联盟，入选教育部公布的全国首批未来技术学院名单、首批虚拟教研室建设试点名单、基础学科招生改革试点名单（强基计划）等，在新时期各个方面都取得了突出的成就。

时间来到现在，我与东大的命运，再次在母校即将迎来百年校庆之际交汇，又或者说，即使曾经相隔千里，其实我们从未真正离开过彼此。就这样，她教导我、哺育我，我陪伴她、见证她，并努力在未来可以早日反哺她、助力她！

这便是我与东北大学的34年。

未来，还有更多岁月，我将与你一起走过！

作者简介——

徐姝婷，2012年毕业于东北大学工商管理学院，现在中国建筑上海设计研究院从事室内设计和工程项目管理工作。土生土长的沈阳人，对母校有着极深厚的感情，任上海校友会副秘书长，在上海致力于与大家共建温馨互助、共同成长的校友大家庭。业余时间喜欢画画、看书、看展，与朋友一起运营文化社群，对世界充满好奇和热情。不管是主业还是副业，都致力于让这个世界变得更温柔、更美好。

我的东大七年

——写在母校东北大学百年校庆之际

周彦君

　　每每说起大学，我时常开玩笑说，人生青春须臾几年，而我的东大时光就占了七年。四年秦皇岛分校，一年南湖校区，两年浑南校区的求学经历，本硕生活皆与东大相连。东北大学于我而言，不仅是探索旷阔知识的汪洋，更是助我塑造人生观价值观的花园。毕业五年，作为还不算"资深"的青年东大人，每每见到东大校友都倍感亲切，听闻东大的发展和成绩也倍感自豪。

　　感恩成为东大人。是东大让我认识到世界的多元。同学们来自五湖四海，各个民族。大家的生活文化背景各不相同，风俗习惯也各有特色。作为土生土长的南方小城姑娘，第一次来到北方，对一切都感到如此新鲜，如此让人兴奋。大学生活，让我切身了解到了世界人文的多样性，也因此变得更加包容。我喜欢北方人的激扬豪爽，也喜欢南方人恰到好处的边界感；喜欢东北话的幽默风趣，也常常调侃南方方言的十里不同音。作为班级的团支书，班上同学们对我的班级管理工作给予了莫大的支持。我仍记得我们31005班的班级生日是11月14日，记得班级同学们一起在六号楼宿舍对面的空地里种下的"班树"，记得还给小树起了个名字，叫"茂茂"，寓意茂盛生长。同学情谊之外，还收获了舍友的闺蜜情。几个妹子天天生活在一起，分享彼此的秘密、快乐和难过，当然也有过摩擦与争吵，有的在时间荏苒中释然，而有的也非常幸运地沉淀下来成为一生珍惜的友情。

　　感恩成为东大人。是东大让我拥有了教师偶像。在硕士研究生就读期间，我非常幸运地认识了论文指导老师张昊。张昊老师是整个东大管理学院最年轻的几位老师之一，作为"80后"的张昊老师，于我亦师亦友，我叫他昊哥。学术研究上，昊哥没的说，干劲十足系里名列前茅，带着我一起做研究，努力发刊申请科研项目。更让我感动的是生活上的关怀，记得那时候我结束了几年的初恋，一度情绪低落无端流泪。昊哥发现了我情绪的异常，耐心开解，甚至和我分享他与师母的爱情故事，在昊哥的开解下，我的心情得到了极大的舒缓，擦干泪水，继续埋头看文献写综述。在东大那些年，帮助我的老师实在太多，毕业后虽与老师们联系不多，但永远心怀感激，时常挂念。

感恩成为东大人。是东大让我获得前所未有的自我认同。东大淳朴的学风，给我的学习生活提供了肥沃的土壤，连续多年专业成绩名列前茅，让我更加确信自己专业选择的正确性。单纯清朗的学生会环境，学长真诚无私的帮助，让我在优秀前辈的指引下，一路从学习部干事成长为系团委学生会的核心骨干。东大提供给每一个像我一样渴望学习、渴望成长的学子发展发光的舞台。只要学生有想法，学校领导和老师都会不遗余力支持，没有条件就创造条件。在一次又一次学校和系里组织的大型活动中，我得到了能力上的锻炼，也收获了他人的认可与尊重，内心更加笃定自信，而这份自信一直潜移默化地影响着我未来的工作及为人处世。

一晃毕业五年，东北大学也迎来了百年华诞。百年来，东大学子遍天下，这当中很多人是国家栋梁、精英翘楚，也有很多人如同我一样，在自己平凡的工作岗位上发光发热，热爱生活，努力向上。

"自强不息、知行合一"的校训深植在我们心中，每一名东大人，不管身处何时、身在何处，都用自己的言行给东大的形象做着自己的注解。

东大荣耀，东大人尤荣耀。

东大人自强，东大方更强。

作者简介——

周彦君，女，汉族，祖籍浙江金华。2010—2014年本科就读于东北大学秦皇岛分校市场营销专业，2014—2017年硕士就读于东北大学企业管理专业。曾任商贸系团委副书记，31005班团支书。

曾获得校十佳大学生称号，省优秀毕业生，"挑战杯"校赛一等奖，商贸系演讲比赛第一名，商贸系辩论赛第一名、最佳辩手等荣誉称号。在校期间成绩优异，两次获得国家奖学金，多次获得一等奖学金。

匆匆那年，葱葱那些年

王言博

  岁月向来匆匆。四年青葱岁月倏忽即逝，我们散作漫天星火。然而我们心中都有一个同样的寄托——东北大学。

  生命是一场告别，告别小城，来到异乡，发奋求学。有人问我，你一个江苏人为什么跑到这么远的北方上大学？因为浪漫。我喜欢雨，更钟情于雪。漫步雪中，呼出热气，到自习室自修，于我而言是一种浪漫。自修中，若是突然落雪，真理掺杂着雪的味道，更是一种极致的浪漫。如今蓦然回首，东北大学给予我的浪漫远不止雪。11年前，交通不算便利，从我家到北戴河站只有一趟绿皮火车直达，约18点开动，凌晨4点抵达。汽笛声响，随即便是隆隆的车轮碾压铁轨的响动。我听着许嵩的歌，和高中时代的朋友们在QQ上聊着天，告别着过去，期待着未来，一夜未眠。那时的火车不像现在这样准时，晚点是常态，后来很多次，在全国各地或大或小的车站，我经常等待晚点的列车，这种随机与不确定性也是一种浪漫。人生哪来那么多一定、必须，这是我高中毕业后能够有空独立思考，得出的第一个自己的结论。"各位旅客请注意，各位旅客请注意，前方到站，北戴河站，请需要下车的旅客，携带好随身物品，准备下车。"这段话，我可以模仿得很像，哈哈。出了站，第一件事是抬头看，星星虽少，但因为空气干净的缘故，显得很亮。深吸一口气，虽是夏天，北方凌晨的空气仍然称得上凉爽，但心胸和头脑却打开了。看向前方，东北大学的旗帜在飞舞，似有一股暖流围绕着穿着单薄，身体同样单薄的我。得知下一班校车6点才到达，我便和学长聊起了天。我的第一个问题是：东北大学有唱歌比赛吗？得到了肯定的答复后，还没开学的我，已经在规划用什么曲目参赛了。后来的日子里，我连续参加了新生琢玉杯，红歌赛，四届闪亮之星，英文歌曲大赛，市、省级歌手赛。最遗憾的是，没有在中文歌唱比赛中拿到冠军。多年过去，我仍然偶尔想起此事，甚至再见东大的老朋友们，他们也会揶揄此事。然则，遗憾是美好的构成要素，因为尝试过，才有遗憾的可能，才有美好的可能，我很庆幸有这些遗憾，这是东大给我的另类浪漫，让我回忆往昔，还能有这样"愤懑"的情绪，真是可爱极了。大一那年，我学习非常努力，最重要的是第一次可以按照自己的节奏学习，有时间把书中所有的原理搞清楚，清楚到闭上眼睛，可以把高数书中的内容从第一章推到最后一章，每一章、每一小节甚至每一页之间的逻辑关系都明了于心，高数也因此拿到满分，这和99分可是天壤之别。大一6点有晨跑，晨跑结束，在小汤河边总有一个身影，在朗读英文，那也是我。十年前的那个清明节下了雪，我在自修室钻研线代，回过神时，直觉膝盖发冷，于是来到小操场，一边跑步脑中一边推演定理。闪亮之星歌手赛拿到亚军，妆没卸，就回到自修室，预习第二天的课程。这些都是我引以为傲的昨天，它的意义不在于我当时拿了很高的卷面分数，不在于最后助我保研，而在于我努力过，我知道那是一种什么感觉，而我痴迷于那种美好的感觉，那是每天刷短视频永远体会不到的充实与满足。我们毕业告别晚会的主题是似水年华，我唱了《匆匆那年》《那些花儿》，下面的同学，都在说爱我，你们一定要知道，我也爱你们，爱你们每一个人。这是东大给我的最后的浪漫。

生命是一场相逢，天南海北，汇于东大，携手并进。刚入校的我，身上有"独"。我经常不屑于参加班里组织的活动，和舍友也仅维持着表面的和气，认为这些傻傻的社交会浪费自己的时间。同学来问我问题，我怕他超过我，不愿过多分享。后来，大一第一年的思想互评（大概是这个名字）给了我一个大大的教训，因为较差的互评，差点没能拿到一等奖学金。从第二年起，为了改变这一现状，我开始有意为大家服务，做起了学习委员，参与班内各种活动，和室友们打成一片。没错，当时的我非常功利，只是希望我的年终互评能够拿到高分。然而，意想不到的事情发生了，在与大家密切相处的过程中，我真心喜欢上了为大家服务，真心喜欢上了帮助大家提高成绩，也真心喜欢上了我那几个舍友。帮助别人没有让我落后，反而让我的学习成绩越来越好，因为一个真正的学霸，是能够把学到的东西清楚地讲授给别人的，这是对问题的进一步理解，我也经常在给别人讲解的同时，产生很多新的问题和思路，所以在那些年，我被尊为"学神"。做学习委员的过程中，我不断思考如何提升整班成绩，开始总结自己学习英语的经验，制作考前复习讲义，给班里同学们开小灶，甚至别的班的同学也来听，我也会为他们多准备一些讲义。我还把班内同学分成学习小组，由成绩较好的同学担任小组长，负责约大家一起自修、解答问题。较难的问题可以汇总，全班一起解决。班委做好了，校内团委职务也做得顺畅，因为我变成了一个有责任心的人，有主观能动性的人。东大教会了我，要想走得远，就带着大家一起走。大四没有课程，我卸任学委一职，担任班级负责人。印象最深的是，我把报到

证、成绩单发给班里的每一名同学，和每一名同学拥抱，告别，那是我最后一次为同学们服务。有朋友和我说，让我们各自努力，以后体面地相遇。这话不好，何谓体面，何谓成功，我们可以追求，但不能执迷。我们初相见时一无所有，出走半生的我们，归来仍应是少年。

　　人生最美好的四年，在东大，我的内心充满感激。"自强不息、知行合一"是夜空中最明亮的星，永远指引我前行。那不是我曾经驻足的驿站，而是我永远的港湾。祝福母校，蓬勃灿烂，辉煌永远。

作者简介——

　　　　王言博，2015 年毕业于东北大学秦皇岛分校，获得学士学位；2020 年毕业于上海交通大学，获得博士学位。2020 年至今在上海交通大学任长聘教轨助理教授，研究方向为钙钛矿太阳电池。在 *Science*，*Nature Energy*，*Nature Communications* 等国际顶尖期刊发表多篇学术论文，主持国家自然科学基金青年科学基金、中国科协青年托举工程、上海市青年英才扬帆计划等项目，参与科技部重点研发计划两项。

六年求学时光，铸就东大一生情缘

徐永乐

光阴荏苒。2003年，当我第一次踏入东北大学校门时，恰逢东大建校80周年。在经历了盛大、隆重的庆祝活动之后，给我留下最深印象的是晚会上的一首歌——《二十年后再相会》。因为二十年后是东大的百年华诞。

如今，不经意间，东大百年华诞已近在眼前。

百年时光，栉风沐雨，母校以百年发展的雄厚积淀和勃勃英姿，成为无数学子的希冀之地和梦想摇篮。提起母校，往事历历在目，仿佛就在昨日。于我而言，有机会在东大度过人生中至为关键的六年时光，是我一生之幸运。东大不但是我汲取营养、积蓄力量的摇篮，还是我塑造性格、淬炼本领的基地，更是我拓宽视野、插上梦想之翼的平台。

2009年6月，研究生毕业前夕，作者在东大校园留影

东大校歌中有一句歌词为"惟知行合一方为贵，惟自强不息方登高。"自强不息源于《易经》，充分彰显了生生不息，刚健有为的人生态度；知行合一则源于王阳明的《传习录》，意为认识事物的道理与实行其事密不可分，强调"事上磨"，在实践中接受磨砺。毫不夸张地说，母校"自强不息、知行合一"的校训

精神和文化对我产生的影响是一生的、深入骨髓的，使我受用终身，让我的人生从此有了更多可能，为我的人生发展提供了绵延不绝的精神动能。

2009年6月，作者在沈阳市发改委实习期间工作照

宋代诗人陆游有诗曰："绝知此事要躬行。"尚在东大求学期间，我便开始努力寻找各种社会实践机会，借助母校的强大影响力和社会资源，我获得了到政府部门实习、担任2008年北京奥运会沈阳奥足赛媒体记者接待翻译、担任港台学生代表接待团志愿者等十分难得的锻炼机会。这些或大或小的活动不仅让我结识了更多优秀人才、锤炼了自己的胆识、开阔了自己的视野，更让我在实践过程中逐渐体悟出一套如何更好发挥自身所长、与他人合作和建立互信可靠关系的经验与做法，让自己变得愈加自信和有竞争力。

而在离开东大的十余年时间里，我曾出国工作、更换职业、重选赛道、面临抉择，既在当时中国最大的海外有色金属项目中跑过矿山、住过临时板房、做过领导的翻译和秘书，也在东软集团担任干部管理经理，更在中央电视台历经新闻编辑、节目策划、制片人（团队负责人）等岗位，也曾面临过更换职业的困惑和焦虑，遇到过许多棘手的问题，很多时候既无现成经验可以参考，也无他人可以求助，历经事业发展的起起伏伏。然而，不畏浮云遮望眼，在"自强不息、知行合一"精神的影响和鼓舞下，我坚守自己的信念，即再长的路，一步一步也能走完；再短的路，不迈开双脚也无法到达。"石上凿井欲到水，惰心一起中路止"，凭借不懈的努力与韧劲，最终，我得以逾越自己眼前的一座又一座高山。

2009年11月，作者（中）在国外项目现场，担任英语培训主讲人

2016年7月，作者在工作单位中央电视总台留影

2016年7月，作者在中央广播电视总台工作照

　　环境对于一个人的影响和塑造是全方位的。东大是一所驰名中外的综合性大学。我很庆幸，在自己人生关键的六年中，在东大结识了来自不同专业的三种人：一种是比我优秀的人，一种是使我优秀的人，还有一种是愿意与我一道变得优秀的人。而这些人，一直都在影响和牵引着我。

　　静水流深，百年东大培养了和正在培养一批又一批精英人才，比我优秀者可谓俯拾即是，他们既是比我优秀的人，也是愿意与我一起变得优秀的同路人。有人说，与智者同行，与高人为伍，人生将不同凡响。在六年的东大时光中，我曾接触过不计其数的东大学子，他们的渊博学识、横溢才华、高远视野、聪颖智慧、优秀品质不时撞击我的内心，提醒我时刻保持低调谦逊、潜心努力，以追求成为一个更优秀的自己。

2005年10月，作者（前排左一）与同学一起留影

　　梅贻琦先生说过："所谓大学者，非谓有大楼之谓也，有大师之谓也。"可见大学与名师之间有着天然的联系。大学以大师为名，而大师则以大学为显。我本科和研究生时的专业分别为英语语言文学、外国语言学及应用语言学。东大名师云集、群贤毕至，作为学生的引路人，我的中外老师们以他们的博闻多识、严谨治学、人格魅力和孜孜熏陶，不但给予我们知识的营养，锻炼我们的思维能力，还不遗余力地引导我们持续拓展跨国、跨文化、跨专业的眼界，努力培养我们的综合素质，让我们不断超越自我，成为有本事、会做人的更优秀的自己。依然清晰记得，在我职业发展面临重要选择的时刻，导师金敬红教授一句话将我点醒，让我认识到不同职业选择将带来的影响，从而让我明确了自己的选择。恩师们的治学精神、谆谆教诲，实属我一生的宝贵财富，虽时过境迁，却情深致远，受用

不尽。

　　桃李不言，下自成蹊。东大以百年的深厚积淀，尽其所能为学子提供更为优越的学习环境，为学子增进学识、增长才干及其职业发展和人生规划提供更为宽阔的视野和更为广阔的平台。作为一名东大人，我有幸见证母校百年发展历程中的点滴与辉煌，也有幸接受她的哺育与滋养。十年树木，百年树人。站在百年发展的新起点，我坚信东大未来的发展将更为迅猛，东大的明天必将更加美好。同样，遍布全球的、优秀的东大学子，聚是一团火，散是满天星，也必将继续传承东北大学的文化基因和优秀品质。深深地祝福母校！

2009 年 6 月，在研究生毕业前夕，作者（左）与导师金敬红教授（右）合影

作者简介——

　　徐永乐，男，辽宁大连人，东北大学 2009 届毕业生。先后在东北大学就读本科和研究生，专业分别为英语语言文学、外国语言学及应用语言学。曾就职于中国冶金科工集团、东软集团，目前为中央广播电视总台制片人。

感念母校，一生东大情

——写在东北大学百岁华诞之际

宗 校

所幸甚焉，我于2004年考入东北大学，从此便在"白山兮高高，黑水兮滔滔"的韵律中开启了崭新的大学生活。时光荏苒，六年光阴，从基础学院到校本部，从采矿学馆到逸夫教学楼，从刘长春体育馆到一二·九公园，处处留下我求学求实、求知求悟的身影。阔别已久，毕业后无论是奔波在深圳、广州还是北京，始终无法忘怀在沈阳、在东北大学的黄金岁月。如今提笔，我的大学，似有千言万语急于对她倾诉。

我的本科是在东北大学工商管理学院读的工业工程专业，又称IE，是一种从研究人的作业动作行为入手，以减轻疲劳、节约时间、提高生产率为目的的管理方法。如果从马克思主义哲学角度去理解，我想应该是抓住主要矛盾和矛盾的主要方面。这样一种思维方式和工作方法，能够使之受益的群体远远不局限于工厂和车间，而是浸入到经济社会管理活动的方方面面。以我现在从事的机关工作为例，点多、线长、面广是一大特性，程序性高、规范性强是一大要求，对于统筹把握各项工作之间的关联，科学准确判断多项任务的轻重缓急并妥善处理，无形中运用到工业工程法。通常而言，要把领导着重关注的、其他处室着急协调的、办结时间迫在眉睫的，当作当前阶段工作中的主要矛盾和矛盾中的主要方面，聚焦重点难点，运用资源力量，方能有条不紊地高效做好工作。

我的硕士研究生是在东北大学工商管理学院读的企业管理专业，研究方向是人力资源。毛主席曾经说过："武器是战争的重要的因素，但不是决定的因素，决定的因素是人不是物。"同理，我们搞学术研究、做百家工作，都要高度重视"人"这个重中之重的要素。人力资源学恰恰就是这么一门学问。一般说来，人事六大模块是指人力资源规划、招聘与配置、培训与开发、绩效管理、薪酬福利管理、员工关系管理。毕业后，我先后在企业人力资源部门、机关组织人事部门工作，把在学校收获的理论知识应用于工作实际中，对于人力资源的理论指导和实践运用，便有了更深一层体会。习近平总书记在2020年秋季学期中央党校

（国家行政学院）中青年干部培训班开班式上发表重要讲话时强调，提高解决实际问题能力是应对当前复杂形势、完成艰巨任务的迫切需要，也是年轻干部成长的必然要求。对于走出象牙塔进入社会的年轻毕业生，加强理论学习，提高业务能力，改进工作作风，把工作过程作为进修、补课、历练的过程，用实际行动践行"终身学习"理念。

与东北大学相识以来，"自强不息、知行合一"的校训精神就在我心中深深扎根，时时指导我牢固树立马克思主义的世界观、人生观、价值观，中国特色社会主义的理想信念和正确的权力观、地位观、利益观，心存敬畏，知所趋、知所避、知所守、知所止。

这些年无论身在何方，东北大学就像我的师长、我的兄弟、我的朋友一般，不曾从我的心头离开过一刻，每每欣闻有关东大的一个个振奋人心的好消息，例如，2017年9月，经国务院批准，东北大学进入一流大学建设高校行列，"控制科学与工程"进入"双一流"建设学科名单；又如，2014年秋季开学伊始，现代化教学环境、国际化管理理念、人性化服务保障的浑南校区正式投入使用；再如，2020年国庆电影三部曲之一的《我和我的家乡》来到东北大学取景等，都令人心潮澎湃，难掩激动之情与骄傲之心。2018年5月，本科毕业10周年之际，在工商管理学院组织下，我们2008届毕业生相聚校园，似曾相识燕归来，熟悉的场景一幕幕浮现眼前，在这里挥洒青春和泪水的点点滴滴涌上心头，感谢曾经的校园和曾经的自己。

2023年，东北大学即将迎来100岁生日，历史的长河中，百年只是转身一瞬。祝愿东北大学永远朝气蓬勃！祝愿东大学子永久奋发有为！

作者简介——

宗校，本科就读于东北大学工商管理学院2004级工业工程专业，硕士就读于东北大学工商管理学院2008级企业管理专业。现任中华全国总工会组织部综合处处长。

振翅起高飞——我的"东大"情缘

——献给母校百年华诞

刘 燕

我与东大结缘，是在三十五年前。

1988年，十八岁的我参加高考，焚膏继晷的工夫没有白费，总分超过了重点线，爸妈乐不可支。

是啊，爸妈都是老师，一辈子勤勤恳恳地栽桃树李，学生高考得胜都打心眼里高兴，何况自己的女儿呢。

一家人伏案几日，在如海一样的招生简章里不断权衡，最后选报了东北工学院，这是闻名遐迩的全国重点大学，当时的我，也因为与这样一个有传承、有内涵、有底蕴的高校结缘而额手相庆。

转眼开学的时间到了，当年，与现在上大学举家相送不一样，爸妈帮我把行李装好以后，我就孤身一人踏上了求学的列车。

临行前，爸爸写下了一首七绝勉励千里求学的我：不求红紫去铅华，白雪绒球染彩霞。凭借好风飘万里，天涯原是女儿家。

我当时和爸妈说："四年时间很快，之后我就回包头陪你们！"

四年大学生活的确很快，然而随之而来的读研、读博、留校、任教、成家、生子，在东大落地生根，包头的家，是我寒暑假匆匆一晤的故园，再没有真正意义地回去了。

当年，我二十岁的哥哥在外出差，我们在北京火车站相见，之后他陪我一起坐上开往沈阳的列车。

初谙世事的兄妹俩，坐在拥挤嘈杂的车厢里。我望着窗外一逝而过的原野，内心充满憧憬、期望；同时，还有惴惴不安，我问哥哥："你知道去东北工学院坐几路车吗？"哥哥答道："我也不知道，下车再问呗。"当时我真有些犯愁，人生地不熟的，万一走丢了咋办？

　　下了车，随着人流出了站，赫然看见醒目的红色横幅"东北工学院新生接站处"，十几个朝气蓬勃的年轻人忙碌着，我和哥哥赶忙走过去，亮出录取通知书，马上就有志愿者同学接待我们，那扑面而来的热情、无微不至的关怀、耐心细致的帮助，让我和哥哥在异地他乡顿感暖意萦怀。哥哥悄悄和我说："到底是名校啊，果然不一样！"

　　之前我对大学的印象，仅限于包头钢院（内蒙古科技大学），初到东北工学院，一切安顿完毕后，我和哥哥在校园里徜徉，看到鳞次栉比的教学楼、环境优美的生活区、宽阔平坦的运动场、郁郁葱葱的绿化园，不禁喟然感叹"东工也太太太大了！"

东北大学正门

　　当年真的没有想到，在这块热土上巍然挺立着的我的母校——当年的东北工学院、后来的东北大学，将是我一生青春飞扬、梦想起航的地方。

　　那年，哥哥离开前，我们俩特意到学校边上的南湖公园的卧波桥，花钱照了一张合影，哥哥笑道"留此萍踪影，长存忆念中。"

　　三十年后的2018年，年过半百的哥哥来沈阳，城市的发展、学校的腾飞，翻天覆地的旧貌变新颜，令他惊叹不已。

　　我陪他故地重游，在南湖公园却没有找到卧波桥的踪影，只好在原先大概的位置，又照了一张合影，新旧比对，我们蜕尽了青涩，写满了沧桑，三十年后向青春致敬，为曾经如诗般纯真、勇敢、倔强的岁月而感动……

作者（左）和哥哥（右）1988年和2018年在南湖公园桥上的合影

回想往昔，我走的每一步，爸爸妈妈都给予了我无尽的支持，爸妈作为教育工作者，见女儿继承衣钵，在东北大学这样的名校从事教育事业，都倍感喜悦和欣慰。

人们说：母爱如水，父爱如山。的确是这样，一路走来，在我在东北大学求学、任教的道路上，爸妈生前都给了我无数的指点和教诲。为当时茫然无措的我指点了迷津，也为我今后的发展指明了方向，这就是父母之爱，纯净、深厚、隽永、绵长。只可惜啊，我慈爱的父母都已远去，我再也聆听不到他们谆谆的教诲，再也看不到他们慈爱的面庞。

爸妈给我起名"燕"，哥哥的名字是"鹰"，弟弟的名字是"飞"，寄托了父母对我们的期望，那就是"常有鸿鹄志，振翅起高飞"。

爸爸当年从湘山楚水来到塞外边城，毕生献给了教育事业，我也秉承爸爸的志向，从草原钢城来到东北大地，栽桃树李乐未央，在我们心中，故乡的概念已经扩大，是整个中国。

从十八岁来到东北工学院，我始终在母校温暖的怀抱里学习、生活和成长，三十五年来，从未离开。母校让我见识到名校的气势恢宏，母校带我遨游知识的海洋，母校让我拥有优秀的师友，母校激励我勇敢面对挫折失败；母校让我在迷惘中明确了方向……

校园里的一草一木都见证了我一步步成长的晨昏滚滚，作为东大人，我也有幸目睹和参与了母校翻天覆地、日新月异的飞跃巅峰，母校赋予我的一切，都是我一生中不可再有的财富。

在东北大学的悉心培养下，我从一个懵懂青涩的学子，成长为母校的教授、博士生导师、学科带头人，在我曾经踔厉求学、笃行不怠的教室里，我转变了角色，成为年轻学子的老师、引路人，这是多么令人欣慰的传承啊！

书山有路勤为径，学海无涯苦作舟。在东北大学这块沃土上，我将牢记父母的教诲和嘱托，不断激励自己，为着越来越美丽的中国风景，为着越来越恢宏的母校前景，踔厉奋进，以梦为马，不负韶华。

好风凭借力，振翅起高飞！

作者简介——

　　刘燕，女，博士，东北大学冶金学院特殊冶金与过程工程研究所教授、博士生导师，化学工程与技术学科学术带头人。参与创建中国有色金属学会冶金反应工程学专业委员会并任秘书长，任中国有色金属学会青年工作委员会委员、副主任委员，获得首届中国有色金属青年科技奖。主要从事冶金反应工程、化工冶金反应器设计及反应器的物理数学模拟等研究工作。

冷暖东大

吴厚亮

我的家乡，在重庆的一个普通山村。小时候，帮父母干完农活，我常常对着家门前的大山，憧憬着外面的世界。1999年8月，高考完毕，我怀揣着儿时的梦想和全村乡亲的嘱托，踏上了北上的列车，前往东北大学，作为20世纪最后一届跨入校门的大学生，我却是我们村走出来的第一个大学生。

选择报考东北大学，除了仰慕她的实力与声望，另一个重要原因是想去看雪，在中国"三大火炉之首"生活了十几年，我对冰雪的向往是按捺不住的。冷与暖，不仅是沈阳与重庆这两座城市的特质差异，也完美地融合在我的东大岁月里。

先说冷艳。老舍先生笔下的济南的雪，更像是略施粉黛的小家碧玉，虽然也别有风韵，但我更欣赏沈阳的雪。每当冬季来临，鹅毛大雪飘飘洒洒，下得酣畅淋漓，就像东北人的豪爽和热情，让人倍感亲切，无法阻挡。大雪过后，整个东大校园一片洁白，踏雪而行，豪气顿生。中心花园的红亭子、美丽姑娘的红围巾、扫雪同学的红脸蛋，在白雪的映衬下，更加娇艳欲滴。此时，方才真切地感受到毛主席说的"看红装素裹，分外妖娆"的意境。壮美哉，东大的雪！

再说冷静。东大的学风是冷静的。不论是著作等身的教授，还是初入校园的学子，东大人对于学术的认真与执着是一脉相承的。自习教室的爆满、中心考场的威严，就是最直接的体现。连我们一向以活泼著称的法学系学生，在辩论赛场，在模拟法庭，也都是沉着稳定，胸有丘壑的。我觉得这样的风格就像东大的松柏，作为学校里种植面积最大的植物，不管是春夏时光的嫩绿吐丝，还是秋冬季节的深绿铠甲，这仅仅是自我形态的自然更替，不去在意小草对它的仰望眷恋，不去理会花儿对它的顾盼生姿，而是聚精会神，茁壮成长，笔直向上，拨云见日。偶尔去一趟繁华的沈阳市区，再骑着自行车回到东大校园时，看到松柏挺拔的身姿，闻到松柏特殊的香气，整个人顿时安静下来，就想赶紧拿上书本去教学楼学习……

最后说冷门。我所在的文法学院每年都举办篮球比赛，参赛的是大一和大二的学生，以班级为单位组队参加。在所有参赛队伍中，我们队的平均身高最矮，甚至比有些班级的平均身高矮十多厘米，赛前没人看好我们，甚至包括我们自己。但我们第一年参赛就获得了亚军，着实爆出了一个大冷门，第二年我们更是奇迹般地夺冠。第三年时，因为大一的学生在基础学院校区，不方便赶到南湖校区，所以大二和大三的班级又组队参加了一次比赛，我们队蝉联冠军。扎实的技术、默契的配合、辛勤的汗水，再加上克服困难的勇气和永不服输的劲头，就是飞扬的青春，把我们自己从原先的冷门变成了夺冠的热门。毕业之后从事法律工作，经常遇到各种挑战，每当陷入困境，我常常回忆起在球场上跟兄弟们并肩作战的经历，激励自己敢于战胜一切困难去获得胜利。

如果说，"冷"是我对东大的特有印象，那么"暖"也绝对是我在东大的重要体验。

先说暖胃。刚到学校的时候，吃到第一勺米饭，我就被它香甜软糯的口感惊呆了。自己吃米饭近20年，却不知道它竟然可以这么好吃，甚至后面好几顿都只吃米饭，没有买过菜。逐渐熟悉学校的饮食以后，因为囊中羞涩，我便对物美价廉的鸡架情有独钟，不管是椒盐的，还是五香的，我都吃得津津有味。在我看来，虽然鸡架上的肉不多，但那可是一大只，即使是在老家农村，3块钱也买不到这样的好东西。再后来，我在校报陆续发表文章，获得的稿费足以保证每周一晚上去二舍食堂买一个看起来有半只鸡大小的鸡腿。一边大快朵颐，一边观看央视的《天下足球》节目，那是一周里最享受最惬意的时光。

再说暖身。我作为大一新生赶到学校的时候，比规定的报到时间提前了两天，与我同行的沈城其他高校的学生不被允许进入学校，只能住酒店。我担心也碰到同样的遭遇，正感惶恐的时候，东大却敞开怀抱迎接了我。更加出乎意料的是，大二的两名学长不仅把我送到宿舍，还亲手帮我铺好床，支好蚊帐，等他们忙完走后，已经很晚了。坐了几天的火车，一身疲惫，我跑到水房冲凉。冲凉在夏天的重庆司空见惯，但我不知道沈阳的水是地下水，一下子倒在身上竟然刺骨地寒冷。草草冲完凉，赶紧钻进刚铺好的被窝，身体逐渐暖和起来。安静而孤寂的夜里，宿舍里只有我一个人，想到自己从13岁上初中住校开始，还没有被人如此照顾过，一下子热泪盈眶。第二天，我觉得不能再冲凉了，就准备提着暖瓶去买开水兑着洗澡，但被告知需要水票，而且要正式开学才能买到。失望之际，我鼓起勇气对一个路过的学姐说，能否把她的水票卖给我一张。学姐有一双漂亮的大眼睛，她温柔地对我说，你是大一新生吧，我这张票送给你了。拿着她递给我的还带着体温的开水票，拧开放开水的阀门，我感到一股热浪袭来，整个人都温暖起来，尤其是眼睛……

最后说暖心。1999年，第九届全国人民代表大会第二次会议把"中华人民共和国实行依法治国，建设社会主义法治国家"写进了宪法修正案。作为同年入学的东大法学系学生，我倍感振奋。在学校如饥似渴地学习专业知识，建筑学馆、机电学馆、冶金学馆，都有我的身影；学生会、记者团、辩论队，都有我的付出。在校外满腔热情地参加社会实践，东软集团、沈阳电台、辽阳法院都有我的足迹；勤工俭学、社区公益、工厂考察，都有我的践行。身无分文却胸怀天下，心中总是被崇高的使命感和奋进的紧迫感填满，迸发出火热的能量，给我以温暖。

每个人对自己的经历都有独一无二的体验，如人饮水，冷暖自知。东大的冷暖，开阔了我的眼界，增长了我的才干，锻造了我的品格，升华了我的情感。对我而言，在母校的4年求学时光，是我人生中的宝贵财富。

冷暖是四季的交替，也是人生的底色，更是时代的变迁。今年是母校建校一百周年，百年沧桑，恰风华正茂。母校的一百年，是参与和见证中华民族从积贫积弱到走向复兴的一百年。今年也是我从母校毕业的第二十年，廿载奋斗，仍不忘初心。我记得张学良老校长的嘱托，东大的学子要立志改变社会，而不是被社会所改变。我会把个人的奋斗融入国家民族的伟大事业，在新的时代再立新功。

祝母校东北大学百年华诞生日快乐！

作者简介——

吴厚亮，1999年进入东北大学法学系学习，2003年毕业，获得法学学士学位。现任方太集团执行委员会委员、法律事务部总监、浙江省宁波方太厨具有限公司律师事务部主任，并担任宁波仲裁委员会仲裁员、宁波杭州湾新区劳动人事争议仲裁委员会兼职仲裁员。

人生就是一场不断跨越"维度"
和"界限"的升级

袁建东

序 言

从湖南郴州到东北大学的距离是 2445 千米，从东北大学到深圳华为的距离是 2750 千米，从华为深圳坂田基地到松山湖南方工厂，再到全球各地则是超过 5000 天的经历。每一次的跨越，不仅是物理距离的变化，更是认知维度和能力界限的升级。东北大学给我最初的原动力，是"自强不息、知行合一"的校训，以及彰显的图存图强的精神。更重要的是，东大初步构建了我的人生观、价值观，以及基本的认知体系，让我有机会看到更大的世界，并且激励着我保持学习和进步的姿态。

第一个跨越：从家乡到东大，梦开始的地方

作为一名来自丘陵地带的南方人，对东北最初的印象是大碗喝酒、大块吃肉的痛快潇洒。在高中历史教科书上看到张学良英姿勃发的照片，以及少帅建设东北大学的事迹，从那时开始便下定决心报考东大。记得 2000 年，广州通往沈阳的火车还没提速，要经过足足 48 小时的长途旅程。火车从南到北，穿过丘陵、湖泊和一望无际的平原，让我第一次尽情领略沿途的山川壮丽、疆域辽阔。一路上，我开始憧憬，东大即将开启我的新梦想。

进入校门，对东大最初的印象是校园很大，从东门的三好街走到西门的美食街，徒步需要十几分钟。然后发现东大图书馆的书很多，学习气氛很浓厚，图书馆的自习室每天都是满座。"读完图书室的书"这一目标其实来自与文法学院任鹏的打赌，说要学习毛主席年轻时候的读书做法。我们列了一张很长的书单，阅读量估计快涵盖一个图书室了。大学时候的广泛阅读及逐步养成的阅读习惯，为我走入职场奠定了坚实基础，相当于人生一次重要的思维升级，为后来形成比较有方法、有思路、有决断的管理风格埋下伏笔。

如果说看完图书馆所有的书，是轻狂少年许下的宏愿，那么真正帮助我形成知识结构的，则是管理学院的老师们。东大管院拥有一大批一流的学者，他们不仅向学生讲授知识，而且和学生一起用心体会真知的含义，从而使这座历史悠久的学府可以保持动人的风采。

教"西方经济学"的郭德仁老师，骑一台雅马哈摩托车，经常停在何世礼教学馆楼下。多年以后，我还记得他上课时的开场白："'治国之本，在于德仁'，我是郭德仁。"郭德仁老师的授课特点是穿插各种小故事，生动鲜活地诠释经济学的基本原理，需求供给、边际效用、机会成本……郭德仁老师带给大家最大的启示是经济学就是经世致用的学科，经济学认知逻辑对日常生活也大有用处。教"管理学原理"的张翠华老师，逻辑严谨、理论深厚，善于调动课堂气氛。张翠华老师上课时会安排企业实际案例分析，发动我们参与进来，让我们在案例讨论中加深对管理理论的理解。郭伏老师是工业工程领域的国家名师，教"人因工程学"。这门课要求动手做实验，我们分成几个组，拿着测量工具，测量灯光明暗度、座椅的倾斜度等，然后计数、制表，最后还要建模。

东大管院招生以理科生为主，课程注重实操训练。记得我们学的高数教材是绿皮清华版，以及让人抓破头皮的"运筹学"，甚至毕业前的实习课都是安排跟机械、冶金专业学生一起的金工实习。我跟两名同学一组，当时被分配到锻造车间，任务是加工完成一套工具。当时觉得课程挺难，老师们要求也很严，后来才理解学校的良苦用心。至少对于从事科技业、制造业的同学来说，扎实的专业学习加上实操训练，为我们职业的长期向上发展打下了坚实的基础。

毕业前，我参加了沈阳市的公务员选拔考试，过五关斩六将获得最后的机会，是去劳动局做秘书的工作。也许是那时过于年轻气盛，也许是不习惯于机关工作，我总想去改革开放的前沿深圳看看，寻找属于年轻人的机会。毕业前的一次深圳之行，最终促使我决定放弃沈阳公务员这一份别人看起来很有前途的工作，毅然决然南下深圳，进入华为，开启新征程。

第二个跨越：在华为奋斗的五千天

进入华为其实也比较偶然，毕业前我专门去过一次深圳，留下了一段美好回忆。有天晚上坐公交车路过华为坂田基地，看到一栋高高的玻璃楼挂着闪闪发亮的HUWEI标志，在梅观高速两边的建筑物中显得鹤立鸡群。华为基地的道路命名很有科技感，有隆平路、稼先路、冲之大道、居里夫人大道……居里夫人大道

东侧的华为单身宿舍被内部员工亲切地称为百草园，靠近隆平路的后门有间书店叫三味书屋。

冬天过后，华为开始扩大应届毕业生招聘，到2010年前后每年录取人数已经破万，高薪水、高增长和高科技吸引着一大批胸怀大志的年轻人加入。到2018年，华为进一步发布天才少年计划，年薪达到百万元以上，成为高科技企业的旗帜。我正是较早一批乘着这股春风进入华为的人。刚进华为的第一个月，在华为大学的大队培训，集体学习任正非的《告新员工书》，参加"爱一行、干一行"VS"干一行、爱一行"辩论，还获得最佳辩手，奖品是一本书《把信送给加西亚》。我进入的终端公司，负责生产手机、固定台（一种无绳电话）、机顶盒等通信终端产品。最开始叫手机业务部，第一任CEO是徐直军，后来成长为占据华为收入半壁江山的华为消费者业务BG。

我的第一个岗位是海外物流高级专员。或许是考虑到当时终端物流部员工整体学历都不高，好不容易进去一名工程师，还是985高校毕业，所以职位弄得挺高大上。很快我就发现，物流的工作既不海外，也不高级。仓储管理，需要拉叉车、搬箱子，需要录单据和仓库盘点……各种琐碎基层的物流操作活儿，我都干了一个遍，扎根下去。当时，物流部部长蒋世锋评价我：终端物流部活生生把一个初出茅庐、志大才疏的毕业生，磨炼成技能熟练、坚韧踏实的物流工程师。2008年初，我晋升为华为国内运输调度科长，成为终端最年轻的科长之一。

华为内部流行一句话，人与人的差别在八小时之外。我的八小时之外也被利用得挺充实，我有一个爱好是编写案例。我把物流现场操作的经验、方法和技巧总结成流程规范和案例，其中案例汇总起来竟然超过20篇。2009年的某天，我去威新软件园开会，遇到从北非回国的东大校友刘强，他告诉我我出名了。原来我的一篇物流降本提效的案例获得公司案例竞赛一等奖，海报就贴在人力资源部所在威新7号楼入口。

但行好事，莫问前程。很快我被调到更靠近市场一线的客户订单部，继续担任科长，对接终端全球各地区公司的订单统筹。订单统筹是华为实践ISC集成供应链变革的创举，链接市场和供应链之间的岗位，名字据说取自华罗庚的"统筹方法"。订单统筹需要经常到全球各地出差，做项目支持。印象中最难的北美EDI（电子数据交换）项目，是我作为项目经理的第一个大项目，要打通美国运营商客户的合同和物流对接。我和项目组在终端总部所在地达拉斯，集中做方案、见客户调研、系统调试……历时一个月，终于攻关成功。项目最大的收获是客户视角形成，真正理解以客户为中心的背后含义，总部如何支持市场一线，如何想客户之所想、急客户之所急，以及供应链如何贴近客户现场。后来又支持印尼、印度、阿尔及利亚等供应中心建设。海外项目经历帮我打开了国际化视野，形成丰富的多元化工作经验，对我在华为的成长起到很大的帮助。

　　2012年，华为在集团层面成立制造SBG（服务类型的业务群），统一管理所有业务群的制造，同时制造战略上升为公司战略。3年之后，国务院正式发布《中国制造2025》，此时华为已经做好充分准备。此前一年，松山湖开始营造手机智能化工厂，调动核心人才加入。我作为在多个岗位历练过的种子选手，被遴选为部门经理，负责整合手机、移动宽带和家庭终端三条产品线的制造计划和调度业务。从此，进入公司中层管理行列。刚开始压力很大，经常琢磨如何管理好几十号人的团队，有些人年纪比我大、有些人经验比我丰富……经过两三个月的煎熬，我形成一整套自己的管理方针：目标坚定，以身作则，奖罚分明，令行禁止。

　　相比于订单和计划，物流的工作有明显的事务性和操作性，而制造的工作更具基础性和系统性。制造业是经济发展的重要基础，对制造的重视和投入，反映出任正非深刻的洞察力。2年后，我升任部长，并成为体系AT（管理团队）成员。最激动人心的是2015—2020年，这5年是华为手机腾飞的5年，也是华为品牌走入千家万户的5年，更是华为成长为全球性科技巨头的关键阶段。被称为"疯子"的余承东，带领华为终端一路高歌猛进、势如破竹，留下一段经典话语"能实现的吹牛是战略，不能实现的是吹牛"。从国内到海外，华为手机通过一场场硬仗接连PK掉多个竞争对手，跨入发货量2亿台俱乐部。

　　当然，"吹牛"的背后，需要通过众多职能部门团结协作来兑现。其中COO万飙带领的终端供应链，从名不见经传到异军突起，起到中流砥柱的作用。而我恰恰就在这场战役的主战场的关键岗位上，亲历这段难忘的过程。从P1到Mate30系列，供应链不断改进，挑战不可能，把主观能动性发挥到极致。在此期间，我们开始与知名高校联合，对供应链业务进行模拟仿真和数学建模，沉淀方法论。供应链最难啃的硬骨头莫过于交付周期，我们应用概率论方法，引入95%置信区间压缩周期，在国内率先实现手机2天交付，客户满意度大为提升，并进一步总结成周期改善三部曲的方法。在智能制造的推行上，我们对标博世、丰田

等标杆，应用数学建模，形成业界领先的终端智能调度系统。新系统全称是终端制造先进调度系统（terminal manufacturing advanced scheduling system），中文谐音托马斯，寓意无所不能的小火车头，象征着计划调度是供应链体系的指挥棒。我在一次新员工座谈会分享，供应链在华为成就世界级管理体系上有所贡献，诀窍就是重视现场改善，在实践中进行创新，实现自我迭代。而这，与当年在东大工商管理学院打下的实操训练的印记是分不开的。作为三个操盘手之一，我负责拉通后端整个制造资源的备份，多次深入代工厂现场，以及协同营销和研发做应对方案。那半年，每天起早贪黑，比平时超出2倍的工作量，有时候感觉快撑不下去了。但是想到作为一个普通人，能深入科技战的前沿阵地，那种为国争光的荣誉感深深地激励着自己继续前行。即便我后来选择离开，心中仍然对老东家华为，以及那长达5000天的奋斗之路充满感恩之情。

第三个跨越：百战归来再读书，进入北大光华

2016年，东大管院参访华为。在松山湖南方工厂，我给老师们介绍华为制造五星级工厂，现场展示松山湖华为最先进的手机智能生产线，20秒生产下线一台手机。副院长严立宁提议，华为供应链现在已经做到的业界最佳实践，能否整理出一套方法论拿出来与业界分享，创造更大的社会价值。说实话，做实操我们已经是行家，要提炼成比较系统的方法论还需时日。

同年的华为市场大会上，有位领导提出未来领导力有两个集中表现：一是持续学习的能力，二是资源整合的能力。我当时就在想：在职场拼到最后拼的就是学习能力，而持续学习的能力才是一个人最高级的能力。于是，我萌发了再读书的想法，期望再次更新知识结构，扩大自己的视野。

在国内四大商学院中，我选择攻读北大光华工商管理硕士。在北大光华，有幸遇到一群来自各行各业优秀的同学们，也见识到第一流学者和大师们深邃的思想。印象深刻的是张建君老师给我们讲授"中国传统领导力"课程，讲王阳明的"人须在事上磨"，讲曾国藩的"结硬寨、打呆仗"……张建君老师融入骨髓的哲学思维，贯穿古今的案例串讲，对于从企业中来又将回到企业中去的同学而言，有着知识理念之外的宝贵经验价值。

在职学习，兼顾工作和生活已经不易。我那时候的常态是课间挂着耳机，不断接听着电话会议，然后往返于深圳科技园、天安云谷和松山湖，累并充实着。鲁迅先生说："时间就像海绵里的水，只要愿挤，总还是有的。"我与两名同学参

加北京大学第二届管理案例大赛，选题是从产能管理角度来复盘华为手机供应链发展历程。经过激烈角逐，我们的案例获得最佳管理实践奖，定稿的《H公司手机生产策略布局进阶之路》，入选北大案例库。

实际上，经过"516"事件的检验，华为供应链快速崛起，从后台走到前台，成为公司引以为傲的能力底盘。与此同时，产业链和供应链开始获得国家层面的关注。华为2019年底的颁奖典礼上，供应链人员占了近一半，深刻地证明了供应链的价值。同年年底，我组织将供应链实践的方法和工具进行整理，称之为华为供应链的"二十二条军规"。这套方法和工具被公司认可，获得华为制造体系第一届知识大赛一等奖。

2020年，突如其来的新冠病毒感染疫情打乱了很多人的节奏。长达一个多月的居家隔离，百无聊赖，无意中我翻到了1665年牛顿去乡下躲避大瘟疫的故事和1830年普希金的"波尔金诺之秋"。恰好机械工业出版社找到我，希望我将之前供应链比较好的经验和方法进行整理。疫情期间，我开始潜心撰写，于是就有了华为供应链第一本专著《供应铁军——华为供应链的变革、模式及方法》。该书出版以后，先后被北京大学、清华大学等知名大学，以及广东、上海、北京、辽宁等图书馆收藏。

后记：迈向新赛道，保持进步的姿态

2019年下半年，东大管院新任院长蒋忠中来深圳考察校友企业和管院校友会，现场赠书《领导梯队》，勉励我持续学习，继续攀登职业高峰。在华为，我完成了从基层工程师，经过螺旋上升的路径，进入公司中高层管理者行列的目标。而后，打破自己的能力界限，从职能管理者升级为综合管理者，进而独当一面，成为我的下一个目标。

华为的历练和积累，帮助我开启两个新转变：第一个是转赛道，从科技业转入传统行业，进入地产集团，帮助集团做数字化转型。第二个是转岗位，从科技业的职能管理者，升级为世界500强高管。在新的位置上，我更能体会躬身入局的状态。得益于供应链、大运营和数字化转型的经验积累，我负责的子公司业务翻番，研发专利迅速突破，获得2021北京市第一批"专精特新"称号。

雄关漫道真如铁，而今迈步从头越。从东大，到华为，再到北大，再到目前的新岗位，不变的是持续学习的基因。2022年5月，我收到北京大学机械工程学院的博士录取通知书，下一步继续在智能制造领域精耕细作，做更多的实践创

新，为国家智能制造大发展贡献力量。毕业18年，我又将踏上"学习+工作"的新征程，正如经常自勉的那句话：生命不息，升级不止。

作者简介

袁建东，湖南人，东北大学工商管理学院2004届毕业生，北京大学光华管理学院工商管理硕士，北京大学机械工程博士。在华为工作超过15年，历经物流、制造和计调部长等供应链高级岗位，体系AT成员。目前在世界500强企业龙湖集团担任智能制造VP兼千丁智能技术有限公司COO（首席运营官）。

我与东大的十一年

秦 森

2012年8月，夏秋之交的沈阳还泛着股股热浪，一个毛头小子从千里之外的河南坐了一夜火车来到了东北大学。那天，他背包很重，装着满满的对未来的憧憬和渴望，步伐却很轻，对新生活的欣喜扫去了他旅途的所有疲倦。他站在校门口的那一刹，感觉心中充满了踏实、笃定和力量。

这个毛头小子就是我，而当年的我怎么都不会想到，此后的10余年我都将在此地度过，而与东大的情缘，或许也将伴随我的一生。

我本科读的是东北大学文法学院的新闻学专业，这是一个开放、活泼、鼓励创新的专业，每一位老师讲的每一堂课，都像为我们打开了通往新世界的大门，一系列新奇的思想和观点让我们惊呼"哇，原来世界还有这样的一面！"课堂上，老师常告诫我们，新闻学专业的学生不仅要有过硬的专业能力，更重要的是无论身处何职，都要有"铁肩担道义，辣手著文章"的职业素养和操守。在老师们的引导和支持下，班里同学们加入校电视台、校广播站、校报等各大校园媒体队伍中，成为校园新闻战线上的中坚力量。让我们深以为傲的是，在我们的记录下，校园生活中的每一抹亮色被留存和传播，一系列东大发展历程中的重要时刻被更多人见证。

2013年是东大建校的第90年，作为对母校生日的献礼，文法学院的学生在院长和几位老师的指导下，组建了一支创作团队，自编、自导、自演了一部取材自东大校史的话剧——《离离原上草》。很幸运，我被导演王一老师选中，饰演剧中"陆青杉"一角。于是话剧排练占据了我课余、周末甚至节假日的大部分时间，不论走到哪里都会带上剧本，吃饭时都在琢磨台词，经常在排练场待到深夜才摸黑赶回宿舍，尽管忙碌，但内心却十分充盈。终于，这部话剧于当年的9月14日，在汉卿会堂进行了首场公演，舞台上聚光灯亮起的一刹那，我第一次体会到什么是"青春的绽放"！后来这部话剧被保留了下来，成为每年新生入学时学生们首选的剧目，几乎场场爆满。作为一名"老资历"，我也从当初的小演员晋升为后来的学生导演，带领一届届新的剧组成员进行创排，把这部话剧一直传承至今。

2013年9月，校史话剧《离离原上草》首次公演

　　2014年之于东大和我自己，又是不平凡的一年，千期盼万瞩目的东北大学浑南校区终于投入使用！我作为第一批入住的学生，成为新校区发展变化的见证者。这是多么充满希望的一片田野啊！我们亲眼看着路旁的树苗一天天粗壮，目睹设计新颖的图书馆、一号楼拔地而起，见证着小南湖变得绿荫环绕、流水潺潺，成为学生晨读和情侣约会的胜地。而一批批学生，也和浑南校区一样，不断成长、不断收获。

　　本科毕业后，我留在文法学院攻读国际法学专业硕士，师从法学系主任隋军老师。法学与本科时的新闻学有着完全迥异的风格，不再需要求新求异，而必须严谨踏实、锱铢必较。一开始学科的转换让我无所适从，而隋军老师偏偏又以严格著称，我成了师门里的"后进生"，一周一次的读书研讨会，对我的批驳成了常规项目，巨大的压力让我时常怀疑自己读研的选择是否正确。但隋军老师并没有放弃我，她总会把经典著作、论文和教学视频分享给我，耐心地和我探讨专业问题，引导我用法学思维进行专业学习。哪怕她当时作为访问学者身在美国，都会经常以电话、邮件等方式与我讨论学术问题，对我的论文进行指导和修改。在老师和师门其他同学的帮助下，不久后，我可以在研讨会上进行完整、独立的读书汇报。一个起初的法学"门外汉"开始在专业的学习上驾轻就熟。

课堂上不止一位老师讲过，法学是一门实用性极强的学科，必须在实践中将学来的理论知识融会贯通。在隋军老师和其他几位专业老师的倡导和组织下，法学系在2019年和2020年两度开展了以在校学生和毕业校友为主体，面向全校师生及附近居民提供免费法律咨询的"法律诊所"志愿服务活动。活动现场甚是热闹，很多东大社区的居民慕名而来，带着生活和事业上的法律问题，得到了专业的解答帮助。我和其他在场的同学们也难得地与步入职场的师兄师姐有了深入交流的机会，解决了自己关于学习、就业和未来发展的种种困惑。

2019年7月，法学系开展"法律诊所"活动

2019年，我硕士毕业了，再次站在了就业或者继续深造的分岔路口。家人和朋友的建议莫衷一是，但几位关系要好的老师都劝我继续深造。我扪心自问，是否做好了坐几年冷板凳潜心搞学问的准备？得到了肯定的回答后，下定决心在东北大学这片学术沃土继续耕耘！当年秋天，我转投至文法学院张雷教授门下，攻读行政管理专业博士研究生。

读博的经历，原本应是一场自我修炼的踽踽独行，师兄师姐告诫我，只有耐得住寂寞、守得住孤独才能习得大学问。无比幸运的是，我在路漫漫其修远兮的博士生涯的起点，就遇到了和我一起上下求索的她。我们是同专业、同年级、同导师的同学，有着相似的研究方向和相连的学号，一起做课堂演讲、一起参与调研、一起撰写报告、一起在图书馆自习……就这样，同一"战壕"里的两名"战友"，结下了珍贵的"革命友谊"，在读书期间和以后的人生道路上，我有了最好

的伙伴。

2022年10月，我们结婚了。婚礼现场我俩有幸邀请到我们的导师张雷教授，张雷老师不仅是我们的恩师，更是我们爱情的见证者和证婚人。我永远不会忘记张雷老师证婚词里的每一个字，当他真诚地祝福我们的时候，我感觉心底生出了坚定的力量，这力量将支持我牵着她，一直勇敢地走下去！

如今，我已在东大学习生活了整整11年。常听家里老人说，日子多么不禁过啊！是啊，11年好短，感觉入学时的一幕幕场景仿佛就在昨天；11年又好长，装得下太多美好的回忆和太多值得怀念的人。那些事和那些人都将是我未来人生永远的财富，多年以后和老朋友们一起细细品味，或者，讲给自己的孩子听……

作者简介——

秦森，东北大学2012级文法学院新闻系本科生，东北大学2016级文法学院国际法学专业硕士，2019级东北大学文法学院博士。

学缘廿载，青春不惑

——母校东北大学建校 100 周年随感

高　广

2023 年，东北大学即将迎来百年华诞，我从出生就一直生活在母校所在地辽宁沈阳，可以说与东大结缘已逾四十年。如果从 2001 年我有幸考入东北大学算起，到如今和母校也结下了超过二十年的学缘。从少年时代周围萦绕着对东北大学美誉度好评的耳濡目染，到青年时期与恩师、学友、同窗经历多彩充实的校园生活，再到毕业后能够光荣地亲临其中，成为一名为东大事业发展而奋斗的教职工；从社会视域的关注者、到学子视角的参与者、再到亲历维度的奋斗者，学业生活的点滴，难以忘怀的人、事、物时常在眼前重现，历历在目，又仿佛岁月时空轮回般地见证着一批批优秀学子成长成才，我与母校东北大学结下了紧密深厚而历久弥坚的情缘。

青春砥砺　不负韶华

回想二十多年前，中国加入世贸组织和北京申奥成功那年——2001 年，同学们从祖国各地、五湖四海，怀揣着同样的大学梦想和不一样的人生期盼来到了沈阳，走进了东北大学。这其中，有的同学正常发挥得偿所愿走进了东大，有的同学超水平发挥考入了东大，也有的同学是被调剂到了东大。无论怎样，百年修得同船渡，茫茫人海，我们走到了一起，这就是缘分，从此我们有了共同的标识——东大人！

在校园里，我们共同在大阶梯教室里上课听院士报告；一起在画图室里完成课程设计减速机的绘制；集体在中心考场里进行"材料力学"的考试；都曾在二舍食堂里品味难忘的鸡腿饭；还有在宿舍里卧谈，直至深夜才甜美入睡憧憬新一天的精彩。我们这一届是入住基础学院（现在是沈河校区）的第一批大一新生，在那里我们度过了人称"高四"的一年学习生活，在那里我们庆祝了中国足球冲出亚洲，挺进世界杯。还在辅导员的带领下半夜时在操场上仰望星空，观赏狮子座流星雨的奇观。

2002 年，我们回到南湖校区。那时正值东北大学建校 80 周年前夕，因校园

全面改造，平日我们"翻山越岭""跨沟越渠"地穿梭于校园。当然，这里的世界更精彩，学哥学姐的先进前卫让我们这些晚生大开眼界，感受到了一流大学里的人文气质和斑斓色彩。依稀记得在建校八十周年校庆晚会上的精彩演出激动人心……在这里，我们也同样难忘"非典"时期的校园封闭和自我勉励。2005年我们毕业了，相继走出校园、走向社会，同学们各有各的平淡，也各有各的精彩，在各自的轨道上书写着属于自己的人生轨迹。

还记得，2015年毕业十年，年级各专业班级同学从祖国各地自发相聚在母校，重走校园路，与母校领导老师共同回忆当年一起上课、一路活动、一同经历的往事。同学们自由组合，各自找寻属于自己的校园记忆，有的在足球场、篮球场上挥汗如雨；有的回到当年读书自习的教室，重温练就"学霸"的如烟往事；有的甘做"吃货"，直奔二舍食堂打包鸡腿饭带回来和兄弟姐妹一同品味；还有的同学饶有兴致地游览校园毕业季书市，愉快地和学弟学妹讲价聊天。

守正创新　耕耘传承

我有幸在2005年毕业时留在了学校的校友总会、校董会、基金会办公室（2015年更名为对外联络与合作处），至今一直从事服务校友方面的工作。校友工作具有历史性、传承性和可持续性的特质，东北大学的百年历史传承和文化积淀是推动我校校友工作不断发展提升的力量源泉，在积累中发展，在发展中壮大，在壮大中实现跃升。

东北大学校友工作植根于"为校友服务，为校友所在单位和地区服务，为学校发展服务"宗旨，秉承培育"饮水思源、爱校如家"的校友文化理念，树立学校的美好愿景、师生的美好向往和校友的美好期盼就是我们的奋斗目标，构建起了"校友—校友会—校友总会—学校—师生"五位一体、相互协同的守正创新发展模式。

新时代，校友工作已逐步发展融入"大外联"的开放格局，想校友之所想、念师生之所念、急学校之所急，立足于"情"，以"情"字为内涵，坚守校友工作的初心使命；发展以合，以"合"字为载体，筑牢校友联谊的桥梁纽带；着眼在同，以"同"字为期许，共创校友事业的美好未来。通过工作模式的赓续创新，不断对接融入社会资源，助力学校"双一流"大学建设，为东北大学积极构建良好的外部支持环境，携手校友和社会各界同心共筑百年东大的强校梦。

不忘初心　光荣奋斗

学缘二十载，我从普通学生到留校工作光荣成为一名教职员工，十八年在同一个岗位上精耕细作，服务各方。见证了东北大学的发展壮大，为母校取得的一项又一项的可喜成就而感到自豪，也为学校因历史和外部因素的波折前进而遗憾惋惜。如果说建校百年的东北大学始终和国家、民族、区域同向同行、同频共振，那么我就是从进入学校的那一天起就已经融入了学校的血脉基因，与母校命运相连、荣辱与共。

"所谓大学者，非谓有大楼之谓也，有大师之谓也。"这句话既有着超前的时代前瞻性，也存在着一定的历史局限度。我以为，一所大学，特别是向着建设世界一流奋进的大学，大师、大楼和大才、大事、大爱是一所大学的系统整体，是相互滋养、互为影响、彼此成就的有机组成。一所百年名校，在它的历史坐标上，既要有大师的光辉闪耀、秀美校园的人文环境，还要有大才的伟业成就、大事的群体写就和大爱的携手铸就。

大师是一所大学的灵魂所在，一流的人才队伍是一流大学建设和科技创新发展的第一资源。大学需要科技创新的引领者、文化建设的开拓者和学校治理的掌舵者，也需要更多的教书育人的耕耘者和默默奉献的工作者。大学需要因地制宜兴建大楼，建设秀美校园，"绿水青山就是金山银山"的生态文明建设着眼于人与自然的和谐发展，散发着大学精神气质的校园风貌将彰显大学文明。校园建筑既是历史文化的标记，又是时代发展的标识，也是大学文明的标识。

同时，立德树人是教育的根本任务，以培育英才为目标，培养出科学家、政治家、企业家、教育家，以及建设国家、为人民服务的各类栋梁之才。还要心怀大爱，东北大学是一所具有爱国主义光荣传统的世纪学府，百年来东大人铸就了饮水思源、助力发展的爱校情愫，回馈桑梓、扎根东北的爱乡情谊，为国担当、科教兴国的爱国情意和知行合一、兼济天下的爱人类情怀。历史是由人和事交织写就的，校史是由师生、校友共同创造的，这其中既有影响发展进程的大事，也有校园平凡故事，无数人物和事件在时光的隧道上留下的宝贵印记绘就了东北大学的百年传承。

百年铸辉煌，启航新征程。一世人有一世人的梦想，一辈人有一辈人的事业，一代人有一代人的追寻。廿载弹指间如白驹过隙，作为能够见证母校跨越百年的东大人，我们都是幸运的，希望自己和同学们能够永葆初心，正心诚意涤荡生活的旧烦恼，举重若轻创造事业的新成绩，继续书写属于各自的人生精彩，能够有机会为母校建设百年名校贡献自己的智慧和力量！

电视剧《人间正道是沧桑》中的一句话令我印象深刻："实现理想有两种，一种是我通过我的努力实现了理想；另一种是理想通过我得以实现，纵然是牺牲

我的一切!"作为东大人,无论是学子、教工或是校友,通过自己的一心关注、一份参与、一点支持贡献母校东北大学的百年名校建设。心怀"功成不必在我,功成必定有我"的赤子情怀,涓涓细流汇聚江河湖海,母校的强盛是由每一名东大人共同铸就的,让我们携手努力,共同祝愿我们的母校东北大学百年华诞欣欣向荣、繁荣昌盛、再创辉煌!

作者简介——

　　高广,1982年生,辽宁沈阳人,东北大学2001级机械工程及自动化专业毕业,2005年留校工作至今,一直在对外联络与合作处工作,主要从事服务校友和对外联络工作,现任东北大学对外联络与合作处副处长、校友总会副秘书长等职。

以笔为戈的革命呐喊

张旭华

马加（1910—2004），辽宁新民人，原名白永丰，曾用名白晓光，笔名马加。是东北地区资历最深、影响最大的作家之一，也是一位德高望重、德艺双馨的人民作家。

白长青（1946—），辽宁新民人，马加之子，辽宁社会科学院文学研究所原所长，研究员，文艺评论家，书法家。主要从事文艺理论、东北现代文学及辽宁地域文化的研究。

人民作家马加

从东北大学走出的人民作家

1928年秋，马加考入东北大学。当时的东北大学由张学良兼任校长，老校长对学校的建设倾注了大量心血，良好的办学条件、开放的教育思潮给马加的文学思想提供了孕育的土壤，也正是在东北大学，马加受到了进步青年和革命文学的影响。九一八事变后，马加与东北大学大部分师生一起流亡北平，亲身经历着革命，并就此走上了革命的文学之路。在北平期间，马加创作诗歌《火祭》、中篇小说《登基前后》，体现了东北沦陷、祖国人民深陷外敌侵略的无奈与愤怒。一二·九运动中，马加和东北大学师生一起游行，创作了《故都进行曲》。马加用他的作品发出一个流亡青年的呐喊，激起民众抗日救国的热情成为马加在北平时期文学创作的主要内容和精神动力。

1942年，马加应邀参加延安文艺座谈会，在《谷雨》《解放日报》发表短篇小说、散文、特写，并连载长篇小说《滹沱河流域》。抗战胜利后，返回东北的马加参加土改运动，又创作了中篇小说《江山村十日》。1959年，马加发表的中篇小说《开不败的花朵》被译成英、德、日、蒙四国文字。抗美援朝战争爆发后，马加随中国人民志愿军到朝鲜，创作出版长篇小说《在祖国的东方》。1996年，马加发表了长篇回忆录《漂泊生涯》。社会上评价马加，"走

117

了一条追随革命的人生道路，也是反映革命的创作道路了。"事实上，马加的作品的确反映了不同革命时期的鲜明特征，这种强烈的时代感成就了马加写作的风格。

继承"榜样"父亲的文学衣钵

马加在抗战胜利后回到了东北，而白长青就出生在这片历经列强欺辱、唤醒民族大爱的热诚土地。问及父亲马加对白长青的影响，白长青给出了两个字："榜样"。马加用自己的行动给了白长青最为丰硕的教育盛宴。

白长青自小受父亲熏陶，热爱读书，研究父亲的文章成了白长青的特殊爱好。他从父亲的文字里重温了民族危亡、民众觉醒、战乱纷飞的年代，从父亲的小说里体验了祖国劳动人民在特殊历史时期的坎坷人生。父亲的作品打开了白长青走向文学殿堂的大门，研究地方文学、提笔写作、撰写评论，他就这样慢慢走上了追随父亲的文学道路。

白长青已出版专著三部：《辽海文坛鉴识录》《走出沉思》《走出陈思》，编著两部：《〈家〉诠释与解读》《〈易象图说〉破译》，主编学术专著三部：《辽宁文学史》《中国当代文学研究资料·马加专集》《东北现代文学研究论文集》。发表研究论文百余篇，研究成果多次获得国家级及省级奖励。作品曾在《人民日报》《光明日报》《文艺报》《中国图书评论》《新文学史料》等国家级报刊发表，并多次被人大报刊复印资料等转载。如今，白长青在东北现代文学研究、"东北作家群"研究及辽宁地域文化方面的学术研究领域，均产生了较大的影响。

走进父亲的母校东北大学

白长青在到访前做了很多准备，读了东北大学90周年校庆的《情缘东大》《漫游东大》及80周年校庆的《感悟东大》，使白长青对东北大学近期的发展有了较为深刻的了解。《情缘东大》中收录了马加的一篇散文《昭陵二载》。参观校史馆后，白长青感叹："看到了这所大学厚重的历史、与中国人民伟大奋斗同步调的成长和发展，我真的感到震撼、兴奋和自豪。"

东北大学九十余年的历史发展中充满了与国家、与人民共命运的时代精神，白长青连称东北大学是独一无二的，有知识的气息、文化的气息，更有历史的气息。"走进东大，看到的不仅是校园、校舍，更是有一种厚重历史感。"白长青认为，这种历史传统的延续感就是东北大学的校魂。"对我来说，走进东大就是走进了东北的现代史、东北的文化史、东北的教育史和东北人民的奋斗史，东大保存着东北人民的记忆，是东北人民的骄傲。"白长青说。

著名作家校友马加之子白长青（左五）受邀来访东北大学

寄语东北大学青年学生

白长青认为东北大学的校歌无论是旋律还是歌词都与国歌《义勇军进行曲》风格统一。校歌里"使命如此其重大，能不奋勉乎吾曹?"正是要求东北大学学生了解历史、承担责任。"学生的发展，首先要有一个合适的平台，能在东北大学读书就已经有了很好的起点。"白长青说。

"东北大学的基础非常好，科研成果特别多，未来还要靠年轻人去巩固创新，把在校所学带到世界各地。"白长青希望青年学生要有创新和创造的勇气，学习科研上更要敢为天下先，有自己独特的理念和见解。

白长青勉励东大青年学生养成读书习惯，从爱好的书开始，多读书、广读书、读好书，扎实打下阅读的基础。"读书可以发现自己、认识自己，逐渐形成独特的气质。"白长青结合自身的大学生活，建议青年学生努力发现自己的特点和爱好，大学生活中在不忘专业学习之余，找到适合自己的生活方式，全方位提升自己。

作者简介——

张旭华，女，中共党员，1988年8月生，山东德州人，2007级东北大学冶金工程专业本科生，2013级东北大学钢铁冶金专业硕士研究生，现就职于东北大学对外联络与合作处，《东大校友》杂志执行副主编，曾任东北大学材料与冶金学院德育教师。

漫漫为学路，东大情更深

李立品

　　周国平曾经说过："人分两种，一种人有往事，另一种人没有往事。有往事的人爱生命，对时光流逝无比痛惜，因而怀着一种特别的爱意，把自己所经历的一切珍藏在心灵的谷仓里。"人到了新环境，就很容易念旧，不停地想起过往出现在生命中与自己频率相同的人，在那些或阳光闪耀或未曾起舞的日子里，总有人能与你一道，看见彼此内心深处不为人知的优雅，在闲暇时与你高谈阔论，探讨未来如何走遍千山万水、看遍世间繁华。

　　一路走来，我在春天遇到一些雨、一些吐露新芽的树和一些含苞待放的花，我想以后无论我在哪里，看见春天的这番景象，我的思绪便会飘回东北大学的每一间教室和每一个角落。走得愈远，我愈感恩并怀念在东大里遇到的每一位老师，老师之于学生就像春雨之于每一朵花、每一片草、每一棵树，每一颗种子的发芽都有春雨的功劳，遇得良师，能解我惑，实之我幸。三尺讲台上给予我专业知识的老师，办公室里给予我谆谆教诲的老师……每一位老师都在用专业的知识不断塑造我，用崇高的人格和对学术的敬畏感染我，用丰富的人生经历引导我，仰之弥高，钻之弥坚，是值得我崇拜向往的，也是值得我学习、靠拢及努力成为的。

　　一路走来，我在夏天遇到炙热的、包裹着我的太阳，还有一些像阳光一样耀眼的朋友们。我想以后无论我在哪里，感受到夏日炎炎时，我的思绪便会飘回东北大学，飘回在校园里一起走过的每一条路、吃过的每一餐饭和属于我们的每一句欢声笑语，好的朋友之于我就像炙热耀眼的太阳，她们总能在我暗淡无光的时候点亮我，在我悲伤失落的时候照耀我，在我迷茫无措的时候安抚我。我会一直记得三观一致让我们永远可以了解彼此的宝藏女孩黑哥，大学四年几乎时时刻刻粘在一起；毕业季回不去学校收留了我三个月的雯哥；永远合拍、永远做我坚强后盾的噜噜和永远充满温暖与欢笑的第二寝室421。离开东大之后的每一天，总有一些场景会反复出现在我的梦里：它们好像是每天清晨洒向三舍B415的第一缕阳光，雯哥的第一句"早上好"，又好像是雯哥睡梦中的呓语，黑哥永远"安详"的睡姿；还好像是我在寝室里磨磨唧唧，而她俩站在寝室门口等我，一边嫌弃我，一边等我收拾好，然后一起狂奔去教室上课；或者是每晚洗漱都要寝室集合一起出动的"黑品雯"；又或者是馋了就管不住狂奔去白塔吃水煮鱼和冒菜的腿……写到这里我的眼睛被泪水模糊了，好像坐在暴雨中的车里而雨刷器却坏掉了一般，怎么都看不清眼前的东西。或许回忆正是因为承载着数不清道不完的人和一帧帧宛如昨天的场景才显得如此美好且无以复加，无论是命中注定的相遇还是阴差阳错的奇遇，最真挚最热烈的友情带给我太多的爱与改变。

　　一路走来，我在秋天遇到很多泛着土黄色的落叶和丰硕的果实。叶面上分散着一条一条的叶脉，好像在书写着我一步步踏实前进的证据，清晰可见，它们是我没有虚度大学时光的记录者，更是我收获丰硕成果的见证者。我想以后无论我在哪里，感受到秋意浓浓时，我的思绪便会飘回东北大学，飘回那个秋叶陪着我失落沉沦，也陪着我振奋起舞的角落。刘禹锡曾言"自古逢秋悲寂寥，我言秋日胜春朝"，此时此刻，我竟十分能感受到刘禹锡的这份心境，看着本应是萧条的落叶，我心中的寂寥之情却消减了几分，因为我不禁想到了我们哲学1801班的19名同窗，我们像曾经生长在一棵树上的20片树叶，一起接受如大树一般的母校给我们的滋养，一起在春风中发芽，一起感受四季。在美好时光中奋斗，在收获的时节里，一阵秋风吹过，叶子纷纷从树梢飘落，金黄的树叶在秋光的映照下，变得五彩斑斓，像飞舞的蝴蝶，有的叶子被带向远方，去寻找诗意的生命理想，有的叶子不愿去远方，只愿落叶归根，化作对大地母亲新一年的滋养。选择流浪去远方，是因为有一颗追寻理想的心；选择落叶归根，是因为心怀感恩，深沉地爱着滋养我们的一切。哲学1801班的每片小叶子都肩负起了新时代新青年的责任，或是留在我们深深爱着的东大继续深造，或是去新的学校增长才干积蓄能量，又或是毅然决然地走进边疆，将自己的力量融入西部教育振兴宏图，再或者回到家乡，将所学所悟回馈家乡，为家乡建设发光发热……无论怎样，哲学1801班的叶子们都做出了自己的选择，是离去，还是留下，都是跟着自己的心走，无怨无悔。

　　一路走来，我在冬天遇到片片清朗而洁白的雪花，或许在离开东大之后的岁月里，我再也没有一整个冬天的机会邂逅那一场场大雪，但是无论我在哪里，感受到丝丝寒意时，我的思绪便会飘回东北大学，沉浸在厚实的雪地为我演奏的"吱呀"交响曲中。每年冬天如期而至的雪是那样纯洁无瑕，落在黑色羽绒服上，甚至能将它一尘不染的六边形模样看得一清二楚。回望过去的大学时光，我很感谢坚持学习初心的自己和志同道合的同学们，我们经常围坐在小南湖边、图

书馆讨论区又或者是教学楼的教室里展开对哲学问题的热烈讨论，很开心也很满足我们没有陷入愈来愈内卷的大环境旋涡里，依然葆有一颗相对纯粹的心去思考、去辩论、去成长。其实，长期以来，我们或许对于兴趣的认知存在偏差。一直觉得兴趣就是源于成就感。但是现在回过头看这四年的哲学学习，让我突然意识到，有一些东西是贴合我们本身的性格和气质的。这些东西就算不能给我们带来成就感，但是我们就是愿意在这上面花时间和精力，因为这份东西是真的令我们感觉到愉悦和放松的。虽然这份对哲学的纯粹热爱可能如一片落下的雪花般渺小，但是每次落下时的碰撞都让我们聚在一起，逐渐积蓄为厚实而清朗的雪地，迸发出属于我们自己思考的力量。而如今，我们作为一片片小雪花带着坚定的学习哲学的初心，带着在东大的这份积蓄落在远方。

2018年之前，东北大学于我而言只是一个抽象的词汇，然而2018—2022年这四年的每一分每一秒、每一次春夏秋冬的轮回，赋予了其无数具体的内涵：它是从陌生到熟稔的20平方米见方的小空间，是从寝室到一号教学楼的狂奔，是从浑南校区到南湖校区的两元校车，是从小西门到白塔的两千米直线距离，是从晨光熹微到热烈黄昏中的图书馆，是从薄到厚的知识积累，是从茫然无措到节奏清晰地前进，更是从离开父母庇佑怯怯前行的高中毕业生蜕变到"自强不息、知行合一"的坚定东大人……但它归根到底是我那从幼稚懵懂到日渐成熟的青春。

转眼之间，离开学校已快一年。在东大的这四年是一个关于选择、兴趣、坚持、志同道合的故事。这四年时光其实并禁不起细想，被那种密密麻麻、相似记忆点裹挟的重复就像停滞的时间，而我怀恋的是什么呢？也许是那份有苦有笑有悲有喜对自由意志的表达，纵使时光清浅、岁月侵蚀，可承载着的人生百态才是我独一无二的大学时光。

其实时间就是这样，往前看，遥遥无期；往后看，转瞬即逝。

作者简介——

李立品，女，中共党员。2018级东北大学哲学专业本科生，目前为上海交通大学马克思主义学院马克思主义理论专业硕士研究生。曾荣获东北大学"优秀毕业生"、东北大学"优秀学生干部标兵"、辽宁省"学雷锋"优秀志愿者等荣誉称号。

我姥姥的东大情缘

胡艺轩

我姥姥名叫孟淑杰，1939年出生在辽宁省康平县的一个农村，家中姐弟4人，7岁丧父，所以家境并不宽裕。她自幼酷爱读书，在学校里成绩总是名列前茅。一路顺利地读完初中，她以优异的成绩被保送到县高中。可她的母亲——我的太姥姥并不指望女孩儿有大出息，况且太姥姥一人供4个子女上学实在太难，于是想让我姥姥读个中专尽早养家。毕竟，那个年代女孩儿能读个中专已经很不错了。我姥姥坚决不同意，经过一番据理力争，最后在她二叔的大力支持下，如愿以偿，得以继续求学。1958年，19岁的姥姥考入了东北工学院自动控制系无线电专业。

作者姥姥孟淑杰

初到东工，姥姥学的是矿山机电专业，大二那年通过考试转入她自己非常喜爱的自控无线电专业。那时在她的眼里，生活是如此五彩斑斓，又充满希望。她不但在系里学习成绩优异，还成为一名学生干部——宣传委员，无论是学习还是劳动，她都充满激情地走在前头。我小时候，她经常背上几段她大学时即兴编写的号召劳动的快板和口号。姥姥家的影集里，珍藏着好多张姥姥大学时期的照片，照片中是一个时髦的女孩：长长的辫子系着蝴蝶结，衣服也是当时比较时髦的样式——衣领和袖子上缀着花边。从每张照片上甜美的笑容里，都能感受到她对未来无限美好的憧憬。

可是就在一切都顺心如意的时候，命运之神却突然露出了狰狞的一面，一场大病残酷地把她从这个充满希望的世界中拉了出来，抛向另一个冰冷、残酷的世界，把她变成另一个人。

大四即将结束那年（当时本科学制是五年），她生了一场大病——脑膜炎。那时她只有23岁，一年的治疗虽然挽救了她的生命，可却把她从一个青春焕发的美丽女孩儿变成一个半身不遂、生活不能自理的残疾人。巨大的落差让她很长

时间都无法接受，残酷的现实让她实在无法面对，甚至想到以死亡来躲避面临的一切。老师和同学在这危难时刻给予了她许多关怀和帮助，鼓励她战胜病魔，学校还批准她休学一年再回校读书。她拼命想摆脱这场噩梦，重回学校读书。她尽量不让别人照顾自己，无数次摔倒又无数次爬起来，右手不能写字就用左手写（她至今仍用左手写字），但由于病情过于严重，重新上学已成奢望。当大学同学们欣喜地踏上不同的工作岗位，雄心勃勃地开始自己精彩人生的时候，她却万念俱灰，无奈地接受了命运的安排——退学回家。

作者姥姥就读东北工学院时的照片

25岁那年，身体有所康复的她面临人生最艰难的选择：从未务过农的她，回乡根本无法生活，于是选择投奔在朝阳工作的二叔。结婚后她到当地一家企业做财会工作。她工作一直很努力，不愿因为自己的身体而比别人少做一点点工作。

1987年，国家落实政策，她得到了东北工学院肄业证书，相当于专科学历，她也因此进入朝阳市第二中学，从事自己喜爱的教师工作。她很满足，工作更加努力了。

有了两个女儿，她重新燃起了生活的希望，她最大的愿望就是她的女儿们能考上东北大学，圆她未圆的东大梦。她的愿望是如此强烈，虽然当时家里经济条件一般，虽然周围有许多孩子初中毕业就参加了工作，但她不为所动，她不要女儿们养家，她要女儿们努力学习，完成她昔日未了的心愿。

这个愿望整整燃烧了20多年，令人遗憾的是，两个女儿都没能实现她的愿望，都没有考入东北大学，没有她们妈妈当年的骄人成绩。姥姥的大女儿也就是我大姨考进了沈阳有色金属加工学校，二女儿也就是我妈妈考进了辽宁大学。但值得欣慰的是，她们都回到了母亲曾经奋斗的地方——沈阳。

世上有许多事情，粗看起来是很自然地发生，可联系起来，就发现其中有许多巧合，这也许是上天成全，也许是缘分使然。大姨考入的沈阳有色金属加工学校，就是黄金学院的前身，也就是后来的东北大学基础学院，算是半个东大人；我妈妈大学毕业后来到东大工作，成为一名东大人。后来和东大毕业又留校工作的爸爸结婚，并生下了我。2019年，我考上了东北大学，也成为一名东大人，这下我们家成了彻彻底底的三代东大人。

1995年，是我妈妈来东大工作的第一年，也是姥姥离开东大的第30个年头，她又回到了东大校园。姥姥激动的心情可想而知，人生最美的花朵都在这里绽放，这里承载了她多少的理想和雄心啊！校园虽然发生了很大改变，但她依旧认出了曾经学习过的楼馆，住过的宿舍，劳动过的操场……临别时，姥姥来到她在校时的校长——靳树梁的雕像前照了张照片留作纪念，她要把这里的一切记在心里。以后，每次唠家常，妈妈都会讲讲学校发生的事，姥姥总是听得那样认真，妈妈还经常把《东北大学报》拿给她看，她关心着校园的每一个变化，为东大每一次进步而深感自豪。

2015 年，为了让父母安享晚年，也为了实现姥姥的东大梦，爸爸妈妈在东大家属区给姥姥买了房。在离开东大 40 年后，姥姥又回到东大的怀抱，又回到她心心念念的东北大学。每天她都能看到东大校园，和东大的老教师们谈论着东大的大事小情，能够亲眼目睹东大的不断成长，她觉得很幸福。

三代都是东大人，姥姥很欣慰，她的愿望终于成真了。她住在东大，也把东大看成她的家，更加迫切地期望东大快速发展，希望东大能够越来越好。她经常提醒我一定要好好学习，要踏踏实实做学问，争取为东大争光，将来为国家多作贡献；她也常勉励爸爸妈妈一定要努力工作，不要太计较个人得失，她说东大的每一个成绩都是普普通通的东大人共同努力奋斗得来的，只要东大人共同努力，东大就一定会有辉煌的未来！

我知道姥姥的心思，她除了希望她的子孙事业有成之外，还希望子孙能替她为东大尽些心力，能够圆她未圆的东大梦。

作者简介——

胡艺轩，男，汉族，2000 年生，辽宁沈阳人，2019 年考入东北大学材料学院材料科学与工程专业。

我在东北大学的学术人生

朱伟勇

　　在东北大学即将迎来一百周年校庆之际，我也走过了85年的人生之路，回顾在东北大学半个多世纪的学习、工作和学术生涯，不禁令我感慨万分，东北大学培养了我、造就了我，东北大学不仅是我的母校，也是我一生工作和生活的地方，是我学术生涯开始和结束的地方，这里有我的老领导、师长、同事和学生，我们共同生活和学习，共同成长和成就。记得小说《钢铁是怎样炼成的》中有这样一段话："人最宝贵的是生命，生命对每一个人只有一次。人的一生应当这样度过：当他回忆往事的时候，不因虚度年华而悔恨，也不因碌碌无为而羞耻。"每当回首我在东北大学的学术人生，那激情燃烧的岁月总能令我激动不已。

　　1956年，我从江苏无锡辅仁中学考入东北工学院钢铁工艺系轧钢专业。1959年，由东工党委抽调进入"培训数理化预备师资"，分配到数学教研室，其间受教于东北工学院的数学大师前辈，记得当时是赵惠元教授讲"数学分析"、张嗣瀛教授讲"常微分方程"、赖祖涵教授讲"分析动力学"、潘德惠教授讲"拉氏变换及傅氏变换"，这些杰出教授对我的精心培养，使我终身受益，永生难忘！1961年，我从东北工学院理学系毕业并留校任教。自20世纪60年代到80年代，我在东北工学院钢冶系各年级主讲"高等数学""应用数学""概率统计""小波理论"等十多门课程。

1981—1983年，作者作为美国北卡罗来纳州阿巴拉契大学高级访问学者，在美国北卡罗来纳州阿巴拉契大学讲学时的照片

　　在长期的应用数学实践中，我从事应用数学相关工作半个多世纪，我一直引以为傲的是1975年首次召开的"中国概率与统计"全国数学会议，中国概率论与数理统计会议第一次在苏州召开，由于我解决了东北制药厂"人工合成黄连素"的关键技术难题，打破国外专利封锁，成为辽宁省唯一正式受邀代表，并得到中科院数学与

系统科学院的表扬和鼓励。通过应用数学上的回归设计算法使黄连素回收率从43%上升到98%，片剂的成本由几元钱下降至几分钱，在当时为国家节省了169万元人民币的外汇。同年，辽宁省科学技术情报研究所以《辽宁省推广应用"正交回归设计法"成效显著》为标题的文章发表在中国权威期刊《数学的实践与认识》上。1978年，我把此次数学应用实践过程和原创算法以题为《回归设计与应用》的论文连续3期也发表在该期刊上，并向全社会推广。

1980年，经国家教委、辽宁省教委评审，我由助教破格晋升为副教授。20世纪80年代，我作为交换学者由东北工学院派往美国北卡罗来纳州阿巴拉契大学，期间参加美国统计数学大会，赴肯塔基州摩海德州立大学介绍"回归设计与应用"及有关算法，讲课期间与陈惠森教授共同翻译文章《纪念国际著名统计学家杰克·卡儿·凯佛（1924—1981)》，此文于1984年发表在《数学的实践与认识》上。

1983年，我作为访问学者去美国，这次访问我首次参加了"美国统计学会"年会，在分会场听到了美国马里兰大学教授讨论"OGY混沌控制方法"，当时觉得非常新鲜有趣。在国内仅仅听过张嗣瀛教授介绍"卡尔曼滤波控制方法"，由概率论中马尔可夫过程演变而来，当时感到神奇，目前又有学者研究"OGY混沌控制方法"，使人惊奇万分。同时法国数学家伊夫·梅耶尔（1939—）为勘探石油改变傅里叶变换，提出了在傅里叶变换基础上考虑位置与边缘精细筛选的"小波变换"新方法。该方法在探测引力波、测谎仪、癌细胞边缘提取等应用中获奇效。小波理论处于数学、信息技术和计算科学交叉的发展领域，他的研究成果使小波分析发展成为一种逻辑连贯、应用广泛的理论。

我在高等数学的学习中了解过数学的三大变换：傅里叶变换、拉普拉斯变换、Z变换，都是极其有用的算法。这三种经典数学方法统治了数学200多年，那么是不是还有新的算法、变换出现呢？所以，当我接触到混沌分形的思想和算法时，好像一股新鲜空气吹进来，使僵化的大脑开了点窍，数学哲学思维才是数学的本质属性、创新亮点。20世纪90年代初，东北大学申请了"计算机科学理论与应用"博士点，在中国科学院院士、北京大学信息科学技术学院教授杨芙清院士主持审核之下，第一批通过国家教委审核的有五所大学，分别为北京大学、北京中国计算机所、西安电子科技大学、清华大学、东北大学，东北大学申请的"计算机科学理论与软件"后来改称为"计算机软件与理论"。在东北大学信息工程学院"计算机软件与理论"博士点中，东北大学的"混沌、分形和小波理论与应用"研究曾处于国内领先地位。

我经过半个多世纪才顿悟数学的核心是思维方法！数学思维要高于数学证

明！我们总是认为高难度的数学证明是最重要的，实际上数学技巧并不能产生创新的数学思维。例如，英国伟大的物理学家狄拉克发现薛氏量子概率波动方程的本质与海森堡量子矩阵特征值方程是等价的，由此引申发现最美的"狄拉克方程"，求解过程量子轨道除经典的平移旋转之外，狄拉克猜出正电子存在并无中生有出"反物质"的概念，开创了物理研究的崭新领域。科学数学思维创新是一种"猜"的艺术！

20世纪80年代末期，我在香港大学讲学期间，以民盟中央委员的身份接触到了香港邵逸夫基金会的负责人，在他的引荐下，在北京、香港之间斡旋、沟通长达三年之久，终于使香港邵逸夫基金会向当时的东北工学院捐赠八百万港币。我从1990年开始担任辽宁省科学技术协会副主席及东北大学计算机学院"理论与软件"博士生导师。在东北工学院恢复"东北大学"名称的申请过程中，1990年，我受当时东工党委书记费寿林委托，以民盟中央委员的身份与相关同志一起向王兆国同志汇报东北工学院在教学、科研中取得的巨大进步，陈述恢复"东北大学"名称对于培养自动控制、计算机、软件和材料等人才方面有重要的战略意义，受到领导的肯定。1996年，我曾以辽宁省科学技术协会副主席的身份向辽宁省政府提案宣传建立辽宁省芯片基地，得到省委省政府高度重视。

我也曾在美、加、德、日、韩及中国香港和台湾地区进行学术交流与讲学，并曾荣幸地在中国科学技术协会向"两弹一星"元勋朱光亚、周光召二位元老介绍曼德勃罗特"混沌分形及形成混沌的斐波纳契通道"。

1997年，作者向时任中国科协主席、著名科学家、中国两院院士朱光亚
详细介绍和汇报世界混沌分形理论的发展阶段和中国的研究概况

　　1997年，曼德勃罗特在中国举行混沌分形的研讨会，引起高度重视。当时中国科协主席、著名科学家、中国两院院士朱光亚负责接待曼德勃罗特访问中国，朱院士对东北大学的研究很感兴趣，他要求我专程到北京介绍我们的研究进展及展望。同时也向中国科学院院长周光召详细介绍和汇报世界混沌分形理论的发展阶段和中国的研究概况。我在东大博士生研究生班主讲"混沌分形的发生、发展理念"，主要内容是介绍分形创始人、美国科学院院士曼德勃罗特研究的复平面上的曼氏原创分形图"芽苞分形序列与斐波纳契序列映射的机器证明"。

作者在东北大学学生会组织的科普报告中演讲"时空简史"

　　2006年退休后，我曾为社会各界及东北大学学生讲"时空简史""数学危机""六大时空观""欧氏与非欧几何""牛顿极限与微积分""麦克斯韦及拉普拉斯算子"等系列科普讲座。我认为科普分为几大类，实际应用的科普、具体科学知识的科普、科学家生平事迹的科普、科学历史发展的科普、科学哲学的科普等。这其中，科学哲学类的科普非常少，而实际应用的科普则非常多。科学哲学类的科普更关注科学思维的产生、创见和发展的过程，科学哲学实质是创新哲学，特别是原始创新的哲学。所以，我们应大力向中学生、大学生系统介绍科学哲学的内容，培养熏陶他们的科学哲学思维，对于科学，我们不仅要知其然，还要知其所以然，对科学史、科学哲学的了解是必不可少的。

　　我对东北大学充满了感恩之情，由衷地祝福东北大学在新的一百年征程里创造出更加辉煌的成绩。也期待更多的年轻人投身到科学的创造发明中去，为中华

民族的伟大复兴贡献自己的力量！

作者简介——

　　朱伟勇，1938年生，高中毕业于江苏无锡辅仁中学。我国知名统计学家、应用数学家，曾任辽宁省科学技术协会副主席，东北大学教授、计算机软件与理论博士生导师。曾连续五届任辽宁省政协常务委员、两届中国民主同盟中央委员，曾任中国现场应用统计协会副理事长、辽宁省应用统计协会理事长。美国统计学会会员，国际泛华统计学会终身会员。长期从事最优设计理论、方法及应用的研究工作，开辟了这一应用统计学的分支在钢冶、机械、电子、建材、医药等十几个领域中的实际应用。1960—1980年为东北工学院钢冶系各年级讲授"高等数学及应用数学"等课程，1981—1983年公派留美交换学者，1985年参加北京大学组织的"中日学术交流团"，是工科领域唯一代表。20世纪80年代首次提出"对数项混料模型"，形成了最优设计的计算机证明与构造这一全新的应用理论体系，填补了国内的空白。20世纪90年代致力于混沌动力学、分形理论、小波理论的应用研究，以及电子商务中分形信息压缩、存储和混沌保密的应用。20世纪90年代任东北大学计算中心教授、博士生导师，培养了47名硕士、19名博士，发表国际学报12篇SCI、50篇EI论文，出版10部专著，发表论文160余篇。获国务院特殊贡献津贴，通过开创的"最优设计理论"及专著《最优设计的计算机证明与构造》等学术成果，获得国家教委、冶金部"科技进步一等奖"、辽宁省"科技发明一等奖"，被授予辽宁省委、省政府"优秀专家"称号。

放飞梦想，从东大启航

张文旭

2023年是特别的一年，对东大人来说，热切期盼地迎来了母校东北大学的百岁华诞。或许在漫漫历史长河中，百年只是弹指一挥，但对于东大人来说，一百载里我们共沐风雨、春华秋实，而今我们共襄盛举。东北大学的百年，作为一名年轻东大人，发自心底地骄傲，自然流淌的喜悦，有那么多故事和回忆深深地印刻在脑海里。

石蕴玉而山晖，水怀珠而川媚。东北大学，我的母校给予了我们更加坚定的理想信念、更高的目标追求和笃行求实的做人做事精神，培育了一批又一批国家建设栋梁之才。校友们在海内外各行各业运用母校传授给我们的知识，辛勤工作、施展才华、贡献着自己的力量，为母校赢得了良好声誉。追忆开学第一课，至今难忘，班主任老师布置了一项生动新颖有趣的实践活动，将全班同学分成5组，每组10人，要求各组上交手机和钱包，在四个小时内完成"10元钱翻20倍"的任务，活动范围仅限于校园。在老师下达任务之后，小组成员们都感到匪夷所思、一头雾水，随着情绪的稳定，各组成员聚在一起，集思广益，确定行动内容，安排明确分工，一个小时后，各小组开始纷纷撤离教室，按照行动计划开始寻找"猎物"，为完成这项任务使尽浑身解数。虽然到最后，没有一个小组完成任务，但是这堂课让我们切实地体会到了老师的用意，让所学服务实际，让知识落地生根，这是教学的根本。

东大不仅重视培养学生的开拓进取精神、创新思维模式，更注重塑造学生严谨求实的品质。在东大求学最难忘的就是毕业论文答辩，在刚刚入学时就听学哥学姐说东大学术作风严谨，对学生学习高标准要求。但当自己面临毕业论文答辩时，才真正体会到母校对学术的严谨作风。它存在于每一名老师的血液里，在这里没有欺骗、抄袭、模棱两可。记得首轮答辩，抽签一组7名学生，3位答辩老师，其中还有资深企业家校友。第一轮7名同学只有3名可以通过，回去修改。剩余4名同学要重新钻研自己的论文，等待下一轮审核，直至毕业前合格为止。东大的教育培养了我工作上精益求精、一丝不苟的精神，做事不对付、不敷衍、

不拖延已然成为我生活、工作和学习中的准则。我们借助东大的平台完成了学业、提升了自我、体现了价值，这段学习经历已成为我们人生中一段永恒的记忆，成为东大一员是我们一生的荣光。

浓浓母校情、依依校友心。启航东大，奔赴前程，距离从未削减老师对学子的关爱。清晰记得2017年我准备报考清华大学光华管理学院EMBA的时候，对方学校要求提交一封国内知名导师的推荐信，我毫不犹豫地找到了我研究生期间的导师樊治平老师，樊老师不仅在学术上指引我们前行，还在生活中给我们树立榜样。当我把自己要报考的事情跟樊老师说了之后，樊老师并没有因为工作繁忙而快速地帮我写推荐信。而是耐心地询问、指导我面试，又帮助我对以后的工作学习进行了规划，最后为我写了一份充满力量的推荐信。此时，东大赋予我的不仅是知识，还有无穷的爱和力量。正是因为有了老师们当我们的榜样，相信我们也会为东大带来点点星光。

母校情、师生情、同窗情在东大凝结、升华。为了更好地让优秀的校友与在校学生进行交流，学校会在每届每班选拔一名具有代表性且有东大情怀的毕业生担任研一新生的班导师，在课堂上与学弟学妹分享学习、工作经验，在实际工作领域中带领后辈学习进步。自2018年以来，我很荣幸被工商管理学院聘请为班导师，虽然毕业了，但与东大的联系却更紧密了，是学校给了我这样的机会，用另一种方式来让我继续做东大人。学院领导认为除了传授知识，还需要联系实际，多与校友沟通。把所学灵活运用到工作中去，才是一个更好的循环。同时，我们作为班导师也会参加学生会干部评选工作，秉承公平、公正的原则，有关学生工作都会按照实际情况邀请校友参加。不仅维护了公平公正原则，同时也为活动注入了新鲜的血液，促使活动高效地举办。于我而言，参加学校的活动，在老师和学弟、学妹身上学到了很多，老师的严谨、高远的格局，同学们积极乐观的生活态度都深深感染着我。每一次漫步校园，都让我感受到一花一草都含情、一桌一椅皆故事，这里处处都有难以忘却的回忆和锐意进取的奋斗，也见证了学校日新月异的发展变化。

一节复一节，千枝攒万叶。"我是东大的""我也是东大的"，简单的对话似乎是"接头暗号"，能够迅速拉近彼此的心理距离，凸显了东大的魅力和东大人的自豪。全球30多万东大校友既是朋友，更是家人；既是行动上的帮衬者，更是思想上的引导者。每当遇到人生大事或是身处逆境，东大校友间总会彼此关心、互相帮衬。东北大学校友会自成立以来，始终秉承"积极联谊和团结海内外校友，发扬东北大学爱国主义光荣传统和'献身、求实、团结、创新'的优良校风，增进友谊，促进交流，扩大东北大学在海内外的影响，为促进东北大学的发展和校友所在地区的经济建设作出积极的贡献"的宗旨，已成为校友们交流信息、筹措资源、共谋发展的平台，是每个校友分享成功与喜悦，传递友情和价值的精神土地；更是我们回报母校、联系母校、联络校友的感情枢纽。能够成为东北大学校友总会常任理事中的一员，为东大校友工作尽一份心、出一份力，我感到无比的荣耀自豪。

校友总会在孙雷副校长的带领下，举办了很多特色活动，不仅服务了校友，还为校友和同学们建立起了纽带。校友总会时常组织校友企业家分享经验、参观校友企业，举办校友足球联赛等活动，令我印象最深刻的非"携手同行、共创未来"东北大学校友企业家2020高峰论坛莫属。2020年9月校友总会集聚全国各地的校友企业家，以线上和线下两种方式，在海南省海口市举办高峰论坛，该论坛共设置"大健康""5G及大数据"和"智能制造"三个分会场，以便不同领域的校友企业家结合企业发展分享心得、交流经验。虽然此前不曾谋面，但却因为都是东大的莘莘学子而倾囊相授，此次论坛不仅在事业上给予了我很大的帮助，还在精神层面让我感受到了一场饕餮盛宴。会上我们聆听了孙雷副校长的讲话，在他的发言中我们感悟到东大对校友企业家的支持、对全球30多万校友的关爱、对校友工作的重视。校友会积极搭建交流合作平台，推动资本项目合作；不断增进学术交流和实践应用，促进成果转化；主动献言献策，推动学校各项事业发展。校友们无论身在何方都心系母校，关注母校的建设和发展，并贡献着自己的力量，体现了我们东大学子的感恩情怀和奋斗精神。

常怀感恩心，立志当远行。"惟知行合一方为贵，惟自强不息方登高，爱校、爱乡、爱国、爱人类，期终达与世界大同之目标"，校歌中的这句歌词承载着东北大学的建校初心与使命，也指引着东大人的奋斗方向和归途。当为东大人，立根东大魂，"自强不息、知行合一"的校训早已流淌在我的血液中。值此"十四五"筹谋之际，"激扬创业责任，感悟协同共享"，我们要在各自岗位上发挥更大的作用，成为东北大学各项事业发展最可信赖的力量，奋力谱写一流征程新篇章。作为东北大学校友总会常任理事中年龄最小的一个，我将不辜负学校和校友的信任，怀着对东北大学的深厚情谊，认真履行职责，恪守校训，弘扬校风，全力为学校、为校友服务，积极提升东北大学的影响力和知名度，用东大人"实干、报国、创新、卓越"的东大文化品格，迎接亲爱母校的百年华诞！

作者简介——

　　张文旭，2015 年毕业于东北大学工商管理学院，现任东北大学校友总会常任理事，东北大学工商管理学院校友会秘书长，被聘任为 2022 年度研究生班导师。目前为兴利房地产开发有限责任公司副总经理、抚顺文轩物业公司总经理、兴宇养殖场总经理。

第二章

母校记忆

我的"大东大"

郎连和

　　我的母校东北大学即将迎来百岁华诞。回望母校历史，灿烂辉煌，无数学子在这里茁壮成长，这里有我最美的年华，最好的时光。在我心里，更愿意称我的大学为我的"大东大"。

　　"大东大"有三层寓意：一是我的大学是东北大学；二是我所在的校友会是东北大学大连校友会；三是我的母校东北大学正在日益壮大。

　　"大东大"可以说是我的"学愁"。从本科到硕士再到博士，从地方到中央再到国外，我踏遍校园无数，但在就读过的各类院校当中，最让我铭心刻骨、念念不忘的是"大东大"。

　　记得那是1980年，在经历了高考之后，我跨入了东北工学院（现东北大学）的大门。彼时正值夏季，校园绿树成荫，鸟语花香，错落有致的教学楼更是增添了一片美景，尤其是正对校门的主楼，至今仍耸立在我的心头。一晃四十多年过去了，时间不能回放，但美好可以定格，大学时光的每一个镜头都永远地印刻在我的心中。我把人生最美好的一段年华留给了"大东大"，把那些青春的梦想和炽热的誓言，镌刻在母校的一草一木之上。

　　"大东大"是我们追逐梦想、放飞梦想的地方。它让我明白，人类始终不变的价值是爱。当年的同窗，大多成为一生的挚友，我们共同度过了生命中最宝贵的青春年华，收获知识和能力的同时，也收获了信任与友爱。在这四十多年里，我们一起组织入学十年庆、二十年庆、三十年庆。尤其是三十年庆，我们五个班的班长还登台唱了一出"五班头争雄"，当日情景至今历历在目。

　　东大之大，不在于校园之大，而在于其心胸的博大。大学时代正是我们形成独立人格，培养综合能力的重要阶段。正是在"大东大"，给予了我独立思考、追求真理、坚持梦想的力量。是母校教会我，人的胸怀有多宽广，未来的路就有多宽广。我的理想，因母校而更加丰满；我的梦想，也因母校而走进现实；我的人生，更因母校而愈加精彩。时光可以把我们从校园带走，但带不走我们在这里的专属记忆。

另一个"大东大"就是东北大学大连校友会（以下简称大连校友会）。身在其中我可以自豪地认为大连校友会是东北大学最好的校友会。从老会长李洪军到现任会长王德虎，再到"校友之家""业主"姜清波，都为校友会付出了心血，作出了积极贡献。校友会还创办了会刊，名字就叫《大东大》（也称"三D"），在大连乃至全国校友会产生较大影响。

将校友会与母校命运紧密联结在一起，是大连校友会的一大特点。2004年，大连校友会首次在母校设立以地方校友会命名的奖学金，至今已经连续颁发19年。为资助母校，在东北大学建校九十周年之际，大连校友会的校友向母校捐赠了1000万元。为感谢大连校友会兴学之举，铭记他们反哺母校之深情，东北大学特命名一号教学馆为"大成"教学馆，以弘扬东北大学校友爱校荣校的优秀品质，激励在校师生追求明心立德、笃学立言、修身立行之大成。

2020年2月，新冠病毒感染疫情暴发，大连校友会率先响应母校号召，为母校捐赠1万个口罩，助力母校抗疫。刘栋秘书长特邀我吟诗一首，以示敬意：

> 心系疫情思母校，
>
> 学子倾诚尽寅绍。
>
> 待到瘴疠驱散时，
>
> 满园桃李花枝俏。

2020年3月，大连校友会会长王德虎的恩师林韵梅教授仙逝。为寄托哀思，王德虎会长让我写首悼念诗歌，我以《林韵梅君永垂不朽》为题，作了一首藏头诗：

> 林簌石风秀青山，
>
> 韵逸情幽润九天。
>
> 梅骨雪胎傲冰雪，
>
> 君轻民重驻心间。
>
> 永矢弗谖报国志，
>
> 垂裕后昆觅千帆。
>
> 不落窠臼开新路，
>
> 朽木生花胜灵仙。

2021年7月12日，校方代表王晓英老师和部分大连校友会代表欢聚一堂，为大连校友会"校友之家"揭匾挂牌。我即兴吟诗一首以示庆贺：

> 富甲一方逞英豪，
>
> 有口皆碑展龙韬。

酒逢知己千杯少，

店遇良缘结故交。

校短量长同奋进，

友风子雨共逍遥。

之死靡它情专注，

家骥人璧志高超。

2021年7月22日，由大连校友会承办的"东大汉卿球会'翰林杯'第二次集训暨'名誉会员杯'邀请赛"在大连西郊高尔夫球场举行，在庆功会上，我的一首蕴含着东大校训"自强不息、知行合一"的七律诗将庆功会推向高潮：

群英荟萃聚滨城，

高手云集竞世雄。

发愤图强舒畅志，

言行一致注真情。

承前启后崇先辈，

继往开来续汉卿。

不忘初心担使命，

复兴逐梦敬英灵。

母校的发展一直是我们所有校友关注、关心的焦点。

2021年10月28日，应母校邀请，我回母校作报告，在东北大学校友总会李鹤秘书长的引荐下，有幸拜见了东北大学党委书记熊晓梅教授，她热情洋溢地介绍了东北大学近几年所取得的光辉成绩，这让我们在座的各位校友感到无比自豪。

大学存在的价值在于源源不断地为社会创造活力，对于中国，大学的作用更加重要。当前，中国经济社会发展面临转型，转型的关键在于由要素驱动向创新驱动的转变，中国大学理应承担起更大责任，成为推动经济社会转型的创新引擎和源泉。在这样的使命意识之下，"大东大"上下凝心聚力，众志成城，在"世界一流、国家一流、省一流、校一流"四级学科建设梯次协同建设的创新之路上勇往直前。学校围绕立德树人的根本任务，在拔尖创新型人才培养、教学理念更新、教学方法研究、培养模式探索等方面取得了丰硕成果。

近五年来，东北大学共以第一完成单位斩获国家科技奖8项，共获批国家重点研发计划牵头项目10项，总经费过亿元。在重大装备研发、稀土材料、金属材料等领域，为国家重大科技创新作出了突出贡献。

学校坚持服务国家战略和区域发展的科研方向，鼓励自由探索，推动协同创新，基础研究水平稳步提高，技术创新竞争力不断增强。"十三五"以来，东北大学共承担各类科技项目8000余项，获省部级以上科技奖励300余项，获得国家专利5109项，被三大检索收录论文29801篇……

在国内"双一流"建设高校中独具特色的东北大学，以极高的质量完成了"双一流"周期建设任务，不断突破自我，在东北这片肥沃的土壤上结出了丰硕的果实，为东北大学服务国民经济建设和东北老工业基地全面振兴奠定了新的重要基础。

每一所大学都有自己的历史，我的"大东大"就是一所具有爱国主义光荣传统的大学。当前的中国，正在进入中华民族伟大复兴的崭新阶段，大学日益成为引领社会发展的思想库，科技文化创新创意的源头，创新型人才培养的高地。大学兴则国家兴，大学强则国家强。在近百年的办学历程中，东北大学始终坚持与国家发展和民族复兴同向同行，形成了"自强不息、知行合一"的校训精神和"实干、报国、创新、卓越"的文化品格。这一精神传统，是东北大学经受百年风雨生生不息的根本原因，也是新的百年继续前行的强大动力。

百年光阴流转，岁月无声留痕。在枝繁叶茂的东大校园里，一代代东大人燃烧着激情，追逐着梦想，正在继续谱写百年东大的荣耀与辉煌。我们相信，"大东大"终将王者归来！

作者简介——

郎连和，1962年7月出生。东北大学工业自动化学士，大连理工大学工商管理硕士、系统工程博士，美国伊利诺伊理工学院公共管理硕士。先后担任大连开发区团委书记，大连瓦房店市委副书记、常务副市长，大连金州区区长，大连市政府副秘书长，大连水务局局长兼党委书记，大连水务集团董事长兼党委书记。

人称"水之郎"，司水十二年。长期从事水务事业，潜心研究水理论。由其提出并研究的"海水优化""水银行""时间银行"等成果均获国家专利。担任大连水务局局长期间，承担节水型社会建设、水务现代化建设、水生态文明建设三个国家试点，并进行了有益探索，在全国起到示范作用。组建水务集团后，提出"八区统筹，十水共治"理念，并实施"三大方略"，推出"乐水小镇""大水一号"等创新品牌。

著有《人生规划论》，提出"乐人思水"理念。主张"以水之道确立

正确思想方法，谋划精彩人生，追求幸福快乐"。他提出的"人生十打""工作后""三维大健康"等系列理论荣获国家七项专利。

坚持"每日一诗"，尤其对水诗情有独钟。倡导"以水喻人，以人效水"，以水之道确立思想方法，以水之为规范行为操守，以水之魂提升修为境界。探索研究习近平新时代中国特色社会主义理论所蕴含的水之道，其撰写的《倡导乐人思水，培育和践行社会主义核心价值观》《倡导乐人思水，贯彻和落实五大发展理念》等理论文章，在全国哲学界引起较大反响。

刻骨铭心的记忆

——我的毕业实习与唐山大地震

邵大华

人的一生总要经历一些难以忘怀的事，而发生在47年前的唐山大地震，给我的大学生活乃至我的一生都留下了刻骨铭心的印迹。因为那是血与火的洗礼，那是生与死的考验。

1976年6月，我们东北工学院（现东北大学）钢冶系73炼钢1班的同学分3个小组，在老师的带领下先后到达唐山钢铁公司，开始了为期4个月的毕业实习。7月28日凌晨3点42分，7.8级强烈地震发生了！顷刻间，唐山这座拥有百年历史、百万人口的冀东重镇被夷为一片废墟。建筑倒塌，瓦砾成堆；地表断裂，水涌如注；一道蓝光从天空中闪过，雷雨声、哀嚎声、轰鸣声交织，瞬间，二十多万生命被夺走，十几万伤员在凄惨的痛苦中挣扎。

地震发生时是怎样一种情景呢？地动山摇？山呼海啸？天崩地裂？地陷天塌？这些形容自然界重大天灾的词，都无法准确地表述地震当时的恐怖。睡觉的人被从床上颠起来，站立的人被摇得摔倒在地，门窗扭曲得无法打开……真真切切一种地球毁灭的感觉！第一波强震十几秒后才停止，没有被埋压在瓦砾中的人们不顾一切地跑了出来。我们师生住在几个不同的地方。住在炼钢厂办公楼三层的七八个师生踏着只剩几根细钢筋连着的楼梯跑下来了，住在招待所的几名师生从窗户跳出来了，在车间跟班作业的两名同学摸黑从炉台上撤下来了，师生们都集中到炼钢车间外的空地上。清点人数！住在仓库改建宿舍的一个组没有出来！大家不约而同地冲向他们的驻地，原来他们房子的墙倒了，屋顶塌了，人都被埋在下面。大家齐心合力，掀开屋顶，搬开砖石，把人都救出来了。再一次清点人数，17名同学2名老师，全部都在！奇迹！19名师生，分别在四个地方，住处都有不同程度的损坏，而我们除少数受到皮外伤，所有人都活着，都没有严重受伤，这为接下来抢险救人创造了条件。

全员都在，战斗力都在，马上开始救人！时间就是生命，呼救声就是命令，哪里有人呼救我们就冲向哪里！生产处大楼三层的女倒班室里最先传出呼救声，我们冒着不断的余震、呛人的灰尘，踩着即将断掉的楼梯，摸黑向三楼爬去。倒班室的砖墙全部都塌了，楼顶沉重的横梁压在碎砖上。顺着呼救声，钻过粗大的房梁，摸索着把埋在蚊帐中、灰尘里、砖石下的女工们一个个救了出来。受伤的就背着送到楼下，没有衣服穿的，就把我们身上的工作服脱给她们。手磨破了，脚受伤了，全然不顾，40多名女工都救下来了。厂区内再没有人员集中被埋压，我们马上分成几个小组分别赶往厂区附近的家属区。这时天已经蒙蒙亮，我们举目四望，心都凉了！太惨了，家属区已经没有了立着的房子，除了个别人跑出来，大多数人都被埋在了废墟下面。没有迟疑，立刻救人！用手挖，用随手找到的钢钎、木棍撬，只要还有一丝声息，就不顾一切地往外扒人。天黑后，再也听不到呼救的声音后，我们才回到一炼钢厂车间的空地上。一天下来我们又在几个家属区救出了140多人。连续十几个小时，没喝一口水，没吃一口饭，大家累得躺倒在车间门前的沙石堆上。不知是谁从食堂找到一些窝头、馒头和水，大家分着吃了一点。

晚上，7.5级的强余震又发生了，原本一些还立着的残垣断壁彻底塌了。强余震后又下起了雨，唐钢七一广场上聚集的上百名伤员和家属被雨淋着，我们不顾疲惫，从沙堆上爬起来，找来材料，给他们搭了几十个简单的马架子挡雨，我们自己却站在雨中。

后半夜，解放军309医院医疗队赶到了唐钢七一广场，立即开始救治伤员，我们又投入到搭帐篷，搭手术台的工作中，随后又开始给做手术的医护人员打手电照明，协助护士给伤员包扎伤口，一直忙到天亮。

随着大批的人民解放军开进了市区，大规模细致地搜救全面展开，我们的任务也转到安置和转移伤员上来，向机场送伤员，向周边地震损失不重的县医院转运伤员，搭建简易病房就地安置伤员成了我们的主要工作。转运伤员用的都是大卡车，我们每辆车都安排一个人，送到地方后负责与接收单位联系，把伤员安全送到并安置好后立即往回赶。两天时间共转运伤员1400多人。

随着解放军医疗队救治伤员工作的展开，唐钢七一广场成了市区东北部最大的伤员聚集地，成百上千的伤员涌向这里，一时间整个广场到处是伤员，景象十分惨烈。不到两天时间，危重伤员中不断有人停止了呼吸。及时把死去的人转移出去成了急迫的大事，我们又接受了这项任务。半天时间，我们用卡车向郊外运送了200多具死尸，简单进行了掩埋。

短短几天时间，我们从废墟下抢救出180多名被埋压的人员，转运伤员1400多人，运送掩埋尸体200多具，协助解放军医疗队救治伤员600多人，搭建数百间帐篷和简易房。这时，我们才给自己搭了一个简易窝棚，大家轮换着休息。为了解决吃饭问题，我们从塌了的食堂扒出一口大锅，垒了一个炉灶，扒出一些米煮粥，解决吃的问题。随着现场尸体集中向郊区清运掩埋和重伤员向全国各地转运工作逐渐结束，我们小分队也将重点工作转移到恢复生产上来。

为了尽快恢复生产，我们又同工人师傅一起砌转炉，修电路，清理废墟。8月25日，震后28天，唐钢震后第一炉钢出钢了！协助老师傅炼出第一炉钢的，大部分都是我们东北工学院的师生。随着各地援建单位大批来到唐山，基本恢复生产后，我们于10月10日返回母校。

东北工学院师生在唐山大地震中英勇顽强的表现，得到了中央、省、市的高度评价。各级新闻媒体先后报道了小分队的先进事迹，最早来到灾区视察的华国锋总理、陈永贵副总理先后接见了小分队代表。小分队被授予"抗震救灾先进集体"称号，1976年9月2日小分队代表出席了在北京召开的"抗震救灾先进集体和先进个人表彰大会"。毛主席逝世后，冶金部特别安排小分队代表去人民大会堂瞻仰毛主席遗容。中央新闻电影制片厂、河北电视台先后播放了小分队的事迹，新华社记者写的专题事迹材料已成稿交付排版，因报道毛主席逝世消息而没有印发。辽宁日报也先后专题报道了小分队的先进事迹。为表彰东北工学院师生的事迹，河北省委省政府向小分队颁授锦旗"团结战斗抗震灾，同心炼出志气钢"，东北工学院党委授予小分队"震不垮的教育革命模范小分队"称号。

唐山大地震已经过去47年，当年二十几岁的青年大学生现在已经是七十岁左右的退休老人。每到7月28日，强烈地震给唐山带来巨大灾难的惨烈场面和抗震救灾重建唐山的战斗情景，都像电影一样，一幕一幕在我眼前回放，我的心情久久不能平静。这其中既有对地震当时惨烈状况的后怕，也有对小分队师生平安无事的庆幸，更有对逝去同胞的怀念。

我的这段回忆，只是简要记述了地震当时和后来救灾中的片段，作为我在东大上学期间的经历，借百年校庆之机把它介绍给母校及校友们。在那场震惊世界的大灾难中，我们这些东北工学院的师生经受住了血与火、生与死的考验，为当代大学生争了气，为母校争了光。相信这其中表现出来的不怕苦、不怕死、震不垮的精神，可给后来的东大人以激励和传承。

作者简介——

　　邵大华，1953年5月生，辽宁沈阳人，东北工学院1973级钢冶系炼钢专业1班，1976年12月1日毕业，先后在唐山钢铁公司、唐山市委、唐山市政府部门（退休前为唐山市人事局副调研员）工作，现居唐山市。

回忆我的大学生活

姜玉原

大学生活对于每一个经历过的人而言，都是一段刻骨铭心的记忆，都是一笔历久弥新的人生财富。于我而言，1999年9月考入东北大学文法学院法学专业，2003年本科毕业后在文法学院宪法与行政法专业攻读硕士学位，2006年硕士毕业后留校工作，可以说，整个求学与工作的经历都与东北大学紧密联系在一起，也因此与东北大学有了别样的情分。

至今仍清晰记得，2003年本科毕业、硕士入学那一年适逢学校八十周年校庆，我有幸作为学校团委兼职团干部参与了校庆晚会筹备工作，亲眼见证了八十周年校庆的盛况，参与了单田芳等校友返校接待工作。当年校庆时校园洋溢的满满喜庆氛围、散发的无限青春光芒，至今仍历历在目，犹在昨日。斗转星移，岁月不居。弹指一挥间，二十年过去了，我们已从泛舟学海的青年步入中年，而给予我们无限精神滋养的母校也迎来自己的百岁华诞。

立足建校百年，回望自己与母校交集的这二十余年，感触很多。而万千感触归结为一点，就是东北大学已经成为自己生命中最鲜明的精神印记和历久弥新的文化基因，因为东北大学记录了自己生命中最为宝贵的青春岁月，也记录了自己宝贵青春岁月的点滴成长。大学四年是我们人生最重要的"拔节孕穗期"，初入大学的我们懵懵懂懂，对于校园和周遭的一切都充满了好奇，对于自己的未来都充满了无限的憧憬。我们那一届法学专业共有100多名学生，来自祖国四面八方，分为三个班级，最开始都集中住在老五舍，八人一个寝室，上下铺的格局，虽然略显拥挤，但却十分热闹，四年下来寝室同学朝夕相处，感情很深。那时候的课堂氛围很热烈，无论是法学专业课，还是思想政治理论课、高等数学等公共课，同学们都表现出了极大热情，"比学赶帮超"的氛围很浓厚，大家参加课外活动也异常活跃，独具文法特色的辩论赛总能吸引大家的目光，那时候校园文学社也如雨后春笋般兴起，各个学院都在筹建自己的文学社团，我们在学院支持下创办了《呼吸》报社，一时在校园声名鹊起。

大学期间，我还积极参加校报记者团等各类校园活动及社团组织，这些丰富

多彩的活动极大地拓宽了我的视野，通过参加这些活动得以认识了许多来自不同学院、不同专业的同学，虽然大家的生活背景、教育背景、地域文化背景各不相同，但是每个人身上都有很多的闪光点值得学习，同学们也正是在这种相互借鉴、相互学习的氛围中不断地实现自我成长和蜕变，我想这或许就是大学的价值之一，就是"自强不息、知行合一"的校训精神在每个东大学子身上的折射和体现。

2003年本科毕业的时候，正好赶上"非典"疫情，学校进行了短期封闭管理，成为了我们大学生活临近尾声的小插曲，我当时申请参加了沈阳市"非典"调度热线的志愿服务工作，我们专业有的同学因为隔离原因没有赶上毕业照拍摄，留下些许遗憾，这段特殊的经历也使我们的毕业有了别样的意义。在东大，也有很多属于我们的专属记忆，西门老俱乐部、洼地操场、老三舍、现在汉卿会堂所在位置的小山坡等很多标志性建筑或场地，已随历史而去，有的原地已经建起了新的建筑，但在我们心中却始终挥之不去，因为他们都曾承载着我们的美好记忆，每每同学聚会时都会被提起。

大学毕业后，同学们各奔东西，有的选择到海外打拼，有的选择回到家乡与亲人团聚，时至今日都在各自的领域取得了可喜的成绩，大家虽然并没有全都从事法学专业工作，但是大学期间养成的法律思维和法学素养却让我们无论在任何岗位都始终受益。攻读硕士学位期间，我曾先后到《人力资源》杂志社和《辽宁法治报》实习工作，进一步探求将所学应用于实践的职业路径。硕士毕业后，怀着对母校深深的眷恋，我选择留在学校工作，继续延续着自己的大学故事，后来又得以被借调到教育部工作，到英国雷丁大学进行访学，这些经历进一步深化了我对于教育规律的理解、认知和把握，也深化了自己对于大学初心使命的践行与体悟。这些年来无论走到哪里，自己都始终牢记"凡我所在，便是东大"，都以母校这所具有光荣爱国主义传统的高等学府为傲，都以闪耀着"自强不息、知行合一"校训精神光芒的东大人为荣，我想，这也是所有东大校友共同的心声。

回首过去，大学的时光很短，但留下的记忆很长。诚然，岁月会把记忆变成泛黄的书签，但是大学的印记会一直留存在我们心底。2023年，母校东北大学迎来建校百年的辉煌瞬间，我们也迎来大学本科毕业20周年的相聚时刻，真心祝福母校的下一个百年风华正茂、奋楫向前！

作者简介——

　　姜玉原，现任东北大学党委正处级组织员、党委组织部副部长、党委教师工作部副部长（兼）。曾被借调到教育部工作，先后参与全国高校党建会、全国高校思想政治工作会议的相关文件起草工作。曾赴英国雷丁大学做访问学者。入选"全国高校思想政治工作中青年骨干"建设项目。

礼赞：校友团队校友会

赵新良

1955年，我10岁，跟随少先队夏令营，走过南湖，第一次进入东北工学院（现东北大学）校园内。采矿学馆、建筑学馆、机电学馆、冶金学馆海派建筑高耸巍巍，实习工厂秩序井然，正在生产机床C618K，大哥哥大姐姐雄姿英发青春韵味，都幻化成懵懂少年挥之不去的梦寐。

1965年，我20岁，连续休学两年，跌跌撞撞总算住进一宿舍，有资格打饭排队。忘不了校内课堂物理化学课老师拴着装热水的暖腰袋；忘不了校外实习讲学电炉炼钢学时，飘进雪花的窗棂。忘不了在鞍钢、上钢、马钢当上总工、调度长、设计处长的校友所传授的治学经验；忘不了探亲返校同学带给全班的苹果、花生、大枣。周郎抚弦、英雄救美故事讲得有趣，那份纯真甜美的情谊令人陶醉。

带着憧憬热望，擦干别离校园生活的热泪，走进了浩浩荡荡的校友团队，"自强不息、知行合一"，百舸争流，时不我待，有为才能有位。

把陆钟武院士的热能平衡理论、穿越环境高山理论、创立生态工业实验室前沿思维，变成鞍山钢铁公司节能减排、辽宁省循环经济试点的总体规划和系统工程，会同南开大学老五届教授马桂新撰文出版《循环经济论纲》，就是在自己负责的岗位，为校友团队增辉。

梁思成和林徽因在东大创立了全国第一个建筑系，高高举起乡土建筑现代化和现代建筑地域化的大旗，引发何谓文化自立、自强、自信，决策科学化、民主化途径世纪思辨的拷问和反馈。

总结城市规划设计和大规模改造建设实践，挖掘、梳理、弘扬城市精神、文脉传承，希望主编主笔并且公开出版发行的专著《诗意栖居：中国传统民居的文化解读》《中国名城建构解析》《中华名祠——先祖崇拜的文化解读》和中国市长研修学院教材《建筑文化与城市特色》能为校友团队摇旗呐喊，站脚助威。

回望窦世学、干勇引领材料科学新领域，王国栋、柴天佑出彩控制轧制和过程自动化学科，刘积仁提供解决方案的东软创新创业，牵动母校转向综合性研究型大学。

在东北大学积极争取进入"211""985"国家重点建设院校行列时期，我恰好担任省计委主任、省长助理、副省长等职务，不待扬鞭自奋蹄。率队拜访时任冶金部部长刘淇，征得冶金部支持，东北大学与北京科技大学不分先后共同进入国家队，报请国家计委综合平衡。专访国家计委社会司，并且一同争取国家计委主任同意列入总盘子。积极汇报衔接，省市领导班子同意出资会同教育部重点共建东北大学"985工程"。

在座与不在座的校友，致力科技成果工程化、市场化、国际化进程，强国振兴，长子情怀，责任担当，谁能说清楚哪位是前辈，哪位是后辈？

我们在校的时候以母校为荣，我们离开母校去闯荡的时候，母校以我们为荣。谁是母校和校友团队有效沟通的纽带桥梁？谁是校友团队之间互补协同、跨学科跨地区融合的媒介？谁是异性青年校友互通款曲喜结连理的月下老人？谁为校友发挥才干、创新创业寻求导师助手？谁为校友抒发情怀、扩大社会影响提供机遇和平台？是校友会。

感谢会长宋铁瑜、李瑞，让我们心有所归。又是一年迎春日，校友聚会，研讨"携手奋进，共创未来"，群贤毕至，蓬荜生辉。

欢歌笑语辞旧岁，春雷滚滚东风吹。

作者简介——

赵新良，男，满族，1944年11月生，辽宁岫岩人，中共党员。1964年8月至1970年8月在辽宁省东北工学院钢铁冶金专业学习。历任工程师、高级经济师、省计划委员会主任、营口市市长、辽宁省副省长、省政协副主席等职。曾兼任东北大学教授、博士生导师，中国市长研修学院客座教授，辽宁省老教授协会会长，中国老教授协会副会长等职。中国摄影家协会会员。曾因主持辽宁省投入产出分析模型的研制与应用，获辽宁省科技进步一等奖，国家科技进步三等奖。

难忘的大学生活

罗树清

1962年，我从农村考入东北工学院（现东北大学），开始了我的大学生活。我满心好奇地来到一个大城市，起初真的不习惯，站在室外放眼望去到处都是楼房，跟我家乡一望无垠的大草原相比感觉很憋屈。好在同学们来自四面八方，几天就熟悉了。

进入大学，我被许多新鲜事物吸引，被丰富多彩的学校生活感染，很快便爱上了学校的学习生活。每天清晨我都到我们宿舍前面的操场上跑几千米，然后便开始了宿舍—教室两点一线的日常学习与生活。这种生活虽然简单，却充满乐趣。在宿舍里睡觉前大家天南地北各抒见闻，海阔天空谈笑聊天，直到走廊里响起"睡觉了"的喊声，才关灯睡觉。在教室里，大家全神贯注听老师授课。课余时间便三五成群追寻各自的爱好活动。

我们在校期间各门课程安排得都很满，学习很紧张。课程安排得也很科学，既有课堂上的理论讲解也有在实验室里的试验，理论与实践结合，易于理解又记忆深刻。有的课程还安排到厂矿实习，极大地提高了我们的实际操作和动手能力。有些课程老师讲得也很精彩，例如"机械工程"这门课程也是我们的专业基础课。教"机械工程"的李老师有一次讲到链传动时把自己上下班骑的自行车推进教室，并翻转过来两轮朝上放到讲台上，边示范边讲传动原理，非常形象。前几年我们同班同学聚会，酒后茶余一位同学忽然提起这堂课的情景，大家几乎同时呼应，那位李老师的形象我们终生难以忘怀。

我家很穷，穷到今天的年轻人无法想象的程度。入学的第一个学期，一次我突然感冒高烧不退，同寝室的同学把我送进校医院住院治疗，第二天他们几个人提着一袋苹果来看我，同学们走后我拿起苹果吃了一口，啊，世上还有这么好吃的东西，那是我有生以来第一次吃到苹果。在校五年多时间我只有一件棉袄一件棉裤两件单衣两件单裤，没有衬衣也没有穿内衣的概念。衣服穿破了自己补了再穿。"春江水暖鸭先知"，而我则是校园地暖脚先知，只要沈阳天暖和了我就光脚走路，家里做的布鞋得省着穿，就是在足球场踢球也是光着脚的，因为一双布鞋经不起几脚可能就踢飞了。从学校去太原街都是光脚走去走回，六分钱的公共汽车票都舍不得买。直到现在我还经常反复梦到光着脚在外面走，脚上沾着泥又到处找不到水洗干净，就被迫上床睡觉。

大学第二个学期放假回家，刚好遇到我父亲生病卧床不起，当时全家只有我母亲一个人在生产队里劳动挣工分养家，一年到头兑换全家口粮钱都不够，只能挨饿。思来想去我觉得只能回家干活养家糊口了。于是开学后我到校办理了休学手续回家参加生产队劳动。虽然从小就跟着家里干活，但是在生产队里顶一个整劳力还是挺吃力的，风吹日晒雨淋干活累自不必说，那都是平常事，咬咬牙就过去了，最让我痛苦的是手上磨的血泡一层还没好，另一层泡又磨起来了，还得照样紧握农具干活，晚上疼痛难忍无法入睡。不到二十岁的我在秋季收获粮食时要扛起一百八九十斤的粮袋子，爬跳板上粮仓，一天下来腰都直不起来了。幸好大半年后我父亲的病情有所好转，逐渐可以在生产队里干点轻活。后来，父母还是劝我回学校把书念完，于是一年后又复学继续读书。

每年寒暑假期回到家我从来没有休息过，寒假时背着粪篓子到草原和村头捡畜粪，攒在一起由我母亲拉车送到生产队换成工分，到年底参与家庭分配。我家周围是大草原，每年暑假我便整天奔波在这里打草，无论是烈日炎炎，还是刮风下雨，整天不停地干活。割草用的是东北的大扇刀，这种刀杆很长，大约有三米左右，刀头刀刃长四十多厘米，打草时必须用力抡起来才能将草割掉并集中在一起，每一刀都要使出浑身的力量，一天下来精疲力竭，第二天还要咬牙坚持。每年暑假割的草到秋天我父亲便将其卖给养牛场，每年大约可以卖一二百元钱，我除了拿几十元钱在校买点纸笔等学习用品外，其余的都留下来补贴家用。

上大学前前后后我所吃的苦所受的累，都是常人无法想象的。在那个艰苦的年代，丝毫没有埋怨过我的家庭和父母，因为他们比我还苦；也没有埋怨过国家，因为满身创伤的新中国刚刚诞生没有几年，更是不易。走出校门，我的人生字典里便抹去了"苦"和"累"这两个字。从此一路走来所遇到的所有事情再没有感觉到苦，所从事的各项工作再没有感觉到累。有时我还从内心深处感激那个时代造就了自己如此坚强的性格。

作者献给母校百年华诞的祝词

　　我在校期间一直都享受最高等级的助学金，开始时每个月14元钱，后来国家给大学生增加3元吃肉钱，变为每月17元钱。这个钱数刚好够每个月的伙食费，那时没有学费一说。就是这每个月的十几元钱让我刻骨铭心，因为没有助学金就根本读不起大学，所以党和国家出钱供我读书的恩情永远难忘，滴水之恩当涌泉相报。

　　离开学校几十年后，有一天我回到母校——如今的东北大学，在校园里独自徜徉许久，从我曾经住过的宿舍楼开始看遍了四个教学馆，在头脑中回放当年艰苦而有情趣的大学生活，寻找当年赤脚在校园路上留下的片片脚印，回想第一次吃到苹果的香甜，脑海里再现那辆李老师搬进教室的自行车，还有每月用双手接过来的十几元助学金……如今已是斗转星移，物是人非，但我爱我的大学之心依旧。

作者简介

　　罗树清，1968年毕业后分配到黑龙江省大西林铁矿工作。曾先后担任黑龙江省伊春市、佳木斯市委常委副市长，七台河市市长市委书记，黑龙江省省长助理兼省体改委主任，中国诚通控股集团公司党委书记、总经理，2005年退休。出版的著作有《求索——我的经济理论与实践》《CEO基点——首席执行官理论与实务》《心灵聚焦》《罗树清风光摄影集》。

母校培育伴我行

孙再棣

东北大学迎来百年校庆，我作为一名东北大学的学子、老五届的一员。终生难忘母校的培育，母校的培育伴随我的人生路。

1961年9月18日，我背着行李步入东北工学院（现东北大学），学长接待我们，他们向我们介绍学院的情况，说我院的院长靳树梁号称"东方冶金大王"，当炼钢铁的高炉出故障时，靳院长即使离高炉很远，看高炉冒的烟就能判断故障的原因，迅速排除故障，减少经济损失。院党委书记柳运光也是一位老革命家，我们的专业是学院的重点专业，我们自动控制系的郎世俊主任、周连魁主任和李华天教授等都是国家级的著名专家学者，他们是我崇拜的人和努力奋斗的榜样，使我更加热爱东北工学院。入学后我被分配到自动控制系66级工企1班，学校推荐我为班长，发给我助学金，是中国共产党给了我上大学的机会，感谢党的关怀和培育，我决心刻苦学习，积极要求进步，努力学习毛主席著作。

1961年正是国家困难时期，我因营养不良加上准备高考过于劳累，患有肺门淋巴结核，入学后每年春季都犯病，几乎天天去东工医院免费治疗。我牢记毛主席的教导："既来之，则安之，自己完全不着急，让体内慢慢生长抵抗力和它作斗争直至最后战胜之，这是对付慢性病的方法。"于是我坚持用革命的乐观主义精神战胜疾病，树立信心战胜病魔。不爱吃饭我就掰一块圆台（玉米面饼）喝一口水送下，每顿饭都得吃四十多分钟。浑身没劲总感疲乏，我就强制自己上课别打瞌睡，集中精力听老师讲课。班里的同学都关心我，伙食委员经常给我加机动粮，同学帮我一起克服困难。1961年国务院高教部公布《高校六十条》，学生要以学习为主，在老师的精心授业下，我各学科都取得满意的成绩。谢绪恺老师讲起课来深刻动听，同学们都很敬佩他，谢老师教我们数学，但他的电气专业和自动调节理论也是很专业的，我曾到他家中，向他请教学习方法和专业知识，谢老师还赠书于我，有《俄英汉电工词汇》和俄文版《电工基础》，至今我还保存着。传授"电力拖动"的任兴权老师不仅自己知识渊博，讲课水平也很高，我现在还记得任老师讲课时的情景。尊敬的老师们时刻激励我们好好学习，增长本

领和才干，将来为祖国多作贡献。

在校学习期间，自控系党总支书记张维廉，团总支书记金玺、苗庆学，院团委书记梁树林，辅导员颜秀英老师等对我的成长非常关心，金玺书记不辞辛苦到我家家访，我和父母非常感动。党团组织的谆谆教导，使我的政治思想有了很大进步，使我树立了正确的世界观和人生观。我被选为班级的团支部书记，院团委委员，我们班被评为院优秀团支部，我于1963年12月被评为院优秀学生，1963年5月被评为沈阳市优秀共青团员。

1965年1月学校推荐我为全国第十八届学代会代表，去北京见毛主席，当时非常激动，心潮澎湃，这是党的培养，毛主席的教导，学校的培育，同学们帮助的结果。我代表全校6000多名学生到北京向毛主席汇报我们的心声，汇报我们东北工学院贯彻毛主席的教育方针培养国家栋材的事迹。会议期间听取北京市市长彭真的报告，并受到伟大领袖毛主席、周恩来、刘少奇等国家领导人的接见，当时在人民大会堂迎宾厅，学代会和青代会的代表共1000人左右，见到毛主席那一刻全场沸腾，大家热泪盈眶，高呼毛主席万岁，并争先恐后和中央领导人握手，那种振奋人心的场面真是无法形容，毛主席等国家领导人还和我们合影留念，至今我还保留着这张珍贵的照片。

我曾在沈阳中捷友谊厂（生产镗床和摇臂钻床的机床厂）工作，为镗床更新换代，在以我厂沈阳钻镗床研究所为主的全国三化设计中，主要负责镗床电气系统的主管设计。当时的控制系统是继电接触系统，在母校老师讲解的继电器、接触器的原理结构和触头理论的基础上，我坚持理论联系实际的原则，独立设计，并获得厂领导的好评，获得一套奖励房。随着科学技术的迅猛发展，机床的驱动系统由机械传动改为可控硅直流无级调速系统，交流变频调速系统。为尽快掌握新技术，我于1987年考入辽宁省机械工程继续教育中心工业自动化专业，一边工作，一边回母校学习（东工教授讲课），大大提高了技术水平，和机械工程师及沈阳机电学院合作开发的TPWX649点位数控镗铣床产品获得中捷厂和沈阳市的奖励。1988年我国恢复高级工程师的评定工作，厂领导根据工作表现破格将我评定为高工，高工的论文是结合工作实践写的可控硅直流调速系统。这篇论文我还请教东北工学院信息工程学院院长顾书生学长（63工企），他不仅赠书与我，还帮助我修改论文，最终顺利通过考核。1988年8月我获得电气专业高级工程师的任职资格。1995年东北大学王希贤教授找我为他组办的会计师事务所做设备资产评估工作，当时资产评估是一门新兴科学，王希贤教授给我讲解这门科学的理论知识，手把手地教我做好这项工作。在他的培育下我退休后又从事了近二十年的设备资产评估工作。

　　父母生育了我，东北工学院培育了我，那是人生中一段幸福美好的时光，是我十分怀念又无比珍重的岁月。为往后的人生道路奠定了坚实的基础，因为我对党和人民做的这些有益之事都离不开母校的辛勤培养。

作者简介——

　　孙再棣，女，1942年6月生，中共党员，1961年9月至1968年9月于东北工学院（现东北大学）自动控制系66工企1班读书。1968年10月至1998年1月于沈阳中捷友谊厂（沈阳机床）工作。其中1968年10月至1969年10月于镗床车间装配工段电气组实习；1969年10月至1982年于中捷友谊厂技术连（沈阳钻镗床研究所）镗床设计室负责镗床电气系统的设计工作；1982年至1988年沈阳钻镗床研究所电气设计室任副室主任，1985年被评定为主任工程师，后任所长助理；1988年至1998年1月任沈阳中捷厂设备处和机修分厂（后改名为沈阳机床中捷设动公司）设备处副处长兼机修分厂副厂长，1994年提升为设备处处长兼机修分厂厂长。1998年至2015年为各资产评估公司做设备资产评估工作。

再忆南湖园

黄孝东

前月，与东大校庆推文不期而遇，往日求学思绪不住流淌，因工作事宜耽搁，直至此刻才缓缓落笔。

初识东大，有点"包办婚姻"的意思。高考是我人生道路上的一次失利，却也成就了我与南湖园的一份奇缘。记得那年浑南校区初启、推迟入学，在家期间送别了两拨同学、朋友，自己却迟迟不得出行，内心的迷茫搭着亲朋邻友的不解，着实难熬，现在回首倒品出不少趣味。求学前段，面对陌生的环境、人物，在青涩年纪多有彷徨。我在思量如何度过四年时光方面没有太清晰的打算，东大好像也"不情不愿"，让我在异乡的惆怅中尝了不少苦头，身体、学习、情感都遇了坎坷。那时我与母校，像极了一对被强行安排"媒妁之言"却又素未谋面的青年男女，不曾相识，机缘巧合组成"小家"。

细看东大，有种"郭靖黄蓉"的体验。四年前后，无论彷徨或是奋进，始终倍感充实、温暖，满眼盛京黑土都充满了成长的回忆。记得初来乍到，干燥的空气常让在南方成长的我眼睛红润，心头一遍遍敲起退堂鼓，幸而都挺了过来。大一，在全明星英语社团认识了一群好朋友；大二，在白山黑土间终于学会游泳和滑雪；大三，共同申请并完成了一个国家级大学生创新实验项目；大四，在采矿学馆的灯光下圆梦浙江大学，攻读硕士学位。仿佛《康熙王朝》中玄烨与赫舍里，朝夕四年中我与东大彼此熟悉、日益亲近，说是"日久生情"也不为过。

再忆东大，有份"牛郎织女"的情缘。时光飞逝，离开母校已经第五个年头，生活学习之余时有怀念。忘不了那个寒冬雪夜，我坐在刘长春体育馆前的铺石长阶上深刻自省、奋起直追，皎洁圆月与昏黄街灯相映成趣，将前进路途中的阴暗一并扫除；忘不了恩师孙挺教授给予我科学、耐心、细致的指导，他饱满的科研热情和乐观的人生态度令我记忆犹新，至今受用；忘不了我从第三学生宿舍离校南归的情景，二十二三岁的青年们抱成一团，泣不成声，甚至连出门送送我都无法实现……这些都是我与母校的温情连接，其后天南海北始终珍视，盼着有机会再回母校看看。

行文至此，思绪飞逸而文字难明。东大南湖园常出现于梦境，宿舍两度更换、五六室友结伴、天南海北同行，真是一段令人怀念的珍贵记忆！数年间我留意着母校动态，如今听闻东大发展进入快车道，未来可期，作为一名东大人，心中激动不已。

校之强在于立德树人，人之才在于发挥创造。不忘校训"自强不息、知行合一"，在奋进中为家庭遮风雨、为社会发光热、为国家作贡献，才真正算是为母校增光添彩吧，吾辈当奋勉！

再会！南湖园。

作者简介——

黄孝东，1996年9月生，江西九江人，2014—2018年于东北大学理学院应用化学专业（本科）学习，2018—2021年于浙江大学化学工程与生物工程学院化学工程专业（硕士）学习。现任成都市龙泉驿区委政策研究办公室试用期干部。

东大母校——我一生的骄傲

崔鹏飞

2008年夏，一个山西小伙子，怀着一颗游子心和一提漂泊的行李，迈进了东大的校门，母校文法学院接纳了我。从此，我成为了一名东大人，并以此为傲。

我以母校优美的校园环境为傲。离开飞沙走石的黄土高原，来到沃野千里的东北平原，进入这样美的校园求学，幸福得很。校园之大，不必述说，待你绕校园走一圈，走到腿抽筋，你就知道校园到底有多大。这么美的校园，我从未见过。最令我印象深刻的是，遍布在这偌大校园的青青柔柔的小草。它们看起来如此精致，如此自然，如此让人怜惜。我不相信，这样的小草，有谁能忍心去踩踏。还有那规划齐整的校园道路两侧生长得郁郁葱葱的健硕松柏，给人一种精神感、青春感、沉稳感，仿佛在无声似有声地告诉在这里的莘莘学子一些成长的道理。还有图书馆前小桥流水、亭台楼阁，都是校园特色景致，无论清晨日暮，总有青春洋溢的学生在那里读书交流，无比惬意。

我以母校有如此多的大师为傲。当年，不必说大名鼎鼎的赫校长，也不必说如雷贯耳的王院士与柴院士，我们文法学院就有许多大咖。我的导师司晓悦教授，可能是当时最年轻最有气质的师中骨干。还有张院长（时任）、孙教授、杜教授、李教授、魏教授……，真是不胜枚举。当然，还有在我们文法地界，所有人都必须认识的国宝级的老教授——娄成武。老先生向来精神抖擞，走路带风，上一天课都看不出累，眼神从来都是明亮带光。他的名言是：做人、做事、做学问。意思就是，在人生的道路上，要先学会做人，然后再想着去做事业，做学问。这是娄老先生的谆谆教导，我已铭记在心。然而，现在想来，在母校的日子过得太快，对于我而言，没有非常努力地跟随名师泰斗学而成名，没有挖掘出自己的潜力，真的略有遗憾。

我以母校的所有同学为傲。同班同学个个身怀绝技，都是人中龙凤，他们每个人都有让我羡慕又让我学习的闪光点。格局大，给人安全感的老大，班里书记勇哥，班长传波，英语天才兴超，武术高手老贺，大博士老董，还有老齐、小胖、亮子……，还有一起考入东大的优秀的小敏同学。这些同学，有的只有上课才出现，有的出国留学，有的兼职赚钱，有的潜心研究，有的也许出入成双，忙得不亦乐乎，而有几位似乎比较闲，常常去校园小西门外的饭馆叫几个家常小菜，三杯两杯小啤酒小聚为乐，这群人中就有我一个。这些同学，我点到名的都优秀，没点名的更优秀。原谅不能在这里一一陈述。因为比较闲，为班级作些许贡献，荣幸地被评为"优秀三好研究生""优秀共产党员"，至今珍藏，常常追忆。虽然知道自己不是最优秀的，但他们非要让贤于我，我却之不恭。而这些优秀的同学们，他们如今分散在祖国各地，事业有成，家庭幸福。不管是常联系的，还是不常联系的，我永远记挂着他们，愿把最美好的祝福送给他们。祝他们健康、幸福！

还有一群同学非常值得记住。他们就是研究生会的学长。当然，提到研会要先给时任团委书记的王老师点赞。他戴一副黑边框眼镜，温文尔雅，深入学生中，与学生融为一体，常常与学生谈心交流，关心这些"小朋友"，颇具长者风范。当年，我任职于研会学刊部，参与过几期《东北大学研究生学报》的编辑工作，至今仍存留部分样稿作为留念。因此，被研会评为"优秀研究生会干部"，很是开心。在研会期间，除了工作，学长也常带领小伙伴们小聚谈心，交流感情，增进友谊，学到了不少东西。姜哥、印哥、德伟哥、刚哥等，这些学长很厉害，都是博士。2021年1月份，有幸在昆明与姜哥小聚。姜哥任昆明理工大学硕导，意气风发。他盛情赠送正宗普洱茶，至今珍藏，不舍品尝。同年5月，刚哥由南京来哈，亦有幸小聚。刚哥拥有丰富的工作经历，做过公务员、公司管理者，如今在南京创立高科技公司，走在行业顶端，前途无限。他诚邀共谋前途，虽想搭乘顺风快车，无奈安土重迁，只得继续平凡。

我以母校辉煌的历史为傲。1928年，著名爱国将领张学良将军继任东北大学校长。1928年8月，著名学者梁思成、林徽因夫妇受聘东北大学，着手创建中国第一个建筑系。1932年，张学良校长资助东北大学学生刘长春参加第10届奥运会，刘长春成为中国奥运第一人。1935年12月9日，在一二·九运动的游行队伍中，东北大学学生走在队伍最前列，成为爱国运动主力军。东大的这些历史深刻印在我的脑海。这些历史时刻鼓舞我前行，我把这些历史讲给身边的人，让更多的人了解东北大学和她的辉煌过去，更为以此激励年轻的一代奋发图强。我相信，每一位东大人跟我一样，在这里学习和成长后，血液里都会流淌着母校"自强不息、知行合一"的努力拼搏精神。之后，无论这些东大人在什么样的地方，什么样的岗位，都会发扬爱国奉献的精神，为国为民作出自己全部贡献。并

如我一样，以母校为傲。

因与母校有割不断的情感，我在毕业后就努力联络本地校友，积极保持与母校联系，并时刻关注母校发展。母校也非常关心身在他乡的校友发展状况。孙雷副校长及校友总会李鹤老师、王晓英老师、高广老师、张旭华老师曾多次来哈看望校友，与校友们畅叙母校情，交流母校的过去、现在与未来。每次母校来人，我都倍感亲切，激动万分！每次相聚都希望他们能够待久一些才好。

最后，值此母校百年华诞之际，我作为东大母校万千学子中的一员，向母校表达最真诚的祝愿，祝母校桃李天下，永续辉煌！

东大母校是我一生的骄傲。

作者简介——

崔鹏飞，男，1985年生，山西阳泉人。2008年于山西师范大学毕业后，考入东北大学文法学院行政管理专业，获得硕士学位。2010年毕业后，北上黑龙江哈尔滨就业，现定居哈尔滨。曾任黑龙江东方学院校长办公室秘书，后辞职创立培训机构，现为哈尔滨剑桥学院教师。在东北大学黑龙江校友会暂代秘书长一职，为加强在黑在哈校友与母校联系而孜孜以求。

你把我变成你的地方

——我们的迁徙与归巢

徐　歌

一个人在某个地方收集的回忆，决定了此处于他的意义。根据峰终定律，事件的起初和最终对印象的形成至关重要。我与母校的故事起笔于 2010 年 8 月 28 日的瓢泼大雨，转身于 2017 年 1 月 13 日的凛冽清晨。接近七年的篇幅里，有正文，有番外，有跌宕起伏，有千回百转。母校温柔地把我收留，悉心地将我打造成她随处可栖的缩影。我人生中最美好的七年，与地理位置的迁徙相伴而来的，是心灵深处永恒的归巢。

基础学院初遇见

或许基础学院更为人熟知的名字是黄金学院。过眼年华，动人幽意，这是异乡接纳我的第一站，懵懵懂懂的大一时光由此起步。我在这里完成了 21 天的新生军训之旅，在九月秋老虎的陪伴下踢正步、站军姿、喊口号，养成了席地而坐的粗犷风格，习惯了暮色四合的嘹亮军歌；我在这里完成了高等数学、大学英语等基础学科修习，以优异的成绩顺利进入最高等级班级深造，犹记得一大早就马不停蹄去阶梯教室占位子的经历及周末理学院教授开设高数补习课座无虚席的壮观场景；我在这儿的操场上晒衣服、晒被子、偶尔也晒晒自己，在麻雀虽小五脏俱全的图书馆内上自习、看杂志、做笔记，在附近的创意面馆填饱因错过饭点儿而饥肠辘辘的肚子，在建筑学馆一楼空空荡荡的教室讲台前一遍遍地模拟练习即将到来的英语四六级口语考试直到口干舌燥……基础学院就这样温柔缱绻地接纳了我，少女初长成，准我眺望远方。

南湖侧畔静积淀

一年后的初秋时节，映入我眼帘的是南湖侧畔的东大校园，在南湖校区开启了更加蓬勃的旅程，完美地完成了自己的本科生涯。如果要用简单的词语来形容这段经历，"三花聚顶，五气朝元"是再恰当不过。记得清晨步履匆匆奔走于静谧的林荫小路赶往宁恩承图书馆，捧着热豆浆排在队伍前列等待保安叔叔开门放行；记得在汉卿会堂上演的一次次明星见面会、一场场新春音乐会，我与新鲜世

界的连接通道借由此处无限展开；记得被我们亲切称作"大活"的学生活动中心，大二的我在这里参加了校英文演讲比赛，被外语学院的老师称赞是"甜美可爱型选手"，并有幸代表东大参与全省比赛；记得宿舍附近的五五体育场，永远都是一片欣欣向荣的奔腾之景，会计一班全体成员为了备赛东大首届"智勇双全"素质拓展挑战赛，四月末五月初的初夏傍晚每日按时集结于此，伴随着华灯初上与窸窣虫鸣，裹挟着青草气息和树木之味，一遍遍不厌其烦地训练着同心鼓、接力赛等团体项目，年轻的欢笑与挥洒的汗水最终让我们收获了亚军的优秀成绩……在南湖校区肆意成长、耐心积淀，尽情体味大学校园的澄澈与美丽。如今回头看去，也依旧感慨那真真是如此美好温情的三年，所有的记忆全都带着一圈金色光晕，温柔而明媚，透亮又坚定，无论何时想起，得到的永远都是坚强有力的正向反馈。

浑南沃土谋新篇

顺利地得到保研资格，也如期地踏上了存在一万种可能的广袤浑南沃土。作为首批入住浑南校区的学生，我们见证了这里从开拓到成型的点滴蜕变，更由衷感慨母校的日新月异与自强不息。摩登现代的建筑风格，一流先进的教学设施，薪火相传的东大精神，让东大学子继续在蓝天白云分外耀眼的浑南沃土上精耕细作，知行合一。或许短暂的两年半求学时光尚不允许我记录下浑南校区的成长进阶全貌，然而毕业之后千方百计地通过母校新媒体及校友转载等多种渠道，欣喜地看到了浑南校区日复一日的具体而微，发展壮大。我坚定地确认了东北大学"有辉煌过去，有光明未来"的前进图景。毕业多年之后，仍旧可以轻而易举地与那时的记忆撞个满怀，文管楼514房间里，每晚都有我认真读论文做研究的虔诚身影，从办公室的窗子向外眺望，映入眼帘的是一片交相辉映的静谧华灯，未来的希冀与旖旎的前程，好像都恰如其分地浓缩在了浑南校区的浩繁卷帙之间。

在事情结束的时候，不禁会想到起初。

硕士毕业设计的致谢部分，我无限深情地写下了一段话：在敲击下"致谢"二字的时候，心中呼啸而过的只有一个念头——居然在东北大学，度过了六年半的时光。这是我人生中最美好的六年半，是"前无古人，后无来者"的六年半，是"红尘做伴，潇潇洒洒"的六年半，是"博古通今，知无不尽"的六年半，更是值得认真铭记与感谢的六年半。

入学初识门庭，毕业非同学成；涉世或始今日，立身却在生平。而今距离我初入东大校门已经过去了十三年，阮攸的那句"相识美人看抱子，同游少侠尽成翁"拿来形容我们也不过分突兀。然而心中关于校园、关于少年、关于梦想与未来的温柔涟漪却是一刻都未曾停歇。复旦大学的陈正宏教授曾经写过这样一副对联：史亦尝考，文亦尝校，答辩近了，犹思几度改论稿；家总要成，钱总要挣，奔走红尘，莫忘曾经是书生。离开象牙塔步入滚滚红尘已经六年有余，我仍旧热切地希望，能够永恒保留着母校教给我的"自强不息、知行合一"之精神，披荆斩棘，乘风破浪，无论经过多少个春秋冬夏，都可以面对母校问心无愧地回答："亲爱的东北大学，如今的我意气仍在，朱颜未改，热爱世界，勇往直前。"

东北大学，曾经的七年时间里我们一起迁徙，彼此相依；如今适逢你的百年华诞，我们再度归巢，共同回忆。祝我最最亲爱的东北大学，生日快乐！

作者简介——

徐歌，女，辽宁大连人，东北大学2010级工商管理学院会计学专业本科生，东北大学2014级工商管理学院会计学学术型硕士研究生。2017年8月入职国家税务总局大连经济技术开发区税务局。

岁月如歌

——关东求学　走向生活

顾伟成

　　66年前的1957年，我从苏州市第三中学高中部毕业，虽然高中三年的成绩很好，但如果不努力还是考不上大学。这年全国性的反右派运动使当年的招生名额一下子减少到10.6万人，成了新中国从1949年直至今日招生人数最少的一年。老师都建议我报考理工科，尽管父母亲都是医生，但我自己没想学医。高考前的1956年，我的大表哥来苏州看望我妈妈，很自然地谈到我明年考大学的事。问了我的兴趣后，我说有点喜欢钢铁，因为国家需要钢铁，没想到他回答道："那太巧了，我在沈阳工业学校当焊接专业老师，鞍山就在沈阳旁边，沈阳东北工学院赫赫有名，是全国第一个冶金工业大学，直属冶金部领导，也是它的第一重点院校，你就报考它吧，我们兄弟俩一起彼此有个照应多好啊！"就这样，短短几十分钟我就决定了明年考东北工学院学钢铁。妈妈没意见，父亲在上海学中医，他对我学什么专业持开放态度，只是说关键要考取！

保存了66年的录取通知书信封

　　自己的努力拼搏总算没有白费，1957年8月24日，我终于等到了东北工学院的录取通知书。当时被分配到钢铁工艺系钢铁压力加工专业即轧钢专业二班，简称为62轧（2），62是毕业的年份。在食堂里吃饭遇到高班同学对我说："轧钢是我们系里最好的专业，好好学吧。"我听了以后心里很开心，心想，离家这么远总算没白来。大学是人生的转折点，那个年代毕业后的工作是国家包下来的，由国家统一分配，所以大学毕业意味着从此吃穿无忧。

五年大学生活，值得回忆的事情很多。

学校冶金系炼铁专业师生在1958年全民大炼钢铁运动中建了一个小高炉，开始炼铁，为了把新中国钢产量翻一番，从535万吨增加到1070万吨。

我们轧钢专业师生也在这一浪潮影响下，共同努力建成一个小型三辊式轧钢厂，三班制生产小型型钢，各年级学生轮流跟班劳动。我穿上轧钢工作服拿起钢钳夹住火红的钢条（1100 ℃左右）送入轧辊，干了将近半年。这次劳动锻炼丰富了我对专业的感性认识，学会了与生产有关的一些实用技术。例如，在钢条被两个轧辊卡住时使用氧割枪立即把它割断以恢复生产，还有如何调整辊缝、导卫装置使产品尺寸达到质量标准等。使我明白学工科如果不和生产活动紧密联系就会一事无成。虽然只有短短的半年劳动实践，但确实给我1965年在重庆第三钢铁厂参加国家科委、冶金部重点攻关项目——钳式行星轧机生产窄带钢，以及1972—1974年为西南最大的冶金企业——攀枝花钢铁公司冷轧薄板厂总图设计提供了莫大的帮助。

所谓总图设计也叫总厂平面设计，设计者要给未来建设的工厂确定产品品种和尺寸，按品种的年产量、生产工艺、工艺设备选型、热处理工艺及设备、精整工艺及设备、全厂原材料及水电气润滑油年需要量、生产车间组成及面积、车间通风及给排水、备品备件年需要量、工厂占地面积及建筑面积、三废处理等，画一张工厂总平面图，并将上述内容编写成一本工艺设计书（那个年代当然全部是手写的了）。实际上设计者就是现在所称的总设计师。1972年，攀钢和重庆钢铁设计院达成的协议是公司和设计院各出一人做总图设计，经过评议择优选择。1974年，在完成设计返回渡口（今攀枝花市）前，设计院轧钢科长伍仲华对我说："我和科里几位老工程师都仔细看了你们两位的设计，从你编写的工艺设计书和画的工厂平面布置图来评分，你的设计远远高于我们科里的小徐，老工程师尤其赞扬你的平面图，图面清洁，字体工整，仿宋体写得特别漂亮，几乎和打字机打出来的一个样，冷轧机和其他设备的俯视图很逼真，很形象。"我回到渡口后向薄板厂负责建厂的领导李世平工程师（原鞍钢半连续热轧薄板厂技术科科长）汇报时，他说已经接到设计院的电话，他们希望我最近去重庆开个会讨论一下把设计方案定下来，设计院决定采用我的设计。遗憾的是这个由我设计的工厂没有亲自参与它的建设和投产，因为妈妈那时得了癌症，当我申请调回南京时，

公司不予批准（一个都不放），只可以申请返回原来的研究院（它虽不归公司领导，但与公司同属冶金部领导）。后来20世纪90年代建厂采用了我的设计。2012年10月中旬，参加过攀钢建设的老工程技术人员（均已退休）应市委、市政府邀请回攀枝花聚会，本来可以为我单独安排访问冷轧薄板厂，征求意见时我却放弃了。因为第一天，市领导会见我们，第二天参观西南最大的二滩水电站，第三天去西昌参观卫星发射基地（我们曾经参加过铁路专线建设），重访四十多年前研究院院址，算是怀旧之旅。我不能失掉这唯一的重访机会，一定要参加这个集体活动，并且让老伴付莉笙也感受一下我们那些年是如何在这样的逆境里度过的。

另一件值得回忆的事是为了让学生了解农村人民公社，1959年秋天，系里组织了一次访问农村的活动，步行去沈阳附近昌图县的一个公社访问，我担任副班长，和班长一起为大家服务，为时一周。沿途看到地里啥也没有，村里冷冷清清，看不到几个人，走进一户社员家，一家人都在，我们问："能不能在你家搭伙？"几位老乡笑了笑说："家家户户不开灶已有年把了，家里的铁锅去年都拿去炼铁了，现在吃饭都在村办食堂，你们也得在那吃饭。"见了村长后，他把我们的住宿问题解决了，当然是住老乡家。那一年还没有出现粮荒，也不用粮票，所以交钱吃饭就行。我们在村里住了两天，访问了几户村民，他们的情况都一样。实际上不仅辽宁省，其他各省在1959年秋天已经出现粮食短缺了，只是中央政府还没有公布实行城镇人口粮食定量供应政策而已。农民说，1958年和1959年是连续两个丰收年，只是由于运动一个接一个很忙，地里的庄稼没收干净，所以是丰产没丰收。到了1960年，国家宣布了粮食定量供应政策，全国进入了所谓三年困难时期。学生食堂一天只供应早晚两顿饭，早上一勺苞米粉稀饭，晚上每人一个苞米发糕，当然吃不饱。每所学校都停课了，号召学生上床休息，最大限度减少体力消耗，但是由于吃不饱，没有肉蛋蔬菜等食品，很多学生很快就得了浮肿和急性黄疸型肝炎，所以三年饥荒学生健康水平整体下降。我也处于下降状态，两个小腿有浮肿，但因为平时爱吃糖，所以肝功能还正常。由于学生健康水平整体下降，没多久，又恢复了一天三顿饭。到了1961年春夏之交，慢慢地有点地瓜秧等蔬菜叶，就这样度过了1961年。寒假结束的1962年初，我们毕业班开始长达半年的毕业设计，我选择鞍钢第一薄板厂热轧迭轧薄板生产，热轧薄板主要供应汽车制造，所有轿车的车顶、车门、前后轮挡泥板都是用热轧薄板冲压加工制成的。我们这个设计组有5个学生，指导老师是轧钢教研组刘凤图老师。

1962届轧钢专业53名毕业生和老师合影，下数第三排左起第6人为朱泉副教授（教研组支部书记），第7人为张强教授（轧钢教研组主任），第8人为熬运亨副教授（主讲轧制原理），第9人为刘凤图讲师（指导毕业设计）。53名学生彼此都认识，大概是1960年，分出去一个班学有色金属加工，毕业时还算轧钢专业

　　1962年7月，结束了五年大学学习。服从分配，到祖国最需要的地方去，把青春献给祖国——这三句话也是党和政府对所有毕业生的期盼和希望。大家的政治觉悟也都比较高，就业方向有教学、研究、设计和工厂四个。老师说我的毕业设计是优秀（各科成绩90%是优秀），建议我把留校作为第一志愿，其次是研究、设计，把工厂列为最后，最终我被高教部直接派到西安冶金学院冶金系轧钢教研室。

作者简介——

　　顾伟成，1962年毕业于东北工学院轧钢专业二班。先后服务于教学、研究、生产、国家机关、经贸公司、驻外代表等领域。主要工作成绩是代表攀钢公司在重庆钢铁设计院两年完成今攀钢冷轧薄板厂总图设计；1965年

在重庆第三钢铁厂参加国家科委行星轧机重点攻关项目，成功实现了技术革新，被工厂指定参加邓小平11月15日来车间的视察活动并受到接见；1991—2000年创建了中国江苏在巴基斯坦的第一个科技和农药代表处。2017年后完成三篇老年人脑退化疾病医学论文，受国际专业学会邀请参加痴呆病（美国圣地亚哥7月底）和ALS病（英国爱丁堡6月初）2022年学术年会。

忆念母校东北工学院厚重的潜质底蕴

郑鹿鸣

我的大学东北工学院（现东北大学），是建国后党为培养德智体美劳全面发展建设人才的重点高等院校。在实践中，东工传承了东北大学开创的文明进步、忧国忧民的底蕴。并升华成教书育人、爱国爱党的潜质，丰富了母校的大学文化底蕴。我深深感恩我的母校——东北工学院。

跨进校园，幸受"立命之教"

1964年高考，我考取了东北工学院，十分欣喜。提前来沈阳报到。第二天，偶遇自控系总支副书记郭锡达老师，他很亲切地与我们几个新生说了几句话。问我是哪个班的？

我便一本正经地答了全称："工业企业电气化及自动化专业1班。"内心是想突出"电气化"这个名词。

郭书记微笑了一下，接着问道："喜欢这个专业吗？"

我答："当然喜欢！"

郭书记又问："为什么喜欢？"

我喃喃说了一通小时候喜欢玩无线电，对电类专业特别感兴趣，还有列宁关于共产主义和电气化的名言，觉得电气化专业很具神圣感，认为考上电气化专业就成了进军共产主义的排头兵等。

郭书记哈哈一笑，说："热爱电气化专业是好事情！但学好电气化专业，并不一定就是进军共产主义的排头兵。"显然，郭书记觉得我"进军共产主义"的稚嫩想法很有意思。他接着说："一个共产主义战士的核心，是共产主义人生观，就是坚定的信仰和献身的精神。"

因为郭书记马上要开会，谈话匆匆结束。临走时书记送我一本小册子，是陶铸的《松树的风格》，让我抽空读读。

那次与郭书记简短的几句谈话，是我进入大学的第一课。他提到的三个新鲜名词都十分震撼我的心灵，其中影响最深的是"共产主义人生观"，使我豁然开朗。"电气化"本身并不神圣，神圣的是"共产主义人生观"，"电气化"只是实

现"共产主义"物质条件的象征。

我忽然认识到进入大学不仅需要学好专业知识，更重要的是树立"共产主义人生观"，要有"自觉地'尽我所能'和'献身精神'"的达智悟性：一个人的价值不仅仅表现为职场能力的高强，更可贵的是自觉奉献（以至自我牺牲）的精神境界。

我豁然从"钻研电气化，进军共产主义"的稚嫩理想，上升为"立志为中华民族繁荣富强和人类文明进步事业自觉奉献"的高层次志向。从那时起，不断地深入思考"献身精神"的理性问题，在实践中修炼自身，写出了万余字的《心得体会》，终使我逐渐成熟健康成长。

可以说，与郭书记的那次简短的谈话，对我而言是一次人生的"立命之教"。从郭书记脱口而出的说教，可见母校东北工学院党工群体拥有坚实政教底蕴的一斑。

"阔步讲授"第一课

入学第一课是"高等数学"。自控系近200名新生一起坐在机电学馆阶梯教室全神贯注听数学教研室黄士壁教授讲"高等数学"的第一章"解析几何"。两个学时的授课内容竟然是解析几何的大半章，占教材五十多页。按这样的教学进度，"解析几何"一章只是一星期的教程。

我的高中破格试点下放开设"解析几何"课程，所以先学过。那是一个学期的教学内容。整个高三下学期满满当当地上"解析几何"课，也并不感到轻松。同样内容在中学是一学期的课程，而如今在这里只是一星期。带着学习方式上该如何适应的疑惑，我请教了助教王老师。

王老师认真解答了我的问题：中小学是未成年人的基础教学，多需带有成人督促的被动学习；大学是对完成了基础教学的择优生进行高层次培养的专门机构，提倡积极思维的主动学习。中学老师讲课着重于细节问题的表述清楚，带领学生理解透彻；大学老师授课注重命题概念的清晰完整，严谨交代逻辑推理，继而启发学生举一反三的想象空间，提高思维能力。"高等数学"正是想象空间最丰富、最具体的学科，学习高等数学是启发抽象思维最强烈的脑部活动。黄教授的大学授课方式是典型的"启迪思维式"，你们要习惯适应。

接着王老师专门强调听课笔记并不是简单的语言速记，并不需要一字不漏记录老师授课语言，而是应该学会记老师的思路和自己的灵感符号，并示范做了一个听课记录图：最左边是主命题，中间是思路简述或符号（由自己设定），然后是结论栏。

按王老师的指点，我迅速适应了大学老师"启迪思维式"的讲授方式。王老师专教的听课笔记图，是听"启迪思维式"课程特别有效的工具。此例再次彰显出母校师资群体中潜藏着深厚的大学文化底蕴。

"毕业"前的"下厂复课"

1969年终于迎来了"下厂复课"新曙光。但这种"复课"，并不是传统意义的"上课"，而是对口专业的下工厂，是一边劳动，一边插入教师讲授专业知识的"教改试点"。

尽管秩序凌乱，但毕竟是教学活动长时间停顿后的首次"重见天日"。师生们的热情空前高涨，老师们孜孜不倦地编写讲稿，大量发放油印讲义。内容并不是传统的专业教科书，而是当时比较前沿的专业知识，如《半导体电子学》（当时电子学教科书以真空管为主），《可控硅》（是当时最前沿的强电器件），我还拿到了机械系的《射流器件》讲义……

在劳动间歇，老师们讲课极为尽心尽力。我印象最深的是任兴权老师在沈阳矿机厂一车间电工班给我们讲授电力拖动知识时，针对工厂里应用最多的"三相异步电动机"进行讲解，讲述异步电动机机械特性曲线以"转速/电流""转速/功率"因数两曲线的合成，形成"转速/转矩"曲线，通俗易懂又非常深刻地说明了"异步电动机"的特性原理。进而讲述了转子串电阻改变"滑差率"的调速原理，吊车下滑超同步转速的"发电制动"原理的稳住下坠等电力拖动学科中最核心的内容。活灵活现展现了资深老师高超水平的"画龙点睛"般的专业传授。

其他如刘宗福老师用类似的方式，通俗地讲述了电机、变压器圆图；电子技术教研室的田老师（女）讲述半导体三极管；供电教研室老师讲述供电系统基准容量和标幺值计算；还有个我已忘记姓氏的老师按自编讲义讲述了开关电路、单稳态双稳态触发器、环形计数器；等等。

尽管这些讲课是零零星星的、非系统性的，但对我们专业入门起到了决定性的引领作用。为今后工作中带着问题"啃书本"打下良好的基础。

"下厂复课"的开张，让我们这批憋了多年的"求知饿狼"倾巢而出，只要哪里有老师讲课，就必定蜂拥而至。有时候是几个不同地点同时开课，我们只得过后在宿舍里互相交流。出现了一种奇特的"兵教兵"现象。在"下厂复课"中，恩师们所做的事情是，尽最大限度努力补救，我终身不忘这段非常时期恩师们的慷慨施恩。

20世纪60年代末，母校东工的"下厂复课"经历集中彰显出母校师资雄厚的潜质底蕴。这段史实亟应载入东大校史史册。

厚重的校园潜质底蕴是影响学生成才成器的至宝

我的大学时代只有两年学习基础课程，其余四年是"大气候"下的社会活动及"下厂复课"。1970年8月，我被冠以"大学毕业"之名分配到南京钢铁厂。报到后被安置在总变电所实习，当值班工。我毕竟没有完成全部的专业培养，对高压输配电的专业理论和实践知识都知之甚少，对能否胜任岗位，心中忐忑不安，不过通过努力"啃书"补课和虚心向老师傅们请教，眼下的日常工作没过几天就适应了。

这里的老师傅们总是喜欢向"大学生"问这问那，我就一一随口应答，他们很满意。我们的关系十分融洽。他们对马上就要投运的新建总变电所的"集中控制系统"图纸，大多看不懂，他们让我看我能一下子头头是道讲清楚，老师傅们十分佩服，夸奖"小郑"很有水平！还向机动科领导推荐我负责新变电所的接手工作。我没辜负大家的期望，经过一番艰巨的准备，终于在国庆节前圆满地完成了新变电所的接手工作，并正常投入运行。这是我进厂四十天完成的较强技术性工作。事情的成功得益于周边人际关系和谐宽松，也反映出"老五届"大学生普遍具有良好的基础功底和强烈的报效之心，而最重要的是母校"教书育人"厚重潜质底蕴的实效，是母校深厚的潜质底蕴教会我"启迪思维、阔步啃书"的要领，适应于非课堂环境中的"求知吞咽"，成全了一个损失了半程本科学业的"老五届"代表性人员初出茅庐的有所作为。

同样是母校厚重的"人生立命""忧国忧民"的潜质底蕴，驱使我抛弃一切私心杂念，终身兢兢业业乐当"钢铁一线理工男"，并在国际国内获得科技奖项和赞誉。

我在工作中小有成绩，只是众多"老五届"毕业生中事业有所成就的一个不起眼的例子。也由此说明了这批"学业缺损"的"老五届"学员，依然是那个时代具有足够专业能力的栋梁人才。"学业缺损者"的专业能力是如何成功丰羽的？当然主要是"内因"（都是百里挑一选拔出来的优胜者，加之其个人的自强不息）；但就"外因"而言，所处环境（大学校园）的潜质底蕴，则是第一重要的因素。

一个大学的实力，不仅仅表现在校园、高楼、实验设备等外部资源，也不仅仅表现在教授、导师、论文等可见资源，一个大学里某种固有的或大家公认的意念、意识，是潜藏的大学文化和大学底蕴。我们暂且取名为"大学潜质"，那是一个大学的灵魂，且具有外表和可见资源不可替代的巨大威力和作用。

这里我以个人六年大学生活，浅谈了母校的文化潜质。如有不当之处恳请大家批评指正。只想以此抛砖引玉，引领大家发现挖掘出更多母校厚重的潜质底蕴，恭贺母校百年庆典。

作者简介——

　　郑鹿鸣，男，1945年9月生，江苏苏州人。1964年9月考入东北工学院工企专业。1970年8月分配至南京钢铁厂。历任实习生、技术员、职工大学教师、冶金研究所工程师、高级工程师。1995年起担任南钢派驻高新区的三个科技公司总经理、法定代表人（此期间任东北大学校友会南京分会筹备负责人），2008年退休。曾荣获冶金部江苏省南京市科技进步三等奖；个人职务发明专利一项，受两家仪表厂转让；并应中国科协邀请，赴美国出展纽约中国高新技术博览会，获"最佳产品奖"。1994年获江苏省冶金系统劳动模范称号，2000年被载入《中国专家人名词典》，2003年被载入《南钢英模谱》。

我和我的东大

陈　旭

提起笔，满腔思绪，不知该从何说起。我来自东北大学2011级测控技术与仪器专业，毕业距今已有八年多的时间。忆往昔，岁月峥嵘，那时还没有疫情，口罩只用来遮挡素颜。而今，因疫情居于家中，我也在这方寸之间，写下这段回忆。

2011年的夏末秋初，我们一家人乘坐最早的一趟火车从一个小城来到沈阳，我们都感到很陌生，因为在以往的概念里，这座城市离我们好远好远，其实不过三个小时的车程。而推动这一切的正是我的东北大学入学通知书，不知道用什么语言才能描述当初收到通知书时的那份激动之情。当我第一次在高中班主任的口中听到东北大学这个名字时，我第一个反应是，东北大学这名字真大气啊！而事实也是如此，东大的校园很大，极具年代感的学馆使其庄重，新建的综合楼、教学楼又让它充满活力。

其实，我不是第一次来到这里。因为当年参加了自主招生，虽然没能达到分数线，不过很庆幸在我心底悄悄埋下了种子。而今，这颗种子不仅开花发芽，还结成了果。使我印象深刻的是，作为一名来自农村的困难生，学校开了入学绿色通道，还发了各种生活用品，这一切让我感激又带着一点点的自卑。因为这里有那么广阔的世界，有来自五湖四海的同学，我是那么黯淡渺小。然而，算是命运的眷顾，我被选为班级里的团支书。从那刻开始，我像是茧中的蝶，慢慢蜕变，从一开始站在众人面前声音发颤，两腿发抖，到勇敢、自信。别人看起来是一小步，对我自己来说却是一大步。所以，大学给我上的第一课是勇敢。

人生得三五好友，何其有幸，我便是那个幸运儿。上课外，和朋友们一起吃饭，一起自习，一起买个西瓜抱着啃，似乎让那四年的春夏秋冬都变得明亮起来。那些年吃过的各个食堂，逛过的小西门，南门的烤鱼、火锅，还有趿拉着拖鞋，拎着澡筐走过的路似乎那么近，近到我好像还可以踩到秋天的银杏叶。又好像那么远，隔着一层雨帘，那是我潸然的泪。

日子过得飞快，就在一次次团日活动，一声声谆谆教导中，走过了稚嫩的大一，飞扬的大二，迷茫的大三，大四在期待与抗拒中悄然而至。似乎大四也没什么变化，一样紧凑的理论课，一样有要背的重点和让我忐忑的实践课，然而，逃不掉的是毕业设计。带我做毕业设计的是学院的杨为民老师，我们都叫他"笑嘻嘻"老师。他非常朴素又很幽默，有段时间拄着拐仍坚持来给我们上课，是同学们都很喜欢的一位老师。杨老师对我论文题目的拟定、内容的选择、资料的查阅上，一次次不厌其烦地指导。那是一段累并充实的日子。时过境迁，前几年，突闻杨老师溘然长逝，才意识到当初的我好像真的错过了很多。甚至几次在梦中相见，述说自己有多后悔当初没有珍惜。

东大，承载了我很多的成长。印刻着使我铭记一生的恩师挚友，见证了我与爱人相遇相知。有很多眷恋不知如何说出口，就像当初找工作时不想离开，不愿走远，固执地留在沈阳，希望能常常来看看它。所幸如愿，我定居在了沈阳，而我家距离母校只有六公里。

白山兮高高，黑水兮滔滔，忘不掉的是"自强不息、知行合一"的校训。近百年的悠悠岁月里，有无数殷殷学子深深地爱着东大，或许我不是闪闪发光的那个，但也在自己的工作岗位上，努力钻研，为保卫这白山黑水尽自己的绵薄之力，不负母校荣光。

春风化雨，初心未改。在风雨飘摇中巍巍挺立的东大啊，我的母校，值此百年芳华，愿您宏图更展，再谱华章。感恩遇见。

作者简介

陈旭，东北大学 2011 级测控技术与仪器专业。就职于空军沈阳军械修理厂。

关于2016年毕业季的一切

刘曾祺

之前不是没体验过毕业季。大一时的六月，我在一舍食堂吃早饭，看到同是法律系的几个学长在旁边座位慢慢吃着早餐，随后，几个学长帮另一个学长背起行李，顺势抱住他，我看到他们都哭了。那时我有些尴尬，觉得要是我不在场他们会不会哭得更痛快一些。从那时开始，心里就有种对毕业季的恐惧。终于，21号，那一天来了。早上天降暴雨，雷电交加，西门外全是送站的毕业生。一把把撑开的雨伞像一朵朵黑暗中任性生长的蘑菇，渲染着毕业季忧郁、潮湿的氛围；一把把伞尖笔直地插入灰暗的天空，刺得人心痛。

6月20日毕业典礼，21号搬出学校，顺便开始陆续地送同学们离开，直到和罗导送走了最后一个离开的杰爸。整整五个工作日，流了太多眼泪，以至于眼皮肿了几天，肿到画不成眼线；消耗了太多的体力，穿梭于桃仙机场、沈阳北站、沈阳南站、沈阳站，倒是走马观花地在婆娑泪眼中看了好多遍沈阳的清晨和夜景。

记得2012年8月26日，刚满18岁两天的我成为了一名NEUer。四年时光，离合悲欢，就如沈阳分明又反复无常的四季。巧的是，每个季节，恰好都有很多值得记忆一生的事情。

"沈阳春天"

身为一个东北人，其实本来是对春天毫无概念的。若不是很多故事引发了我的通感，可能我永远都不会记得这四个匆匆消逝的"春脖子"吧。大一下学期的三月，我进了校学生会。进入了一个频繁地被高中时期的我引入批判主义议论文中的"可怕"的地方。在那里我学会了写策划，学会了"收到请回复"，学会了比既定的时间提前半小时下通知，学会了plan B，总之是学会了很多很多东西。我记得第一次参与的大型活动是为四川雅安地震灾区祈福的募捐活动。当时带我的颖洁学姐说，我们是整个东北地区第一个发声的高校学生会，当时真的感到十分骄傲。

"奉天消夏"

不知从哪个夏天开始，长至脚踝的糖果色长裙开始在校园里流行。一时间，五五体育场的甬路上、逸夫楼何世礼的教室里，全是披着长发、穿着长裙的姑娘。所以我想，夏天是上帝赐给女孩子的季节吧。我的这几个夏天，身边总是有那么几个超棒的女孩，她们陪我度过了这四年的热月。还记得大二的那个夏天，我和美傅顶着沈阳六月独有的烈日去上隋老师的"美国合同法"，途中天降暴雨，为了上课，我们把裤腿卷起来，鞋脱掉，互相搀扶着淌水跑到教室。更多细节我记不得了，只记得，那一千米，美傅没有松开牵着我的手。还有薇薇安，一个让人如沐春风的姑娘。大成教学馆令人昏昏欲睡的课堂上，薇薇安在课桌下偷偷剥鹌鹑蛋给我吃；我筋疲力尽地从北京赶夜班车回到沈阳，倒头就睡，睡醒时桌上已经摆好了果汁和小猫爸爸大鸡排。还有声称跟我一样怕热的好姑娘小黄，我亲爱的室友，多少个炎热无法入睡的夏夜，我们躺在没有电扇空调的寝室里毫无睡意，聊聊身边的人，聊聊向往的生活。是的，我们寝室住了两个处女座的人，却并没有井井有条。炎热的期末，一起去自习室刷书、画重点；在五五体育场，和薇薇安、美傅和小黄拿出在小西门刚买好的串，喝上几杯老雪，畅想以后的生活。

"盛京寻秋"

随文法学院搬迁浑南时，是一个萧瑟的秋天。那天，全年级同学突然被召集到机电学馆，学院领导十分诚恳地与我们分享了整个学院即将响应学校号召，搬迁浑南的消息。当时黑板上用红色粉笔写着一排苍劲有力的大字"你们都是文法的宝"。听说新校区的设计师是日本有名的大师，内部条件更是参照哈佛标准，美得不得了。不过我心中没有任何的激动。我们即将搬去的地址，在任何像我一样的沈阳土著居民心中，都是一个不能说荒郊野岭，却也绝对够得上杳无人烟的地界。于是硬着头皮，该收拾收拾，该搬搬。第一次前往浑南校区的路上，随着车慢慢驶出市区，跨过浑河，最后连长白岛都过了，平坦的大路上没有任何的行人或车辆。我遇到的第一群朋友是一群山羊。然而那个极其萧瑟的秋日，我却感受到了无限的温暖，大概是宿管阿姨在晚上我们都回寝室之后，把大家叫到一起，十分真诚地跟大家交心；大概是食堂早餐有南湖校区不能比的蛋挞、布朗尼、芝士蛋糕；大概是遇到了法学系周老师、隋老师、顾老师、杨老师、姚老师、王老师这些对我们无微不至的照顾、百分之百的理解、视若亲友的老师们。生活犹如一颗巨大的星球，我们总要多看那炫目的光辉而非角落里的尘埃，不是吗？

"谋克敦忆冬"

毕业典礼上，我读到了阿凯的毕业寄语，无数次泪目。其中提到，"冬天也

许是我们为自己的梦想拼搏得最艰苦的时候。"

是的，模联。十分想知道是哪位亲切的学长把我招进模联。在模联的面试中，我抽到了一个极其可怕的问题，大概是关于国际核能控制的，学文科的我甚至不知道该从何说起。还记得那年冬天，我们终于有了自己的社团活动室，于是一伙人浩浩荡荡赶往宜家，置办装修物品。那感觉好像为一个即将成立的家庭，满心欢喜地准备以后生活的一点一滴。然后，我们就有了"有求必应屋"——二舍东201。那个冬天，我们在里面煮火锅，撑得走不动路，奠定了以后每次大家一起约饭都把自己吃撑的"优良传统"；冬至日，一起下饺子、煮糖蛋、给大黄过生日，然后不小心烧断保险丝，火速在黑暗中转移电磁炉、锅、碗、勺子和吃的，把几台笔记本电脑抬到床板搭的桌子上，装作努力工作的模样应对大爷的盘问（危险操作，不建议小朋友们学习）；当然还有无数个早晨及午后，LN-MUN2014组委会成员坐在一起，认真讨论会议的每一个细节，无数次地修改、核对，担心出现什么纰漏。每次散会，男生们都先送女生们回九舍，我们欢笑着、互黑着走过冰冻得滑滑的路面，每次我们都要说好多声再见。而毕业时，我们一个再见都没有说，即使明知道真的是说再见的时候了。人可能就是这样，爱得越深，越不愿看清现实。不要紧，总有一天我们会再见的，记得那个约定吗？等我们都变老，还要一起看次日出。愿逆风如解意，容易莫摧残。

时光易逝，仿佛那四个季节匆匆流去，时间只定格在2016年的毕业季。毕业典礼上，宣誓环节中我攥着拳头，用最大的音量跟着领誓人选读毕业誓词，前几句还觉得有点造作有点想笑，可是当读到"巍巍白山作证，滔滔黑水为约，今天我为东大而骄傲，明天东大因我而自豪"时，虽然誓词依然有些矫情，我还是收不住，哭得泣不成声。可能四年前那个嫌弃自己在家乡上大学的小女孩长大了。人的年纪越大，越觉得故乡是一种不可卸去的羁绊。可能在梦里，在每日的饮食起居里，在每根血管里，故乡，都以她的方式守护着我。我一直觉得东大的校歌是全国最美的校歌。"白山兮高高，黑水兮滔滔，有此山川之伟大，故生民质朴而雄豪。地所产者丰且美，俗所习者勤与劳。"每句歌词都是与东北这块土地紧紧地系在一起的。在这块150万平方千米的土地上，无论走到哪里，听到的都是熟悉的乡音，吃到的都是儿时的饭菜，迎面吹来的都是那股凉爽中带点儿凛冽的风。走到哪里，我们都是东北人，都是东大人。

其实一直不想说分别。但正如那句话所说，"离、合、悲、欢，总要挨个体会一番，人生才算圆满。"学会别离，大概是东大给我上的最后一课，也是某种程度上，这个社会给我上的第一课。从前与你促膝把酒倾通宵未够，我有痛快过，你有没有？很多东西今生只可给你保守至永久，别人如何明白透。别了，大学；别了，东北；别了，每一位恰巧出现在彼此青春里的最爱的你们。我们后会有期。

作者简介——

　　刘曾祺，本科毕业于东北大学文法学院法学专业，2016年被保送至华东政法大学国际法学院攻读国际私法学。现为北京市执业律师，就职于北京市中伦律师事务所政府与合规监管部。

我的大学

——难忘的时光

孙秀柱

　　20世纪五六十年代出生的人提起大学时代，都会感到无比自豪。1977年恢复高考后，全国知识青年都沉浸在奋发图强、人生拼搏中，考大学成了无数知识青年的奋斗目标。我生长在农村，考大学是我实现人生美好愿望的唯一出路。1985年，我考上了东北工学院（现东北大学）。

　　我从安徽小山村，来到千里之外的东北重城沈阳上学。报到后，我迫不及待和同学一起参观校园。走在校园里，就好像刘姥姥进了"大观园"，处处都感到新颖，校园就像一个公园，又大又漂亮，此时此刻，心中幸福感油然而生。刘长春体育馆、草坪雕塑、中心花园、汉卿会馆东西方向两侧分布着苏式风格教学馆；主楼、图书馆、办公楼南北方向延伸至南北校门，每栋建筑风格各异，承载着优秀的建筑设计，代表着不同内涵。校园内马路两侧是四季常青的东北松，苍劲挺拔，中心花园九曲桥、假山、喷泉、回廊、花卉错落有致，互相辉映，互相衬托。优美的环境，让人们产生无限的遐想，憧憬着美好的未来。大学四年，同学们穿梭于教学馆、图书馆、体育场（馆）、中心花园等场所，学习、体育锻炼、休闲娱乐和生活，尽情展现青春风采，享受人生美好的时光。

　　大学的学习生活还是比较紧张的。有人说，考大学难，上大学轻松，60分万岁。其实，有的课60分也不是好考的，尤其英语，就怕考试不及格。20世纪80年代，中学英语教师严重缺乏，教学水平差距较大，所以来自全国各地的学生，英语水平参差不齐。为了解决这一难题，学校根据大一学生英语水平进行分级，因材施教，取得了很好的效果。

　　20世纪七八十年代国内城乡差别非常大，地域不同，各地基础教学质量差距较大。总体上，发达地区城镇同学基础较好、见多识广，农村同学自理能力强、纯朴。大学里同学们虽远离故乡，但却团结友爱，互相帮助，共同进步，亲如兄弟姐妹。大一学年考试结束，边远欠发达地区同学有4门及以上课程不及格，被劝退学，全班同学内心受到很大的震撼。毕威同学学习成绩好，经常帮助同学。他有句话我印象非常深刻，他说，大学里老师勤勤恳恳教书、兢兢业业育人，同学能学到很多专业知识；工作后，想学习专业知识，花钱都不一定能学到。所以，我非常珍惜大学来之不易的学习机会，认真学好每门课，还得过满分。记得大二上学期10月份，有个同学因急性风湿性关节炎住院，需要几个月时间进行治疗。普通物理学老师知道后，怕耽误同学学业，抽时间去校医院进行辅导；同宿舍同学去医院接送上课，体现了老师不辞辛苦的无私奉献精神和同学之间互相帮助的友情。

有的课程比较难，担心学不好，授课老师就鼓励我们。记得梁志德教授教"X射线学"，专业性强，同学们反映听不懂。他鼓励大家，同学们有能力考上大学，相信只要认真听讲，肯定能学好。同时放慢了授课进度。大学老师上课，2个学时下来，一般情况下，要讲十几页内容。我的学习方法是上课认真听、做好笔记，课外时间反复看教材、笔记，加强理解和记住原理。

大学里，大多数学生都有一件不起眼的小物件——坐垫。刚开始，看到许多学生手里拿着坐垫，很好奇，后来知道，可以用坐垫占座位。东北工学院各班级很少有固定教室和座位，所以上课、上自习用坐垫占座位是常事。甚至有的同学，早起锻炼时，带上坐垫，在教室前三排占上座位。我也用坐垫占了四年座位，教学馆里处处洋溢着良好的学习风气。

大学四年一直住四舍，离采矿学馆近，课外时间，喜欢去采矿学馆看书。采矿学馆四楼有一个大阅览室，可供二百多人看书。白天和晚上，基本上都坐满了人，大家埋头看书和做笔记，鸦雀无声。同学进出阅览室都踮着脚轻轻走路，担

1986年11月，同学们在建筑学馆前合影

心木地板发出"蹬蹬"的响声，影响其他人看书，形成了良好的学习氛围。每天晚上，采矿学馆值班师傅9:30开始熄灯。在渴望知识的年代，大家想多看一会书，多掌握一些知识。有一些同学，从阅览室出来后，并没有回宿舍，而是去一楼教室继续看书。值班师傅由上而下，一层一层通知同学熄灯，由于每层教室都很多，最后到一楼熄灯时，已经是晚上10点多了，这样就可以多看30分钟书。同学们的求知精神，感染了我，有时我直接去一楼教室上晚自习，可以多看会书。当年良好的学习风尚，经常津津乐道。

大学的美好时光，仿佛就在昨日，常常想起，回味无穷。大学时代是我人生中最美好时光，也是最值得回忆的时代！

作者简介——

孙秀柱，就读于东北工学院1985级金属材料与热处理专业。目前在安徽省煤炭科学研究院工作。

回忆东北工学院"64煤"

董双干

今年我已经86周岁，但对东北工学院64煤学习这五年却印象非常深刻，像是昨天发生的事一样。

1959年，我于老区河南省卢氏县第一届高中毕业，在灵宝参加高考，被东北工学院录取，专业是采矿系采煤专门化，五年本科。入校后编两个小班，64煤1、64煤2，后来合并为64煤。

64煤全体同学毕业合影，第二排有笪盍老师（左一），费寿林老师（左三），
王桂琴老师（右二），李耀娟老师（右三）

一、关于学习

学习采煤专业，第一件事是认识实习，在专业老师费寿林和辅导老师王桂琴的带领下，到本溪煤矿的井下采煤工作面先认识一下。

那是一个采残煤的工作面，该层煤是主焦煤，特低硫、特低磷，十分奇缺。煤层3 m多厚，被日本人贴着顶部掠夺式地采去2 m来厚，余下1 m多厚被遗弃。

我们所看到的是，在乱七八糟的石块下面，工人们非常艰难地回收这些宝贵

183

的资源，就连脚下的一点碎煤也要清扫得干干净净。

王桂琴老师带领64煤部分同学实习

可惜，我是第一次到煤矿的井下，被从来没有见过的环境震慑，在讲解怎么开采的细节中，技术人员又用了很多专业术语，说真的，当时不少地方我没有听懂。

现在回想起来，我们的费老师竟把一次普通的实习变成了现实的爱国主义教育，既激起了同学们对日本的憎恨，也激起了大家的爱国热情。让我们了解我们国家多么急需煤炭，同时感受到学习采煤专业的重要性，也明白自己肩上的责任有多重大。费老师就是以这种方式让我们从内心里进入了煤炭行业的大门。

补充一点，在实习之前东北工学院组织学生到新民县巨流河参加秋收，班里组织了一个七人的突击队，参加割大豆比赛，每天早起晚睡地干，取得了七天时间每人每天平均割六亩大豆的好成绩。同学们正兴高采烈的时候，又受到这次无形中的爱国主义教育，可见这个小集体已经初步成为团结的集体、向上的集体、充满活力的集体。

这次实习我还闹了一个小插曲，从这一层煤到下面一层煤区，走近道，要经过一个斜翻井（或者叫溜煤眼儿）。我走在前面，带队的人手一指说："我们从这里下去。"随即，我双手举起来，弯下腰，像游泳扎水猛子一样，别人还没有反应过来，我就下去了，不一会，掉到一堆碎煤上，翻了个跟头，在一个比较大的空间里坐了起来。左等右等，不见再有人下来，用矿灯往我过来的黑洞洞里照照，什么也没看见，只觉得有零星碎煤往下掉落，十几分钟以后，辅导老师下来了，她是两只脚先落地，也就是说脚在前面，一点一点往后退着下来的。转身看见我时，马上说："吓死我了，你怎么那么冒险！"原来下溜煤眼儿，脚在前面退着下是常规动作，实习前讲安全注意事项的时候，没有讲这个。庆幸，对我没有造成任何伤害，但是这件事情的本身，不管是对我还是对别的同学，都是安全教育的典型事例。

部分64煤同学毕业35年后来看望费寿林老师
（从背景可以看到，他住的仍然是以前的两间老房子）

简要来说，凭着费老师平易近人的作风、待学生像自己的亲兄弟一样的态度、课堂上图文并茂地讲课艺术、课外耐心地辅导，再加上每年都到煤矿现场（例如本溪、抚顺、阜新等）实习一次，做到理论和实际相结合，最终使每个同学都顺利完成并通过毕业设计。老师曾带领我们用一周的时间，对沈阳青年公园进行测绘，完成测绘图的同时，学会了各种测绘工具的使用。我们还随着和蔼可亲的刘海晏老师到本溪的山沟里岩层暴露处辨认地层和认识矿物，看喀斯特地貌、看奥陶纪存水的"本溪湖"等，实际上"本溪湖"在地面上只有几平方米，我们一个班同学围观，有一半同学挤不到前面，但是这个湖的水和煤矿有非常密切的关系。

对于基础课和专业基础课，也都顺利完成，不再赘述。

二、关于课外

1. 体育

64煤是一个四十多人的班级，被院级篮球队、足球队、田径队选上的运动员有七人，还有古典摔跤、滑雪的高手，只是学校没有这样的运动队。

除了这些占全班人数四分之一的高手以外，其他人也没有死角，都是体育活动的积极参与者。拔河是个力气活，我们班只有两名女生，选出二十名精干、有力气的男生是很容易的，再加上训练，掌握一些"窍门"，凡是参加拔河比赛，总能取胜。

2. 娱乐

班里有一个小乐队，由十来个人组成（有的人可以达到独奏的水平），可以演奏的乐器有：三弦、琵琶、二胡、板胡、翁胡、笛子、唢呐、手风琴等。业余时间经常集聚演奏，几乎是全班同学参与和围观，好不热闹。那个时候没有录音机，在大食堂里举办舞会，只能由乐队伴奏，我们班这个小乐队是主力。

时间长了，名气也大了，有时候周末还到沈阳音乐学院去参加互动（当时没有围墙，我们四宿舍过了三好街就是音乐学院，百米左右，来往很方便），因为我们属于"民间艺人"，很受音乐学院领导的重视，有重要的音乐活动，常邀我们参加，例如歌曲《二小放牛》，在创作过程中，多次邀请我们参加评定。

班里有一位跳独舞的高手，戴上小帽子、胡子一贴，立马化妆成功，在我们班乐队伴奏下，高难度的鸭子步、璇子步跳起来，观众的掌声、欢呼声不绝于耳。还有一位善于指挥的同学，在他的组织下，我们班演唱了有点难度的《黄河大合唱》，练习、演出，课余时间全班每个同学都能参与。

作者在宿舍弹奏小阮和大三弦

3. 国画

一个同学喜欢画花鸟画，一个同学书法很有功夫，还有一个同学文学功底深厚，有空时自然就凑到一起，几分钟就能完成一幅作品，有的作品在四宿舍一楼对着楼梯的橱窗里展出，很受欢迎。

只可惜，靠助学金生活的这些同学，没有多余的钱买宣纸和颜料，完成的作品非常少。

4. 其他

每年都有到农村参加夏锄和秋收的任务，一次秋收时，我们班留下来建仓库。具体任务是用一堆直径约 300 mm 的原木，在采矿学馆后面的空地建一个放杂物的仓库。我们班由在农村修过房子的木工高手连夜设计，画成草图。

第二天一早，借来特大平板车（比卡车的拖车还大），同学们把原木装到平板车上并固定好，推到外面的木工厂，按设计要求加工成木料。然后就分工负责，加工梁、加工柱、平整场地……交叉作业，同时进行。参加秋收的同学返回学校时，我们也完成了仓库的建设工作。

1962 年五一国际劳动节在南湖公园合影

一个冬天的周六晚上，老师通知我们，全班同学周日一早去市府广场挖地基。到地方一看，是市政府建大楼，组织几个大学的学生来挖地基的坑。从插在旁边的校旗看，有辽大、体院等，非常气派，像是比比高低的架势。东工只有64 煤，没有旗帜，也没有其他张扬的手段，土里土气，只有干活的样。

预计一天的工作量，我们大半天就完成了，合格后收工。从外面堆的土看，别的方块最快的也就完成工作量的 2/3。"能者多劳"，好像只有 64 煤把这个累活干了，实际上，这是院领导对 64 煤的信任。

三、关于老师

我们一共有过三任辅导员。

第一任是王桂琴老师。她 1958 年毕业，我们 1959 年入学，和我们年龄差不多，是个和蔼可亲的大姐姐，陪我们下乡劳动，陪我们到煤矿实习，处处以身作则，相处非常融洽，但是在任时间不长，就换了第二任冯老师。第三任是笪盍老师。他最大的特点是透明，不管谁有问题，拿到桌面上解决，解决不了的也当面说清楚，使当事人心服口服。他鼓励同学们思想进步，关心同学们的生活细节，对班里的党、团组织建设也抓得很紧。就这样，在他的关爱下，一直把我们送上

了工作岗位。也因为这样，我们班的毕业分配做到了皆大欢喜。

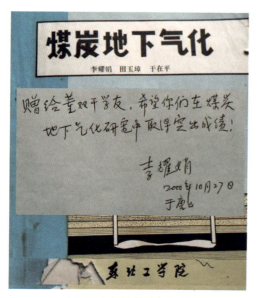

李耀娟老师的鼓励与鞭策

我们的李耀娟老师，不知从何渠道知道了同学们工作后继续再搞当年在东北工学院没有搞成的试验，立即把自己编写的《煤炭地下气化》寄给我们，表示支持和鞭策。可惜，我们正准备邀请她到现场去给予具体指导的时候，却突发心衰……

64煤是一个团结、向上的小集体，处处充满活力，不怕困难，在以费寿林老师为主的多位老师教导下，我们顺利完成学业。东北工学院教育有方，学生离校以后都兢兢业业做好本职工作，即使退休以后也要为本专业的进一步向前发展而发挥余热，甚至拼尽全力。离校30多年以后，与专业老师仍有互动，师生关系很融洽。

作者简介——

董双干，1959年8月进入东北工学院64煤学习，入学时是中共预备党员，入学后担任64煤班长兼团支部书记。1960年被共青团沈阳市委授予"优秀学生"称号，受到东北局书记宋任穷、辽宁省委书记黄火青、省长黄欧东三位领导的接见和宴请。1986年初开始，经多方联络，于8月成立东北工学院河南校友联谊会，在河南省民政厅成功注册，之后又顺利通过了严格的审核，任秘书长8年。1997年5月在河南省煤炭工业厅（后改为河南煤矿安全监察局）退休。

第七次科学报告会琐忆

——感恩东北工学院

樊建章

四十二年前，应母校邀请，赴东北工学院参加第七次科学报告会，受益匪浅。刚入住招待所，结识了邱竹贤教授，交谈热情，开拓视野。有幸见到两位院士。在有色分会，受命作题为"锌精馏塔寿命研究"的学术报告，惊动了冀春霖教授，把我邀请到他家，单独详细汇报，师生共同切磋。1966届冶金物理化学毕业生，怎么会去有色重冶进行学术交流呢？说来话长，此事缘于陈国发教授举荐。

1968年10月，我被分配到葫芦岛401厂当工人，半年后调离倒班岗位，到二营任报道员。二营七连主体设备是氧化气氛的旋涡炉，这引起了我的兴趣，有空就去现场研究，收集资料，认真推敲。1969年12月26日，401厂号召全厂职工每人做一件好事，即毛主席生日献礼。我用一天时间，写成"一步强化炼锌建议"方案，交给营长。军代表特别重视，上报冶金工业部。1970年，冶金部正式下文，责成东北工学院、北京矿冶研究院、北京有色金属设计研究总院和401厂联合开展试验研究。我被调任为厂生产组技术员。两年后，经费不足，试验停止。我不甘心，写了万言报告上交工厂，希望继续试验。军代表已撤走，报告石沉大海，我又把报告浓缩成"旋涡炉炼锌物理化学"论文，发表在国家级学术期刊《有色金属》上，得到母校有色系从主任到众老师的支持。一位参加试验研究的老教授直接写信给冶金部声援。无奈，20世纪70年代，中国太穷了。邓小平派一位副总理出国考察，想引进西方大学原版教材，需要10万元，找陈云砍了国家计划内项目，才解决的。最后，"一步炼"项目下马。我从此在学术道路上一发不可收。多次参加省、全国学术会议，发表论文。

在简易平房里，冬天三面墙结满冰霜。我披着棉被，写论文到深夜。不论是严冬，还是酷暑，头上戴的柳条安全帽里都放着一支短铅笔和几张纸，随时记下有用的数据和资料。曾经，一边开着会，一边写论文。会开完，论文写成，发表在省刊《辽宁冶金》上。《辽宁冶金》出刊百期，我被评为"优秀作者"，受到辽

宁省金属学会代表大会表彰。有趣的是，在表彰名单上，我的名字紧随杜鹤桂其后。我很吃惊，太有缘了！1965年下学期，学校等额推荐杜鹤桂教授和李殷泰讲师两名1966届研究生，我是其中之一，另一名是钢冶系的女生。1966年春天，我们一起参加了入学考试。没想到，研究生制度取消多年以后，纸上相遇。1988年，母校主办全国冶金物理化学专业年会，盛情邀请我参加。不巧的是，开会前一天，我突然接到企业升级的紧急通知，于是连夜顶着大雨去沈阳出差，先赶到冶金学馆向王常珍老师致歉。失去感恩团聚机会，是一生最大的遗憾。我获赠年会论文集，头一篇就是翟玉春教授的大作。花了几个月的业余时间，我通读了论文集中的所有论文。至今，这本论文集还珍藏在我的书房"紫金斋"的书架上，成为永远的纪念。生我者父母，育我者东工。

我非常感谢辅导员石玉峰老师、朱忠田老师、赵乃仁老师，非常感谢院研究生处田亚清老师及丈夫叶茂教授，非常感谢陈国发教授，非常感谢冀春霖老师、王常珍老师等冶金物理化学教研室各位教授。向诸位恩师致敬！

衷心祝贺东北大学百年华诞！"自强不息、知行合一"和"实干、报国、创新、卓越"是我一生不变的追求。

最后，奉诗词六首，向母校汇报。纸短情长，略觅遗音。

七律·贺母校百年华诞

七年教育惠终生，八字入髓我践行。
实干报国三秩六，创新卓越果实丰。
课堂理论科研用，工作难题解轻松。
东大百年逢校庆，吟诗感谢校恩情。

南乡子·东工学子望神州

何处望神州？隔太平洋为疫忧。
回首耄年留傲骨，忧忧，新冠全球疫未休。
魂梦断肠楼，必选题难泪涌流。
"左"导眼枯难忘却，悠悠，母校科南远惑愁。

七律·岁满八秩仰天笑

清华遗梦孝情悄，壑谷凌峰啸景骚。
著作论文优有色，亿盘上市首夺标。

子孙培养倾心血，学位高优笑雨潇。

孙辈善琴初显秀，诗词书法耄逍遥。

南乡子·家

父母祖骊家，逢假三天必探家。

陪父母一天也好，妈妈，思子成疾病伴她。

亲逝走天涯，往返子孙海外家。

父母在天颜展笑，哈哈，俩博士出在我家。

念

李下不正冠，素颜朝天人。

香槟开何处？丝尽望千山。

诉衷情·辞古稀大音希声

杰出博士子学优，毕业聘MA州。

哈佛助教如愿，潜力股惊酬。

行砥砺，耄耋道，喜丰收。

古稀培养，Ph.D两名，内外兼修。

作者简介——

樊建章，毕业于东北工学院 1966 届冶金物理专业。发表论文百篇，合著《锌冶炼》《锌冶金工艺学》等书，精馏法生产高级氧化锌专利项目生产试验组长。辽宁省优秀专家，终身享受津贴。教授级高级工程师，"锌业股份"募集设立、上市增发策划执行人，股权分置改革策划者，高级咨询师，中国管理科学研究院特约研究员。

"分形"视野中的"凡我所在，即为东大"

黄晓伟

在母校迎来建校百年之际，距我十八岁本科入学已有十九年，距我硕士毕业也将满十年。却顾所来径，苍苍横翠微。现从我的"青春纪念册"中，撷取本科生阶段的"晨型人"、辅导员阶段的"笔杆子"和硕士研究生阶段的"读书会"三个片段，追忆在白山黑水八年的学习与工作生涯，并尝试从学术视角谈谈对校友与母校关系的管窥之见。

一、晨型人：青春风景线

心理学家根据不同人群的生物钟差异，区分了"晨型人"（morningness，俗称"早起鸟"）和"夜型人"（eveningness，俗称"夜猫子"）。当然，这种区分不是绝对的，二者各有典型和非典型的子类别，也会随着生活习惯的调整而变化。东北大学"晨型人"群体的画像可以参考学校微信公众号一篇题为"谁偷走了东大的清晨？"的推送，记录了"早起鸟"晨读、国防生晨跑、保洁阿姨打扫校园和教室、后勤职工准备早餐的身影。回想自己的大学时光，也是一种典型的"晨型人"状态。

2005年上半年，我在高考资讯杂志《求学》上最早读到关于母校的介绍："东北大学学风甚浓，每天早上五六点钟就有人在路灯下晨读。"机缘巧合之下，我最终走进了这所大学，并渐渐养成了英语晨读的习惯。大一一年在当时的基础学院自己晨读，大二回到南湖校区，几乎每天早上六点二十到七点二十，都跟随全明星英语社团晨读。日拱一卒，功不唐捐。每当追忆大学生活，总有一盏温馨的路灯定格，坚持晨读就是最值得我骄傲的事情，也算是为"学在东大"的故事集留下了自己成长的足迹。

当年晨读，曾不止一次诵读美国作家塞缪尔·厄尔曼的《青春》（双语版）。"青春不是年华，而是心境；青春不是桃面、单纯、柔膝，而是深沉的意志、恢宏的想象、炙热的感情；青春是生命的深泉涌流。"当我再次输入这段文字，人已中年，不胜感慨。随着后来选择攻读博士、做高校教师，为了推进科研和教学任务，难免要熬夜，一度成了"夜猫子"，也曾难以坚持早起的习惯。好在有晨读精神的内在激励，如今仍能主动调整自己的生物钟，经常在早间处理一些有意义的事。

一日之计在于晨，一生之计在于勤，吾当时常以自勉。我有幸受母校的浓厚学风感染而来，也希望更多的学子能来之且受益。

二、笔杆子：职场初体验

我本科就读于东北大学文法学院思想政治教育专业，在大四面临就业去向选择时，为提升自身的综合素养，决定践行"自强不息、知行合一"的校训精神，去当时的材料与冶金学院做一名辅导员。如今重拾记忆，那是一段深入认识自我、寻找比较优势的心路历程。

印象深刻的是，那时我深受"国学热"的影响，积极尝试将一些传统国学智慧与学生管理工作相结合。我先后承担过为学院趣味运动会、校级运动会的学院方队、学院电子屏幕的节假日祝福、欢送毕业生等应用场景创作宣传标语的任务，新闻稿、策划方案、工作论文等文字工作更是不在少数。在东北大学首届辅导员职业技能大赛的"个人风采展示"环节中，我以"浅谈楹联创作在学生管理工作中的应用"为题，别出心裁地呈现了曾经创作的若干作品。此外，受"老者安之，朋友信之，少者怀之"（语出《论语·公冶长》）的启发，我还明确了"上者信之，友者共之，己者立之，少者怀之"的人际相处原则，后来又补充了"争其必然，顺其自然，得其淡然，失其坦然"的工作心态原则。基于大量的日常思政工作，我逐渐发觉自己的思维和行为特征可以用"临事而惧，好谋而成"（语出《论语·述而》）来概括，从而在实践中更好地认识了自己。短短两年间积累的这些技能和心得，成为我此后职业生涯的宝贵财富。

在辅导员聘期接近尾声时，有位年长的同事不经意间谈论起我的未来发展："晓伟，你这辈子大概要靠笔杆子吃饭了。"我时时记起这句话，它在一定程度上预言了我后来的成长轨迹。通常地，文体可分为学术文体、应用文体、散文文体，当年辅导员工作接触的主要是应用文体，而如今所从事的高校教师工作主要接触的是学术文体。以笔为媒，立德树人。二者面对的文体和教育对象虽有差异，却都是"要靠笔杆子吃饭"，也都是高校"大思政"工作的不同侧面。

三、读书会：思想实验室

倏忽两年辅导员，百战归来再读书。及至硕士阶段开始攻读科学技术哲学专业，我才突然意识到：自己来晚了！

母校是闻名国内外的技术哲学研究重镇，孕育了"中国技术哲学的东北学派"。不幸的是，中国技术哲学的开创者和主要奠基人、文法学院教授陈昌曙先

生在我硕士入学前的2011年3月20日仙逝，让后学引以为憾事。所幸的是，硕士期间能得遇导师陈凡教授和副导师朱春艳教授的栽培，让我对未来的职业选择不再迷茫。两位导师既为经师，对我的学术循循善诱；又为人师，对我的生活殷殷关怀。在他们的指导下，我第一次参加了全国性学术会议，发表了生平第一篇学术论文。正因为有了母校的平台和导师们的教诲，才让我得以圆梦清华。而且在我入职后，他们仍会无私分享人生智慧，提供力所能及的学术襄助。

当年有志于学，就必须尽快补课，为此我不得不双管齐下。一方面，我在上好硕士生所选课程的同时，还旁听了哲学系本科生和博士生的多门专业课程，着力强化"输入"；另一方面，以"思想实验室"为名组织了三个学期的学生读书会，以"输出"带动"输入"。读书会的成员是一批兴趣相投的硕士生和优秀本科生，流程往往是以探讨哲学史上的思想实验开始，然后研读和讨论哲学经典书籍，期间也得到多位哲学系老师的智力支持。这是一段化压力为动力、求知若渴的美好时光，我如同海绵般吸收着新学科的知识，思想火花在交流碰撞中闪现。

时至今日，读书会有几位核心成员选择了以学术为志业，我们仍保持着活跃的交往和学术上的互助。我在开设的专业课上，还选择当年讨论过的思想实验作为导入性的教学环节，颇受学生欢迎。而读书会这一形式本身也成为我与同事之间探讨前沿新知、分享思考感悟的有效媒介，用以抵制"独学而无友，则孤陋而寡闻"（语出《礼记·学记》）的困境。

不忘初心，方得始终。无论身在何处，东北大学是我永远的"学术故乡"！

四、自相似：校友即"分形"

毕业离别母校之际，我尤为推崇"凡我所在，即为东大"这句话，其蕴含的人文情怀也逐渐彰显。我在硕士学位论文的致谢中郑重写下："知其馨者，行之则远；凡我所在，即为东大！此后的日子里，我仍会与东大心灵有约，智识神情，所言所行，无论举手投足于何时何处，无不尽显东大的生命品格，而这必将与我伴随一生，使我受益一生。"此外，我还组织了一场以"凡我所在，即为东大"为主题的2013届优秀毕业生报告会（听众中有位机械学院的学弟后来保送清华），并拍摄了一组同主题的毕业生寄语照片。我还欣喜地了解到，赵继老校长在2020届本科生毕业典礼致辞中，用"凡你所在，便是东大"寄语那些由于新冠病毒感染疫情只能参加"云典礼"的应届毕业生。

毕业多年来，我一直在思索"凡我所在，即为东大"的科学内涵。从科学技术哲学的视角看，每个毕业生都是一个个承载着母校品格的"分形"（fractal）。分形是由法国数学家伯努瓦·曼德勃罗（Benoit Mandelbrot）提出的几何学概念，用以描述自然界中一大类复杂无规则的几何对象，如弯弯曲曲的海岸线、起伏不平的山脉、九曲回肠的河流、纵横交错的血管等。分形通常被定义为"一个粗糙或零碎的几何形状，可以分成数个部分，且每一部分都（至少近似）是整体缩小后的形状"，即具有自相似的性质。由此推之，校友可以视作母校的"分形"，在精神气质上具有大学文化的自相似性。这大概便是，无论走到何处，遇到校友都倍感亲切的内在原因吧。

基于此情此理，我仍然会由衷且自豪地说出：凡我所在，即为东大！

作者简介——

黄晓伟，男，2005—2009 年，就读于东北大学文法学院思想政治教育专业，获法学学士学位；2009—2011 年，留任东北大学材料与冶金学院两年制辅导员；2011—2013 年，就读于东北大学文法学院科学技术哲学专业，获哲学硕士学位；2013—2017 年，就读于清华大学科学技术哲学专业，获哲学博士学位；2017 年至今，任教于天津大学马克思主义学院，副教授，硕士生导师，入选天津大学"北洋学者·青年骨干教师计划"。

不忘初心，感恩前行

安成钢

　　母校对于每一个上过大学的人而言，背后都蕴含着一段美好、难忘的幸福时光，永久地珍藏在回忆之中。虽然在时间的冲刷下记忆的细节会逐渐模糊，但沉淀下的精神和理念却越发清晰、闪亮。有幸能够在母校的培育下度过人生中最宝贵的八年时光，今年是离开母校走向社会的第九个年头，回首过往，母校不仅是出发的起点，更是梦想的家园。

　　作为一个土生土长的辽宁人，能够有幸进入东北大学学习是一件非常令人自豪的事情，特别是能够进入东北大学最具历史传统、最具竞争优势的学院和专业学习更是难能可贵。2006 年，我进入校园第一眼看到的就是"自强不息、知行合一"的校训，这八个字也牢牢地刻印在每个东大人的心上。"天行健，君子以自强不息"，这正是东北大学百年来恪守不渝的精神准则，培育了赓续奋斗、笃行致远的实干精神。而"知行合一"的做事理念，为"自强不息"的精神注入了强劲的活力，成为了东大师生内化于心、外化于行的永恒精神信仰。多年来，形成以工科见长的发展格局和产学研结合的办学传统正是对校训精神的最佳诠释。直至今日，"求真务实"仍然是每个东大人身上鲜明的烙印。

　　随着入校学习时间的增长，强烈的爱国主义情怀同样深植于每个东大人的心中。建校于国家危难之际，流走于国家苦难之时，站立于一二·九运动队伍之前，铸就了东大"爱校、爱乡、爱国、爱人类"的大爱情怀，与习近平总书记提出的"构建人类命运共同体"的重要战略思想不谋而合。新中国成立以来，东大师生扎根于建设新中国最需要的钢铁行业，为满足国民经济建设输送了源源不断的人才，也为钢铁行业发展攻克了一系列技术难关，成为了钢铁行业的领军院校。时至今日，我国钢铁行业已经发展成了最具竞争力的产业，是世界第一大产钢国、消费国、出口国，是当之无愧的钢铁强国，作为一个东北大学毕业、一直从业于钢铁行业的人而言，感觉到无比的自豪和光荣。

　　在校期间的收获和成长得益于学校各位老师悉心指导和细心呵护。材料与冶金学院作为我校最具实力、最具历史、最具知名度的学院，各位老师始终秉承着扎实严谨的治学理念，深入生产一线和科研前沿，坚持以"知行合一"的理念感染和影响着每名学生，培养了一批又一批懂理论、知生产、有创新的钢铁人才。在这样的氛围和环境中学习成长，为像我这样从事钢铁行业工作的学生奠定了牢靠的专业基础和行业认识，我们这些学子也用实际行动为母校争得了行业和社会的认可。大学阶段的培养不仅是专业的学习，更是德育方面的教育，而德育方面教育更是母校教育体系的特色之一。特别令人印象深刻的就是上学期间学院大力开展的"龙图腾"中国传统文化教育活动。通过一系列的传统文化活动，让学生们深入参与其中，主动了解我国传统文化的魅力，增强学生们的民族自豪感和文化自信心，与党的二十大报告中提到的"推动文化自信自强"观点高度一致。对于我个人成长而言，得益于学院各位辅导员老师的信任，加入学院学生会的工作中，本科毕业后又留校担任了2年的2008级本科生辅导员，对学院工作的感受相较于其他同学有更为深刻的体会。离开学校走向工作岗位之后，学生时代沉淀下来的为人处世理念、工作方式方法、分析问题模式等方面都对我更好地适应新工作，做好、做实、做细本职工作起到了关键性的作用。

毕业后，我先后到首钢技术研究院和冶金工业规划研究院工作，而进入单位最先得到领导和同事认可的就是东大毕业生的身份，可以说"东大出品、必属精品"。努力维护好东大学子百年来的形象和口碑，也是所有东大人的初心和使命。正是这份认可让我获得了在单位更好的工作基础，也是鞭策我不断努力前进的动力。而8年校园时光的收获远不止于此。每每受困遇挫时，总能想到学院老师的鼓励和支持；每每身心疲惫时，总能想到校园时光的恬静和安适；每每获得认可时，总能不由自主地想到我是一名东大人。

十年树木，百年树人，母校以辉煌的成绩走过了百年风雨，祝愿母校基业长青，在下一个百年更创辉煌！

作者简介——

安成钢，东北大学2006级材料及成型专业本科生，2012级材料加工工程专业硕士研究生。现就职于冶金工业规划研究院，任总设计师、高级工程师。

一切都是最好的安排

全小莲

东北大学是我本科和硕士阶段学习和生活了7年的地方。在每一个细碎、平常又繁忙的日子里，东大是遥远的凝望和隐隐的惦念。直到最近在课堂上为了讲解某个知识点脱口而出"使命如此其重大，能不奋勉乎吾曹？"那一刻，对母校的思念喷薄而出，脑海中的回忆呼啸而至，一下子把我带回了17岁到24岁的那段青春岁月。

课程体系

具有深厚理工科基础的东大，给了我们最好的课程体系，构建了丰富立体的知识储备。在必修课方面，东大给法学专业的学生一口气排了微积分、概率论等4门数学类课程，虽然当时学得叫苦不迭，但也让我在多年以后能够理解帕累托最优、看懂法经济学的函数。大学物理课上学习了混沌原理与熵，为多年后搞清楚量子纠缠的实验打下基础。大学生健康教育课上学到了抗生素滥用可能制造超级病毒，也让我养成了感冒轻易不用抗生素的习惯。冬季的体育课要上冰。冰上课很多次都是在零下十几度的大早上，我们从四舍出发一路顶着星星走到体育馆，拿着冰卡、打磨好冰刀，在冰面上摔得酣畅也滑得飞快，在数九寒天里滑得满身是汗。

东大的选修课更是让我们可着劲儿地撒欢儿。记得选了一门数据库的课，头回听说了算法，以及发现甲骨文、荷花居然是公司的名称，最后主要靠端正的学习态度和老师的于心不忍勉强过关。此外，还选修了4个学期的合唱，知道了SATB，学习了气息和腔体共鸣，最喜欢合唱校歌和保卫祖国主题的《神圣的战争》，记得外聘的沈阳音乐学院指挥系的老教授总能准确地指出乌泱泱的合唱团里哪一个人唱得不对，那也是我第一次感受到近乎绝对音感的听力。

师资力量

立意高远、视野开阔的东北大学给了我们最好的师资。法学是东大比较年轻的专业，但是现在看来，当年打造法学专业初代师资队伍的领导绝对是一位懂行的专家。在行政法、公务员法移植日本经验的年代，讲课的周实老师是日本行政法学部委员的弟子。在刑法学俄罗斯的年代，主讲教师高艳军老师是北大本科出身的俄罗斯博士。教专业英语课的隋军老师有超高的托福成绩压阵，用读英美合同法经典案例原文的方法带我们进行法律英语入门。后来还引进了教民法的牟瑞瑾老师，像一朵天边红云飘到课堂上，同时也带来了身为梁慧星老师弟子的水准、视角和学习资源。现在回忆起来，教宪法课的张尤佳老师、教诉讼法课的杨丽娟老师和教法制史的赵凯老师也都是女老师，她们虽从不点名也不敲黑板、不扔粉笔头，但只要一开口就能引人入胜。还有教我们国际私法的顾海波老师，一边笑着说君子善假于物，一边让我们搞懂了用密码式语言写就的反致、转致和法律关系本座说。

公共课的师资也是响当当。体育课我选修了篮球，老师是国家队退下来的，能结合实战讲技术。据说当时校篮球队的教练是蒋兴权，当时东大打CUBA的战绩很不错。

学工口的老师和学生的联系最密切，对学生的影响也最大。何其幸运，我们遇到了很棒的老师。记忆中，辅导员先是刚刚毕业没多久的夏钦冬师兄，帅气中带一点学生气。后来换成了陈玉芬师姐，设身处地为我们着想，真诚而动人。社团的指导老师刘海龙有着自然卷的头发和腼腆的微笑，写材料是绝对的大笔杆子。学院的团委书记刘晶玉后来被提拔为校团委书记，青春靓丽的女老师智慧果断、声音清脆甜美，工作风格那叫一个爽利。因为参加辩论赛认识了时任校宣传部部长的孙雷老师，光风霁月，哲人思维，让人想不由自主地亲近他、学习他。还有我毕业那年，专业课教师出身的年轻又温柔的院领导司晓悦老师，把学院省优秀毕业生的推荐名额给了我，意外又感动。

精神引领

自我驱动、追求卓越的东北大学给了我们最好的精神引领。在东大的时光里，我听闻了材料方向的院士如何实现常温条件下特殊材料的加工与实验，赶超国际一流；看到了生物医学专业的女生突破专业限制，通过自学参加"摩托罗拉杯"竞赛跟通信专业的同学一较高下。学校里的大新闻永远是新增了几位院士，国际大赛的一等奖多了几个，四六级过90分的有多少人（满分为100分）。似乎评教授、得二等奖、单纯地通过四六级都是难度不大、不值一提的事，是在追求卓越过程中顺带产生的副产品。带我的前任文化促进会会长被保送到京城名校的数学系，但跟我说非常怀念东大的专业水平，后悔不该为了择业选择北京。文法学院在我大三那年迎来了一位年轻的院长张雷，他在网络空间和学生打成一片，旗帜鲜明地提出"阳光文法""止于至善"等办院主张……这些人和事，在当时

只道是寻常。然而在多年后，当我在一份项目总结材料中写道应当追求"止于至善"而验收专家有不同意见时，我突然意识到原来东北大学已经在我的精神世界里打下了深刻的烙印。那些曲折的痕迹里分明写着自我驱动、追求卓越、知行合一、自强不息、求真务实、止于至善……离开母校十余年，越发明白这些理念和品质的可贵。

同伴教育

汇集天南海北优秀学子的东北大学给了我们最好的同伴教育。记得刚报到的时候，我们宿舍有湖北保送生考试第二名的宋绍芬，有高考大省的高分考生王莉红。在那个应试教育时代，如果说我是"小镇做题家"，我们宿舍的隋玉华、王黎黎、冯菲、苍黎就是"小镇做题王"。北京来的王小陶，虽然高考分数略低，但是她的学习能力和综合素质让我们感受到了应试教育的缺陷。看着宿舍成员的构成，一向对我高标准严要求的父亲说要力争上游，但尽力就好。当时我们谁都没想到第一个学期结束时，宿舍8个人有4个人都拿到了奖学金。8个女孩手拉手去东门外的三好街吃肯德基庆祝。

其他宿舍的女同学们也是不凡。身体羸弱隔三岔五就要补气血的小女生杨明，却意外地坚定和坚强，以优秀的成绩保送研究生并留校工作，在自己从学生助理时期就工作的岗位上奋斗到了今天。丹东的小美女姜鹏，灵气逼人，研究生和我同门，毕业时通过公开招考以第一名的成绩考入新华社总社工作。校学生会主席朱轩彤，她让我知道原来女孩子可以如此耀眼。还有一个名字里面有诗的张小诗，她让我看到了什么是诗歌一样的才华与灵动。这些明媚耀眼的女孩子们，明亮了校园，惊艳了青春。

男孩子们也很厉害，理工强校从来不缺学帝学神，学业无需督促，从来都是暗自较量、共同进步。优秀的男生往往还很有趣。英语课和我们合班上课的通信专业的男生们，在英语猜字谜游戏中不敌法学班，接受的大冒险惩罚是表演节目，他们在窗边排排坐，连比划带吼地冲我们招手，唱了完整的"对面的女孩看过来"。在合唱团认识了材冶男高音四重唱的C位田昊，最近还在朋友圈看到他工作后组了乐队。打辩论赛的男孩子们也很有魅力，听说有的学院辩论队的几个男孩子，立志要在毕业前赢了我们文法学院，但是终究未能如愿。还有我在文化促进会社团的工作好搭档、学化学的聂强，他毕业后曾被公司外派到欧洲工作和进修，现在他工作的单位距离我工作的学校很近。他在理学院的同学，我们社团一起工作的好伙伴熊浩然，就职重庆国企并在荷兰驻外工作多年，疫情后转换赛道回重庆工作。很意外也很幸运，我们三个还能在距离母校一千多千米的地方一起吃火锅，聊当年的《新世纪讲坛》和《新青年论坛》。东大汇集了全国各地的优秀学子，让我们这些年龄相仿，知识背景、兴趣爱好相近的同伴、朋友共同成长。

在繁重的学习任务和应接不暇的课余生活中我不断成长和蜕变，成为了今天的自己。一切都是最好的安排！母校托载了我的青春，成就了我的梦想，也给我永远烙上了东大人的印记。在百年校庆到来之际，祝福我的母校，一百岁生日快乐！

作者简介——

全小莲，东北大学文法学院2000级法学专业本科生，2004级宪法与行政法学硕士研究生，法学博士，副教授，西南政法大学国际法学院国际公法教研室主任，硕士研究生导师，外国来华留学生博士生导师。美国俄勒冈大学教育学院客座副教授，澳大利亚悉尼科技大学法学院客座副教授。

终于等到这一天

马佳序

2019年6月28日，当"能不奋勉乎吾曹"的校歌再次响起，赵继校长亲切地宣布："你们即将成为东北大学最年轻的校友，希望你们带着母校的祝福，追寻心中所爱，成就人生梦想。"伴随着熟悉的校歌，老师和同学们在刘长春体育馆里合影留念、拥抱落泪。相信那时很多人都在心里默默地许下了一个的目标，那就是：我们母校百年时再相见。

此刻的我身在南方，在这个东大应是一片金黄的季节，我的周遭没有一丝寒意。但毕业典礼上那一瞬的约定，想起时却没有随着漫长细碎的时间消磨，反而愈加鲜活明亮。

从1923年到2023年，这个百年的约定，象征着母校的荣耀与历史，是我们所有校友心中共同的乌托邦。

毕业后跃入人海独自闯荡。每当工作上感到压力时，总会想念起原本朝夕相处、同屋而眠的朋友。在想念恩师的教导时，在和旧友匆匆一见时，在谈起校园里的青春往事时，在看着有的同学回到东大心里暗自"羡慕嫉妒恨"时……所有那些对过往的留恋和对未来的憧憬，都化成了聊天框中的一句：等东大百年校庆的时候，我们要回沈阳聚聚，再回东大看看。

写到这里我不禁想，对东大我们想念的具体是什么？

想想大学四年在东大的日常，我们所想念的，不单单是上下课、社团、人影匆匆的操场，也不是考试、早读、人声鼎沸的篮球场，这些东西，所有大学都有。想了很久，才明白，我们所想念的，是一些抽象的事物，那是东北大学带给我们的印记。

东北大学是有历史的。东北大学的百年是一部爱国奋斗史，爱国主义是百年东大赓续传承的光荣传统，也深深地刻在每一位校友心中。百年间，无数优秀的校友深受母校历史的影响，深耕于基层，彰显出"爱校、爱乡、爱国、爱人类"的大爱情怀，与时代和人民同呼吸共命运，我们年轻的校友与有荣焉。

东北大学是有信仰的。从入校的第一天起"自强不息、知行合一"的校训始终带领我们前行，像一份信仰扎根在我们心中。因为自强不息，我们有昂扬的斗志，热烈的释放，不甘于人后的倔强，有攀登在世界之巅的自信；因为知行合一，我们有一窥世界的胆量，有将世界纳入胸怀的担当，有饱满的喜悦和脚踏实地的渴望。

东北大学是有人情味的。这里有传道授业解惑的恩师，也有关心你穿得少不少的阿姨，还有永远4毛3的鸡蛋……这些温暖萦绕了我们四年，也在毕业后成就了我们彼此之间拉不断的情缘。

东北大学是所有年轻人想象中那个最初的舞台，是高中时期仰望已久，可以让自我尽情绽放的舞台；是身处其中可以尽情绽放，感受青春百味的舞台；是离开之后，依然能够不断汲取营养的避风港。离开母校近五年，东北大学的一切依然承载着我青春鲜活的心绪和所有灿烂幸运的时刻。

终于等到这一天，等到你的荣誉时刻；终于等到这一天，等到所有校友的心之所向；终于等到这一天，等到了我们相约的日子。亲爱的母校，作为您众多孩子之一，如果我只能和您说一句话，那么最能代表心意的三个字就是：我爱你！

作者简介——

马佳序，东北大学外国语学院2015级本科毕业生，目前就职于华润万象生活。

收　获

王　浩　高昱婷

窗外的叶子还很绿，可是收获的季节已经到来……

时光飞逝，从我2002年考入东北大学至今，已经21年了。校园里的每一栋楼、每一棵树，始终在我心底念念不忘。回忆往事，当年在东大学习、工作的情景，仍历历在目。

记得大一时，新生在基础学院校区入学。基础学院校园虽小，但苍松翠柏，绿草如茵。在浓浓的学习氛围中，我们很快适应了大学生活，在这里完成了从一名高中生到大学生的转变。作为东大的一名新生，我也曾身着橄榄色的军装在这里挥汗如雨、释放青春的激情。那时，教官是我眼中最值得敬佩的英雄，辅导员老师则是能够倾吐思乡之情的亲人。还记得，在一个细雨蒙蒙的夜晚，辅导员老师来到我们寝室，他关心着我们军训的辛苦，给我们讲述他的大学生活。那时候，青涩的我们只是一个劲儿地笑，但感动却在内心播下了一粒粒美好的种子。

转眼到了大二，我们搬入了南湖校区，在这里完成剩下三年的大学生涯。这里既有崭新的逸夫教学馆、何世礼教学楼，展现着现代化大学的英姿，寄托着年轻学子的希望，又有饱经沧桑的建筑学馆、机电学馆、冶金学馆和采矿学馆，彰显着东北大学在悠久历史中的文化积淀。

大学四年的时光快乐且美好。在校读书期间，老师们循循善诱，学有专精，使我终生难忘。专业课老师们最常教育我们的是在大学期间一定培养自主学习的能力，要掌握优质的学习方法和理念，时时、处处、事事都要善于学习，我们不但要从书本上学习专业知识，更要从师长、同学身上学习，取人之长。时刻保持谦虚、求真的心态。辅导员老师经常教导我们：大学里不仅要认真学习专业知识，还要培养各方面的能力。因此，我加入了学生会、各种社团、广播站、电视台等，努力让自己这个小透明、小社恐融入集体当中。很庆幸本科期间创办的"妙笔流声"诗歌散文大赛活动延续至今，今年已经是第二十一届了，这让我在多年后在东大还能找到自己当年的影子，倍感欣慰。

岁月更迭，生命之轮转动不息。在同一片蓝天之下，作为东北大学的一员，我却拥有了比别人更多的幸福。四年的大学生活让曾经播撒在内心深处的种子结出了美丽的果实，并使我这个当年老师眼中的毛头小子，在毕业之后，有幸留校成为一名辅导员。那时的我时常站在晨雾中，看着那些渐行渐近的大一新生，他们是那么激动、那么张扬，就如同四年前的我一样。记得那是一个秋高气爽的日子，耳边响起的还是那熟悉的军歌，脚下的小路依然执着地伸向远方。不同的是，此时身边围绕的不再是我的同学、我的战友，而是我的学生、我的兵。军训的第一天晚上，我和同事走访了每个学生寝室。当我来到213寝室时，一个学生突然把门从里面锁起来，还把晾衣杆举了起来，其他寝室成员也全体起立站好，当我正迷惑而有些不知所措的时候，拿着晾衣杆的学生讲话了："老师，听我们给你唱首歌，都排练好了，预备，'起来，不愿做奴隶的人们……'"原来他是把晾衣杆当作指挥棒了。当我刚要到下个寝室时，又被他们拦住了，非要再给我唱一首歌，几个人商量了之后决定合唱一首《七里香》，虽然唱得不是很齐，虽然有些人记不住歌词，但我很确定，这是我听过的最动听、最感人的《七里香》，正是这首歌，驱散了我所有的疲惫，让我感受到一股暖流在内心涌动。

一次在查寝回来的路上，我收到了这样一条信息："亲切的辅导员老师，您是我们见过的最年轻的、最可亲的老师，虽然我们只相处短短几天，但我们确实已经深切感受到您对我们的关爱，我们想对您说一声——您是最棒的！祝您一切顺利，身体健康。"我给他回复了一条："谢谢你们对我的理解，你们加油！"

我深知辅导员不同于其他专业课老师，除了"传道、授业、解惑"之外，更要帮助他们理解东大是个温馨的家，让他们了解这里可以怀揣不同梦想，但必须肩并肩才能远航；让他们懂得大学是所有人的舞台，每个人都肩负着家人、同伴和自己的期望；让他们知道东大准备了丰富多彩的活动；让他们了解要学会热爱，热爱生活、热爱这里的一切。那时的我突然会很感动，真心希望他们一直保持着这最初的热忱、坚持着这份上进心度过大学四年时光。当他们迎来崭新的一天时，当他们走出大学、步入社会时，他们也一定会带着东大给予的一切奋勇前行。而我，在学生与辅导员老师身份转换间，深深地感受到东北大学的人文氛围和文化传承。

2008年，我离开了辅导员岗位，继续在东大攻读研究生。读研期间，热能工程专业的各位老师让我充满了深深的敬意，他们无论是为人处世，还是钻研学问，都给学生树立了坚实的榜样。在老师们的身上，我学到了认真严谨的治学态度，待人诚恳、严于律己的品行，以及分析问题、解决问题的能力，学会了如何抓住复杂问题的关键，这对我日后工作方法的不断成熟起到了重要作用。

2010年，我研究生毕业，离开了东大，奔赴新的工作岗位，很庆幸的是新的工作单位距母校仅一墙之隔，还可以经常在校园内漫步，回忆校园生活的美好时光。从校园走向社会，面临着全新的环境和挑战，但我没有迷惘，东大的所学、所历奠定了我在工作中仍然不断学习、不断向上的基础，东大务实严谨的校风时刻影响着我，东大"自强不息、知行合一"的校训精神时刻激励着我，使我对新的工作很快得心应手，不断取得成绩和进步。虽然工作非常繁忙，但我都能从容面对，并以虚心的态度去工作和学习。这时，我更深深地体会到自己在工作中的不断进步是对母校最好的报答。

在东大的八年时光，我收获了学业、事业和家庭。东大让我在最宝贵的青春时光中充分体验了机会与挑战，让我体会着生命的意义，享受着收获的喜悦。每当回忆起母校，我的心里都充满着深深的眷恋。东大所学，我将终身受益。

今天的东大已有百年历史，可在我眼中，她还是那样朝气蓬勃、青春洋溢。值此母校百年华诞之际，衷心祝愿母校的明天更加辉煌！

作者简介——

王浩，男，1983年6月生，辽宁抚顺人。2006年毕业于东北大学热能与动力工程专业，2006年至2008年留校，任材料与冶金学院辅导员，2008年至2010年，在东北大学攻读热能工程专业硕士研究生。现就职于辽宁省计量科学研究院。

高昱婷，女，1983年2月生，辽宁沈阳人。2006年毕业于东北大学金融专业，2010年至2013年，在东北大学攻读工商管理专业硕士研究生（MBA），现就职于沈阳市医疗保障事务服务中心。

第三章

校园点滴

无悔青春

王 瑞

终于还是走到了这一天——毕业，大学生活的终点。从进入大四的那一天起，我们就变成了"2009届毕业生"。只是，当这一天真的来临，我们才明白，我们对这个生活了四年的地方有多么的依恋。但，我们还是要走了，告别大学校园，努力地微笑着挥挥手，作别我们激情澎湃的青春。

整理行李的时候，如水一样在指间流逝的四年，开始在脑海中一点点浮现，那些青涩的、执着的、快乐的、忧伤的，那些我一点点经历的往昔……

梦回基础

四年前的夏天，我们怀揣着希冀与梦想，告别父母，踏上远行的列车，前往曾经魂牵梦绕的象牙塔，接站的大巴车把我们拉到了基础学院。

军训是象牙塔给我们上的第一课，我们大学四年的生活就此拉开帷幕。还记得那个黑黑瘦瘦的教官，还记得训练时的汗水与辛苦、休息时的歌声与欢笑。曾经多少次，我们嘹亮的歌声，穿过夜空，在我们的记忆中烙下深深的痕迹。那个比我们还小的教官教会了我们自立、自强，教会了我们叠豆腐块被子，教会了我们唱《当你的秀发拂过我的钢枪》，教会了我们沟通与交流，教会了我们珍惜与感恩。还记得那天看着他们悄悄地离开，眼泪无声地滑落。那一刻，所有的辛苦，所有的不满，都已消失不见，余下的，只有感恩的心。

大一的生活是色彩斑斓的、美丽无瑕的。那时基础学院的图书馆、教室里经常有我们埋头看书的身影，球场上活跃着我们欢快的影子，校外的小饭店里记录着我们寻找美食的足迹。那时的我们满心好奇参加各类社团，毛遂自荐地参加各类活动。还记得第一次站在台上作自我介绍时的假装镇定，也还记得参加活动得奖时的欢呼雀跃，更忘不了努力后失败的痛苦，而这一切，都让我们在不知不觉中长大、成熟。

再次回到基础学院，以一个毕业生的身份。自己当年刻在寝室墙上的字迹依然清晰，而寝室的那些兄弟，却要各奔天涯……

似水流年

年少时的梦，像朵永远不凋零的花。岁月席卷，我们却听到时间磨损的声音。我们似乎还能记得，开始的开始，走进来时那带点茫然和紧张的眼神。可在这最后的最后，在我们来不及喘息的伤感里，我们又不得不走了。踱下教学楼，走过操场，穿过食堂，经过绿树红墙、欢声笑语，流连在路的尽头，我们一再回望。这或许是我们第一次，也将是最后一次，用从未有过的无比珍惜又无比肃穆的心情，把目光泼洒在岁月的每个角落。走到每个地方，都能想起一件事，或是一个故事。记忆的门仿佛是决了口的洪水，过去的种种一下子都回到了眼前。那远去的日子竟然是如此的清晰！

那些荒唐的、搞笑的、忧郁的、飞扬的、愤怒的、喜悦的、无比快乐的时光一去不返，而那种放肆的幸福我想以后再也不会有了。再见了，陪我哭陪我笑的挚友，是你在我失意时为我撑起一片天，你与我分享的每个开心时刻，我都会永远铭记；再见了，相伴四年的室友，我们待过的这个屋子，我们的卧谈，将会成为我们永恒的回忆；再见了，我曾经爱过的那个人，我永远不会忘记你抱着篮球站在阳光里，而一切的记忆也会随着岁月的流逝变成脑海里泛黄的书签；再见了，教我知识、助我成长的恩师，我要展翅高飞了，您教我的知识我将受用一生；再见了，那些永远无法相知却永远记得的人；再见了，那激情澎湃的我的青春，苦乐参半的我的大学生活；再见了，那些深深浅浅的脚印，稍纵即逝的青春年华……

告别了年少时的单纯，也告别了年少时的轻狂。我们站在这里，伸手抓不住已经过去的时光，伤感袭来，感触深重。此刻，忽然觉得仅仅再见两个字，都可能是不会实现的承诺，不敢去碰那些明亮在我生命中很多年的你们的脸，幻灯片一样不断重播、画面模糊，是什么浇湿了我的脸庞。

其实不想走，其实还想留。还来不及谢幕，来不及道声珍重。得到不曾遗弃，失去却会惋惜，在书本上累积并快乐着，却醉在一片片木棉花香中。抖抖疲倦，散落天涯的伙伴，且行且珍惜！

飞得更高

大四的日子，我们或拿着资料进出于各种考研辅导班，整日整夜地上自习，永无休止的学习常常让自己迷惘，但既然选择就要坚持；又或天女散花般地投递简历，天天赶招聘会的场子，一会在"大活"，一会又到教学馆，手里攥着一把招聘简章，记录着各个知名企业的发展历程和似锦前程，鲜艳的封面燃起每个毕业生的强烈渴望。我们就像一群忙忙碌碌的小动物，精力并不因卡路里的燃烧而

减少。这是一个躁动的季节，像饮着一杯失落与希望交织、迷茫与坚定混合、现实与梦想并行的鸡尾酒，年轻的眸子微呈醉态，步履匆促。

毕业前的日子并不如想象中的安宁，毕业照、论文答辩、散伙饭、毕业晚会……有人哭，有人笑，有人哭过之后笑，有人笑过之后哭。一场一场聚会昭示着的是必然的分离，当那首熟悉的歌曲一次又一次在站台上响起的时候，一张又一张熟悉的面孔被一辆又一辆奔驰的火车带向了一个又一个陌生的城市，盛夏的站台上留下我们青春无悔的汗水与泪水。

结　语

终于尘埃落定，我们或继续深造，或进入企业，或成为公务员，或加入支教支贫的队伍，或待业在家。无论我们的选择如何，我们都已经为之付出自己的努力，我们无悔！明天我们将要做什么并不重要，重要的是我们已经掌握了知识，丰满了羽翼，将要展翅高飞！

我们走了，但在某个温暖的午后，静谧的寒夜，思念和梦会把我们带回来，再回到这青春飞扬的年纪，回到这些不会被掩埋的记忆里，哪怕灯火熄灭，哪怕世事变幻，哪怕白发苍苍，就算一切不再重来，青春也永不散场！

作者简介——

王瑞，东北大学文法学院2005级新闻学专业毕业生，现任职于中国葛洲坝集团股份有限公司。

我在东大的日子

任晨辉

时光荏苒，从我们身边走过；岁月如歌，在我们心中铭刻。2016年9月10日，我迈进了东北大学的校门，正式成为了一名NEUer，在这梦想开始的地方书写我的大学生活！

大一　迷茫中摸索

如果要给大一时候的自己找一个关键词的话，那一定是迷茫。在过去的十几年里已习惯了朝着高考这个目标前进，所以在失去了这个目标之后面对多种多样的选择，我也不知道自己未来应该朝哪个方向走，四年后自己会做什么。面对这样的迷茫，我的选择是什么都尝试尝试，我加入了院学生会，加入了心理潜能开发协会，在闲暇之余我也会积极参加院、校组织的各种活动。那时的常态是每天时间安排得满满的，甚至有时候来不及吃饭，但是晚上睡觉前想想这一天都做了什么，却又好像什么都没做，有一种忙得莫名其妙的感觉。即使这样在迷茫的时候还是应该给自己找事儿做，这样就不会有时间迷茫了。

当然了，刚进大学还有一项比较难克服的难关就是学习关，到现在我还记得高数课刚开始学极限的时候真的是一脸懵，不论是难度、速度还是深度相较高中都有很大的不同，好在在认真负责的老师和学长的经验的帮助下比较快地适应了大学的学习节奏。也许是高中留下的"后遗症"，每天晚上没什么事儿也会睡得特别晚，熬到凌晨12点、1点都成为了常态。这就导致第二天早晨一定会起得特别晚，经常是压着铃声进教室，上课时也是经常处于梦境和现实之间。大二后每天晚上11点睡、早晨7点起床上课，精神完全不一样了，证明规律作息少熬夜是真理！

大一下学期我在宿舍经历了第一个不在家过的生日，对于室友给我的惊喜确实很意外。半夜12点刚过，四个"傻傻"的室友变戏法似的变出了一个蛋糕，许愿、切蛋糕，不在家过的生日也如此温暖，有缘分到一个宿舍就是一家人！要说大学四年做的最傻的事儿，就是大一时和两个室友背着烧烤架骑到棋盘山又

原封不动地背回来，一天骑车80千米真的是把身体都骑散架了。此外，我还慢慢喜欢上了夜跑，从3公里到5公里再到10公里，慢跑带给我的最大的改变应该就是那股不管做什么事情不见南墙不死心，见了南墙也要撞破南墙的执着了。

总的来说，大一的生活应该是最符合上大学前的想象的，如果可以选择回到大几的话，我会毫不犹豫地选择大一！

大二　怀疑中前进

迈进东大校门的那一刻我就给自己定了一个小目标：大一结束后要转专业到自动化。正是因为有这个目标，所以自己在学习上也一直没有放松，但是当真的拥有了这个机会的时候，在综合考虑后还是选择了留在资土学院。也正是因为这样的选择，所以在后面的大二生活中遇到不如意的事情时总会想，是不是自己当时选择转专业会好一点，总是会陷入自我怀疑当中。人生没有重来，想象也不会对现实产生丝毫改变，所以在慢慢认清这一点后，我选择做好当下事，努力向前进！

大二是充满学生工作和试验任务的一年。一方面，自己完成了从院会部员到部长的转变；另一方面，也很荣幸地加入了学院党校当中。在大二最后一次中心例会上，中心主任让部长和部员互相写一段话，当时看到部员们写给我的话，内心真的很开心能够和他们一起度过这一年。虽然大三由于课业压力没有选择留下，但我确实非常感谢院会，因为在这里我遇到了非常棒的部长，非常棒的部员，还有很多很好的朋友。大二下学期大创校立项答辩结束后就开始了漫长的大创试验，五个小伙伴组成的搬砖小分队从什么都不懂开始慢慢地学习、研究，最困难的还是试验，因为项目的原因试验量非常大，所以每天除了上课，不是在实验室就是在去实验室的路上。清楚地记得有一次从下午4点开始做试验，熬夜做到将近凌晨5点才结束，回去睡了2个小时就又起床上课，学土木的绝不轻易认输！这一年还参加了结构设计竞赛，搞事小分队从竹棍、竹皮到扛得起70 kg砝码的模型，一路走来克服了重重困难。略有遗憾的是没能参加后续的省赛、国赛，为此得知无法参赛的三人甚至深夜买醉！

大二这一年可以说是四年里最忙碌的一年，学生会、党校、入党、大创、家教、上课，日程表总是满满当当，但是每一个忙到感觉过不去的当下，在日后回忆起来其实也不过如此，但是我庆幸当时的我选择了忙碌！

大三　奋斗中收获

大三的基调相对前两年就显得单调了许多，党校的学生工作因为有两个靠谱的部员不需要操心太多，而因为大三上学期是土木课程最多的一学期，下学期需要提前为推免做准备，所以整个学年的重心都在学习上。

大三是从最短暑假（2星期）后的测量实习开始的，测量实习有多累只有亲身体验过才了解，不过最后看到测出来的一个个点在图上画成一个个熟悉的校园平面图时还是很有成就感的。测量实习过后我参加了人生中第一次马拉松比赛（虽然是半马），因为在参加半马前最多只跑过12千米，对于自己能不能坚持下来还是很怀疑的。跑半马时的最后一千米绝对是我跑过最长的一千米，感觉自己跑了可能有10分钟，不过很开心自己坚持了下来，同时立了个小目标，以后要参加一次全马。另外特别感谢全程陪同的某室友。马拉松过后的一星期又紧接着准备了计算机三级的考试，成绩不高，勉强拿到了证书。

上学期的课程本就很多，但为了获得足够的学分保证自己下学期有更多的时间能自己安排，几乎所有能选的课都选了，所以上学期几乎不是在上课就是在上课的路上。大三上学期期末的考试周是每一个土木学子不能忘记的噩梦！下学期开学后在学长的帮助下开始准备推免，上学期的满课换来的是下学期一星期只有五六节课，所以有充足的时间准备推免材料，复习专业课知识准备推免笔试。大二做试验，大三当然就是写论文了。俗话说得好，写论文容易改论文难，难产了一个学期，最终在老师的帮助下在推免前发表了两篇论文。

大三下学期课程设计结束后就正式开始了推免之旅。夏令营期间去了中山大学和同济大学，同济大学的夏令营只发十分之一的offer，在大神云集的情况下不出意外地没有拿到，所以夏令营结束后就直接返回学校准备9月的预推免。从当年的9月16日到27日又相继参加了哈工大、东南大学、浙大、同济的预推免，都顺利拿到了offer，最终9月28日在系统中填报同济大学，大三圆满结束！

大三这一年是收获的一年！

大四　还没开始就快结束

自从保研尘埃落定后，绷紧的神经一下子就松了下来，睡懒觉、打游戏、考驾照、看书，生活节奏一下子慢了下来。放假回家时本以为不过是毕业季前的点缀，谁知突如其来的新冠病毒感染疫情让最后一趟发往学校的列车始终无法启程。疫情前和朋友聊天的时候，我曾经开玩笑说分别总是来得太突然，甚至来不及说一声再见，谁承想真就没见到最后一面！大学里唯一参加的一次毕业典礼是2014级学长的毕业典礼，大学四年走来，从未想到最大的遗憾留在了毕业季！在寒假开始前，我曾幻想过集体住酒店熬夜通宵的毕业实习；幻想过喝酒喝到吐的毕业六月；幻想过看到过往照片忍不住掉泪的毕业晚会；幻想过送室友一个个

离校的哀伤。谁也不曾想到，甚至来不及当面好好说一声"再见！"我想在南湖湖畔享受在东大的最后一点时光，想在东大校园里好好走走，看看四年里从未踏足过的角落；想和三五同学一起聚聚，回忆大学的点点滴滴；想在盛京城里好好转转，把生活了四年的另一个故乡牢牢记在心中……

时光你慢点走，一回首才发现已经走了这么远，感谢一路走来帮助过我的每一个人，感谢东大，感谢在东大的那些日子。我相信，冥冥之中一切自有安排，久别重逢才是最好的相遇！也许我们无法再见就要奔向人生下一站，也许此时我们注定满怀遗憾，但是我更期待未来，期待未来与大家在江湖再见，愿大家江湖闯荡半生，相见仍是少年，愿多年以后再把酒共话当年事！

作者简介——

任晨辉，1997年4月生，山西长治人，2020年毕业于东北大学土木工程专业，目前就读于同济大学土木工程学院。曾获国家奖学金、辽宁省优秀毕业生、沈阳市优秀大学生、东北大学优秀学生标兵等荣誉。

惟知行合一方为贵

姚广仁

东北大学校歌里有一句很精辟的歌词："惟知行合一方为贵，惟自强不息方登高。"我在东北大学工作40年，一直牢记着这句话。

知识是人类进步的阶梯，没有知识，就没有人类的一切。知识也是形成人的素质和能力的阶梯或载体，没有知识，人的素质和能力就没有必要的基础。所以，无论什么时候，扎实的知识功底、广博的知识视野和合理的知识结构都是教育所追求的重要价值和目标。但是，仅仅有知识是不够的，重要的是知识的应用。仅仅有知识，就好比一台精密的机床，没有加工出机器零件。聪明的人不是具有广博知识的人，而是具有有用知识的人。就像一支蜡烛，只有点燃了，才能给人们带来光明。把知识与实践相结合，创造出成果才能奉献家庭，服务社会，知识才发挥了作用和效力。

注重能力教育下的毕业生进入社会，很快就能融入工作。重视理论与实践的结合，注重能力的培养，学会干活，无疑是正确的。知识不等于能力，有了知识不等于有了能力。知识在能力作用下才会活化、物化，得到升华。知识只有应用到实际，才算有价值。搞文学的写不出文学作品，搞科学的没有科技成果，那就是理论没有同实践相结合，是半成品，甚至半成品也不算，是废品。知识只有转化为能力，与实践相结合才会有所成就，才能变为生产力，才有价值。一个人有知识，不肯实践，不去创造，岂不是空学一辈子？这样的人即使满腹经纶，也只是冥顽不灵的"书橱"。

常有这样的人，谈论什么问题时很有观点，条条是理儿，俨然是个学者。问他有啥创造吗？没有。再问他有啥作品吗？还是没有，闹了半天是位空头理论家。这就像果园里的树，有的树，花开得挺茂盛，可是坐不住果，秋天到了没有收成，不能给予人们丰硕的果实；有的树，花开得不起眼，默默无闻的，可是那花能长成硕果，给人们带来丰收的喜悦。有的人理论知识很丰富，到了实战却一败涂地，因为他能力弱，没有把所学的知识转化为能力。若大学里教电子技术的教师，一辈子也没开发出电子产品；教计算机软件的教师，一辈子也没开发过应

用软件。那这样的老师一定是没重视理论与实践的结合，一定不是一位好老师，他很难把教学内容深入浅出地有血有肉地传授给学生，因为他对那门课程缺乏实践体会。正如毛主席在《实践论》中说过的："感觉到了的东西，我们不能立刻理解它，只有理解了的东西才能更深刻地感觉它。"战国时有个叫赵括的人，年轻时学兵法，谈起兵法来他父亲也难不倒他。后来他接替廉颇为赵将。在长平之战中，只知道根据兵书办，不知道灵活变通，结果被秦军大败。从此在历史上留下"纸上谈兵"的笑柄。在纸面上谈论打仗，是不能解决实际问题的。

前阵子社会上流行一句话："知识就是财富。"这句话不全面，后面还应加一句，"有知识，并且把知识运用到实践才是财富。"要实现梦想，完善自我，最主要的是行动，停止在知识的层面是远远不够的。爱迪生可以成为世界闻名的发明家，不光是因为他的知识丰富，更是因为他应用知识的能力强，知识与实践相结合。行动和能力比知识更重要，行动和能力是人生成功的关键。知行合一，勇于实践，是人生的高品格。观察一些成功的人士，你会发现，在他们的身上一定具备这样的优秀品格，是这些优秀的品格让他们的事业生辉。

2022年春天，我同几个朋友去拜访很有成就的王魁汉老师，他70多岁了，在沈阳开发区办公司，开发和生产产品。他向我们讲到知识与实践相结合的重要性，他说："开创事业应走出四步——第一步，掌握知识；第二步，将知识转换成技术；第三步，让技术走向市场；第四步，向市场要效益。做到这四步，才算完成了事业的全过程。"

知识是人类改造自然与社会的结晶。比如某一个数学公式，某一段历史等，这些都是知识。而能力是在知识基础上的更高层次，比如记忆力、理解力、创造力等。能力比知识更重要，知识只有转化为能力，才有活力，才能体现出其价值。当然，丢弃基础知识的积累，一味去培养能力，就会变成空中楼阁，欲速则不达。不重视能力的培养，也会制约知识的深入，贻误成长和发展，二者相互制约，又相辅相成，不可偏废。在一次教育研讨会上，有人提出这样的问题："什么样的大学生才算是合格的优秀的大学生？"最后归结为四点："有知识、有能力、心理健康、有人格。"这里把知识和能力放在了首要的位置。

我一直很欣赏东北大学校歌里的这句歌词："惟知行合一方为贵。"这话说得好啊！它道出了教育之主旨和精髓。我们的教育工作者要身体力行，让知行合一的理念在我们的心中扎根，主宰我们的灵魂！

作者简介——

　　姚广仁，1946 年 9 月生，辽宁沈阳人。东北大学通信工程专业教师，副高职职务。现已退休 10 余年，早年开发的几款电子仪器在生产。已完成 70 多万字的文学作品，有散文和小说。

我与老校长张学良长孙张居信先生的讲解缘分

张晓佳

前段时间，偶然看到中央电视台的《世界听我说》栏目，那是一个关于优秀海外华人深情讲述他们人生感悟的节目，而那期恰是东北大学老校长张学良长孙张居信先生的演讲。

张居信先生，美籍华人，1962年出生于美国，是老校长张学良的长孙，张闾琳与陈淑贞的长子，现在是美国知名软件工程师。节目中，他分享了与祖父的天伦之乐，讲述了一个关于"传承"的故事。对外人来说，张学良是赤诚爱国的少帅，而对张居信来说，祖父是自己最好的朋友和老师。天各一方整整25载。1963年，刚一岁的张居信开始随父亲每年回中国台湾拜访祖父祖母。也是在这每年一次的探访中，爷孙俩度过了欢乐的时光，张居信也通过每一次的相处，与张学良熟络了起来，并开始真正了解祖父的个性与过往。同时，张学良的坚强乐观也影响着少年张居信。

这不由得勾起了我大学读研期间的一段记忆，我于2012年毕业于东北大学文法学院思政专业。读研期间，我成功当选为校史馆的讲解员，并给很多参观者讲解过校史，但令我至今难忘的就是为老校长张学良长孙张居信先生的讲解。

记得那是2011年10月11日的上午，之前就已经接到校史馆靳老师的通知，说来了一位特别重要的客人，我当时很紧张。但是，当见到张居信先生时，我被他那儒雅亲和、待人热诚的样子感动，他中文不是很好，我用英语简单和他进行了交流。在平静简短的话语中，我了解到，近年来，他几乎每年都会回中国，足迹遍布了沈阳、北京、西安……回到这片祖辈的故土寻找家族的传承之根，让他对中国历史和自己爷爷张学良有了更加深入的了

"2011年度优秀学生讲解员"获奖证书

解。同时，他希望爷爷的灵魂，借由自己的身体实现回归，弥补爷爷的遗憾。他虽已定居美国，但他坚持让自己的孩子学习中文，了解家族的历史传承，了解中华民族的悠久文化，他要让孩子知道，自己是谁，从哪里来，根在哪里，哪里才是家。他非常欣慰地说，自己的孩子中文说得要比自己好很多。他还说，2004年，他获聘东北大学兼职教授，他和祖国之间的纽带更为牢固了，直到永远！

我想，晚年的老校长张学良由于诸多原因，未能回东北老家看一看，这个遗憾，由他的长孙回归故土来弥补，也算是有些安慰吧！我对他说，"你们长得很像，我们合影留念吧。"

作者与张居信先生在东大校史馆合影

校史馆工作带给我最多的是那份我为参观者讲解校史的自豪感，也让我更加感悟了母校的辉煌历史与成就。我骄傲！我是东大校史馆讲解员！

作者简介——

张晓佳，2012年毕业于东北大学文法学院思想政治教育专业，研究生学历，读研两年期间，担任校史馆讲解员，获得"优秀讲解员"荣誉称号。现就职于瓦房店市第八高级中学，任高中思政课教师。

我的大学冰场

钱红兵

数年前深秋的一天，大概是2016年的10月初的时候，在离开母校校园二十多年后，我又一次站在了东北大学的校门前，目光越过开放式的校门，雄伟的主楼映入眼帘，是那么熟悉，一切都没变，似乎又有些变化，变得更加赏心悦目。

迫不及待地，我踏进了校园的大门，在主楼前，校园内的道路分为一东一西的两条南北大道，东边的就是自强路。自强路是我最为熟悉的一条路，自北向南到底，就是我生活了四年的"一舍东"，这条路走得最多。

没有做任何选择，自然而然地，沿着熟悉的自强路慢慢前行，走过采矿学馆，站在采矿学馆门前东西向的汉卿北路上，面对绿树环绕的草坪，搜索记忆中的样子。

眼前的风景不再是记忆中的模样，唯一不变的是它的位置和形状，夹在北边的采矿学馆和南边的冶金学馆之间，由北边的汉卿北路、南边的汉卿南路、西边的自强路，以及东边查不出路名的四条道路合围而成，呈规则的矩形，东西方向为长边。

大学第一个学期的课程是"高等数学""普通物理""普通化学"等这类基础课程，上课的主要地点在机电学馆和采矿学馆，偶尔有在冶金学馆的课。采矿学馆的课程结束了去冶金学馆上课，需要穿过那片矩形区域。采矿学馆的大门位于"矩形"西北角，冶金学馆的大门开在"矩形"南边长边的中间位置，几乎所有的同学都奉行两点之间直线最短的信条，选择径直穿过"矩形"。

我第一次走捷径时，不是诧异于场地上几乎看不到一根草，那时校园内的运动场都是裸露着地皮，有的场地即使有稀稀拉拉的一簇簇小草，也是形同虚设。而是诧异于矩形的区域低于周边的道路和场地，低得不多，差不多一个台阶的高度，也就是二三十厘米的样子，整个场地成了一个浅浅的方形碟子，是故意做低的吗？虽有点好奇，却不知答案。

当年11月底的一天，下了晚自习，走出采矿学馆，"哗哗"的水声从前面的场地上传来，远远地看到几位校工师傅往浅浅的场地里放水。

为何放水？就在我好奇的时候，耳边传来了一个陌生的声音："浇冰场了，体育课可以上冰上课了。"听得出话语中夹杂着掩饰不住的喜悦。

第二天上课路过，昨天晚上汩汩的流水已凝成一片大冰块，远远看去，冰面如镜。于我而言，滑冰是一项新奇的运动，期盼着尽快开始上冰上课。

当天下了晚自习课，路过冰场，校工师傅推着一部手推车，不紧不慢地在冰面上走着。那部手推车没有车轮，两根纵向圆管直接在冰面上滑行，车架焊接在两根圆管之上，车架的尾部有一根横向水管，位于冰面上方，高度并不高，水管的下壁面上应该钻了一排小孔，水自小孔向下流出，细细的水流似一缕缕丝线，织成了一幅水帘，均匀地铺向冰面。车架的大部分空间被一个大铁桶占据，桶中一定是水了。连续好多天，校工师傅们不厌其烦地浇着冰面。合格的冰场完工了，全校的师生能够在冰面上滑行，享受风驰电掣的快感。

一天接到通知，要求当天晚上提前一个小时下晚自习，全班集体到冰场扫雪，这倒不是当天下雪了，需被清扫的其实是冰粒。白天师生们开展冰上运动时，冰鞋底的冰刀划过冰面，留下了划痕的同时，也带起了颗颗冰粒，散落在冰面上，冰粒状如北国的雪，扫除冰粒也就被称为扫雪了。为了不影响第二天的使用，就需要维护冰面，扫除冰粒是第一步。前段时间其余系科的同学们已经扫过雪了，这天轮到我们班级了，算是我为人人，人人为我。

那段时间，沈阳白天的气温都零下好几度，到了夜晚，更是降到了零下十几度，寒冷的气温下，同学们更喜欢温暖的室内。每天下了晚自习，自出了教室门后，脚步飞快，目的只有一个，就是在教室的暖气投射到身上的热量散尽之前，回到温暖的宿舍。

扫雪过程中，同学们手拿扫把，甩开膀子猛扫，一半原因是大家对于劳动比较积极，另一半原因则是抵御严寒，大运动量的劳动，可以驱赶环境强加给我们的寒意，还可以早点完工，早点回到温暖的宿舍。

冰场不算特别大，在二十多位同学的共同努力下，冰面的冰粒被清扫干净。下一步的任务则是修复冰面划痕，这就非专业的校工师傅不可了。只见他们将浇冰用的手推车运到冰面上，往铁桶内注满水，开始了浇冰作业，我们可以通过猛扫冰粒来御寒，他们却不可以，浇冰的任务需要他们以合理的速度将水均匀地洒在冰面上，正是他们不畏严寒，才有了我们冰上快意。

转眼间，距离我上次回母校又过去了好几年，此时是初春时节，沈阳的严寒还没有消退，由冰场演变而成的绿地应该还被冰雪覆盖着吧，待到冰雪消融、大

地返绿的时候，有了维护草坪的园丁们的精心维护，一定比几年前更美丽吧。

作者简介——

　　钱红兵，1987年进入东北工学院（现东北大学）热能工程系学习，四年后毕业，从事锅炉的设计和开发工作，大约20年前进入现工作单位应达工业（上海）有限公司，从事特殊钢冶炼设备的设计与开发。

传承东大优良校风和传统

——记"知行者"沙龙第六期

李绍荣

整理陈年书稿赫然发现几页诗稿，首页篇头写着："知行者"沙龙第六期。不觉想起一件往事。

那是一个秋高气爽的下午，我应约来到机电学馆一间教室，这里几乎座无虚席，黑板上大书"'知行者'沙龙第六期"几个大字。与约我的召集人潘德惠老师打过招呼找个位子坐下，只见前边的小柳挥手让大伙安静下来，大声宣布"知行者"沙龙第六期开始，请召集人潘老师讲几句。潘老师站起来说："大家下午好！欢迎各位参加第六期沙龙。今天与会人有好几位老领导，欢迎！欢迎！到场的差不多各个年龄段的都有，沈老师61级，王老师64级，'老五届'人也不少，78级79级也有几位。我们的沙龙名称'知行者'来源于咱东大的校训'自强不息、知行合一'。东大的教职员工和学生校友都应该是知行合一的实践者和执行者。沙龙是大家的，教职员工自愿参加，来去自由，互相尊重，互相配合，丰富我们的校园生活。第五期沙龙时已通知过大家，第六期沙龙主题为'祖国山川无限好，江山如此多娇'，以诗词形式展现，诗词体例不拘一格。当然此主题也有出处，伟大领袖毛主席有诗曰，'江山如此多娇，引无数英雄竞折腰'。咱东大校歌歌词云'白山兮高高，黑水兮滔滔；有此山川之伟大，故生民质朴而雄豪。地所产者丰且美，俗所习者勤与劳；愿以此为基础，应世界进化之洪潮'。上期已安排与会者会前将自己的诗歌打印成文或写在纸上，最好录在U盘上，交流后交给我们的热心人小柳和小杨，由她们编辑打印成册发给大家。第五期过后到今天已过4周多了，相信大伙一定有备而来。希望与会者，各领风骚。我就近水楼台，先读我的诗以抛砖引玉。"潘老师读了如下几首诗。

黑水滔滔——黑龙江

黑水万里雨如烟，

出峡顿开水连天。

极目临岸嘉禾熟，

华夏粮仓旺永年。

白山高高——长白山

长白巍峨临碧空，
曙色东北蕴雄风。
青天白云三千丈，
壮观华游敢登顶。

信步东大校园

卧波垂柳繁花芳，
松青柏翠银杏黄。
汉卿会堂观校史，
四馆豆蔻共寒窗。
体馆长春说奥运，
图书馆内阅华章。
知行合一创硕果，
自强不息树栋梁。

东北大学之松

嶙峋翠盖若虬龙，
黛色参天祥云动。
迎雪披霜吟安曲，
傲然贞伴文曲星。

（东大校园内到处有四季常青的松树陪伴着莘莘学子）

　　"知行者"沙龙第六期结束时，潘老师说："大家积极热情地参与，自古诗词讲的是格韵律表，现在我们多以与时俱进为由尽情自由发挥。今天诸位真是诗仙下凡尽领风骚。下一期沙龙主题是'我与健康'。谈谈各位对健康的认识和你的健康实践。聚会时间由小柳、小杨通知大家。"

　　与会人员我多数见过面，召集人潘德惠老师是我校知名教授，费寿林教授是东大原党委书记，王师教授是东大原副校长，知名教授关广岳是原东北工学院副院长，郎逵是知名教授，有教师、有干部、有实验员、有后勤人员，男女老少齐集一堂，欢声笑语喝彩声响成一片。

遥想当年（1928 年），梁思成与妻子林徽因（林徽因是东北大学当时校徽的设计者，也是新中国国徽的主要设计人）二人受聘东大，携手创建中国第一个建筑系——东北大学建筑系。其后林徽因和梁思成在北京北总布胡同小院主办沙龙聚会，当时谈笑有鸿儒，往来无白丁，为当年文化精英们津津乐道。

我们是东大的后来者，今天的东大人，理当继承老一代的优良传统，继承东大优良校风，必当"沐春风时雨之德化，仰光天化日之昭昭。惟知行合一方为贵，惟自强不息方登高。爱校、爱乡、爱国、爱人类。期终达于世界大同之目标。"

作者简介——

李绍荣，男，字旌轩，1946 年 9 月生，黑龙江穆棱人。1970 年毕业于东北工学院（现东北大学）机械系真空技术与设备专业。先后任东北大学机械系助教讲师，东北大学高等教育科学研究所研究室主任、副研究员，华德集团公司总工程师。发表论文 50 余篇；主持参加完成省部科研 20 余项；出版高校教材设计手册等 8 部，一部副主编，两部主编，亲编字数 200 余万字。

勤工俭学

王振宇

1980年的暑假要到了，这是我入学后的第三个暑假。

这个暑假怎么过呢？我考虑，前两个暑假都回家了，该玩的也玩了，而且回一趟家旅费也不少，再加上学校又组织留校的学生勤工俭学，我就和班里几个山东籍的同学留了下来。一个是同寝室的郭怀功，我的上铺，一个是个子不高却敦敦实实的张有德，一个是同班女同学赵丽霞。系里安排我和赵丽霞到炼铁教研室帮振华等人给老师们做试验助手，安排郭怀功、张有德和系里其他专业留校的同学去挖埋设管道的地沟。

这次试验，是研究攀枝花钒钛磁铁矿高炉冶炼技术的一个科技攻关难题。钒钛磁铁矿高炉冶炼是一个世界性的技术难题。19世纪初，许多国家就开展了钒钛磁铁矿的高炉冶炼试验。当炉渣中TiO_2的质量分数大于16%，就会遇到炉渣黏稠、渣铁不分等特殊难题，百年来未能解决。我国四川攀西地区蕴藏着丰富的钒钛磁铁矿，特别是与铁共生的钒钛属战略物资，其储量在国内外占有举足轻重的地位。因此，国家对攀枝花钒钛磁铁矿冶炼试验十分重视。苏联专家在20世纪50年代援华时，就进行过很多试验，也没有取得成功。他们撤回国时，留下了一句话："攀枝花钒钛磁铁矿，就像镜子里的花，看得到，拿不出。"

1964年底，国家决定建设西南三线基地。要建设大型钢铁厂，首先必须解决攀枝花钒钛磁铁矿高炉冶炼的世界性技术难题，国家组织了钒钛磁铁矿高炉冶炼科技攻关，曾任冶金工业部副部长的周传典任攻关组组长。高炉冶炼是试验成功的关键。东北工学院炼铁教研室实力雄厚，拥有一大批有才华的专家学者，特别是已经突击翻译了四卷国外有关钒钛磁铁矿的有关资料，很有价值。东工推荐李殷泰任新技术组组长，西昌试验阶段由杜鹤桂接任，两人都是国内著名的炼铁学教授。他们的助手李永镇、杨兆祥，也都经常在专业刊物上发表文章。化验组的组长由东北工学院化验室主任李桂新担任。在全体人员的共同努力下，经过三年、三次扩大试验，解决了世界各国近百年来未能解决的高炉冶炼钒钛磁铁矿的高难技术难题，获得了国家科技发明一等奖，为我国攀枝花钢铁基地的建设提供了可靠的技术基础。

为恢复生产，杜鹤桂教授等炼铁教研室的老师们多次与攀钢的工程技术人员和职工组成攻关组，一起攻克了一系列的难关。至1986年，攀钢大型高炉各项经济技术指标已达到全国先进水平，并实现了钒钛矿综合利用，成为当时全国第四大钢铁厂，对于我国经济建设和国防建设都具有重大的战略意义。在《钒钛磁铁矿高炉冶炼、钒钛球墨铸铁资料汇编》文集中，有关钒钛磁铁矿冶炼的31篇论文，大都是杜鹤桂教授单独署名或与其他研究人员联合署名的，如《高炉冶炼钒钛磁铁矿合理炉料结构的研究》等论文，刊登在《金属学报》《钢铁》《钢铁钒钛》《中国钢铁年会论文集》《钒钛磁铁矿开发利用国际学术讨论会文集》等学术刊物上；还有李殷泰教授等四人联合署名的《攀枝花钒钛磁铁矿高炉冶炼的特点》等。可见，在钒钛磁铁矿高炉冶炼科学研究方面，东北工学院是达到了世界领先水平的。

杜鹤桂先生于1949年毕业于天津北洋大学冶金系，1953年与李殷泰、杨永宜等六人毕业于东北工学院冶金系研究生班，该班导师是苏联冶金专家马汉尼克教授，这一批研究生成为了新中国培养的第一代冶金专家。他是我国钢铁冶金炼铁学科的奠基人之一，1952年参加组建国内第一个炼铁专业，该专业1981年被批准为国内首批钢铁冶金博士点，1986年被评为国家重点学科。杜教授长期从事教学和科研工作，为国家培养了数以千计的高级钢铁冶金技术人才，培养了硕士和博士研究生60余名，可谓桃李满天下。杜教授在国内外学术刊物上发表论文260余篇，出版专著、教材13部，论著5部，获得国家科技进步一等奖、国家科技进步二等奖各一项。杜教授是国内公认的理论联系实际的炼铁专家，先后到日、美、德、澳、加等国访问讲学，受到高度评价。在新中国成立十周年前夕，由东北工学院炼铁教研室靳树梁、张清涟、杜鹤桂、李殷泰、李永镇等编著的《现代炼铁学》，由冶金工业出版社出版，成为全国冶金类院校的教科书，也成为冶金工程技术人员的必读书目。

1980年暑假，振华等人做试验助手的这项科研任务，是冶金工业部下达的，杜鹤桂、李殷泰、李永镇等著名教授都参与了这项科研任务。我和赵丽霞的任务主要是给老师们当副手，用棒磨机把矿石磨成粉，用矿粉做球团，记录试验数据。这个试验研究，主要是把球团矿放在一根横着的转动的用耐高温的绝缘材料做成的直径约十厘米的长管子里，这个管子有两米多长，在各种还原气氛及不同温度下进行还原试验，探索什么条件下还原效果最好，据此确定冶炼工艺参数，制定冶炼工艺技术标准。有一次，可能是要更换一些设备部件，教授们把这

座还原炉全拆开了，堆了满地的部件，不小心把一根还原管子摔破了，心疼得不得了，说这一根管子要一万多元。有一位老师把损坏的一小块铂铑铂热电偶让振华看，还说："这是铂金哪！比黄金还贵重。"振华把这点宝贝放在手心里端详来端详去，爱不释手。老师就说："送给你了！"振华一听，如获至宝，赶紧找了一张纸，包了好几层，放进了衣兜里，把老师们逗得笑个不停。

试验了一个多月，试验取得了阶段性成果，勤工俭学告一段落。

作者简介——

王振宇，1957年3月生，山东文登人，1982年1月毕业于东北工学院（现东北大学）钢铁冶金系炼铁专业，毕业后在济南钢铁厂工作四年，后到山东省总工会工作，任山东省职工技术协会副会长兼秘书长，山东理工大学、山东管理学院兼职教授。著有《球墨铸铁管》《创造发明学》《创新思维与发明技法》《世纪同龄人李剑晨艺术生涯》《含墨留痕——单应桂秦胜洲艺术生涯》《中国水彩画之父李剑晨》，长篇小说《昆嵛儿女》三部曲。

母校里的那次入党谈话

陈予善

时光荏苒，白驹过隙。从母校——东北工学院（现东北大学）热能工程系热能工程专业毕业已28个年头了。

1995年，大学毕业的我回到浙江，到宁波一家中外合资造纸企业工作。从电厂筹建部的一名勤务员做起，到厂技术员、专工、主办，五年后"转行"公司团务工作，继而工会、党务……"转行"，很大程度上得益于大学入党。因而母校里的那次入党谈话，我记忆犹新，从没忘记。

那是1994年6月15日的傍晚，一舍东396寝室，1991级热能一班的八个兄弟正有说有笑地吃着饭。班长包晗突然一本正经地对我说："老二，明天下午系主任蔡九菊老师要找你谈话！"

兄弟们眼睛齐刷刷地转向我，"系主任要找我谈话？"我有点丈二和尚摸不着头脑："老包，什么事啊？是不是我犯啥事了？"

"老二，想哪去了！是有关你入党的事情，好事！"包晗一再叮嘱："明天下午3点到蔡老师办公室，别忘了啊！"

那时，在东北大学入党可不是一件容易的事，在兄弟们一片"好事"的祝贺声中，我内心也着实嘚瑟了好一会！

第二天下午，我来到冶金学馆系主任办公室，敲开了门。看我拘束的样子，蔡老师给我倒了杯水："小陈，今天我们就唠唠家常，别紧张！"

"我看了你的入党资料，自你写了入党申请书以后，几乎每个星期都会写一份思想汇报，看得出你的入党愿望很强烈啊！"蔡老师打开了话匣子："今天能不能说说你为什么要入党？讲讲具体原因？"

"哦……"原来是要问这，我一时半会还没反应过来。

"我看你在申请书上写了一些，今天我就是想当面听你说说，没事的小陈，不要有什么顾虑。"蔡老师微笑着说。

"蔡老师，我家在山沟沟里的农村，家里兄弟姐妹四个，从记事起就没怎么吃饱过肚子，能吃饱白米饭是小时候最大的愿望！但直到上小学二年级，村

里实行了家庭联产承包责任制，分田到户，我家分得了两亩三分田，那一年，收获了2000多斤稻谷，家里的两个谷仓第一次装满了，从此每餐都能吃上白米饭……"

"联产承包责任制分田到户之前？怎么会吃不饱肚子？吃不上白米饭？"蔡老师狐疑地问。

"是这样，蔡老师。当时我爸爸在乡里的木业社上班，家里孩子多，妈妈一个大人在家忙活，很少去大队出工，挣的工分就很少。当时队里分粮是按工分来分的，要分口粮还要每年年底给大队交钱，所以我家六口人一年分的口粮还没隔壁两个每天出工的爷爷奶奶分的多，妈妈就在家里的几块自留地上种番薯、玉米等来补充，捡稻穗、麦穗、淘地角、挖野菜等是我们小时候常干的农活，玉米饼、糊糊、番薯干饭、咸菜等是那时的一日三餐……"

"原来这样啊！"蔡老师一阵沉默："那，这就成了你想入党的动机？"

"是的，蔡老师！一个能让我吃饱肚子，让我全家顿顿能吃上白米饭的党，我想加入！"

"那还有没有其他的人和事促使你入党？"蔡老师和蔼地问道。

"哦，蔡老师，我爸也是一名党员！他送我出门时说过，一个人要懂得报恩，我想这就是我想入党的另外一个原因吧！"

"哦！小陈，看不出你小时候还吃过不少苦啊！你入党的想法很朴素，所以你的入党动机也可以归纳为一种很朴素的报恩。但是，小陈，你要知道，入党是一件很严肃也很光荣的事情，光有报恩的想法还不够，你要将这朴素的入党动机进行提升和升华，你要多了解一下我们党是一个什么样的党，共产党是有远大共产主义理想的……"

除了入党动机，蔡老师还问了很多，我也答了很多。但围绕入党动机的问题占了大部分时间。近两个小时的谈话，很多提问让我一度语塞，手足无措，甚至冒汗，比进中心考场考试还紧张，以至于蔡老师给我倒的那杯水一口也没喝。

那次谈话，是我人生中的第一次头脑风暴。让我这个从大山里走出来的山里娃第一次毫无保留地敞开了心扉，经历了一场真真切切的心灵激荡，荡涤了心中很多模糊待决的想法，看到了自己实实在在的不足和差距，体会到了思想上入党的本质和重要性，也一下子让自己知道了今后努力的方向，焕发了前行的内在动力。

四年的大学生涯，除了得到母校老师们传授的专业知识以外，对我来说更多了一分收获：人生中难能可贵的一次谈话，一堂醍醐灌顶式的思想启蒙课。

如今，我也成为了一名基层党组织的党务工作者，母校里的那次谈话也已成为指导入党谈话工作的模板，也更多地激励着自己在各项工作中做一名"自强不息、知行合一"校训精神忠实践行者！

作者简介——

陈予善，1971年2月生，浙江省浦江县大畈乡廊下村人。1991年考入东北工学院（现东北大学）热能工程系热能工程专业。1995年进入宁波中华纸业有限公司热电厂筹建部，历任厂技术员、专工、主办，公司团委副书记、书记、党办主任、工会副主席、主席、党委委员、副书记，宁波市第十三、十四、十五届团市委委员，宁波市第十三、十四届人大代表。现任宁波亚洲浆纸业有限公司党委副书记、工会主席、公关经理，北仑区第十四届政协委员，东北大学宁波校友会秘书长。

我的大学

——当课堂上的知识都被忘掉之后

张子睿

在母校东北大学99周年校庆之时，我和许多校友一样很自豪地换了微信头像，兴奋之余，想起自己距离第一次走进母校的校园已经三十余年。

回忆两次在母校读书和毕业后的经历，却发现自己的履历像一张白纸，本科毕业去高校教书，再考回东大，毕业后再去高校教书。作为母校的一名平凡的学生，用什么记录学校留给我最宝贵的东西呢？冥思苦想之后，突然桌上一句时刻用来提醒自己的话映入眼帘："等学生把课堂上的知识都忘掉，剩下的就是教育了。"于是，一个个在母校和毕业后生活中的片段，让我写下了如下文字。

本科时，母校复校前的一年冬季，在学校俱乐部看电影《西安事变》，虽然是曾经看过的老片子，但是，当镜头中出现请愿学生举着"东北大学"横幅时，场内依旧响起了掌声。不知我是不是第一个，但清晰地记得我是本能参与鼓掌的一员。

如果说大学给学生留下最深刻的一课因人而异，那么对我来说，最重要的一课就是爱国。在东大读书的六年间，每年9月18日我都独自去一趟沈阳"九·一八"历史博物馆，曾经被同学笑谈"冒傻气"。而在校报做学生记者的经历，又让我有机会在母校复校前能更多地看到很多有关东北大学历史的资料。历史上一二·九运动挺身而出的前辈、为国牺牲的烈士都是无法忘记的。因此，在2002年研究生提前毕业之时，我向校团委提出"回首八十年，寻访见证人"的活动建议，并在学校的支持下，成为实践团的带队，这是我最后一次以研究生和暑假社会实践领队的身份参与母校活动。

暑假，我和四个本科生，带着一台录像机，顶着骄阳，踏上了开往西安的列车。

在西安的收获颇丰，但是走在西北大学校内、徜徉于灞桥上却产生了只能浮想历史沧桑，难见当年爱国青年的遗憾。但也第一次在西北大学校园里看到母校抗战时的办学遗迹。在西安建筑科技大学和西迁企业校友拜访中，体会到"祖国的需要，就是我的责任"的含义。

采访王老（王振乾）、常老（常诚），韩老（韩光）、周老（周克），这些不同时代的前辈，让我感受到老校友身上的爱国情怀。

与校友常老（常诚）座谈

2005年适逢抗日战争胜利六十周年，为了更好地进行爱国主义教育，市团委要求暑假社会实践寻访抗战亲历人。母校的前辈大力支持，接受采访，并为学生题字勉励。

常老为青年学生题字勉励

"关心国家大事，继续发扬爱国主义精神，为实现中华民族伟大复兴而努力奋斗。"

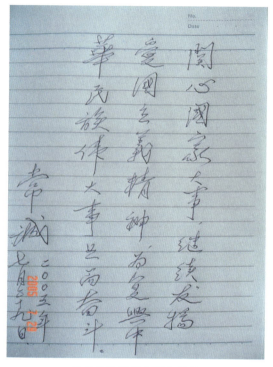

常老为青年学生题字照片

正是前辈的鼓励，让我提议，在每年的12月9日，一起沿着东大当年游行请愿的路线步行一次。虽然，路线并不十分精准，也没有本科时纪念"一二·九"长跑比赛来得激情飞扬，但是适当慢下来的脚步，却让我感觉和母校的距离更近。

2002年暑假，采访各位前辈校友时，让我印象最深的除了爱国情怀，就是前辈对学校的情感。每一位老校友，都在接受采访后要送我们。天气炎热，王老（王振乾）、常老（常诚）年龄又大，当我们提出长辈不用送晚辈时，两位老先生都给出了同一个理由："你们是代表东北大学学生来采访我，我就要以校友身份，送母校的学生代表"。

亲切、谦和，很多细节都让我们感受到东大精神。一壶老酒，越是经历年代的积淀，越香醇。

母校复校后第一次学生专刊，我幸运地领到采访"软件加强班"的任务，十几年后，当年采访的"软件加强班"第一期毕业生王立民师兄也成为东软集团软件公司的主要负责人之一，在和校友回忆往事时，立民师兄说的最多的一个词就是"创新"。

从国家科学技术领域的获奖喜讯，到足球机器人等科技类比赛，直到2022年北京冬奥会上的科技新成果。每当课堂上，讲起这些案例时，偶然不经意间地说到我的母校东北大学时，心中充满自豪。

当我每次在课堂上鼓励学生"等你们把课堂上的知识都忘掉，像实干、报国、创新、卓越一样，可以与我们自己融为一体的文化品格，就是教育了"时，耳畔也常有一个声音隐约响起："东北大学，我永远的精神家园。"

作者简介——

张子睿，1995年毕业于东北大学计算机专业，2002年毕业于东北大学科学技术哲学专业。北京农学院教师、北京创造学会副理事长。

东大纪事

刘广远

如月之恒，如日之升。

——《诗经·小雅·天保》

一

南门而入，步行百余米，路的右侧，有一广场，草木参差，紧密相拥，高矮不同，错落有致，中间，卧一大理石壁，长十余米，宽四五米，呈斜姿，从右至左，楷书六个大字"东北大学校歌"，正文隶书，黑底白字，端庄、古拙、素朴，令人心生敬意。

白山兮高高，黑水兮滔滔；有此山川之伟大，故生民质朴而雄豪。地所产者丰且美，俗所习者勤与劳。愿以此为基础，应世界进化之洪潮。沐春风时雨之德化，仰光天化日之昭昭。惟知行合一方为贵，惟自强不息方登高。爱校、爱乡、爱国、爱人类。期终达于世界大同之目标。啊！使命如此其重大，能不奋勉乎吾曹？能不奋勉乎吾曹？

校歌壁是我常常流连的地方，无限怀思，无限遐想。

世界大同，使命重大。能不奋勉乎吾曹？个人奋斗与家国责任并融于其中。

查阅文献，钩沉史迹。1928年，校长张学良派孙献到京邀请北京大学教授刘半农、中国现代语言学和音乐学的先驱赵元任共同创作了《东北大学校歌》。

白山兮高高，黑水兮滔滔；有此山川之伟大，故生民质朴而雄豪；地所产者丰且美，俗所习者勤与劳；愿以此为基础，应世界进化之洪潮。沐三民主义之圣化，仰青天白日之昭昭。痛国难之未已，恒怒火之中烧。东夷兮狡诈，北虏兮矫骁，灼灼兮其目，霍霍兮其刀，苟捍卫之不力，宁宰割之能逃？惟卧薪而尝胆，庶雪耻于一朝。惟知行合一方为贵，无取乎空论之滔滔，惟积学养气可致用，无取乎狂热之呼号。其自迩以行远，其自卑以登

高。爱校、爱乡、爱国、爱人类，期终达于世界大同之目标。使命如此其重大，能不奋勉乎吾曹，能不奋勉乎吾曹。（原版歌词）

1929年6月，学校决定把这首歌作为校歌。历史长河中，东北大学南迁北转，颠沛流离，因国难而四处流亡。东大校歌是一首国难之歌，一首奋起之歌，与大学责任一起迸射出淬炼的火光。校歌与时代前行，2004年，学校请名誉教授、著名音乐家吕远对校歌进行了改编，演化成了如今的校歌。

月照缁衣，我又来到校歌广场。

槭树、玉兰、樱花、海棠与不知名的花树，落了花朵，生了绿叶。

1928年，刘半农，时任北京大学教授，意气风发、挥斥方遒。1920年9月4日，他在英国伦敦，一挥而就，创作了一首诗——《教我如何不想她》，"天上飘着些微云，地上吹着些微风。啊！微风吹动了我的头发，教我如何不想她？"女字做偏旁的"她"第一次被使用，赵元任为之谱曲，一唱名动江湖。此后，二人开始了联合演出，《东北大学校歌》也应时代而生。

夜，默默的夜；歌，静静的歌。

校歌广场，不大不小，树木丛生，花草相连。低下头，俯瞰校歌壁，觉得熠熠生辉，光华灿烂，仿佛看见东北大学的学子，雄赳赳、气昂昂地唱着校歌，流浪到开封、流浪到西安、流浪到三台……

地所产者丰且美，俗所习者勤与劳……爱校、爱乡、爱国、爱人类……

低沉、昂扬的旋律伴着他们走了一个世纪。

二

一二·九花园位于学校主楼的延伸线上，花园不大，却是景中之景，或人来人往，师生羁旅匆匆；或悄然寂静，草木竞相绚烂。

小园大概就两个季节，一个是葱茏的季节，有时翠绿挨着翠绿，有时金黄挨着金黄；另一个也是葱茏的季节，有时灌木挤着灌木，有时枝条缠绕枝条。

你方开罢我登场，管它春夏与秋冬。杏花开遍，桃花开；梨花开遍，樱花开，或者一片白，或者一片红，就是一幅自然而然的山中春色图。置身其中，可谓闹中得静，喧嚣声、读书声、嘈杂声、跑步声，不管什么声音都悄悄地变得远了。

这个时候，静静地在园中的木椅上，或躺或坐，或者斜靠着，姿势可以随心所欲。或看一本书，或听一首歌，都已经变成一种身处世外桃源的感觉，只有呼呼的风吹过，间或有几只不知名的小鸟喳喳地唱着。

最沉静的是冬天，寂寞天地，没有叶子，也没有花朵，但是密密的枝条却织起了树木的世界，挤挤的槭树、松树、柏树、冬青，左伸右探的细枝，或褐绿或浅绿的松针，自豪地呐喊，我是冬天的朋友！然而，最美的还是冬青吧，褐红的小小的果子，如织如歌，紧紧地簇拥着枝干，交错在干冷的枝条或绿色的松柏中，红红火火，可以燎原，真是别有景致！下雪了，厚厚的，软软的，白的是雪，红的是果，绿的是叶，小园里寂静的冬天，便都是人了，拍照的，打雪仗的，痴痴地看雪的，都变成了妙不可言的风景。

小园中的小路向明，曲路通幽，四处皆可随意悠闲地进入，繁茂之间，中间是一组群雕。经常让人坐下来休息，或片刻之后，或谈笑之间，不知道从哪个出口，就出去了。

2021年11月9日，作者拍摄的一二·九运动群雕

最热闹的时候，仿佛有人在唱歌，你来听——

"五月的鲜花开遍了原野，鲜花掩盖着志士的鲜血，为了挽救这垂危的民族，他们曾顽强地抗战不歇……"

很熟悉的曲调，却是悲怆的歌曲。光未然的诗歌《五月的鲜花》，最早是东北大学阎绍璩谱的曲，然后迅速地传唱，很快歌曲就家喻户晓了。

1935年12月9日，历史定格在那一天，宋黎为请愿总指挥，东北大学的学生群情激奋，高呼口号，冲破军警的包围，走上王府井、西直门……

如今，一二·九运动群雕巍然屹立在花园中，诉说着历史，诉说着记忆。这是东北大学机械工程与自动化学院冶金机械专业1976届毕业生为学校捐建的雕像，这是东北大学爱校、爱乡、爱国、爱人类的现实写照。

　　小园是寂静的，而又是燃烧的；小园是普通的，而又是英雄的。走在寂静安详的岁月，呼吸花草树木的气息，默默地，望着朴素又宁静的群雕，想起鲁迅的话，"我们从古以来，就有埋头苦干的人，有拼命硬干的人，有为民请命的人，有舍身求法的人……虽是等于为帝王将相作家谱的所谓'正史'，也往往掩不住他们的光耀，这就是中国的脊梁。"

　　斯言如是，甚哉！

三

　　三三两两的同学，簇拥着、追逐着，走过"广袤"的火箭广场。

　　体育馆内外，或跑、或跳，或歌、或舞，运动的人，来来往往。

　　不能忘记，一段历史。

　　奥运之年，2008 年 6 月 14 日，东北大学刘长春体育馆落成。馆外，一座高 4.6 米的青铜人物塑像，并不巍峨，但很耀眼。人像高 2.7 米，底座高 1.9 米，塑像就是刘长春。

　　背面，镌刻着他的人生历程：刘长春于 1928 年底入东北大学，1932 年以优异成绩得到张学良校长的资助，作为唯一运动员代表中国参加了洛杉矶奥运会，实现了中国人参加奥运会的梦想，堪称中国奥运第一人。

　　时光一去不回来，历史却站在一角向今天眺望。

　　振聋发聩的声音在遥远的地方，回响。

　　1932 年 5 月末，刘长春在接受《大公报》记者采访时，发表声明："伪报所传，纯属虚构谎言。我是中华民族炎黄子孙，绝不代表'满洲国'出席第十届奥林匹克运动会。"他说："苟余之良心尚在，热血尚流，则又岂可忘却祖国而为傀儡伪国做牛马耶！"

　　春天的清晨，第一缕阳光洒下的时候，我来到体育馆。

　　阳光斑斑驳驳，映射在铜像的肩上、头上。

2021 年 5 月 9 日，作者拍摄的长征五号运载火箭模型

　　微屈的大腿，淡定的眼光，完成使命的自然神态，徐徐而出。

　　2008 年，看着姚明擎起中国国旗，走在北京奥运会的开幕式上，我眼前幻化出了一个身影——刘长春前辈，你看见了吧？奥运会来到了中国。

中国体育，如你所愿。

今日中国，如你所盼。

长征五号运载火箭模型静静地矗立在火箭广场，与湛蓝的天空遥遥相望。

温暖的绿草地，犹如铺设的发射场，安静地等待；四通八达的石子路径就像飞起的蝴蝶，为火箭的发射翩翩起舞；对面的刘长春体育馆就是那只苍鹰吧，伴随着飞向太空的火箭，遨游在宇宙之边。

耳边响起熟悉的旋律。

> 愿以此为基础，应世界进化之洪潮。沐春风时雨之德化，仰光天化日之昭昭。惟知行合一方为贵，惟自强不息方登高。爱校、爱乡、爱国、爱人类。期终达于世界大同之目标。啊！使命如此其重大，能不奋勉乎吾曹？能不奋勉乎吾曹？

作者简介——

刘广远，博士，东北大学艺术学院教授，博士生导师。教育部师范专业认证专家，渤海大学特聘教授、文学与文化研究所所长，云南省红河学院客座教授，辽宁师范大学海华学院客座教授，山东省潍坊学院"风筝学者"。获辽宁省高等学校杰出人才、沈阳市高级人才称号，辽宁省"优秀社团工作者""辽海讲坛精品课"优秀主讲人。

我别样的大学生活

韩　冰

在我人生记忆的海洋里，除却东北大学——我曾经学习生活过的地方，何以为继？

那些人、那些事，那情、那景多在眼前。

一

我们这代人生在新中国成立之初，长在红旗下，是幸运的一代。

20世纪70年代初，我作为一名"工农兵大学生"有幸进入东北工学院（现东北大学）钢冶系学习，专业是金属加热及设备（冶金炉）。

教育战线经过短暂整饬，高校恢复招生。并按照毛主席"要从有实践经验的工人农民中间选拔学生，到学校学几年以后，又回到生产实践中去。"的"7·21"指示精神，选拔工农兵学员。

1972年2月，春节刚过，东北工学院迎来了第一批新生，即首届工农兵学员。记得我们钢冶系新生被安排在学生一宿舍，那是一个S型东西走向的红砖学生公寓。我来自辽西的偏远农村，面对如此宏伟的文化校园，既震撼又陌生。高耸的主楼，绮丽的建筑学馆，浑厚神秘的冶金学馆，还有机电学馆的粗大抱柱。陌生的环境，陌生的面孔……我面对这座神秘的校园，就像一个小孩

1972年初冬，东北工学院（现东北大学）钢冶系1972级学员去盘锦"五七农场"拉练途径北镇古城门

面对一座大山，虽然已经直面它，但要真正了解它，几乎不可能。这是因为它深

奥的文化底蕴与小孩儿的知识空白构不成平等的对话，它惊人的专业学科体量与小孩儿的身躯无法形成合理的互视。

当年的办学方向注重实践，即学工、学农、学军是主修课。

二

大学的第一课堂是去工厂，在辅导员老师的带领下，全系学员奔赴本溪钢铁公司。下榻本溪钢校，当时本溪钢校还没有恢复正常教学，我们搭地铺住。一个大雪纷飞的早晨，全系同学乘敞篷卡车去歪头山铁矿参观学习。到现场后积雪已达半尺厚，而且雪还在纷纷扬扬地下着。远远地听见马达轰鸣和隆隆的爆破声，一排排的磕头钻、一台台铲车、一辆辆卡车把矿石沿陡峭的山路运至选矿场。雪还在下。现场热火朝天，工人干劲十足，展现了那个时代工人阶级战天斗地无私奉献的精神面貌。而我们也着实上了一堂生动形象的实践课。

第二天参观本钢焦化厂，在焦化车间，"奇绝不可及"的焦炭出炉瞬间惊呆了我。一堵墙似的炭车闪着耀眼的火花，倏地横在眼前。乱花万点的水淋喷洒车窨时将火红的焦炭蜕变成锃亮的乌金。冒着白烟的炭车沿着铁轨缓缓驶向高炉、平炉冶炼车间。所有这一切把焦化车间小小的天地搅动得如彩如练。

经过一周身临其境的现场参观，实地上课。我对工科院校有了初步的思考定位，并保持住这种归结性定位为后续的理论学习奠定感性基础。

晚上，记得一名本专业老师给学员们上耐火材料课。这位许姓老师当年五十岁左右，南方人，操江南口音，吴侬软语，和蔼可亲。他便在地铺上讲课，讲解认真仔细，特别当讲到耐火砖高温下软塌临界点与其镁的质量分数有关时，特意从口袋中掏出一张事先画好的曲线图展示。因为当时还没有教材呢。后来听说这名老师被调回马鞍山钢铁学院工作。但无论他身在何处，他都是我东北大学首席专业课讲师，而且是在现场地铺上教学。

三

一周的学工实践课结束后，回校学习文化课。因为当时学员文化层次参差不齐，教学先分高、中、低班预科补习文化课。至1972年秋冬之交，进入"学农"阶段并采用军事化模式。学农课堂是当年的东北工学院"盘锦五七农场"。

全系师生简单收拾行囊，打起背包，扛着炉灶、炊具、粮蔬，列队走出校门。沿辽河岸边步行拉练向盘锦进发。白天在一面红旗指引下行军，晚间在沿途社员家住宿，途经新民、黑山、沟帮子、北镇等地，经过半个多月的长途跋涉进入盘锦地界。风吹日晒，师生个个面容通红。

初冬的辽西已是寒意渐浓，盘锦农场稻田开始结冰，我们学农的功课是把从稻田里拉出来的稻谷脱粒，课堂就是打谷场。脱粒机昼夜不停，学员分成三班轮流上岗。记得当时轮换来农场锻炼的冶金炉教研室郭玉刚老师是现场学农教员。郭老师头戴一顶狗皮大耳帽子，脚蹬一双破旧的棉乌拉鞋，一根稻草结成的草绳把裉襟棉袄紧紧扎实系严，一脸的络腮胡子不修边幅，唯有帽檐儿下闪着的一双明亮的眸子显示着知识分子智慧的锐气。听王国衡老师说，郭老师是20世纪60年代初留苏归国的学子呢！

晚上，天上闪烁的寒星伴着脱谷机的轰鸣，一捆捆稻谷，一粒粒稻谷装袋运进粮仓。揭示着师生们从春天插秧，夏季除草田间管理，到秋割冬储的全过程。餐桌上是白米饭加炒盐豆。记得有一天炼钢专业的王杰和电冶金专业的王希武等同学跑到附近水泡子抓了一些泥鳅，"有肉吃了！"大家高兴地喊着，争先恐后奔向餐桌。在那个物资匮乏的年代，虽无酒水助兴，却也苦中作乐，谈笑风生。

经过一个多月的锻炼，学农这门课程终于结束，成绩都写在了每个人的脸上。

四

转眼来到1975年春大开学季。开启了新一轮的学工课——到我国最大的钢都鞍山钢铁公司实习。沈城到鞍山有一个小时车程。我们班同学乘坐绿皮火车，下车后扛着行李走出站台，住进对炉山十三冶建独身宿舍。这是一幢三层砖砌红楼，对面是鞍钢的一个职工家属区。学工课堂是鞍钢第一初轧厂均热炉车间。我们早晨不到7点钟便从驻地出发走进铁轨纵横的偌大厂区。林立的厂房，直插云霄的高炉，蒸气腾腾的钢锭，耀眼的钢花，这里是钢的海洋，铁的世界。我们的功课是在超过50 ℃高温的均热炉底清理炉渣，手电钻就是笔尖。均热炉是深10米直径5米的深井，四角各安装一组油喷嘴，用来加热钢锭。加热温度在千度以上，井底需定期清渣。每组3个同学，每组不超过10分钟必须升井。每下一次井都炙烤得无法忍受，高温穿透厚厚的工作鞋直刺脚掌从而刺向全身，大汗淋漓，真为现场的女同学点赞。在现场学习了油喷嘴的结构、工作原理、实际用途与操作过程，也真实感受了一线工人、工程技术人员的艰辛。

五

往事难忘。在那个特殊年代，我们的业余生活很单调。记忆中，史久柱同学在课余饭后经常吹奏黑管，让寂静的空气有了跳动的音符，那优美的旋律曾经滋润了我饥渴的心田，至今难以忘怀，同学们直呼他为"黑管乐手"。更让我难忘的是来自鞍钢就读于电冶金专业的方宝云同学。五十年前那位天真活泼的小姑娘犹在我的眼前浮现。美丽的小脸蛋酷似邓丽君，银铃般的笑声藏着甜蜜、带着真

诚，小羚羊似的欢快总给人一股清新，是钢冶系1972级学员的花魂。云想衣裳花想容，霁月难逢彩云长存，芳心永驻，唯有宝云。毕业后，方宝云同学被分到鞍山钢铁公司所属钢校任教师，我一直遥想，她那善良天真的形象和她的真知灼见，一定滋润着她学生的心灵。

值得我记忆的还有我班的刘态勤同学，他每次寒暑假从沪返校带回的糖果总让我高兴不已。要知道在那物资匮乏的年代，不要说他带回的糖果多么甜蜜了，单是那图案好看的糖纸就够让我收藏很多天。

结　尾

东北大学的校园里留下了我太多的记忆，夏日的黄昏，登上晚霞映照的主楼顶层，俯瞰远眺，在20世纪70年代的沈城颇有"一览众山小"的一景；拾级而上的冶金学馆高台留下多少学子的匆匆脚印，千万学子由此迈向全国乃至世界的高端。

东北大学的美丽校园是一杯美酒，这杯美酒，只能靠校友们温着。往事只能回忆，过去却永远不会再来。我的东大校园！我的东大校友！我的"盘锦五七农场"和师长！我拉练的战旗，还有我的学生一宿舍、冶金学馆！

作者简介——

韩冰，男，东北工学院（现东北大学）钢冶系冶金炉专业1972级学生。毕业后被分配到朝阳市凌源钢铁公司工作，后调到中华人民共和国朝阳出入境检验检疫局工作。在出入境检验检疫系统退休。退休后，该系统并入海关总署。在校期间是东北工学院田径运动队队员，擅长跑800米、1500米。经常代表东北工学院参加沈阳市大专院校田径运动会。1974年秋天，代表沈阳市和平区参加沈阳市全民运动会，在沈阳体育场跑出800米2分4秒成绩，破当时院800米纪录。

追梦的东大人

陈　玺

2023年，是她的百年诞辰，历久弥新，桃李馨香。在这百年里，金石可镂，代代精英千载遍神州。在2019年的9月，我有幸成为了她的孩子，并且在她的怀抱中成长。

回望过去，我无法简单以拙劣的文笔堆砌华丽辞藻来分享我与她之间的点滴故事，表达出我对她的感恩，以及美好的愿景。所以，我只能以最真挚的情感来书写这篇文章。

从小到大，我的梦想时常变化。科学家、艺术家、宇航员、保家卫国的军人都曾是我的梦想，但随着时间的流逝，许多美妙的、神奇的梦已经被逐渐忘却。唯有这一个，是我没有忘记的，也是我在不断找寻后一路铭记的——成为一个追梦人。

陪伴我梦想开始的，就是她，我的母校——东北大学。饮水思源，在母校百年诞辰之际，献上此篇，感恩她让我成为一个追梦的东大人。

作者参加东北大学第四届专利大赛答辩

"冬至阳来复，草木渐滋萌。君子重其然，吾道自此亨。"2019年初入校园，懵懂、憧憬而又叛逆，是我当时最为真实的写照。没有目标，有的只是对未来未知却又盲目的自信。上课开小差、课下吃喝玩乐，是那时候我的常态。寒假回到家中，遇上了新冠病毒感染疫情。欠账的后果来得很快——自信满满考的四级没过，身为学习委员在年级排名却只有四百多……这些接踵而至的挫折让我感觉到了疼痛。于是我开始收起那份叛逆和放纵，停止幻想和不作为，迈向我追梦的第一步——向上努力。

在我追梦的途中，感谢她的包容与引导，并且给了我修正自己的机会。我没有为自己找任何借口，而且只坚信一个道理：勤能补拙。在网课期间，大家都在放飞自我的时候，我选择追赶。早上七点起床，一直到晚上十点，没有周末、没有假期，有的只有换个地方换个时间学习。但个人的盲目追赶不一定能得到最有效的结果，是默默陪在我身边的各位老师及兼职辅导员学长为我指明了前进的方向。工作日的晚上九点后、周末，在这些本不是他们工作的时间，只要我发消息询问，他们都会及时给予帮助。在我觉得艰难的日日夜夜，却一直记得李宁老师的话："坚持下去，你们一定可以，老师一直陪着你们。"就是这样的一句话，让我保有了这份热情，努力得到了回报，终于有资格说自己是一个追梦的东大人！

在那段时间里，我明白了追赶的意义。大二的我，有了明确的努力方向，更像是一种努力和回报的双向奔赴。论文、专利、竞赛获奖及成绩的一路攀升，这一切都伴随着我那一年的早出晚归。在任务繁重的时候，不乏同学的关怀。有时为了完成竞赛及论文的写作需要工作到凌晨两点，室友不但没有抱怨，还选择包容，在我电脑没电的时候将自己的电脑借给我用，在断电时为我开上一盏台灯……在这一年的奋斗道路上，我有幸遇到了关爱我们的班导老师、为我们尽职尽责的辅导员、将知识倾囊相授的任课老师、从生活基础点滴关爱我们的领导……寝室的用火用电安全、财物安全，以及个人甚至家庭情况的关怀，这些点点滴滴汇聚成的河海，源远流长，是我在奋斗前行过程中最坚实的后盾。

从一个年级排名倒数的学生，转变成一个专业成绩第二，且获得了国家奖学金等荣誉的学生。这样的转变是将"自强不息、知行合一"烙印在生活中的成果，也是追梦留下的痕迹。所以没有人应该把"自己已经没有机会了"作为放弃努力的借口。因为身边一直都有人爱着你，陪伴着你，期盼着你变好。而对我来说，最重要的便是有她——东北大学，无论是她的精神、还是在她怀抱中陪伴着我们成长的人们，都是追梦路上的美好风景。

百年间，她在白山黑水的环抱中静静挺立，拥抱着初生的朝阳，牵引着斑斓的云彩，作别着绯红的夕阳，迎接着璀璨的星河，招呼着春风和夏雨，轻抚着秋叶与冬雪。白驹过隙，变的是她襁褓里那早起奋斗的身影，是那光荣榜上的荣誉，是那日月更替、斗转星移；不变的是那巍立在星辰下的综合楼，是那承载着时代痕迹的冶金学馆，是那蕴含着文化底蕴的建筑学馆，更是那"自强不息、知行合一"的校训。

十秩峥嵘，赓续薪火。作为她的孩子，我在此衷心祝愿她的孩子们能如她所愿桃李繁枝果，松楠大厦梁。也希望她能更上一层楼，斗志昂扬向前进，共襄盛举续辉煌！

作者简介——

陈玺，2019 年入读东北大学冶金学院冶金工程专业 1904 班，任班长，积极参加学院、学校组织的各项活动，配合学校做好班级管理，获得竞赛、社会实践、志愿者、科研和学习多方面的成绩。

四载励志求学，吾辈受益良多

于兴荣

静静回想大学时代，那里如温暖斜阳，充满着青春与朝气，见证我们由稚嫩走向成熟。每每想起，总会记起那里积极向上的同学，那里兢兢业业的老师，那里孜孜不倦的学习氛围，那里丰富多彩的实践活动。四年珍贵时光，使我们有了很多变化与成长，让我一生难忘。

我亲爱的同学，因为东大，我们从祖国各地聚在一起，四年生活忙碌而充实，学习紧张而刺激，友情诚挚而纯洁，四年岁月带走我们的稚气，让我们蜕变成长。还记得大学入学时是在基础学院，那里学习氛围十分浓厚，每个班级有固定的自习室，课后大家就会到自习室学习，辅导员老师认真负责，不时检查各班的学习情况。大二开始，我们搬到南湖总校，住在二舍，时常出入逸夫楼、教学馆，社会实践活动丰富多彩。那时同学们的手机还大多是诺基亚，功能也主要是打电话、发短信，课后在篮球场、足球场挥洒汗水，冬日里在五五体育场滑冰，在大学生活动中心里面参加各类丰富活动。大三大四，大家陆续开始为未来而准备，考研出国、实习工作，每日为理想而奋斗，每人因选择不同而方向各异，大家都为心中的希望而努力着，为梦想而奋斗着。

我敬爱的老师，因为东大，我们有幸听到您的教诲，受益一生，现在依然清晰记得老师们传道授业的美好瞬间，仍记得老师讲解离散数学时我的懵懂；线性代数老师讲课的幽默风趣；高数老师的高屋建瓴及特有的湖南口音；汇编语言老师的清楚明白及严谨细致；数据库和操作系统老师给予的悉心教导；学生工作中老师们点点滴滴的帮助。老师们教学严谨、工作负责、一丝不苟、精益求精，教给我的不仅仅是知识，还有做人做事的方法及对职业的热爱，感恩大学老师们给予我人生中最重要时段的悉心教导与谆谆教诲。

我的母校，东北大学，是个神奇的地方，四年时间，它悄悄地改变了我们，使我们的外貌由青涩稚气变得成熟沉稳；使我们的气质因知识增长而不断提升；使我们的见识因思想提高而不断增长。最后，趁阳光正好，趁我们依然年轻，望我辈自强，望母校再创辉煌。

作者简介——

　　于兴荣，于 2004 年金秋入读东北大学信息科学与工程学院计算机科学与技术专业 0406 班，2008 年本科毕业。现工作于吉林省社会保险事业管理局，在信息管理处工作多年，为吉林省"数字社保"建设和"智慧社保"建设贡献力量。现任吉林省社保局计划统计精算处副处长，继续为社会保险事业发展努力奋斗。

那些花儿

韩 松

"那片笑声让我想起我的那些花儿，在我生命每个角落静静为我开着，我曾以为我会永远守在她身旁，如今我们已经离去在人海茫茫……"

当我打开记忆的闸门，任思绪如潮水般涌出，仿佛一切回到了2004年迈入东大校门的那个秋天。当我们怀揣着录取通知书和对未来四年无限美好的憧憬走进东大，映入眼帘的是校园内道路两旁随风飘扬的细柳垂杨；是来自五湖四海、春风得意、笑容满面的大一新生；是忙前忙后、和善热情的迎新学长；是耐心细致、协调安排新生饮食起居和上课活动的辅导员老师。

我在东大的第一年是在基础学院度过的。东大基础学院又称黄金学院，据说是20世纪90年代由沈阳黄金学院并入东北大学，硬件条件跟南湖本部校区比起来差了很多。可对于我们这些"穷山沟里走出的孩子们"来说，依然充满了新鲜和好奇。记得第一次计算机课结束后，宿舍的一个同学说："韩松你知道吗？这是我第一次用鼠标，我以前都没见过电脑，没想到还有扫雷这么好玩的游戏……"也许现在的孩子已经无法理解和想象18年前的学习环境和社会条件。那时一个叫作百度的搜索引擎公司刚刚成立4年；那时最火的游戏是红警、星际和CS，那时有一种叫作"小灵通"的手机；那时满大街播放的网络歌曲是 *Take Me To Your Heart* 和《老鼠爱大米》；那时用宿舍座机打长途电话，要额外买一张长途卡比较便宜。

大一的生活充斥着自由与浮躁，思念与纠结，懵懂与志忐，期待与失落。我们会为在图书馆里偶遇一个心仪的姑娘而兴奋半晌，也曾纠结于拨通对方宿舍的电话后第一句话该说些什么。那是个容易冲动犯错的年纪，留下了许多让人忍俊不禁的"笑话"。时过境迁，回想起来觉得那时的我们有些傻，却傻得可爱。

大二的时候，我们搬回了南湖本部校区。从北门走进校园，左边是自强路，右边是知行路，正中间主楼前的大石头上醒目地刻着"自强不息、知行合一"的校训。简单的八个字，却如黄钟大吕，振聋发聩。"天行健，君子以自强不息。""知中有行，行中有知，知行合一，乃至良知。"这些年来，每当事业坎坷如陷泥沼，或是生活不顺无法自拔，我总会想起这句校训，总要扪心自问是否做到了"自强不息、知行合一"。人生不如意十之八九，可与人言者无二三，唯有一心所坚持的，才是照亮前进路上的明灯。

无论是自强路还是知行路，只要一直往前走便会越过主楼、图书馆，来到中心花园。中心花园四周分布着建筑学馆、采矿学馆、冶金学馆和机电学馆四座学院教学楼，古朴的建筑沉淀着历史和故事。曾经有一段诗朗诵这样描写：

> 在中国的北方，有这样一座校园。
> 它亲历了中华民族的深重灾难，
> 它见证了神州大地的烽火硝烟，
> 它经受过华夏子孙的冬寒春暖，
> 它兴叹过家乡夜空的月缺月圆。
> 从1923年走到了今天，
> 看潮起潮落，星移斗转。
> 东大的校园里，珍藏了多少难忘的故事，
> 东大的师生们，同写下多少难忘的诗篇。

这首诗犹如人生，有些枝枝蔓蔓的部分会随着时间的流逝而忘却，但经典的那一段总会留在记忆深处，被反复传唱。

与大一相比，大二的校园生活更加丰富多彩。十佳歌手大赛、主持人大赛、演讲比赛、足球比赛、篮球比赛等，再加上各式各样的论坛、晚会，不亦乐乎。社团活动精彩纷呈，却也不敢忘记学业，每当考试临近，点灯熬油地复习自然是少不了的。记得那时我们住学生二舍八人间，晚上10点宿舍要熄灯，害怕挂科而惴惴不安的我们，总要搬出两把椅子，借着走廊昏黄的灯光，伏椅苦读。那时宿舍里是没有空调和风扇的，流通不畅的空气混着汗味儿，以及走廊里晾着的洗好的衣服的洗衣粉味儿，成了男生宿舍特有的味道。

转眼间大三了，在接触更多专业课的同时，同学们开始各自思量着未来的出路。有打算出国的，有一直成绩优异想走专业保研的，有不甘落后希望再战考研的，也有准备就业接受"社会大学再教育的"。无论哪条路，都是自己选的，正所谓"如人饮水，冷暖自知"。东大的校园依旧庄重肃穆，如一位慈祥的导师望着自己培养的爱徒，无论你怎样选择，他都会默默地祝福你并且心甘情愿地帮你。

在这一年，我们懂得了取舍，不再盲目参加各种活动，而是专注于自己所钟爱的；在这一年，我们学会了进退，努力争取自己想要的，却不再强人所难；在这一年，我们尝试着传习，在各个舞台上展示自己才华的同时，也默默地向自己的学弟学妹分享经验。无论是大学生活动中心舞台上的主持人，还是校园广播站里的播音员，抑或是汉卿会堂里的校史讲解员，以及勤工俭学办公室的学生干事……在每个普普通通的岗位上，在读书之外，我们想做点事，给青春留下点回忆。

2008年6月，作者和妻子拍摄于中央花园旁边草坪

可惜流光容易把人抛，红了樱桃，绿了芭蕉。大四的生活如短跑赛场的计时器，滴滴嗒嗒地催赶着我们。那年正热播一部军旅题材电视剧《士兵突击》，当我看到七连解散后许三多一个人守着营房，触景生情，仿佛自己就是许三多。很想守着东大的生活，就留在二舍不想离开，可又知道这是不可能的。那年夏天的晚上我常常到五五体育场跑步，一千米一口气跑下来，仿佛累得气喘吁吁才能解脱一般。寝室八个人，除了我上铺考研成功留在东大以外，其余七人就此天各一方。记得我们专业六十个人里面有十二个女生，毕业前一个月签好就业协议的同学们陆续离开学校，女生们自发地到东大南门送别。送别时齐唱吴奇隆的《祝你一路顺风》。"当你踏上月台从此一个人走，我只能深深地祝福你……祝你一路顺风……"那一幕，让人不禁潸然泪下。如今同学们依旧天各一方，却也能时不时地在微信群里冒个泡、留个言，在心情不好的时候吐个槽，又何尝不是一种寄托

和释放。

2015年，作者与家人回到东北大学留影

"有些故事还没讲完那就算了吧，那些心情在岁月中已经难辨真假……我们就这样，各自奔天涯。"朴树的歌听了二三十年，依旧撩拨心弦。往事不可追，来者犹可期。愿母校越来越好，愿同学们平安健康。

作者简介——

　　韩松，辽宁抚顺人。2004年9月入学，就读于东北大学机械学院过程装备与控制专业，2008年6月毕业，前往北京工作。现就职于一家瑞典钢铁公司，任销售经理。
　　作者妻子：陈榆，北京人。2004年9月入学，就读于东北大学工商管理学院市场营销专业，2008年6月毕业。现就职于一家美国医药公司，任高级市场经理。

与图书馆的乍见之欢与久处不厌

张廷安

我和图书馆无缘又有缘，可以说是一不小心，进入了图书馆工作，在东北大学图书馆馆长岗位上工作了五个年头。这也许是冥冥之中的缘分，让我一个自认为爱书的人有了和图书馆近距离接触、相依相伴的机会。

小时候我把两分两分积攒下来不舍得花的钱和过年得到的压岁钱，几乎都用来买书了。上大学时还是经济不富裕的时候，我遇到一套书，大概需要四五元钱（大约是10天的生活费），在当时也是一笔"巨款"，那时我在书店门前犹豫了一个多小时，最终还是花钱买了下来。爱书的"毛病"延续至今，进到书店我总是要买书，不会空手出来。哪怕仅是一本菜谱、一本裁剪书、一本棋谱，或是一本拳谱。书对于爱书人，就是远望时的一扇窗，酷暑中的一阵清凉，沙漠里的一口水，生活中的一束光。

到图书馆工作是机缘巧合，却因为图书馆独特的气质而赋予了图书馆馆长岗位独有的吸引力。一排排书架、一把把座椅、一本本图书、一个个身影，这里是求学、工作已熟悉多年的地方。进一步了解后发现，图书馆在资源建设、信息服务方面的工作也在不断发展。我做学术研究有一些机会，走访过一些图书馆，发现每座图书馆都有其自身的历史和特色。到图书馆不久，我就常常想，今天由我来做东北大学图书馆馆长，我该做点什么？

有幸遇到了很多省内、省外优秀的馆长，长期奋斗在图书情报领域的专家学者，还有我的图书馆同事们，他们热情的接纳和交流让我迅速熟悉领域态势。中国冶金教育学会图书馆研究分会、辽宁省图书馆学会、辽宁省高校图工委、全国工科高校图书馆馆长年会、图书馆管理与服务创新论坛等，一个个行业组织、学术交流平台让我逐渐领略领域风采。与我学术研究的领域类似，这里也有一批批勤奋努力的人在推动学科发展前进。精神情感的共鸣使人快乐，我想我可以做点什么。

在图书馆的五个年头，我算是做了几件实事、"大事"。

第一，开新馆。完成浑南校区图书馆后期建设、开馆工作。东北大学浑南校区图书馆面积4万多平方米，是我国高校图书馆中最大的单体图书馆之一。由中国工程院院士、中国建筑设计研究院有限公司名誉院长、总建筑师崔愷设计。我在任时，带领完成了图书馆后期装修、图书搬运、上架和开馆工作。方正完整的外形，红墙灰底的室内，辅以现代化的设施，原木、复古、现代多样化相结合的家具灯饰，一经试运行，就得到了师生的强烈喜爱，往来交流参观的师生、校友、业界同行络绎不绝。这里真正成了浑南校区的中心。后来还特地在这里举办了全国工科高校图书馆馆长年会暨浑南校区图书馆开馆仪式，与会代表围绕"高校图书馆如何为'双一流'建设服务"，以及各自高校在空间建设和服务创新等方面取得的阶段性成果开展广泛研讨和交流。

第二，改旧馆。历时近一年半完成了南湖校区图书馆的再造。南湖校区图书馆经年使用，已陈旧、老化。经过认真调查研究，根据现代图书馆理念，提出全新改造方案，改变了过去以藏、阅为主的图书馆模式和格局，构建了体现学习与休闲、阅读与交流、动与静相互结合的新模式。每一层四通八达，东西楼梯楼道畅通。办公区和工作区下移到低矮的一层，把最好的区域让给师生，释放50%阅览空间。期间，争取教育部中央高校改善基本办学条件专项经费一期、二期共2800余万元，争取校友会校友捐赠200万元。改造之后广受好评，被列入沈阳文化艺术评价榜十大文化艺术场所榜单。装饰项目还被评为中国建筑工程装饰奖。在旧馆改造过程中，我体会得更深的一是学校领导的支持，尤其是熊晓梅书记、赵继校长的鼎力支持；二是理念，旧馆不是简单地修，而是再造，要融入东北大学的历史文化，要融入现代大学图书馆的办馆思想，要融入为读者所想的人文关怀，再造出以阅读、交流、休闲为一体的充满人文关怀的现代化图书馆。

改造后的图书馆前厅宽敞明亮，休闲座椅摆放整齐，晶莹剔透的旋转门，洒进来的阳光让前厅春意盎然。即使没有一卡通也可以进来闲坐一会儿，还可以进两边的24小时阅览室。记得刚开馆不久，我看到一个七八岁的小女孩在那里写作业，其父亲坐在一旁指导。我好奇地走过去，问道："为什么来这里呀？"女孩的父亲回答说，带女儿来东北大学参加培训，因为来得早没地方去，看到这里不需要门禁就来了，先让孩子做会儿作业。这幅温馨的画面，一直停留在我脑海里，让我久久不能忘怀。这不正是我们图书馆人应该做的嘛！图书馆不仅要为高校学科服务，也要为所在社区服务。

第三，建队伍。任职五年来，结合浑南馆开馆、总体服务升级等申请人员岗位，加强人员管理和培训。人员数量（包括在职人员和劳务派遣人员）由刚任职时的99人增加到125人，年均派出100余人参加各类会议培训。其中，劳务派遣

人员作为有益补充承担了大量日常和重复性工作，为学校节约了人事资金。取消将劳务派遣人员称作"临时工"的称呼，一律称作图书馆辅助馆员，树立了劳务派遣人员的主人公精神，调动了劳务派遣人员的积极性。图书馆馆员要搞研究，要搞文献的学术研究，我常说为什么图书馆的高级职称叫作"研究馆员"或"副研究馆员"呢？说明馆员就是要搞研究，如果去掉"研究"就剩下"馆员"两个字了。所以说馆员搞研究，不仅是能不能晋升研究馆员的问题，也是能不能开展深度服务的问题。记得2017年，提出了图书馆创新立项活动，营造开展学术研究的氛围。由姜副馆长具体落实，制定了立项、检查、验收的工作程序和方法，得到校内不同部门、业内不同学校同行的赞许，营造积极向上的氛围。馆员经过锻炼，撰写论文、申报项目的水平和质量得到显著提升，更重要的是提高了工作的质量和水平，记得张鑫馆员开发的查新程序就极大地提高了查新效率。

大胆提出了高校图书馆的"五馆"说。前有图书馆五定律，后有杜定友先生"书、人、法"三要素说，以及众多图情界学人、专家结合图书馆在不同时代的认识和思考。对此，我只能仰视，不敢与之相比，但我也是"无知者无畏"，乐于思考交流，大胆参与争鸣，结合高校图书馆职能的不断延伸，从管理角度提出了"五馆"说，即"馆舍、馆网、馆藏、馆员、馆用"，综合分析了馆舍、馆藏、馆网、馆员等要素，在优化传统服务（借阅）的基础上，开展深度服务（学科、专利、机构服务），其目的就是一个"用"字，即发挥图书馆的"馆用"。我把我的想法在馆长会上做了交流，还形成了《高校图书馆的"五馆"说》书稿。权当作对工作的思考和总结，真诚和业界同行交流，为图情界奉献自己的一份力量。

我还带领部分馆员编写了《信息素养读本》一书，得到了辽宁省优秀自然科学优秀出版物著作的全额资助。撰写了《阅读应跨越学科界限》在人民网发表，引导人们尤其是青年学生广泛涉猎、多方阅读。

探索专利文献、知识产权信息服务等创新服务。组织人员申请获批了全国专利文献信息服务网点，向学校申请设立了东北大学知识产权信息服务中心。还组织参加高校国家知识产权信息服务中心的首次申请，虽然没有成功，但总算是一次尝试。据说在新一届图书馆班子的努力下第三次申报成功了，对此深感欣慰。

第四，重参与。学术交流是提高图书馆馆员水平最有效的途径之一。承办第18届全国工科高校图书馆馆长会议、第38届冶金高校图书馆馆长论坛及省级高校图书馆馆长论坛等会议，不仅扩大了东北大学图书馆的影响力，更重要的是，提高了图书馆馆员的水平，扩大了馆员们的学术视野。东北大学图书馆先后获得中共沈阳市委教科工作委员会及沈阳市文化广电新闻出版局颁发的"沈阳最美图书馆"称号，荣获CALIS管理中心颁发的CALIS联合目录中文数据库建设先进单位、CALIS联合目录中西文数据库建设先进单位。据说，前不久，东北大学图书馆又获得教育部评选的全国最美图书馆的殊荣，且排名第四，实在是可喜可贺。时至今日，离开图书馆岗位已经四年多，往事仍然历历在目。当时自己的学术任务再忙，我也可以说不负图书馆馆长岗位的责任，对图书馆发展建设倾注了极大的热情，而且"越陷越深"，遗憾有一些设想还来不及——实现。直到今天，听到东北大学图书馆的一点点进步仍然会欣喜不已。图书馆对于一个读者来说可能只是短短一瞬、匆匆过客，但是对于在图书馆工作过的人来说，却是满足爱书人心愿、延长爱书人精神生命的重要一页。与图书馆结缘，是我行政职务一个圆满的句号，成就满怀。

回味当时非图情专业到图书馆工作的馆长们感叹的："来时不想来，走时不想走。"因为图书馆的内涵和领域之广阔，让人从表面看不出所以然，只有深入接触，才能了解其内在，从而建立难以割舍的缘分。自己的学术研究也吸纳借鉴了很多在图书馆积累的知识，交叉碰撞产生新的思路。

元宇宙图书馆、数字人文、知识产权信息服务、预印本平台……图书馆人是勤奋的，紧跟时代发展的步伐思考自身的服务和价值，真像一个精益求精的学者，非要把自己的创意统统应用到实际，被人所用，否则就枉奋斗一场。可敬可佩！说到底，图书馆无时不在、无处不在，是人类文明积存的宝藏，更是人类文明的创新阵地。

最新学科目录把图书情报与档案改成了信息资源管理，正好说明图书情报工作内涵随着科学技术的发展在发生根本变化，更加说明图书馆不是藏书的地方，是读书的地方，是学术交响、休闲交流和灵感闪现的地方；更加说明图书馆馆员要研究文献，要成为文献专家、文献学者，唯有如此才能做好深度服务（文献分析、专利布局、学科评估），预示未来与明天。查阅、找书、借还等简单、重复和烦琐的工作，终将被人工智能取代，图书馆将步入一个新的时代。

如今，我虽然已不在图书馆岗位，但仍无时无刻不在享用广大勤奋的图书馆人创造的资源和服务。衷心祝愿图书馆界、图书馆人越来越好。此时，我记起最后一次参加图书馆活动的词句（略作改动）：

当年误入图情圈，流光短，蓦然惊觉天已远。

漫卷西风吹不断，尽余欢，与君再言五百年。

我想不管身在何处，我将永远祝福你、祝福你们，图书馆，可爱的图书馆人。

作者简介——

张廷安，东北大学特殊冶金与过程工程研究所所长，有色金属过程技术教育部工程中心主任，东北大学有色金属固废技术研究院院长。博士，二级教授，博士生指导教师。俄罗斯自然科学院院士，国际科学组织 Vebleo 协会会士（vebleo fellow）。曾任东北大学材料与冶金学院院长。第七届国务院学科评议组成员，国务院政府特殊津贴获得者，青海昆仑学者讲座教授，福建百人计划入选者，宝钢优秀教师获得者，第九届辽宁省优秀科技工作者。主要学术兼职包括：中国有色金属工业协会常务理事，中国有色金属学会常务理事，中国有色金属学会反应工程学专业会委员首届主任委员，中国有色金属学会轻金属学术委员，重金属委员会、设备学术委员会、矿冶过程计算与仿真专业委员会副主任委员，中国化工学会混合与搅拌委员会副主任委员，辽宁省有色金属学会副理事长，美国 TMS 能源委员会、轻金属委员会委员。

2015 年至 2019 年曾任东北大学图书馆馆长。兼任中国冶金教育学会图书馆研究分会理事长，辽宁省图书馆学会第八届理事会副理事长。

我在东大的四年

李　龙

坐在浑南校区图书馆三楼，我掰着手指头算，这已经是来东大的第四年，却总觉得自己与东大相识了很久。窗外的银杏叶簌簌地发着声响，在阳光下明媚地摇曳，我的思绪也被带向了远方。

第一次来东大，我与家人提前来到沈阳，熟悉地形。开学那一天，我提着大包小包，在熙熙攘攘的人群中，只觉得自己冥冥之中有了新的归属。随后，在学长的帮助之下，进了宿舍，自己一个人整理床铺。当天晚上的第一次军训集合，让人发懵之余更感到兴奋，大学生活真的要开始了！

紧张的军训过后，正式上课。第一次上高数课，高数老师给了我高中的熟悉感。一方面，老师明晰的思路、整齐的板书让我感受到高中的氛围；另一方面，与高中截然不同的知识让我有些许慌张。所幸，老师详细的讲解和学长的帮助让我平稳度过这些难关。再后来就是期末考，期末考的校园充斥着肃杀的气氛，同学们在路上急匆匆的，自习室总是爆满的，题目总是刷不完的，经历过再回头来看，总觉得自己在期末前复习用尽了力量，许诺着下次一定早早准备，好好学习，却总是一次又一次地食言。

南湖校区的建筑中我最喜欢的就是机电学馆，很多学生调侃是"绩点"学馆，每次我都去那自习。那里有一种历史的厚重感，有着学习的紧张感，在复习考试的时候给人很大的勇气，当然也有可能是因为它的名字。随后，就是那家火锅店。请允许我带有一些私心。因为在那家火锅店，和室友们过过一次生日，和参加完活动的同学吃过饭。那家火锅店承载了我的很多记忆。

再后来，我转专业到了浑南校区。浑南校区的建筑给人一种时尚感，一种高级感。在一号楼里，多次迷路，差一点就上课迟到了，气喘吁吁之余总会想问一句"这个设计有什么特殊含义？"；在图书馆背过很多书，浑南校区的图书馆很大，却总是装不下要期末考的同学；在风雨操场也多次挥洒过汗水，设施很齐全，但我的技术却不怎么行。东大的建筑承载着我的每一段特殊回忆，在思绪中，每一个建筑都是一些往事的见证者。

我的大学

在浑南校区印象最为深刻的就是参加了一次荧光夜跑。第一次参与这种大型的活动，心中是难以抑制的激动。在这个活动中，也认识了很多朋友。甚至还记得在活动后半程，跑不动了，大家却都没有放弃，依然坚持到最后。

回过神来，望着这片银杏叶，总感觉这些回忆还近在眼前，近在咫尺，总觉得自己的时间还有很多，还能够在东大很久很久，却不承想，已经大四了，再经过一阵忙碌就要分别了。东大也迎来了自己的百年华诞，百年东大依旧朝气蓬勃，担当着教书育人的使命，蒸蒸日上。

作者简介——

李龙，2001年11月生，河南平顶山人。于2019年9月考入东北大学，学习公共事业管理，成绩排在年级前10%。两次获得东北大学二等奖学金，获得一次"优秀学生"称号。

北 秋

陈鑫宇

南方的秋，总是来得步履蹒跚，看了眼手机里早已习惯关注的沈阳天气，已是接近零下的微寒了。

从第一次踏上东北的土地算起，而后的四年里，我在东北大学的校园邂逅了每个秋天所独有的红枫银杏，即便是毕业工作后，也因为地理条件的便利，得以贪享再一个四年的东大秋色。回到南方后，基于情感及回忆的难以割舍，也总会找一个成行的理由北上。只是这些年因为新冠病毒感染疫情，回大学的计划只能再搁浅，乃至于偶尔翻看十余年前的照片，竟会有些恍惚。那些年的秋天，那些秋天里的东大，离现实很远，远到照片前已经不再是青涩而充满活力的脸庞，却也离回忆很近，近到自己可以清晰地细述照片里发生的每一个瞬间。

如果没记错，此时的广播站窗外、逸夫楼前的银杏正是最明艳耀眼的时节，尤其是一场雨后，水面倒映着湛蓝的天空，配上散落一地的银杏叶，随便一帧都是下一秒找不回的、可遇不可求的画面。我想一定会有一个略显瘦削的身影，像十多年前的我一样，借着没课的悠闲，一张一张留下十多年后的可望而不可即。

如果没记错，此时的机电学馆里，或许会有一只混色的小猫窝在某张阳光眷顾的课桌上。安心自习的人们，也会在舒缓疲惫的间隙，不忍打扰地端详它的毛色，还有些许弯曲的胡须。秋天是属于辩论赛的季节，一楼104室的夜晚，不知道还会不会有一群青春激扬的辩手们，言辞交错、词句起伏，直到月色替代灯光，直到记忆的回想替代笑声的回响。

如果没记错，此时的西门外，我最爱的那家凉皮店的老板，已经笑脸迎送了一批又一批的食客。每次在傍晚去解馋的路上，我都会放缓脚步，或许是因为汉卿会堂到西门的梧桐叶落的沙沙声，抑或是五五体育场的栅栏格子里透过的夕阳。我想，一定有某个正巧路过的姑娘，余晖落在脸颊，成为了某个男孩抹之不去的青春。

如果没记错，此时的中心花园，不再有蚊子的叮扰，室友常去的英语角，应该又是努力的人们早起的第一站吧。深秋渐凉，但一颗颗勤奋的心却是炽热的，

只是偶尔也会打扰松鼠们的清梦，不得不在松枝间提前找寻过冬的储备。

如果没记错，那时基础学院还是很多人初入校园的认知，二舍的鸡腿饭也不知是否还在，它是否继续抚慰着军训结束后的饥肠辘辘，1#的代号成为了很多人对大成教学馆的唯一印象。如我，东大在日复一日的变化中，保持着不变的青春印记；亦如你，也在年复一年的驻足间，经历不断变化的秋天。

一叶落而知秋，在北国总归是南乡无以体会的回味，而人生里最美的秋天，也都写在了东大百年的进程里，想一想，却也是三十而立的年纪中，值得咂摸的些许骄傲吧。

作者简介——

陈鑫宇，东北大学软件学院2008级软件工程专业学生，现任合肥竹云信息科技有限公司总经理。

第四章

师恩难忘

难忘工程力学系的激情岁月

张清俊

　　每当浏览东北大学网页，看见白色高大的运载火箭模型矗立在采矿学馆门前广场上的画面时，我总会心情格外激动，勾忆起在校读书时无法忘怀的激情岁月。因为我有别样的情感和经历，那里是我开始学习导弹火箭的地方——工程力学系，是我走上航天征程的出发地和成长的摇篮。又因为学校和老师把我送进中国航天的大门，使我在"航天的轨道上安全稳定运行"，为国家工作了五十个年头，贡献了自己的力量，度过了丰满而有意义的人生。参加工作以后，才知道毛主席和党中央果断作出"两弹为主，导弹第一"的英明决策，并亲身经历了依靠中国人自己的力量突破国防尖端技术的艰难历程；才知道我国只有东北工学院等几所高校，同时设立工程物理和工程力学系，培养"两弹"科技人才。还因为我从事了航天型号系统研制工作，才更深刻理解校领导和老师们在那个年代，面对各种困难敢于作出为攻克国防尖端成立工程力学系（火箭工程系）的远见卓识、非凡胆略和气魄，非常值得钦佩。所以，在东北大学百年华诞之际，我把东北大学历史画卷上浓墨重彩的这一笔展现出来，希望母校在改革开放、创新发展的社会主义新时代再放异彩！

　　1960年秋，我考入理学系工程力学专业。在经过军训，正式上课后的一个中午，辅导员赵老师突然找我谈话，她风趣而严肃地对我说："你是我们录取时的第一名，可你不是我们系的学生，是工程力学系（当年没公开招生）……"我很震惊和愕然，她接着嘱咐："今天的谈话不要对别人讲，注意保密，马上去报到！"我非常高兴地奔跑着踏上了航天之路。一座画着海鸥翱翔、沧海旭日的秀美高大的屏风，将采矿学馆四楼一侧的走廊与外面隔离，成了披着神秘面纱的地方，门口还有老师站岗。那里就是新成立的工程力学系，是我们的专用教室（宿舍也单独封闭）。在听取校、系领导的动员报告和形势教育之后，我们这些政治可靠、选自各个系的工农子弟满怀自豪和无比兴奋的心情，开始了紧张热烈的学习生活。工程力学系设有导弹设计制造、制导控制、发动机专业三个年级，包括党总支书记苏士权、系主任张嗣瀛和副主任贺兴书等师生二百余人，成了一个团结战斗朝气蓬勃的集体。除了紧张突击学习课业之外，我们还要在每周六下午接受严格的政治、保密教育和训练，对外称九系九一〇、九一二和九一三专业，或数理力学系应用数学专业等。因此，时至今日很多东北大学人都不知道曾经有工程力学系。同时，学校和系里组织我们学习张嗣瀛主任在教学和科研工作中积极努力取得优异成绩、留苏时刻苦学习的奋斗精神；学习共青团辽宁代表大会模范团员雷锋的先进事迹；听战斗英雄郑起抗美援朝保家卫国英勇杀敌的报告；告诉我们凝聚着中国人民自力更生精神和不屈不挠意志的"东风一号"导弹发射成功，激励鼓舞同学们发愤图强、努力学习。在那样优越的学习环境和气氛中，有一种努力攀登国防尖端的力量在心中涌动，铸就了我岁月无改的航天情怀。

在这里讲两个小故事。一是当年入学，新生一般都去工厂参加现场教学和实习，而我们则在教室突击上多门基础课，例如"机械制图"从星期五早晨八点开始上，到晚上十点以后才离开教室，星期六接着再上半天。一天晚饭后我接到通知去系办公室开会，传达明天以后各科期末考试停止进行，在宿舍休息开展劳逸结合。这时才知道其他系早已停课，外面社会已是困难时期了，我们却浑然不觉，全心投入程度可见一斑。二是因为保密，一些老师对课程内容很感奇怪，如一位老师就问："你们俄语书上这些导弹、卫星、风洞吹风和高能燃料……你们是学什么的？"当然，我们不会告诉她。

遗憾的是工程力学系仅仅存在一年，这个"娇子"就因为贯彻执行国家调整的方针于1961年夏天"夭折"了。工程力学系撤销后，同学们服从分配又分别奔向为国防尖端服务的高温合金、特种加工、真空技术和自动控制专业学习（师昌绪院士曾撰文，20世纪60年代为适应航空工业的需要，专门在北京钢铁学院和东北工学院成立高温合金、精密合金专业）。"为祖国而学习！到祖国最需要的地方去！"是我们那一代人的理想和追求。我毫无怨言，高高兴兴地在学校念了理学系、工程力学系、工程物理系、金属加工系和金属学系五个系，多次改变专业。我坐遍了采矿学馆、建筑学馆、机电学馆、冶金学馆和化学馆的教室；住遍了东工的第一、二、三、四和六五个学生宿舍；吃遍了东工的学生食堂，自有一番"留学"的风味。毕业时，怀着"祖国的需要就是我的第一志愿！""到艰苦的地方去，到祖国最需要的地方去！"的雄心壮志，多数同学奔赴国防三线的深山幽谷，战斗在冶金、机械、航空、航天、核工业和解放军等工作岗位，奉献了青春。这些也是学校的荣光与骄傲。

我们是东工曾经的"骄子"——导弹学生，高温合金还是后来唯一的机密专业。当年学校为了更好地培养我们学习尖端科技，各门功课都配备了最优秀的老

师，几乎都是教研室的主任和骨干，还有热心负责的年轻老师。至今依然记得宋承忠、张桂玉、梁桂秋、姚天顺、潘德惠、李培哲、蔡春元、刘灵清、刘化樵、王运达、李洪福、战效文和杨洪才等老师在讲台上和实验室的身影，绘声绘色、滔滔不绝和清晰洪亮的讲课风采，以及非常严格的课业和实验要求，使我们受益匪浅。一些课程如物理、电工、X射线和工程数学期末考试考半天甚至一天都交不了卷，有的一道题包含了一本书的内容，很多人补考。有名同学物理考试只因掌握的基本点数不够，即使考了72分，按五级记分法仍算不及格。有的老师放言"我的学生在东工能考100分，在清华绝不能得98分！"这些情景至今仍萦回脑际且终生难忘。当年我们尊师敬师，被评为学校两个尊师模范班之一。老师们的辛勤哺育，为我们打下了坚实又深广的基础理论和专业技术知识基础，培养了我们积极进取、踏实勤奋的精神和科学严谨的作风。也为我多次改变专业和工作岗位，从事导弹、卫星和飞船相关的光电系统关键技术研究、型号研制及组织管理工作；为我受聘国家多个部门从事专题研究，重大专项、科学工程和高新工程等的评估、评审、验收和鉴定及国防科学技术奖航天专业评奖活动，提供了全面的技术知识支撑，发挥了助力作用。今天向老师道一句：我们没有辜负你们的培养教育，为国家富强、民族振兴和人民幸福都贡献了自己的力量。特别是，我国的航天事业取得了辉煌的成就，早已实现了工程力学系老师和同学们的初心和伟大梦想。特此我赋一首小诗向老师汇报：

> 国人壮观是航天，导弹卫星与飞船。
>
> 红旗长空拦强寇，海鹰展翅歼敌舰。
>
> 东风万里卫祖国，嫦娥奔月敢问天。
>
> 北斗导航指迷津，神舟往返天地间。

诗中红旗、海鹰、东风、嫦娥、北斗和神舟是航天器型号的名称，它们铸就了祖国的辉煌，对中华民族的前途和命运产生了决定性的影响，对科技进步、经济发展和国防现代化起到了巨大的推动作用。

回首往昔，东北大学给予了我成长的精神和知识的力量。今天用千言万语抒不尽满腔深情，愿东北大学明天会更好！期望母校为党和国家培养更多的优秀创新人才！

作者简介——

张清俊，1965届高温合金专业，男，中共党员，航天科工三院八三五八所原科技委副主任，研究员。从事航天光电系统研制及管理工作，多次赴多国技术考察。曾荣立一等功，多项成果获国家级和部级奖励。曾任中国光学光电子行业协会红外分会副秘书长、中国电子学会红外委员会副主任、中国兵工学会微光夜视委员会副理事长、中国宇航学会光电分会秘书长，还受聘国家发改委、财政部、总装备部、国防科工委（局）、中国国际工程咨询公司、新时代咨询公司等任专项工程评估、评审和验收专家和中国国际工程咨询公司专家委员会专家和国防科学技术奖航天专业一、二、三届评委。

深情切切，良意拳拳

——我与院士闻邦椿老师的情缘

康焕龙

以前只知道专业教研室有个老师叫闻邦椿，是教"振动机械"的，其他并无更多了解。那时他并不像现在这样蜚声中外，闻名遐迩。只不过是一个没有任何职称职务最为普通的教师。直到毕业设计我们小组由他来负责，并带领我们对苏家屯机械部第一砂轮厂的筛分机械进行改造时，我才有了与他接触并接受他教育的机会。

当年他四十多岁，正值创造发明的黄金时期。除了有坚实的专业理论功底，将理论与生产实践相结合的能力也超凡脱俗，卓尔不群。可最初从我个人角度出发，对这次毕业设计的指导老师与项目似乎都有些失望。一是闻老师是搞振动机械的，专业粗陋而冷门；二是我们设计的项目是解决砂石料分级效率低的问题，说白了就是去搞一张筛子，似乎与精密的机械相去甚远。我想一个筛子能有多复杂，所以见到闻老师脱口而出的第一句话就是这样说的。闻老师听后看了看我，忍不住哈哈一笑，说："你别小看这个筛子，恐怕不是你想象得那样简单，你等着瞧吧！"谁知我这句不经意且带有不屑的话却给他留下了深刻的印象，整个毕业设计他都耿耿于怀，时不时用这句话来敲打我。毕业设计开始了，闻老师领着我们小组十位同学进入第一砂轮厂筛分量较大的碳化硅车间。由此便有了我与他半年多朝夕相处的工作与学习生活。设计的第一项工作是进行调研，闻老师带着我们看了国内多家工厂生产实践中使用的筛分机械。一路上，他像家长一样呵护着我们每一位同学，这让我充分体会到了他的和蔼与慈祥，以及他那亲切的关怀和长者的温暖。由此对这位个头不高，面容清癯的老师产生了浓厚的兴趣。

路途中，闲暇之余经常与闻老师交流，我了解了他个人的基本情况。他出生于浙江温岭一个大户人家，中小学在温岭和台州度过。1949年参加中国人民解放军，1950年因病退役。1951年考入东北工学院（现东北大学）机械系。1955年成为苏联专家格·依·索苏诺夫教授的研究生。1957年毕业留校任教。对于他的经历我别无多少好奇之处，只是疑惑他中学毕业后为什么没有直接考大学而是参了军？他这样的出身何以会有如此选择？所以我推本溯源地向他探究这到底是怎么回事。他目光炯炯一脸自豪地对我说："当时我的家乡刚解放，南下部队急需有文化的知识青年。为了报效国家，也为了解放全中国，实现自己能够做一个对人民真正有用的人的伟大理想，而毫不犹豫地投身于解放军队伍中。但令人遗憾的是，由于我患有淋巴结核，不得不早早复原回乡。"但他并没有就此消沉，而是鸿鹄远志，风云壮怀。既然兵当不成，那就不妨再次拿起文化课本，继续学习，去实现当一名科学家的梦。1951年，他家兄弟三人一起参加高考，三人分别被北京大学、浙江大学和东北工学院录取。就此开始了他教学与科研的学术生涯。对他有了比较详细的了解，我心里不由暗暗仰慕他过人的才智、顽强的毅力和为社会主义建设作贡献的至高无上的胸襟。

我被他个人的精神所感动，对他的人格肃然起敬。但对我们要搞的那个筛子我心里仍然存有诸多疑惑，难以释怀。闻老师到底能带我们做出怎样一个科学的东西来？无论如何，"简单"二字依然在我脑海里驱之不散、挥之不去。当我们按闻老师的设计思想画出图纸，将同步直线振动筛做出样机来，还真没有多么复杂。没有精度要求甚高的齿轮传动，也没有液压系统，更没有内燃机之类的设备。有的仅是一个支架，上面放一张筛网，还有一个传动装置，剩下的就是几块橡胶弹簧了。然而，谁知要想达到理论上的物料直线运动，实现理想的筛分效果，并比原来的摇摆筛提高几倍甚至几十倍的效率，可就不是那么容易的事情了。这时闻老师先是给我们讲了一些与设计有关的专业课程，主要有振动理论、振动机械和物料运动原理与基本规律等。直到这时我才渐渐对这门学科若有所悟地产生了一些基本概念。为了进一步提高我对振动理论的理解，闻老师还将他发表在《工程力学》等刊物上的30多篇论文拿给我看，详细地向我阐述了现在所研制的这个筛子虽然结构简单，其理论却异常深奥，凭我们现在所学到的知识并非一时半会能够掌握。

在往后的时间里，随着机器调试的进一步深化，再加上调研时所看到的振动机械的广泛应用，我终于感受和洞悉到振动机械的复杂性和在生产活动应用中的重要性。尤其是看到闻老师在刊物上发表了那么多论文，更是激发了我学习的热情。在这种背景与现实教育的影响下，我内心禁不住对振动机械产生了关注。因为别看这种振动技术"简单"，但它却独树一帜，是整个机械行业的另类。有了这种思维的转化，我便对这一专业进行了探本穷源。除了听闻老师讲课传授的知识，还将所能见到的这方面的文献集录起来。特别是闻老师发表的一些论文被我一篇篇装订成册，作为学习与参考资料。此时，闻老师一边与我们一起调试机

器，一边从国外的资料中获得了概率筛的科技情报，并开始进行研究。在机器调试过程中，为了实现直线运动，必须频繁更换零件。东北的夏天同样酷热难耐，闻老师与我们一样在机器中钻进爬出，潺潺的汗水浸透了他的衣衫……

那时闻老师在学校没有房子，住的是妻子在苏家屯分得的一间半家属房。他家五口人，房子太小，只好在院里盖一间放杂物的小房。当时我们就利用星期天来帮他干活。和泥，搬土坯……房子盖好后，闻老师留我们在他家吃饭。他妻子弄了好几个菜招待我们，还问我们喝不喝酒。酒我们没喝，但这顿有肉的饭当时却吃得实在是香，似乎至今口中还萦绕着那饭菜苾勃的美味。为老师作一点力所能及十分容易的小贡献，我们自然而然心里很高兴。但在机器设计上，要想成功取得承载创新设计的新型机械绝非一蹴而就。不过有闻老师这枚定海神针，我们的试验终于成功了。

此时毕业季悄然而至，我们忙完毕业事务，匆匆打理行装，就此离开了校园，告别了同学，辞离了闻老师，带着师生之间依依情愫，带着阙如知识的感喟与缺憾，走向了新的工作岗位。我来到一个行政管理部门，从此远离了所学的机械专业，也远离了我已经有了一定了解的振动机械。但我并没有忘记振动机械，经常拿起笔来写出大量关于振动机械的科普文章，发表在全国一些科技报纸和刊物上。一年后的一天，我突然收到由学校寄来的十元钱，同时还附有一封我们在校时专业书记纪盛青老师的亲笔信，告知我们毕业小组在闻老师指导下所设计的直线同步振动筛荣获1978年辽宁省科技成果二等奖，这十元钱是奖金。我回信询问这台机器是否投入生产应用，效果如何。他复信说已批量生产，其工作效率是其他同类振动筛的5～10倍。可以说填补了国内空白，还被拍成专题科技片进行播放。

后来我接触到自然科学与社会科学相交叉的情报信息科学，开始做起了相应的研究。由于有了闻老师奋斗精神的鞭策及他所教授的科研方略，我的研究很快便有了成果。一系列论文相继发表在国家级期刊《情报学报》《中国信息导报》《科学学与科学技术管理》上，以及省级期刊《情报科学》《情报学刊》《情报业务研究》《情报探索》《情报杂志》等上。还和上海大学的老师合作出版了学术专著《国际商务信息学》，并有多篇学术论文获奖，不少学术论文被中国人民大学《复印报刊资料》及一些科学文摘收录。短短几年时间，我便成了这一学科的核心著者，还被选为全国竞争情报学会第一届理事会理事。在进行学术研究的同时，秉承闻老师传授给我的多路开发、勇于创新、自出机杼的精神，又开始了文学创作。因为进学校前我就喜好文学，在校期间，还写有几首小诗刊登在《东工通讯》报纸上。由此我走上了一条科学文学两栖的道路。我发表在全国大型文学刊物《啄木鸟》上的第一部中篇小说《复活的头骨》，就被评论家誉为"中国公安法制文学之林而又超越这片绿荫之外的一棵独具风采的异树！"截至目前，我已出版长篇小说7部，在全国文学刊物上发表中篇小说70多篇。并获有"公安部金盾文化工程奖""全国公安文学大赛优秀作品奖""全国侦探推理小说大奖赛1—6届优秀奖、佳作奖"等。一些小说入选"百年中国侦探小说精选""年度最佳侦探推理小说"和"中国当代侦探小说排行榜"等。

所有这一切成果的取得都离不开东大的培养，也离不开闻老师的精神传承和谆谆教导。2017年，我为写一本传记到沈阳采访，再次专门拜访了早已是振动机械执牛耳并享誉科技界的中国科学院院士闻老师。几十年暌违的重逢，让我们有说不完的话，道不完的情。这么多年，他教过很多学生，带过很多研究生和博士生，但对当年我"看不起"他那个筛子的话语仍然印记在心中。他的屋里到处摆满了他的著作，他将现在研究的重点一一向我做了介绍。当看到他近期的大部分论著都集中在软科学领域时，发现与我的研究相契合。我们俩讨论起了"科学研究方法论""科学研究创新学"和"顶层设计原理与方法"等。他送给我不少他的书，并把他所出版的五十多本著作的电子版一并给了我。希望我无论是学术研究还是文学创作，都能再创佳绩，再攀高峰……

我与闻老师的情缘与友谊像高山流水，夜雨春风，天之长，地之久，永远是那样的温馨和畅！

作者简介

康焕龙，男，1977年于东北工学院（现东北大学）机械系矿山机械专业毕业。现为中国法学会法治文化研究会理事、中国竞争情报学会第一届理事、河北作家协会会员。著有《黑色受孕》《隐私档案》《疑冢死穴》《死亡体验》《跳跃的死线》《目击的灰鸽子》《悬思的凶影》等中长篇小说70多部，共500余万字。其侦探推理小说以"科技推理"在国内独树一帜，分别在"全国公安文学大奖赛""全国1—6届侦探推理小说大奖赛""公安部金盾文化工程""东方侦探推理小说大奖赛"中获奖。多篇小说入选国家社科基金项目"百年中国侦探小说精选"及"年度侦探推理小说精选"等丛书。在学术研究领域，除发表侦探推理文学理论文章外，还出版发表学术专著《国际商务信息学》及40多篇信息（情报）科学论文，有多篇论文获奖。

情同父母，师恩如山

吕景峰

我们1977级地质测量专业班是冶金部委托东北工学院（现东北大学）在特殊时期为新疆、青海、河南、吉林及山东定向培养的一批专业人员，学校委派了以关广岳、刘海宴、董光、范盛华、纪延瑞和张明仁等一批老教授挂帅，以张殿斌、赵妍彬、高福聚、王洪亮等一批中青年骨干教师为班底的最强师资团队为我们授课。

1979年，刘海宴教授（中）带领地质班同学在青岛进行现场教学实习

在山东莱州参加教学实习

1986年，在采矿学馆前与恩师合影

1986年，在校园公园一角与恩师合影

同学们从祖国的四面八方聚集到一起，进入紧张而有序的专业基础与理论学习之中。课堂上和蔼可亲的老师们既传授同学们触手可及的专业基础知识，又讲授高深严谨的专业理论，使同学们迅速进入钻研基础知识、拓宽专业视野的良好境界。

由于我们1977级同学的特殊成长经历，在学习上就像一块块贫瘠的土地和一片片干涸许久的海绵，各个都如饥似渴地努力补充和汲取着知识的营养和学识的水分。在学校的各项集体活动中，同学们也都积极踊跃参加，好像浑身有使不完的劲。"学好本领，好上前线去。"毛主席的教导时刻指引着同学们前进和努力的方向。见到同学们的这种状态，慈祥的恩师们也总是不辞辛劳，往往是白天欠的课，晚上不厌其烦地加班加点为同学们补回来。

忘不了的课堂点滴，忘不了的书海与自习，忘不了的课上与课下，忘不了的紧张与假期，更忘不了的是深厚的师生情谊！当这些过往又重新浮现在同学们的脑海里时，才恍悟伟大母校对千万学子雕琢成器的举世胸襟。同学们都有这样一个相同的理念，今生与母校这样一批德高望重的恩师相遇，真的是我们一生中莫大的缘分。我们在工作中取得的每一份成绩与荣誉都和母校与恩师紧紧相连。

1987年，与恩师范盛华、王洪亮、高福聚、赵鸿迪合影

1978年，同学们带着初入校园的喜悦

教学实习是检验课堂教学成果和增强学生们从事实际专业能力的一个重要环节，在教学实习过程中，恩师与同学们同吃同住同劳动，不仅彼此在生活上互相关心，在实践中需要掌握的重要节点上更是会得到恩师的精心指导和关怀。恩师

1988年庐山，在全国学术会议上与恩师董光相遇

的音容笑貌，德高垂范，恩师的朴实近人，恩师对专业的严谨态度，无不深深刻印在同学们的心里，这些点滴凝聚成深厚的师生情谊更是同学们今生难以忘怀的宝贵财富。

同学们通过与恩师几年来的朝夕相处，经过恩师对同学们无微不至的关怀与无私教诲，更是通过同学们无数个日日夜夜的发奋努力，每个同学都仿佛母校巢穴里成长起来的小鸟，逐渐羽翼丰满，脑海里记着恩师的嘱托，胸中深怀着母校的期望，喜迎风雨，翱翔到祖国需要的四面八方！

湖水碧波象牙塔，白山黑水育芬芳。随着一批批东大学子奔向社会，各行各业都会源源不断地涌现出业界精英与出类拔萃的中坚力量。翠绿校园谱新曲，科技摇篮在东大，通过学校紧随世界科学前沿的各学科建设加强，各类别各层次的学科人才将会从这里走向其他科研院所，走向世界科学前沿。同时，持续不断的科技成果与前沿科技也会汇集到这里，得到升华后又转化成巨大的生产力支撑社会向前发展。

我们也用自己在工作中取得的累累硕果和学术成绩为母校的百年华诞献上自己的无悔和鲜花璀璨！

在母校东北大学喜迎建校100周年之际，我谨代表1977级地质测量专业班全体同学，与千千万万个东大学子一起衷心祝福东北大学基业长青！生日快乐！

师恩如山，母校伟大，1977级地质测量专业班吕景峰代同学们向恩师叩拜！向母校致敬！

作者简介——

吕景峰，黄金矿业专家，中国岩石力学与工程学会会员，中国地球物理学会构造物理化学专业委员会副主任、高级工程师。

主要对胶东半岛成矿及构造研究比较深入，在工作中有多项科技成果获奖，发表论文三十多篇。对构造控矿解析取得突破。成功将资源"枯竭"矿山"起死回生"，又连续生产近二十年。在金矿资源预测方面取得进展，成功预测黄金储量超百吨。

在地球动力学与板块构造研究方面做出探索，与恩师关广岳合作的《星球碰撞及全球陆动力系统形成》一文，提出了地球板块漂移的核心动力学过程理论，该课题已获得中国地球物理学会"重大科学问题"推介。

怀念导师杨自厚

孙新岸

作者导师杨自厚

杨自厚教授（1926年—2009年11月24日），河南人。1950年毕业于武汉大学，同年赴东北工学院（现东北大学）任教。杨自厚教授是20世纪50年代苏联专家指导的副博士，是我国自动控制界的著名学者，也是中国系统工程领域的学术带头人。

2009年感恩节这天的凌晨四点，家里的电话急促地响了起来，睡意朦胧的我拿起了电话，心里很是不解，谁会在大过节的时候，这么早打电话？

电话一接通，一位年轻的女子用中文问："请问您是孙老师吗？"闻之，我的睡意全消。已经有二十年没人这样称呼我了，只有东大的学生才会称我为老师。我小心翼翼地问："请问您是哪一位？"对方答："孙老师，您不认识我。请容我跟您解释。是这样，您是杨自厚教授的开门弟子，我的导师唐立新老师是杨老师的关门弟子。目前，我算是杨老师最小的徒孙。"听到这儿，我的脑子里不知道为什么闪了一下少林寺，感觉我们好像是在搞江湖上论资排辈。不过接下来这位师侄女的话，把我彻底击倒了！女孩儿接着说："杨老师在两天前，因心脏病发作不幸去世……"我的脑子一下子变成一片空白，根本听不到对方后面在讲什么了。怎么会？杨老师，我的恩师，怎么会不在人世了?！我当时方寸大乱，从心里往外地打颤。那天，成了我终身不能忘怀的感恩节。

一直以来都想写写我眼里的杨老师。杨老师作为当年的教授，那等严谨渊博的学识，那份品性儒雅的修养，那般真诚自然的为人师表，在我的心里烙下了深深的印记。

我是东北工学院1977级大学生，在大学毕业前考上了东北工学院1981级研究生。在东大读研的日子，与1977级大学生活的多姿多彩相比，可以说是非常的单调和孤独。给我留下深刻记忆的，是我的两位硕士指导教授。

当年，大学招研究生远不如现在的博士生多，一般一位教授只带一名研究生。我有两位指导教授，他们俩合伙指导两位研究生。这两位导师分别为杨自厚教授和李宝泽教授。在国内熟悉自动控制和系统工程专业的人，一定对他们不太陌生。杨老师可以说是国内搞自动控制和系统工程的泰斗，也是这两门学科的著名人士。

今天，作为他老人家当年的研究生，写这样一篇小小的纪念文章，真是难以概括和表述杨老师的那份学识和正气。好在前面已经说了，这里只是写我眼里的杨老师。

杨老师，从外表看是一位文质彬彬的书生，办事说话总是脸上带着微微的笑容，慢条斯理的，让人感觉他是一位和蔼可亲平易近人的人。而实际上，他也的确是一位有修养且儒雅的人，前提条件是，你不要跟他讨论学术问题。如果讨论起论文和课题，杨老师会是另一副表情，常常是非常认真，话题和问题都非常犀利又具有挑战性。如果你对这个论文或者课题没有一定深度的了解，那最好不要轻易跟他讨论。因为，你是绝对不可能在他面前打任何马虎眼，最后还可能被他一个个提问搞得紧张万分。

杨老师本人非常注重理论研究。他自己有着非常雄厚的数学底子，博览群书，好像你提系统工程这个领域里的任何一篇尖端论文，就没有他不知道的。这也就表明，我读研的日子并不是非常好过。

对许多学过的课程，我都没有太深的印象了，而对杨老师点定的三门必修课，却牢牢地铭刻在心。

第一门是日语。研究生都必须学第二外语，不过杨老师的要求不一样，他并不十分关心我的上课成绩，杨老师直接指定了一堆日文论文，要求我精读这些论文。可对只学了一个学期日语的我，能做的就是抱着一本大字典，苦苦地啃那些论文。记得当时特别感谢日本的文化的根来自中国，论文里至少有一半字是中文。

第二门是"泛函分析"课，那可是硬碰硬的数学系研究生课。记得当时学得头昏眼花，同寝室的一名女生是数学系的研究生，跟我一起上这门课。一天，我们一起证明一道数学题，她看了我的证明，非常惊讶："哇，你的证明非常简练，看来你已经弄懂了数学的精髓！"其实我心里蛮惭愧的，之所以让她看我的证明，是自己觉得推论过于简单，就好像讲故事，没把来龙去脉全交代明白。

第三门课，是杨老师和李老师共同负责的论文研读课。惨啊！咋那么多论文呢，每篇都要求精读、精读、再精读！后来到了做硕士论文时才知道，什么是比

这更较劲儿的精读!

一开始做论文,杨老师和李老师就做了一下分工:杨老师负责论文理论部分,李老师负责指导论文的实际数据搜索和处理。

做论文大幕拉开,先读多篇国际上优化领域非常前卫的日文和英文论文。说实话,第一次读杨老师布置的与课题相关的论文,我是下了一番功夫的。字典都翻得哗哗的,基本把那些论文都读懂了,也非常认真地准备了应该如何向杨老师汇报。当时的计划是,一篇篇地跟他老人家汇报读明白的内容。到了杨老师家(那时我们都是去他家碰头汇报),杨老师和蔼地问:"论文都读了?"我点点头,清清嗓子准备开讲。没想到,杨老师的问题像连珠炮一样射过来:"那你对这几篇论文有什么见解?你更喜欢哪一种计算方法?谈谈你对这几篇论文观点的比较。"我登时傻眼了。忙活了好多天,只是看明白了每篇文章的中心意思,也就是读得大意差不离吧。根本没进行什么比较分析,更不知道读论文是要吃透人家的东西,再产生自己的东西。

我想我当时的表情一定是把自己的那一点底儿暴露无遗。杨老师笑笑说:"回去吧,再好好看看。你要搞的课题是优化和预测,读懂人家的论点,多想想你应该怎样利用和发展人家的论点,来解决你的课题。研究生论文,不能就是生搬硬套人家的东西,要有自己的独创。"

那天,心里盛着满满的苦水往宿舍走。唉,如果知道读研究生是要搞发明创造,当年我绝不会使那么大劲儿往里钻!

在杨老师的一步步指导下,我确定了自己论文的方向、议题和立论。最后,历尽千辛万苦,计算出了想要的结果。终于到了写论文阶段,也写出了自己的第一稿论文。把写好的论文呈给杨老师看。一天后,杨老师问我:"你的论文是怎么写的?让你学泛函分析,难道你没明白,就是要你用泛函的语言写论文啊!"

那些日子,我一直在苦苦地挣扎。心里还愤愤的,真不知道好不容易混过了的泛函课,最后的用武之地竟然在这儿呢!

我的写作水平也与当年杨老师严格要求有关。他跟我说:"写论文要有很高的学术水平,语言组织一定要严谨。论文从破题,到立论、推演和结论都要清晰明了。不能有一句多余的话,逻辑推理要丝丝入扣、有理有据。论文要写到内行看了拍案而起,外行也让他们看明白大意。"

记得当年曾经跟另一位导师李老师,抱怨过研究生论文太难写。李老师笑答:"杨老师才让你写了三稿论文,你就叫苦了?你上大学时一定用过杨老师主编的《自动控制原理》。当年,杨老师完全可以自己编这本书,可他为了我们这些比他年轻的老师有著作，可以提职晋级，让系里近十个年轻教师参与了这本书的写作。我们是每人分一章来写，你可以想象，每个人的文风和推理方式都不一样。杨老师为了让我们大家在写书中提高业务水平，学会严谨一致的著书方式，他亲自审阅修改每一稿。我们一共改写了十多稿，最后才通过杨老师的终审！"

那时的论文，是要自己一笔一画地工工整整地写出来，我的字写得不是非常好看，杨老师说："字好坏在其次，但论文一定要写得整齐干净。古语说，文如其人。我希望你不但文如其人，还要字如其人。"

就这样，在两位严师的督促下，我度过了难忘的研究生生涯。

中国有句话叫严师出高徒。我的导师们的的确确在学术上是严师，可我自己一直惭愧没能成为他们期望的高徒，正是由于自己总是觉得愧对导师，在出国的二十多年里，只在1998年去拜访过两位导师。每次回国，都觉得无颜见他们。当得知杨老师已经仙逝后，才知道这世上是没有卖后悔药的。为什么自己就那么钻牛角尖，一直想着无颜见导师，现在就是想见也见不到了！

写这篇文章很耗费心力，也让我的心情非常低落。引用当年匆匆忙忙写下，送给杨老师的挽联来结束这篇文章，送上我对杨老师的一份怀念。

感恩节，闻噩耗，恩师仙去
敬师表，寄思念，师恩永存

作者简介——

孙新岸，笔名百草园。东北工学院（现东北大学）自控系1977级本科、1981级硕士。20世纪80年代末移居美国，现在美国500强公司工作，IT白领。海外华文女作家协会、海外文轩作家协会、北美华文作家协会成员。华人头条《文舞霓裳》专栏主编。出版散文集《忆海拾贝》和教育文集《走入美国教育》，均获得海外华人著述奖。多篇小说和散文多次获得汉新文学小说和散文佳作奖。

老当益壮，不坠青云之志

赵传进

从热腾腾的夏日走进秋天，像是从人群里走出来。走在校园里，吸一口初凉的空气，所有的注意力从外部回流到自身，感官变得敏锐。一片叶子落在另一片叶子上，一阵风把它们卷起，跟着被卷起的，是过去某一年秋天的回忆。李广田教授的故事也在这些翻飞的树叶中被缓缓展开。

作者恩师李广田教授

李广田教授1970年东北工学院（现东北大学）钢冶系炼钢专业毕业后留校任教，1990—1994年在俄罗斯车里雅宾斯克国立大学攻读博士。现任东北大学材料与冶金学院教授，辽宁省老教授协会理工专业委员会副主任，东华钢铁冶金新技术研究院副院长，东北大学沈阳校友会专家教授委员会副主任，沈阳市中小企业老教授服务平台专家组成员，中国大型装备国际招评标专家，中国标准化协会装备制造业委员会特聘专家，国家自然科学基金评审专家组成员兼俄罗斯车里雅宾斯克冶金研究院特聘研究员。

李广田教授的主要业绩：担任国家、省、市重大科研项目和辽宁省自然科学基金项目负责人，先后取得17项重大科研成果和2项发明专利，其中11项荣获国家、部和省、市科技进步奖和发明奖。上述科研成果大多得到推广应用。自1990年以来，多次应邀赴韩国和俄罗斯进行冶金新材料国际学术交流，并与俄罗斯开展多项科研合作，取得多项成果。撰写学术论文50余篇，分别在亚洲热物性会议、中俄电冶金研究会议和《钢铁》杂志、俄罗斯《有色金属杂志》、《东北大学学报》、《钢铁研究学报》、《特殊钢》等刊物上发表。编著《特种冶金用新型耐火材料》，主编《冶金工程概论》，主译《海绵铁炼钢译文集》，编著《钢铁冶金辅助材料》，由东北大学出版社、辽宁科技出版社和化学工业出版社出版发行。

永不言退，心怀社会

第一次见到李广田教授，就被教授眼里的光震撼到了，究竟是什么样的力量才能使得一位年近八十的老人眼中发出如此的炯炯光芒？当我们问及李教授原因时，李教授告诉我们最大的秘籍就是心态要好，另外还得有所牵挂。不是祖国赋予了我们使命，而是我们主动承担起了国家和社会的责任。有谁不喜欢养鸟逛园的生活呢？只不过是心中对社会的强烈责任感使我们不愿停下罢了。

时间回溯到新冠病毒感染疫情突发时期，李教授的科研项目没有暂停，冶金和发电一样，需要 24 小时不停工，初次启动需要的能源极大，一旦停摆，需要很长时间才能启动，而且会损耗巨大能源。当疫情来袭，在我们都希望退而自保时，却有一群人奋勇向前，逆流而上，李教授便是其中一员。在疫情期间他乘专车被紧急邀请到凌源钢铁公司以解决生产过程中的技术难题，人员缺少，问题频发，如何才能保证自己仍能坚守初心，调整心态可能是那个阶段仍在奋战的逆行者们共同要面对的问题，而李教授给出的答案很简单："我们要有家国情怀，我们要有一个精神支柱。"对未来的遐想和无保留的信任使得李教授格外富有活力。就算再累也有坚持下去的理由，就算再忙心里也能笑开了花。在场的我们都深深地被李教授的家国情怀感动。

国家有求，我辈当留

但只有一个坚定相信国家未来的信念是远远不够的，所以我们向李教授请教了他是如何选择自己的研究方向的，希望知道当年他为什么走上了钢铁冶金的道路。"我认为当时咱们国家钢铁还比较落后，党和国家培养了我，我应该为改变国家的面貌作贡献。"李教授说道，"我就想做点实实在在的事"。

李广田教授曾在俄罗斯留学，参与过各种冶金学术研讨，之后多年应邀前往韩国、俄罗斯等地，本可以定居国外，但是从东北大学毕业的李教授深感国家冶金工业发展落后，毅然决定为国效力，并号召国外学者回到中国。李教授用《露营之歌》中的一句话精准生动地向我们形容了当时的工作："火烤胸前暖，风吹背后寒。"讲得多么轻松、平淡！多么豪迈大气！但细想却透露出冶金行业所有工人和研究人员的工作环境艰苦，条件恶劣。既得考虑和忍受面前一排排的炼钢炉温度，又得操控和管理身后一列列的风扇转动。李教授在令人难以忍受的温差环境下创新技术，在钢市竞争激烈的背景下利用对冶金新材料新技术的研究，为中国钢铁企业保留了自主的活动空间，提供了属于中国自己的核心技术。

在聊起这些的时候，李教授总是向我们传递出这样的消息：我们的研究一定要务实，一定要能为国所用。

教书育人，化育天下

在谈到对学生的教育时，李教授回忆了自己的一些学生，那双深邃的眼睛充满着对青年的期望，饱含着对中国未来的信任。看着李教授桃李天下，繁星满空，我整个人都被震撼了，李教授饱含深意地说："我做好了自己的事，现在不图名不图利，就想着如何将自己的知识传授出去更多，传递给更多人。"

李教授在实验室指导我们时，要求我们务实工作，用广泛的知识来对冲时代浪潮，"实实在在地去做，抓紧时间多学习"，李教授的期望直入人心，朴素而具有深意。

在日常的学习生活中，李广田教授总是神采奕奕，同时含着一种对未来的无限期许，他教会我们无论什么时候，都要坚定信念，报效国家。

秋叶散去，平实的言语像细流，流淌出一种节奏，化身为一股力量，进入我们每个人心中。

作者简介——

赵传进，1999年9月生，湖北监利人。2019年考入东北大学，推免至上海交通大学攻读研究生学位，多次获得奖学金，开展省级大学生创新创业项目，获得东北大学优秀志愿者、优秀学生、优秀团员标兵称号。

书写东大故事，承传东大精神

——我所经历的三任好校长

曹云凤

东北大学是国家首批"211 工程"和"985 工程"重点建设的高校，2017 年 9 月，进入一流大学建设高校行列。东北大学能有今天这样的快速发展与辉煌成就，是一代代东大人接续奋斗的结果，更离不开历任校长的卓越贡献。

教务管理十八年，使我有幸与三任校长——陆钟武校长、蒋仲乐校长和赫冀成校长做近距离的工作接触，使我有机会能够亲身领悟校长们的办学理念，亲自领会校长们的教改思路，亲眼领略校长们的领导风范。发生在三任校长身上的"好故事"特别多，特别感人。限于篇幅，本文仅撷取三任校长办学的几则小故事奉献给大家。

陆钟武院长提议设置中心考场，注重考风学风建设

良好的考风是一所大学办学理念和传统底蕴的体现，它直接关系到学校的学风、校风建设，关系到能否培养出适应社会发展需要的高素质人才。

每逢期末考试时，陆钟武院长都要深入考场进行巡视和检查，了解考试情况。1987 年末，我和教务处的一位老师在采矿学馆 101 和 102 阶梯教室考场门前和正在巡视考场的陆院长相遇。陆院长以一位师长的身份和我们探讨关于考场安排遇到的具体问题。他提示我们说："把考场安排在阶梯教室（指采矿学馆 101 和 102 阶梯教室）很容易给考生创造抄袭的方便条件，考场安排在普通平面教室为宜。"陆院长明确指示："可以把冶金学馆四楼原图书馆书库改建成一个大型考场，作为全校性的中心考场使用。"陆院长就是这样，在深入考场巡查考试过程中善于发现问题，并提出解决问题的具体措施。

遵照陆院长的指示，教务处的老师们夜以继日，制定了中心考场的设计方案，并完成了中心考场考生座位平面布置图的绘制任务。陆院长在审查中心考场的设计方案后，当即批示学校出资 20 万元用于中心考场改建、购置桌椅。1988 年初，能容纳 500 余名考生，可以同时安排不同专业班级、不同科目考试的中心考场正式投入使用。

中心考场正式启用后，陆院长亲临冶金学馆视察中心考场的运行情况。陆院长边视察边提醒教务处的同事们："考风的好坏直接影响人才培养的质量，影响学校的学风和校风。教务处要把严格考试管理作为优良学风建设、优良校风建设的重要环节抓实抓好。"教务处十分重视陆院长的指示，召开专门会议研究落实，决定由教务处分管处长任考场总指挥，学生处副处长任考场副总指挥，主持中心考场的考务工作；各考试课程主考、监考和巡考老师要严格执行考试实施程序和规定；教务处修订、完善了《考试纪律规则》《监考人员守则》《考场巡视制度》等规章制度，进一步明确了考试管理工作的相关要求，加大了对考风考纪的严肃整治。教务处以加强考场考务管理为重点，精心组织，周密安排，形成了协调一致、监督到位的考试工作组织体系，确保了考试正常有序进行。

学校在加强中心考场考务管理工作的同时，注重做好学生诚信考试教育工作，同学们自我约束和自我管理的意识不断增强，考试违纪、作弊现象由初期的"频频发生"到"时有发生"，最后到"偶有发生"。井然有序的考试得到全校师生的肯定和赞同，很多班级主动要求将期末考试安排在中心考场进行。多少年来，每到毕业季，莘莘学子都要到冶金学馆悬挂着的"东北大学中心考场"横额前拍照留影。他们说："中心考场使我们难忘，这里最公平，有纪念意义。"寥寥数语，透露着同学们对中心考场的赞美与留恋之情。

平凡之中见精神。陆钟武院长提出设置中心考场的举措看似平凡，但平凡之事，充分展现了一校之长深入教学一线的领导作风和善于发现问题、解决问题的领导能力，充分体现了一校之长的改革、创新和求实精神，这正是东大精神之所在。

蒋仲乐校长遵循因材施教原则，重视拔尖人才培养

创新人才培养体系，培育优秀拔尖人才，是东北大学百年来孜孜以求的办学目标。着眼于培养跨世纪优秀人才的设想，在总结多年来优秀人才培养经验的基础上，学校教务处制定了《东北大学优秀学生选拔与培养办法》，确定自1993级学生起，开始实施"2+2"研究型优秀拔尖人才培养模式（以下简称"尖子生班"）的探索与实践工作。

1993级尖子生班仅仅经过一个学年的教学实践探索即取得显著成效。就在全校师生为尖子生班学生取得的成长进步而喜悦之时，有人提出："对少数学生进行强化培养有悖教育公平""尖子生班和大学生学习的两极分化"等。面对这些异议，有的老师和教务管理人员一时也感到困惑。就在大家对举办尖子生班的问题产生疑虑之时，蒋仲乐校长对尖子生班的举办做出了"依据学生不同的能力状况进行相应的教育，组建尖子生班，实施优才优育，符合因材施教原则。我们

要以适应学校未来发展和新世纪社会对人才需求的战略眼光，进一步做好拔尖人才培养工作"的明确指示。蒋校长推进人才培养模式改革的坚定话语，增强了教务管理人员继续办好尖子生班的信心。可以说，"远见卓识，当机立断"是蒋校长作为一校之长的工作魄力所在。

为把优秀拔尖人才培养落到实处，1994年10月6日，蒋仲乐校长亲自主持召开了"齐抓共管，办好尖子生班"的专项工作会议。会议在蒋校长办公室召开，参加会议的有教务处、研究生院、学生处等八个部门的负责人和教师代表。会上，由我代表教务处，汇报了一年来尖子生班培养工作取得的初步成效和需要重点解决的几个问题。蒋校长边听边记，他纵观东北大学的发展全局，对办好尖子生班的重要性做了深刻阐述："当前国际竞争的实质是人才的竞争，而人才竞争的实质是优秀拔尖人才的竞争。拔尖人才的培养，对国家、对东北大学未来的发展具有重要的战略意义。"蒋校长遵循"因材施教"的教育规律办事，勇于排除外界干扰，坚定初衷不动摇，大力办好尖子生班的殷切期望，感召着每一位与会老师，鼓舞着在场的机关各部门负责人。大家纷纷表示，要举全校之力办好尖子生班。

在这次会上，蒋校长与各部门负责人一起就如何加强尖子生班的管理问题展开充分讨论并决定：成立尖子生班教学指导委员会，设立尖子生班专项业务费，设置优秀拔尖学生专项奖学金，实施完全学分制，加大推荐学硕博连读研究生的名额等十余项配套措施。

在蒋校长的直接关心与具体指导下，加强优秀拔尖人才培养的有关决策部署得以全面落实，人才培养质量大幅提高。1993级尖子生班学生在第一学年第二学期全部通过全国大学外语等级（四级）考试，在全国高等工科院校高等数学统考中，平均成绩高达93.33分；众多学生多次在全国大学生数学建模竞赛、全国大学生计算机大赛、全国大学生英语大赛、全国大学生电子设计大赛等各类赛事活动中屡获大奖，为东大教育改革与发展增色添彩。

蒋校长身先士卒抓改革，亲自过问尖子生班的办学状况，亲自主持召开尖子生班专项工作会议，亲自参与制定办好尖子生班的配套措施，以实际行动回应了对设立尖子生班是"教育不公平"的质疑，成功带领大家走出了一条具有东大特色的优秀拔尖人才培养模式的新路。

赫冀成校长构建东大"顶层设计"，凝练东大校训精神

当前，"顶层设计"已成为各行各业广泛使用的新术语。其实，早在20年前，赫冀成校长就提出了"顶层设计"的概念，构建了东北大学发展定位的顶层

设计。

2002年初，在启动和部署我校实施"985工程"建设动员大会上，赫校长指出："东北大学的'顶层设计'是指学校的办学指导思想明确、办学思路明晰、办学理念先进，学校的办学层次、服务面向、发展目标及学科、专业等诸项定位要符合校情、科学准确、具有前瞻性。"赫冀成校长满怀信心地表示："到建校百年时，实现把东北大学建设成为'多科性、研究型、国际化'的国内一流、国际知名的高水平研究型大学的宏伟目标。"赫冀成校长根据国家教育方针和政策，结合学校实际现状做出的东北大学的"顶层设计"，统一了全校教职员工的思想，指明了学校各项工作的前进方向，具有统揽学校全局、引领学校改革和发展方向的重要作用。

基于东北大学"顶层设计"理念，从"研究型"大学办学类型的定位出发，赫校长在探索科研教学相融合的基层学术组织方面，接连做出果断决定，在全国高等学校率先进行基层学术组织建设，打破了原有的沿袭了几十年的"教研室"行政管理模式，代之以研究功能为主导，以学术带头人为核心的新型科研、教学和管理为一体的基层组织——研究所。科研教学基层组织的改革，促进了科研和教学的融合，适应了创新教育发展的需要。从人才培养的视角看，研究所是专业高年级学生及研究生在指导教师指导下，进行学科领域科研项目开发的实践基地，其所具有的浓厚的学术氛围、良好的学习环境和优越的研究条件，拓宽了学生的科学视野，有利于学生研究能力的提高和创新精神的培养。研究型大学基层学术组织——研究所的创建，是高水平科研带动高水平教学的重要举措，为学校未来几十年实现可持续科学发展的蓝图，画下了浓墨重彩的一笔。

赫冀成校长提出并带领学校领导班子做出的研究型大学这一"顶天"的、定位准确的"顶层设计"和创建的研究型大学基层学术组织研究所这一"立地"的、科学合理的"基层设计"，两者相辅相成，确保了东北大学在21世纪初就步入了良性科学发展的轨道，为"高水平研究型大学"宏伟目标的实现，奠定了坚实基础。

校训乃一校之魂。校训体现了一所学校的办学传统，代表着校园文化和教育理念，是大学人文精神的高度凝练。当你踏进东大校门，最先映入眼帘的是篆刻在校训石上耀眼夺目的"自强不息、知行合一"八字校训。人们或许会问，东大校训是怎样产生的？由谁提出来的？其内涵是什么？

2003年，东北大学八十年校庆前夕，学校校园文化建设委员会对校训进行了重新审定，在审定会议上，与会者经过一番讨论，始终未能拿出满意的方案。这时，赫冀成校长提议将老校长张学良对东大学生"自强不息"的训导和东大第一任校长王永江在举行首届学生开学典礼时（1923年10月24日）为东北大学题写的"知行合一"的校训，两个短语合在一起组成"自强不息、知行合一"，作为东北大学新的校训。"自强不息、知行合一"，既具有东大的传统精神，又体现了当今学校的办学宗旨、办学理念。赫校长的一席话语，得到与会者的一致赞同。

东大"自强不息、知行合一"校训的产生，引发了高等教育界和社会的热烈反响。著名文化学者、辽宁省社会科学院原副院长、辽宁省作家协会副主席彭定安称赞："东北大学的校训内容很好，含义丰富，而且词语优雅、合辙押韵，读起来朗朗上口。两个短语均取自中国传统典籍，流播广泛，被国人所重视。它们既是中国传统的哲学命题，又是中华文化的精髓，在中华民族文化、心理性格的形成和精神构建的历史中，发挥过并且仍然在发挥着巨大的作用……"校训"自强不息、知行合一"是东北大学80年历程中凝练的办学精华，成为学校发展历史上一笔弥足珍贵的精神财富，永续传承东大精神。

从"顶天"的东北大学"顶层设计"的构建，到"立地"的基层学术组织研究所的创建和"自强不息、知行合一"校训的产生，都表明赫冀成校长是一位懂教育、有思想、善管理的好校长。

伟大的人民教育家陶行知先生曾经说过："校长是一个学校的灵魂。学校的好坏和校长最有关系，一个好校长就是一所好学校。"几十年来，东北大学发展迅速，越办越好，这与我所经历的陆钟武、蒋仲乐和赫冀成三任校长的接力传承，卓越贡献密不可分。

百年东大，成就斐然，这里有书写不完的壮美诗篇，有述说不完的感人故事。

作者简介——

曹云凤，男，汉族，教授，1946年1月生，辽宁沈阳人。1970年毕业于东北工学院（现东北大学）炼钢专业。1985年任东北大学钢冶系副主任，1986—2006年任东北大学校教务处副处长、处长。1992年起享受国务院政府特殊津贴。1989年获"国家优秀教学成果奖特等奖"。1987年、1993年、1996年分别获"省科技进步一等奖""省优秀教学成果奖一等奖""冶金部优秀教学成果奖一等奖"。发表学术论文和教学管理论文50余篇，出版专著两部。

只因明月挂心空

赵 雷

建校百年，师如繁星。每当忆起在东北大学读研求学这一段时光，总有一种皓月当空的感觉。

赵凯老师参加学术会议

我总在想，像赵凯老师一样的导师们是以一种怎样的爱心，在默默地浇灌、呵护着我们这些正在扬穗灌浆的"庄稼"；是以一种怎样的大度与承担，尽力为我们提供风调雨顺的生长环境；又是以一种怎样令人眼热的境界，扶助、引领着我们这些学子的心灵穿过那些没有星光的夜晚。

2020年，突如其来的新冠病毒感染疫情改变了很多人的生活轨迹，而对于站在人生第36个年头的我来说，也注定要有一段非同寻常的经历：这一年，我走进东北大学，开启了我的硕士研究生学习生涯。

老话说"人到三十不学艺"，我却在几近"不惑之年"开始了新的起跑。还记得那年9月份开学报到那天，本来和同学相约入校，没想到刚到校门口同学进去了，我却被拦了下来，保安大哥一脸严肃地告诉我："防疫要求，孩子送到这就行了，家长不让进！"我赶紧一边拿出录取通知书，一边解释说："大哥，其实我是学生。"保安大哥一听，仔细瞅了瞅通知书，撇撇嘴道："挺显老啊，同学。"然后才把我放进校。

至今，保安大哥张大嘴巴惊讶的表情，还深深印在我的脑海里。在很多人看来，跨过而立之年的学生，确实并不多见。但我认为，每个人的"而立"之年，需要自己来定义。36岁，依然可以追梦。

上专业课、读文献、写结课论文……凭着恒心和韧劲，我"杀"退了一个个学习路上的拦路虎，把对知识的渴望转化为对知识的拥有。

教师节那天，我给导师赵凯发了一条微信："赵老师，我知道自己不是最优秀的那一个，但我想成为最努力的那一个！今天是教师节，祝您节日快乐！"导师很快回复我："你是我遇到的年龄最大、学习最刻苦的学生，也是深受我尊敬的一名学生。学习路上，我们有机会一起努力。"

让我终生难忘的是，课堂上，我曾碰到一个背着孩子前来听课的硕士同学；食堂里，我还碰到一位"抛家舍业"不远千里求学的博士学长……徜徉在大学校园，品味着马克思"我的幸福源于奋斗"，我忽然发现，不管你是"20+""30+"还是"40+"，都是奔跑着奋斗的年华。

在这里，我增长着知识，收获着友谊，当然，也要面对一道"头疼"的"必答题"：论文开题。

2021年3月份，开学后不久，听学长说每年的论文开题都是一大关，由于自己平时"修炼不足"，对于如何针对性地选课题、找方向我有些茫然。那段日子满嘴起泡，睡不着觉。

就在我抓耳挠腮"薅头发"之时，赵老师主动联系了我，她告诉我说上届有的研究生开题困难，为了吸取教训，她决定今年定期给我布置作业，让我额外学习。第一份作业就是，在她上课前查阅不少于20篇相关领域的论文，然后梳理和归纳出相关问题。

如此情况，让我惊喜之余又颇感压力。好在赵老师给我指出了一条明路，我赶紧搜集各类学术论文认真研读。刚开始选题比较模糊，有时感觉实在太难，抬头望望天，找不到方向。好在这期间，赵老师不断嘱咐我读书的重点，为我后续论文开题报告的撰写奠定了基础。

日子在跌宕起伏的心情中，变得尤为漫长。7月份，学院刚下发开题通知，赵老师就迅即微信转发给我，并强调：论文开题通知下来了，发你钉钉查看，要先搜集资料……。8月下旬，还没开学，赵老师又发微信提醒我：现在距离开题大约还有两个多月，请你先确定论文选题的题目，查文献资料，及时与我沟通，要抓紧了！

9月初，我向赵老师汇报说，自己想从《XXX法律制度研究》这个角度切入选题。赵老师鼓励我说，可行，不过需进一步研究琢磨。她把往届学长的开题报告样本传给我，供我学习参考。

教师节这天，赵老师给我发微信说，明天上午将通过钉钉会议的形式，对我此前下载递交她的4篇相关专业论文进行分析。9月11日上午，恰逢周六，赵老师利用自己的休息时间，结合论文把现实中的热点问题、理论上的重点问题与需要我关注的焦点问题巧妙结合起来，以独特的解析力进行讲解，让我豁然开朗。赵老师告诉我，能否抓准前沿性问题，是衡量一名研究生专业水平高低、基本功扎不扎实的主要标志之一，也是写出优秀论文的基础，"当周围一片寂静的时候，恰恰是你可以大声说话的时候；当世界千篇一律的时候，恰恰是你可以标新立异之时。"她还说，"写论文要论起来。"有些论文就是从概念到概念，从结论到结论，没有"论起来"。赵老师的"论起来理论"看似通俗简洁，但却一语中的，让我为之一振。这些话，深深地刻在我心里。

论文开题答辩会越来越近了，时间不等人。一个月后，赵老师给我发微信："赵雷啊，尽快完成开题报告初稿，发给我啊！"我明显感到赵老师有些着急了，我理解她的良苦用心。接下来，一个个不眠之夜，我俯身案前敲击着电脑键盘，输入、删除、再输入……第一稿论题不精准，推倒；第二稿结构不合理，重写；第三稿创新点不行，再补充。写完第四稿时，赵老师约我到办公室面谈。从选题立意到整理文章思路，从建立逻辑结构到专业化表达等，赵老师都一一给我指出问题。哪里写得好，哪里有欠缺，哪里应该保留，哪里应该砍掉，赵老师都提出了建设性的修改意见。随着论文开题报告的逐渐完善，自己的思维方式越来越科学，学术态度越来越严谨，总结提炼能力和逻辑归纳能力都有了很大提高。

人世间有一种呵护就像月亮，以她美丽的光辉照亮人心的夜晚。又一次东方泛白，当在电脑上修改完第五稿开题报告时，我既有百般苦累的感觉在心头，更有一种自豪的愉悦在心间。它凝聚着导师太多心血与厚望，当然，也夹杂着我数不清的担心与自责。赵老师修改批注的那一行行夺目的红字如火般燃烧，照我前行，激我奋进。

痛苦摸索中，每一束亮光都让我们欣喜若狂。艰难跋涉在求学路上，导师如红烛般燃烧自己，照亮我们未知的旅途。我把赵老师指导修改过的开题报告手稿珍藏了起来，内心满是敬仰。并在扉页写下这样一句话：感谢脚下以外的土地。我明白——这脚下的大地，让我踏实而坚定。

紧张的时刻终于到来了，开题答辩会定在了11月10日下午。好在有赵老师的耐心指导，这大半年"功课"做得足，答辩时我没有太多的惊慌，准确到位地回答了答辩委员们尖锐的提问。看到各位导师脸上露出满意的微笑，我有些许如释重负，所有的酸甜苦辣都在顷刻间释然，因为自己终于迈出了毕业论文撰写的第一步。

"老师，我通过啦！"论文开题答辩会一结束，我悬着的心终于放了下来，马上给导师发了一条微信，与她分享成功的喜悦。欣喜之时，我心里很清楚，如果没有赵老师的悉心点拨，不断纠偏正向，我的开题报告是难以获满票通过的。

现在想来，这种难得的"授业解惑"，就像一轮皓月高高地挂在天上，让人仰望、令人神往。

始建于1923年的母校，迎来百岁华诞。百年来，一代代东大人秉承"自强不息、知行合一"的校训精神，薪火相传、砥砺前行，她滋养、充盈、丰富着我们的灵魂和人生。作为一名"大龄学子"，我由衷地为她骄傲，为她自豪，为她祝福！

2023年，我们这届学生也将毕业、各奔前程。也许，未来的道路并不平坦。但我会迈着坚实的脚步，踏着新时代的鼓点，昂首向未来。

此生如果长夜好走，只因明月常挂心空。

作者简介——

赵雷，男，1984年4月生，吉林长春人。2002年参军入伍，2004年加入中国共产党，在部队期间先后荣立二等功2次、三等功3次，2019年转业到辽宁省退役军人事务部门工作，2020年9月考入东北大学文法学院宪法学与行政法学专业，攻读硕士学位的研究生。攻读学位期间荣获全国首届退役军人事务系统网络正能量作品大赛一等奖，辽宁省省直机关职工技能比赛公文写作赛项一等奖，辽宁省法学会"习近平法治思想"主题征文二等奖，辽宁省直属机关"强国复兴有我"主题征文三等奖。

沐春风

李钰洋

序 言

韶光流转，盛事如约。转眼间来到东北大学已有两年多的光景，亲爱的NEU也进入了百年校庆倒计时。回望这两年，在师长、同学们的鼓励支持下，我收获良多，倍感欢欣。展望未来，我将与东大一起努力奋斗奔赴前程。谨以此文献礼百年东大，献给可敬可爱的蔡晓淇老师。祝愿东北大学在一代代东大人的接续奋斗中越来越好！

"叮铃……"一阵清脆的电话铃声响起，东北大学的录取通知书到了。欣喜签收，拆封合照，第一时间通知亲友老师，分享我的喜悦，我即将加入东北大学这个大家庭，成为一名东大人！一天一天数着日子，报到的日子到了！一路上喜不自胜，来到我曾经来过又有些许陌生的城市——沈阳，东北大学我来了！

初见蔡老师——既亲切又温暖

穿过宽敞整洁的校园，在学院学长的帮助下，我顺利来到文法学院学生报到处，迎新处一位正在为大一新生解答问题的老师吸引了我的目光：一头长发披肩，五官俊秀，举止干练，将迎新事务安排得井井有条。在布置安排各项工作的同时，老师还耐心为我们解答生活学习上的诸多问题，告诉我们宿舍的具体位置，到哪购买生活用品，以及宿舍安全等事项。我心想这是怎样的一位老师，这样的细心爱生又沉稳干练。一位学姐小声告诉我，她是我们文法学院的团委书记——蔡晓淇老师。

又见蔡老师——抓落实守初心

秋分时节，军训结束后，文法学院开展了丰富多彩的"青年马克思主义者培养工程"系列活动（以下简称青马工程），以期学员们在新学期伊始借助青马工程这个广阔的平台，锤炼意志，砥砺奋进，不忘初心使命，坚定理想信念。我现在回想起蔡晓淇老师在辩论赛活动前的讲话，仍然记忆深刻。那是青马工程中期的辩论赛活动，由于是考试周的原因，部分学员有些许懈怠，面对活动中的困难有畏难情绪。大家的心理变化都被蔡老师看在眼里，她没有立即批评指责我们，而是从自身经历出发，向我们讲述她在学生生涯中的感悟与收获：加入学生会认真做好每一项学生工作，参加"大骨班"培训，在与同学老师的交流合作中历练自我，虽然过程中也有诸多坎坷与难处，但为同学服务的初心未变，提升自我的意愿未移，一切困难便都可跨越。蔡老师在讲话的最后勉励新一届团学组织要守得住初心，耐得住寂寞，在全心全意为同学服务中，建设阳光文法团学组织，奉献自我，检验自我。这番讲话持续了约一个小时，言语饱含着对过往大学生活的怀念和对我们新一代大学生的期许。不仅让初入大学校园的我意识到了自身存在的不足，也对未来的学习工作充满期待与干劲！

静默之中有大爱，细微之处显真情。2022年春季学期，新冠病毒感染疫情形势复杂，学校进入封闭管理状态，蔡老师放下不到4岁的孩子跟我们一样封闭在校园里，一待就是100多天，她陪着我们一起学习、生活，还策划各类团学活动帮助同学们缓解疫情压力。2022年秋季学期，面对复杂严峻的疫情形势，学校进入静态化管理阶段。作为学院团委书记和本科生辅导员，蔡老师冲在防疫一线，担任学生公寓楼层负责人。楼层负责人每天的工作烦琐且重大，要处理好全层几百名学生的日常生活及防疫问题，十分辛苦。每天我都会看到蔡老师拿着记录本，楼上楼下反复奔波，了解最新动态，不厌其烦地到每一个寝室督促我们扫码并完成核酸检测。在楼层网格群里，蔡老师每天准时准点提醒大家洗澡取餐时间，也会在降温时提醒我们天冷加衣。网格群里有很多大一新生，初入校园有很多突发情况，但即使是在深夜发出求助，蔡老师都会第一时间帮助同学们妥善解决。终于，在老师、同学、学校后勤保障人员和医护工作者的共同努力下，静态化管理解除，校园恢复正常状态。很有幸我所居住的楼层正是蔡老师负责的楼层，得以在静态化管控这段时间亲身感受蔡老师作为楼层负责人对我们的辛勤付出。蔡老师，您辛苦了！

九载春秋，砥砺育人初心，她用过硬本领和高尚情操铺就学生的未来路；矢志不渝，常思兢兢业业，她用耐心、爱心、责任心为学生成长保驾护航；敬业乐群，笃行爱校如家，她始终奋战在学生工作和抗击疫情的第一线；臻于至善，恪尽团学使命，她宽严相济、严谨认真，不断革新工作思路和方法。于我而言，她是老师，春风化雨，信手抚平青葱的忧愁；亦如姐姐，言传身教，用心托举每一个梦想，以信仰之火鼓舞了一批批青年学子。

2021年11月2日，蔡晓淇老师在文法学院第二次学代会、研代会开幕式上讲话

他日见蔡老师——做榜样启前路

在蔡老师的感召下，如今我光荣地成为学院团学组织中的一员，响应号召践行初心，传承薪火领跑未来。面对未来的学习和学生工作，我深知：向下扎根的奋斗，是积累，是成长；向上成长的梦想，是决心，是挑战；往日点滴辛勤，皆可铺就回甘路；今日沉着刻苦，定能攀向凌绝峰！

行走在东北大学的校园里，就像沐浴在春风里。当我靠近您时，本想沐浴一缕春风，而您却给了我整个春天。

"师恩难忘意深浓，桃李人间茂万丛。历苦耕耘勤育李，谆谆教诲记心中。"回望这两年，我是何等的幸运，在东北大学的校园里遇到无数的好师长，他们德高为师，他们学高为范。他们"入其微"，不怠行远自迩；他们"重其事"，不负韶华向远。他们奉献凝聚爱与诚，敬业散发光与热，像和煦春风带来温暖慰藉，如垂范之柳彰显先锋风采。他们是东大学子的逐梦榜样！

百年征程波澜壮阔，百年初心历久弥坚。今天作为新一代的东大人，我们定会锲而不舍，斗志昂扬。躬耕实践"自强不息、知行合一"的校训精神，力学笃行"实干、报国、创新、卓越"的文化品格，在勤勉学习中提升自我，在踏实拼搏中继往开来，努力为全面建设社会主义现代化国家、实现中华民族伟大复兴的中国梦，贡献东大力量！

作者简介——

　　李钰洋，辽宁营口人，共青团员，入党积极分子。东北大学文法学院 2021 级本科生，院团委思想教育中心组宣部部长，辩论队成员，话剧社成员。自 2021 年入学以来积极参加学校、学院各项文体活动，热情投入志愿服务。参加了学校组织的青马活动，曾获校团委三个一百年宣讲比赛优秀奖，校辩论赛十二强。寒暑假参加了省少工委组织的少先队员辅导员志愿活动，为少先队员们提供线上一对一课业心理指导，组建社会实践团队，获评校级重点团队立项。

我的大学生活

——怀念两位恩师

马玉凤

　　每每翻看相册，我都会满怀深情地凝视大学时期几张珍贵的照片，并勾起一段美好的回忆和无尽的思念。这可不仅仅是几张普通的照片，它们承载着我的青春，也承载着浓浓的师生情、同学情，更承载着恩师对我们的殷切期望，使我变得更有力量！

　　我想念照片中的每一个人，但最怀念和敬重的是给我们70冶备3班女生们留下光彩瞬间的那位兄长，也是我最敬重的恩师——杨佩祯老师。他虽然未在照片中露面，却是这些照片的灵魂和隐藏的主角。尽管在校期间我只见过杨老师三次，但他传递给我的人格魅力和乐观向上的精神却影响了我的一生。

　　结识杨佩祯老师还是源于他的夫人——教我们班普通化学课的王君超老师，也得益于我们都是回族，同在回民食堂就餐。正因如此，王君超老师选择与我们70冶备3班的女生们同住一间寝室。长期同吃同住，又给我们上课，王老师对我们班6名女生的性格、爱好及内心世界均了如指掌，同我们结下了很深的情谊。

　　1966年五一劳动节前夕，王老师对我们说："姑娘们！五一假期如果你们没什么安排，让我家杨佩祯带咱们游园照相，如何？"那个时候照相机难得一见，更难得有机会拍照留念。能去游园拍照对我们来说那真是喜出望外啊！我们别提有多高兴了！

　　五一国际劳动节那天一大早，我们6个女生都换上了当时自认最漂亮的衣服，按照约好的时间下楼，王老师和她的丈夫已等候在二舍门前的操场上。这是我第一次见到杨佩祯老师，第一眼印象是白皙的脸庞、深邃的眼睛和微卷的头发，非常高大帅气。还没等我们缓过神来，杨老师就亲切地向我们打招呼，问我们是想去校外拍照还是在校园内拍照，我们异口同声地说："听您的！"杨老师微笑着说："那咱们就在校园内吧，也让你们好好感受一下东工之美，等下次再带你们去北陵！"简短的几句话，让人感到他非常和蔼可亲，平易近人，就像一位温和的兄长。

1966年5月1日，杨佩祯老师给70冶备3班的6名女生（后排中间为作者）拍的合照

一路上，我们迎着阳光、伴着花香，时而在花丛中、时而在各教学馆前留影。杨老师一路边拍照边轻声讲述道：有人说东工是个破大院，我却觉得底蕴深厚。你们知道东工的前身就是东北大学吗？张学良将军从27岁起曾担任了4年校长，东大也因此发展成为当时国内规模最大的大学，并一度辉煌！你们现在十八九岁，好好学习，将来也有机会成为将军，成为国家栋梁！你们知道梁思成和林徽因吧，他们当年也曾在东北大学执教，林徽因可是女中豪杰，她就是你们"六朵金花"的榜样啊！

1966年5月1日，杨佩祯老师给王君超老师（二排左二）
和70冶备3班的"六朵金花"拍的合影

杨老师还向我们介绍说，采矿学馆、冶金学馆、建筑学馆、机电学馆等教学

馆的设计全部出自我院建筑系教师之手，均为仿苏风格。而更让我意想不到的是，我们平时上机械制图课的建筑学馆，施工设计竟然是建筑系学生的毕业设计课题！恩师说，那可是真刀真枪、真题真做啊！并且必须确保万无一失，来不得半点差错。可以毫不夸张地说，建筑学馆就是建筑系师生"自强不息、知行合一"的产物。随即，恩师又语重心长地对我们说，你们是学冶备的，将来你们在冶金战线上也要努力超越前人，去创造历史！

可以说1966年的5月1日是我大学5年中最开心、最有意义的一天！我不仅收获了快乐，收获了美好的瞬间，更收获了一位良师益友，遇见了我一生都非常敬重的一位兄长！他没有居高临下的简单说教，用最平实的语言娓娓道来，却字里行间洋溢着对我们的殷切期待，又春风化雨般地滋润着我们的心灵。虽然只是寥寥数语，却胜读十年书。那满满的正能量潜移默化地影响了我的一生！东大昔日的辉煌不禁让我肃然起敬，激发了我对母校的无限爱恋，更激发了我奋发向上、自强不息的力量！

杨老师不仅期待我们学业有成，他还以自己的身体力行影响我们要心中有爱！1965年深秋，那时我们刚入学不久，天气格外寒冷，我们班刘君平同学说，至少要比她的老家河北保定冷上几倍。她说她特别怕冷，小时候每到换季都会咳嗽个不停。这次气温骤降更是让她感冒发烧、咳嗽不止。病痛对她的折磨显而易见，我们却缺乏生活经验，不知怎样才能帮到她。没想到的是，第二天一大早，王君超老师上气不接下气地跑到我们宿舍，手里拿着一个裹了好几层毛巾的饭盒递给她说："君平，这是你们杨老师和我一大早起来给你做的热汤面条，杨老师怕凉了，让裹上毛巾，骑自行车载着我一路飞奔而来的，想让你趁热吃下去发发汗，身体会好些，你快趁热吃了吧！他有课就没上楼看你。"

处于病痛之中的刘君平几天来一直有一种期待，一种渴望，期待亲人的安慰，渴望妈妈的慰藉。可是她的妈妈早就不在了，亲人们又离得太远。看到热乎乎的面条的那一刻，她就如同见到了远方的亲人，感受到了妈妈的温暖，眼泪瞬间奔涌而出，她内心的渴望与期待在这一刹那得到了完全的释放！我在旁边也感动得热泪盈眶，深深为王老师和杨老师待我们如亲人的行为感动。两位恩师用实际行动传递给我们的爱，也贯穿在我们近半个世纪的工作与生活之中。君平也是有情有义、懂得感恩的人，直到2017年她还铭记着两位恩师的温暖，向我要杨老师的微信号，找机会表达深藏在心底半个世纪的感激之情。

第三次见到杨佩祯老师是在1966年夏初，一次我们70冶备3班的女生上完体育课，给我们上体育课的那个上海口音美女教师将我留下，说要推荐我去沈阳市少年宫青少年体操队，问我是否愿意。当时我拿不定主意，就回答她说，等我想想再告诉您吧。我心里是想等晚上到食堂就餐见到王君超老师时征求一下她的意见，结果晚饭时王君超老师没来，却见到了杨佩祯老师，我同他讲了经过，恩师思考片刻后，温和地对我说："这是件好事啊，我应该祝贺你，说明你有这方面的天赋，值得高兴啊！"接着他问我是否喜欢体操，我说喜欢。他又说："如果你觉得不会影响功课的话，我建议你参加，我们不能只知道读书，当个书呆子，青年人要有爱好，要全面发展，对你今后成长有好处，更何况参加体育项目可以磨炼意志、陶冶情操、丰富人生！"恩师又补充一句："我看你身体比较单薄，不够强壮，你得加强体能锻炼、增强体质，将来才能承受繁重的工作！"恩师的一席话令我茅塞顿开，我矛盾的心情一下子豁然开朗，浑身上下充满了力量。并深感恩师的虚怀若谷和志存高远，对待学生就像对待自己的亲人一样。

　　在东北工学院5年的求学生涯中，由于所处时代的特殊性，我见杨老师的次数屈指可数。可就在那有限的几次接触中，恩师用兄长般的情怀给我们播撒了爱的种子，使我们心中总是充满着积极向上的力量。激励我们胸怀大志，自强不息、知行合一，让我们心中充满了爱和激情去报效祖国。这种力量鼓舞和影响了我的一生。正是这种力量，让我这个"高四"学生从钳工、机械员成长为一名教授级高级工程师。

1999年7月13日，杨佩祯老师夫妇和作者（右）

　　恩师的谆谆教诲永远铭记在心。它化作了我脑中的智慧、胸中的热血和行为的规范！在我近四十年的工作岗位上让我不负韶华，为祖国的冶金事业和社会主义现代化建设拼出了自己的光彩！现在两位恩师虽然都已离开了我们，但师恩却永驻我心底！

作者简介——

马玉凤，回族，1946年12月19日生。就读于东北工学院（现东北大学）机械系70冶备3班，本科。1970年8月起在陕西钢铁研究所、陕西精密金属集团有限公司工作，正高职，教授级高级工程师，曾任行政职务有冷轧带钢厂设备厂长、技改处副处长、教育处副处长。

主要工作成果：①实现冷轧带钢生产线重大工艺变革——卷取标准化；②圆满完成1990年冶金部下达的重点攻关项目——高精度冷轧带表面研磨工艺及设备的研制工作，此举解决了我国电子工业用材料表面打毛交货问题，推进了市场国产化进程；③成功组织了由国家计划委员会立项审批、投资一亿元的省级重点项目——集团公司冷轧带钢厂组建复合材料生产线项目的建设与实施，并负责完成从美国引进复合轧机设备的验收、安装、调试与试生产工作。

论文及译文：《生产具有一定粗糙度的高精度冷轧带钢初探》合著，刊登在1991年1期的《金属材料》上；《高精度冷轧带表面加工技术及设备的研究》，刊登在1994年的《陕西冶金》上；《350 mm复合轧机现场试车报告》，保密资料存档；翻译集团公司荫罩带钢生产线建设拟引进设备外商报价书等资料共6册，逾25万字。

师恩·传承

丁　桦

　　进入大学之前，我在沈阳市储运公司第三仓库上班。仓库主要储存化工产品，如石蜡、棉纱等，又称"化工库"。单位距林盛堡车站很近，我每天乘火车上下班，为"通勤"一族。单位不大，只有200余人，大多数是国营职工，我和二十几个同伴属于大集体编制。我先在装卸运输队做了几个月的装卸工，后来调任会计。财务不包括成本核算，工作不是很繁忙，有时间我就去参加现场火车货物的装卸。下班后读书看报，有时也写通讯稿件，策划些小节目。当时的我对未来有着一些美好的憧憬，但未敢有过多的期许。那时上大学需要单位保送，几年中单位里只有一人被保送到某石油学院上大学，我不奢望能有这样的机会。1977年10月的一天，平静的生活起了波澜。我清晰地记得那天在单位听到了中央人民广播电台播放的恢复高考的消息。当时全国不是统一考试，各省的高考时间也不尽相同，辽宁省的高考在12月初进行。我找到已"沉睡"三年多的各科课本，和其他几名同事一起开始了紧张的复习，为圆自己的大学梦而努力。

　　在填报高考志愿时，我第一志愿填的是东北工学院，报的专业分别是金属物理、金属材料及热处理和金属压力加工。我的理想是成为一名工程师，进入东北工学院学习是我年幼时的梦想。如我所愿，高考后我被东北工学院有色金属压力加工专业录取。1978年2月26日，我来到学校报到，成为恢复高考后的第一届大学生。后来我才得知，当年全国报名参加高考的有570万人，录取的只有27.3万人。

　　学校为久违校园的我们提供了良好的学习环境，师资力量也十分雄厚。"高等数学"的任课老师是李凝华老师。学生眼中的李老师睿智而严谨，课堂上我们不想错过任何一个细节。除了正常上课之外，她利用晚上的业余时间为我们补习其他数学类课程，每次课3个小时。虽然上课并不点名，也无需考试，但是大家的学习热情十分高涨，大教室里座无虚席。在教与学的过程中，我们和李老师建立了深厚的感情，在校园里拍了许多照片，留下了美好的回忆。讲授"普通物理"的王燕生老师授课思路清晰，举例生动，课堂教学十分精彩。寒假过后，我

们寝室的几个女生相约到王老师家拜访。那时没有电话，无法和老师事先约定时间，依稀记得王老师开门看到我们这些"不速之客"的几分惊讶。讲授"理论力学"的王铁光老师授课极其认真，给我们留的习题他都在本子上做出标准答案，后来得知他在理论研究方面颇有功底。顾芸芸老师授课清晰明了，且很注意调动我们的学习积极性。"材料力学"最后一次课临近元旦，顾老师下课前预祝大家节日快乐，同学们报以热烈的掌声，那一幕我仍记忆犹新。执教"工程制图"的赵维廉老师非常认真负责，经常在课后为我们解答问题。我当时觉得空间概念一时难以建立，曾专门找赵老师答疑解惑，得到了他的热情帮助。邵理述老师为六个班讲授"电工学"，在大教室的讲台上十分潇洒，语言风趣幽默，使我们在理解课程内容的同时，又深感其内涵的丰富。还有讲授"政治理论课"的王太金老师、讲授"普通化学"的于云清老师、讲授"物理化学"的徐建宽老师……每一位授课教师在教学上都是那么投入，给我们留下了深刻的印象。老师们的敬业精神和精湛的教学艺术，激发了我们的学习热情，为我们之后的学习和工作奠定了良好的基础。

班级里的同学上大学之前大多没有学过英语，我也只是跟着广播电台学过一点，会几个简单的句子，语法方面一片空白。讲授英语的几位老师努力使教学进度适应不同基础的同学，我们也十分勤奋，教材后的练习基本全部做过一遍。在食堂等待打饭排队时，有的同学拿着小本子背单词，也毫不违和。

专业课的教学为我们打开了通向专业领域的大门。讲授"金属学"的杨胜坤老师、讲授"X射线衍射原理"的周彦民老师和讲授"金属热处理"的娄明珠老师都是十分严谨的老师，课堂授课效果也非常好。在他（她）们的精心引领下，我们走进了奇妙的微观世界，逐步掌握了材料表征和组织性能控制的方法。王振范老师执教的"塑性加工力学"使我们领略了塑性力学在材料加工过程中的应用，段曰瑚老师讲授的"轧制工艺学"和温景林老师讲授的"挤压拉拔工艺学"更使我们感受到加工专业应用领域的广阔，孝云祯老师讲授的"专业英语"课程则使我们掌握了英语在专业中的应用。

大学四年级时，学校为了培养师资，在1977级学生中组建了英语口语班，由来自美国的外教任教，全校共遴选了60人。除了数学、物理和力学师资班之外，其他专业的每个班一般只有一名同学参加学习。我有幸成为英语口语班中的一员。学校为每名同学配备了一台小型录音机和10盘磁带，在那时已经是相当好的条件了。每周10学时英语口语课，学习强度很大。缺乏听说训练的我一度陷入了困境，听力练习听不懂，口语练习频频出错，课上感到十分尴尬。为了走出困境，课后我经常与外教交流，同时采用了提高听力水平的好办法——听写，顺利地过了口语关，实现了"后进变先进"。

我的毕业论文课题是"Al-Ca-Zn合金超塑性的研究"，指导老师是吴庆龄老师。金属的超塑性当时是我们专业的主要研究方向之一。吴老师为我们创造了良好的实验条件，使我在本科学习阶段就有了用扫描电镜和电子探针进行组织表征的机会。在学校的测试中心，高文清老师为我做了超塑拉伸试样断口的扫描电镜观察。照片洗印出后，我发现断口的韧窝中有类似滑移线的痕迹。但在20世纪80年代初，研究者一般认为超塑变形的机制是界面滑动，并不认可晶内滑移的存在。困惑之中听说可以去请教金属研究所的庄育智老师，可是我既不认识庄老师，也不知道他家住在哪里。"初生牛犊不怕虎"，为了求知，我到金属所家属宿舍一路问询。庄老师并没有觉得我的到访突兀，而是十分耐心地为我解答了疑问，并肯定了我的想法。本科时的毕业论文可以说是我从事科研工作的启蒙。从那时起，我对材料变形机制的研究就有了特殊的兴趣。

东北工学院金属材料系77金加专业毕业留念

在四年的大学生活里，我遇到了很多好老师。老师们的教诲对我的人生观塑造和事业的发展起到了重要的作用，令我至今仍心存感激。他们不仅教给我们知识，同时教会了我们做人的道理，培养了我们的探索精神。老师们勤恳敬业，教

书育人，为人才培养作出的贡献值得学生铭记于心。毕业二十周年和三十周年时，同学们回到母校聚会，邀请了当年的老师参加聚会活动。师生相聚，交谈甚欢。

大学毕业后，我留在学校成为一名人民教师，今年恰逢留校任教四十一年。迄今为止，已经教过30多届的几千名学生。我和当年刚开始任教一样，仍然对教学充满了热爱，对学生充满着热情。我做过两次班主任、两次班导师，指导过多名同学参加创新创业活动，和很多毕业生有联系。学生们在学习中的进步和职场上的成就令我欣慰。我想这也是一种传承。

当年底蕴丰厚的专业、今天的材料成型及控制工程专业，历经国家级特色专业建设、"卓越工程师培养计划"实施、工程教育专业认证和国家级一流专业建设，仍在不断焕发出新的活力。我对自己的选择感到庆幸。国家的发展给予了我们这一代人良好的机遇，学校和专业为我们提供了广阔的平台。我唯有不忘初心，努力工作，为国家的繁荣昌盛、社会进步和学校的发展奉献自己的绵薄之力。

作者简介——

丁桦，1958年10月生。东北工学院材料科学与工程学院材料加工系主任，教授，博士生导师。1982年1月毕业于东北工学院有色金属压力加工专业，1986年3月获得东北工学院材料加工工程硕士学位，2000年3月获得东北大学材料加工工程博士学位。任国家级一流线下课程"材料成形金属学"课程负责人，辽宁省教学名师。主持国家自然科学基金重点项目、面上项目及与企业合作的项目，发表学术论文200余篇。曾任辽宁省政协委员、辽宁省人大常委会委员和辽宁省政府参事。

在公共管理的品质中务实与关怀同在

——与娄成武教授的相处点滴

谷民崇

中华多兴事，逢十小庆，百年则大庆，以载历程。白山黑水，滋养吾曹，母校百年，庆典临近。思绪万千，念基础学院一轮春夏，忆南湖校区八载秋冬，场景犹现，历历在目，跃跃欲试，终成水账，一贺兴事，自家逢喜告知四邻同乐；二补憾事，吾师古稀寿诞未能面贺。遂记！

——题记

我毕业的学校，东北大学迎来百年校庆。百年的峥嵘岁月，映照着沈阳这座城市的肌理与灵魂，守护着东北这片土地教育兴国的精神航灯。一百年这样一个节点，已经不仅是一个时间表述，如百年老店、百年建筑、百年名校一样，更是在向社会传递着一种文化、一个品牌和一份信任。岁月轮转下，赓续着东大"自强不息、知行合一"的价值基因。

我在基础学院和南湖校区度过了9年的求学时光，现在学院办学地点搬到了浑南，大部分记忆还是停留在文化路3号巷11号。在那里，有我熟悉的老五舍、严冬里的五五冰场、桃园亭的麻辣烫，还有机电学馆声声入耳的读书声。2005年入学第一课是校史学习，了解了张学良老校长的办学理念、"教育兴业兴国"的初心使命及作为一二·九运动主力和先锋的红色传承等，最为深刻当属"大学更是大师之大"，这彻底化解了那时的我对沧桑校舍的疑问。

第一次远距离见娄老师是在系里的新生见面会，当时对他的第一印象是50多岁就满头白发的老教授，在台上如数家珍地讲述学科发展和前景，可以说是精彩纷呈，心中感叹能进入这师门也太难了。不承想，我却与这位老者结下了一辈子的师生情谊。那些年，娄老师很忙，行政和科研"双轮驱动"；我似乎也很忙，学生会和学习"两翼齐飞"。娄老师每隔段时间都会"提溜召唤"我一次，他那由大变小的办公室，仿若拥有时光隧道的魔力，承载着我俩关乎学术与生活的充实且悠然的时光，思绪贯穿政府治理前后70年，实事讨论横跨东西南北五大洲。他常常一手拿烟，一手画思路，时不时问我"不来一根？"，而我则如饥似渴，提着支笔在本子上龙飞凤舞，生怕漏掉任何一条让我醍醐灌顶的思想和观点，而后来很多论文的发表正是在那几十次谈话中碰撞出来的，尤其是那篇《城市社区自治》，再回顾感触颇深。每次"被提溜"后，我都赖皮地讨一小包茶叶，然后闪退，娄老师都会笑着嘀咕："臭小子，不抽烟，喝茶好。"如果回忆有味道，那段日子就应该像是雨后的青草地——迷雾消散、清新温润。

娄老师总是教导我在合适的时间做恰当的事，这也是"知行合一"校训的另外一种实践。论文送审前是最难熬的日子，盲审前夜，娄老师用铅笔逐字逐句修改摘要，这个画面就像是镌刻在我心里一样，哪怕多年过去，都不曾忘记。娄老师一边修改一边耐心地对我说道："这是整个成品最点睛的地方，这里思路说清楚了，评阅老师才能有动力往后翻。"2014年7月，我幸运地如期毕业，遗憾的是娄老师因出差未能看到我作为毕业生代表发言。办理离校手续，找他签字，临了我说："离开学校我可就进社会了，送我一句话呗。"娄老师说："那就这句吧——在公共管理的品质中务实与关怀同在。"似乎，这句话他已经想了好久，也似乎他早就想好了要说给谁听。

我母亲常对我说："作为父母，生你养你是责任，但真正教你做人的是你各阶段的老师，又有多少人领到工资会想着曾经的老师……虽然他们不计较这些，但你应该做点什么。"想想我自己，拿工资请娄老师吃饭是在领了好几个月薪水之后。毕业离开沈阳后，回去的次数不多，头几年能坚持每年两次固定回沈，一次是端午节娄老师生日，一次是大年初六，绕道沈阳给老人家拜个年再坐夜车回北京。遗憾的是，因况3年没去沈阳拜年，算上今年端午也错过了三次生日。

前几年，娄老师来北京次数多，虽有时很匆忙，大多情况下我都会跑去酒店跟他见上一面。最近一两年，娄老师身体总不好，疫情影响也只能时不时跟他通个电话，问问近况、聊聊生活，师母说娄老师退休在家也不闲着，经常打电话问老友和学生当前的新热点和大趋势，关心学科的建设发展。每当这时，我都想起汉卿会堂南侧的那座"拓荒牛"——不待扬鞭自奋蹄。由于工作性质，这些年我常出差，走过20多个省份。调研过海拔4000多米的西藏那曲地区市场监管所，在新疆阿拉山口口岸爬过几米高的矿石车厢，更喜欢每次出差的晨跑，在烟火中感受经济发展的日新月异。每次跟娄老师汇报所见所闻时，他都饶有兴致地先听后谈，时时叮嘱我"基层跑得多，要想着公共管理的本土化，多看少说，务实做事，要心系中国几亿农民啊"，这些叮嘱，都是勉励我向前的箴言。

一路走来，庆幸和他老人家这师生的情缘，从课堂内外的传道、授业、解惑到新工作领域的调研、破题、求证，以及涉国际形势的回望、近观、前瞻，他的学术洞察和理论研判，既"高大上"又"接地气"，一路走来，跟着他学习"做人、做事、做学问"，更有幸，从这位智者的人生阅历和独到的战略眼光中，学到了"看人、看事、看社会"的第二课堂知识。未来，师承谨守"务实与关怀同在"，遵道秉义"为天地立心"，踔厉奋进"为生民立命"，做一名合格的"勤务兵"。

遥祝母校，世界一流；唯愿吾师，健康长寿。

作者简介——

谷民崇，2005—2014 年就读于东北大学文法学院，现就职于国家市场监督管理总局发展研究中心。

一生为师，以道济学子

吴价宝

斗转星移，寒暑易节，我从母校毕业已三十七载，来到江苏海洋大学任教也有三十四个年头。如今的我已近耳顺之年，回眸过往，无论是大环境还是小环境都有许许多多的变化。于祖国，日益繁荣。于我，人生业已过大半。沧海桑田，人事大多变迁。我常常在种种变动中体会心中的不变，那就是教好书、育好人的初心。而在我心中埋下"初心"这颗种子的，正是我母校可敬的老师们。如果没有他们，便没有我教师职业的选择，也不会有我今天在教师岗位上的所思、所为、所得。

我于1982年9月1日来到东北工学院。我学的是管理工程专业，在东工（这样称呼觉得很亲切）度过了本科四年的快乐时光。犹记，当我迈入大学校门时，我们专业的欢迎标语写着："欢迎你，未来的厂长经理！"，那时的我看了很激动，因为对于一位来自农村的学生，厂长经理这顶桂冠真的很有吸引力。不过，现在的我并没有成为一名厂长经理，而是成为了一名大学老师。在三十多年的从教生涯中，我借鉴、传承了本科阶段不少老师的教学风格与经验。

我记得，教"工效学"的杨学涵老师，他的课程是以学生为主体，让学生高度参与。他会让我们做实验，在实验中让我们学会探求知识，以至于我现在仍记得骑完自行车后测心率这件有趣的事情，这也让我对管理科学实践性的理解更加深入。我体会到对于管理专业的人才培养而言，没有实验则不会有较好的教学效果，所以我在江苏海洋大学任教后，也尝试创办一个工效实验室，为此专门请教过杨老师，因为他是国内该领域的鼻祖。"寓教于乐，寓教于干，激发学生们的兴趣"，这是我从杨老师课上总结思考的教学理念，这种教学理念，很大程度上影响了我后来的教学工作。今天我在讲授管理学相关课程中，遇到过于抽象难懂的理论时，会带着学生或进行实践，或将目光放在当下的社会经济与时代背景中，让他们觉得所学的知识是真实的、有趣的、有用的。

戴着副眼镜，梳着大背头，把夹着粉笔的右手搭到左肩上，一套动作行云流水，自信且微妙，这便是讲授"生产管理学"的乔有让老师，同学们背后戏称他

"乔老爷"。他是一位让我们感到特别亲近的老师，这位老师也有着自己的独特风格。那时的我们常常聚在一块看电视连续剧《射雕英雄传》，有时会看到很晚，第二天常有同学在他的课上打瞌睡。"你们就是射大雕专业的"，他便拿电视里的情节来打趣我们。至今回想，仍觉得幽默风趣。我想，一位老师如果有一些特定的形体动作，并且找一些与学生们生活相关的课堂语言，想必会让课堂变得鲜活起来，让学生产生亲近之感。《生产管理学》中有一章内容是流水线，很不好讲，它的计算过程也比较复杂枯燥，学生们可能不爱听，也不易懂。乔老师提前把这一章的学习任务布置下去，并告知一周之后，他将随机抽学生当"小老师"来授课。同学们因为紧张，所以个个做足了准备，在上课前都基本掌握了这章内容。我记得一周后被抽到的是西安的杨进同学，那堂课他讲得很好。这节课后，我得到了一个启发，那就是最枯燥的课是可以交给学生的，这样做可以挖掘学生的潜能，因为学生的学习能力是很强的。

与幽默的乔有让老师形成强烈反差的，是教"技术经济学"的郭宝柱老师，他是一位非常踏实稳重、温文尔雅的老师。"技术经济学"主要讲授方案比较与评价计算。因为郭老师的认真、细心，让我们在这门课中学到了不少知识，以至于后来班上很多同学的毕业论文就是做项目可行性研究的。他的讲授很有系统性，教得很扎实，学生自然掌握得很好。后来，我们班级举行毕业三十年聚会时，设置了一个环节，就是请郭宝柱老师再为我们上一节课，重温大学的青春时光。虽然这不是一个正式的课堂，但郭老师仍认真地为我们上课。郭老师的这种兢兢业业、踏踏实实的敬业精神也深深地感染了我，我现在的教学亦是如此，始终把教书视为一个神圣的使命，始终坚持"三不讲"的授课理念，即不讲没有准备的课、不讲没有感染力的课、不讲误人子弟的课。

除了以上三位老师外，还有一位两年前毕业于东北财经大学的钟田丽老师，这位年轻漂亮的女老师教我们"会计原理与工业会计"。她上课很有亲和力并且性格活泼，在课间很爱和同学们交流，大家都很喜欢她，也喜欢她的课。受她的影响，在我的教书生涯中，我在课间时一般不会到教室外面休息，而是留下来和学生们交流，学生们自然与我也变得非常亲近，课上课下几乎精神满满、打成一片，授课的效果也自然好很多。

本科毕业三十七年了，恩师们教给我的知识或已忘却、或转化、或与我融为一体，但他们的音容笑貌还时时浮现。这些影响我颇深、使我受益终身的教育理念与教学方法塑造了被评为江苏海洋大学首届教学名师的我。如今我已成为二级教授，从普通教师成长为商学院院长，并先后交流到学校财务处处长、法律与公

共管理学院院长、文法学院党委书记多个岗位上。过去被学生们爱称"宝宝老师""宝宝院长",今天又被学生们亲切地称为"宝宝书记"。我在教学上也获得了一些荣誉,曾获江苏省教学成果一等奖、国家教学成果二等奖等。回顾这一切,我不禁感叹,是恩师们给予了我营养,给予了我持久的能量,我正是站在了恩师们的肩膀上,传承了恩师们的智慧,才有今天点点滴滴的收获。我将一生为师,以道济学子,以明灯传江海。

作者简介——

吴价宝,男,1965年7月生,安徽桐城人,1982—1986年在东北工学院管理工程专业本科学习。现为江苏海洋大学二级教授,博士,博士后,研究生导师。历任江苏海洋大学商学院院长、财务处处长、法律与公共管理学院院长、文法学院党委书记。兼任中国统筹法与经济数学研究会常务理事、江苏省生产力学会常务理事、连云港市经济学会会长。江苏省"333高层次人才工程"中青年科技带头人,江苏省"六大人才高峰"培养对象,连云港市"521"人才工程第一层次培养对象,连云港市首届十大社科名家,江苏海洋大学首届教学名师。主持江苏省工商管理特色专业、江苏省工商管理重点专业类、江苏省精品课程、江苏省重点教材、江苏省重点教改项目等。主持完成科研项目40余项,出版学术著作3部,公开发表论文130余篇。教学成果获国家教学成果二等奖1项,江苏省教学成果一等奖1项、二等奖2项。科研成果获江苏省哲学社会科学优秀成果二等奖1项、三等奖2项。

缅怀恩师马龙翔教授

陈绍龙

　　2021年辽宁省教育厅公布了首批辽宁省教育世家，在榜的30个家庭中，就有马龙翔的家庭。据介绍，马龙翔先生1932年考入北洋大学（现天津大学）矿冶系，1945年赴美国留学深造，1947年在台湾筹建当时中国唯一的铝厂——高雄铝厂。1949年新中国成立在即，在其父影响下，他奉父命（其父马叙伦先生是新中国第一任教育部部长、第一任高教部部长，全国政协副主席，执教于北京大学）怀着满腔爱国热忱离台北上。1955年，马龙翔先生受聘于东北工学院，曾任东北工学院副校长、教授、博士生导师。1982年起，连续三届当选为辽宁省政协副主席。他终其一生投入到有色金属材料加工学科的教学与科研工作中，为我国培养了一大批有色金属压力加工人才。在有色金属的熔炼与铸造、压力加工和金属超塑性研究等方面有很深的造诣。他在学术研究的30多年历程中，发表了近60篇学术论文，主要研究成果有"高强可焊铝镁变形合金研究""Zn-A122共析合金超塑性研究""超塑性研究综合评述"等，并出版了大量学术著作，如《铝合金的熔炼与铸造》《有色金属压力加工原理》等。

　　马龙翔先生不仅自己从事教育工作，而且一家四代人，代代有教授。儿子马先作为在新中国成立以后接受教育的一代，延续了传承已久的书香门风。他于1963年考入东北工学院自动控制系，并于1977年回校任教，参与了多项国家863、973计划项目，曾任中国机械自动化仿真协会秘书长。孙女马兰在大连理工大学任教。

　　马先生家的几代人见证了新中国教育事业的发展历程。百年沧桑巨变，从江南到塞北，从台湾到故土，这个家庭一直践行着"只有跟着共产党走，才是在正道上行"的家训。这个家庭有10余名教师投身到祖国教育事业中，兢兢业业、勤勤恳恳奉献着他们的光和热。孙女马兰女士在新中国的教育事业里绵

马龙翔教授70岁肖像

延了四代，家族人员中从教人数达十余人，涵盖的教学领域包括：人文、数理、医学、艺术等。家庭的成长早已与国家的发展紧密相连，国家需要早已成为这个家庭的努力方向。在马先生的家庭中我们不但看到了教师"传道、授业、解惑"的职责，更看到了为国家振兴、为学生励志不断注入人格精神激励、民族意识唤醒的教育世家风范！

1963年，我考进东北工学院，马龙翔教授是我们专业课教师、金属加工系的主任，当时马老师刚过五十岁，一副深度眼镜，十分引人注目。由于学校正在进行教学体制改革，对我们金属加工系和金属学系一年级的新生，实行系、部分离，单独成立基础课部。所以，见到系主任的机会很少。直到三年级时撤销基础部回归金加系，才接触到专业课老师。当时，听说马龙翔老师离开金加系，调任学院的教务长。但为了使金属压力加工专业的学生，全面了解本专业在国民经济建设中的重要作用，今后能够热爱专业、学好专业，他还是以专业课教师的身份，孜孜不倦地给我们上了一堂生动而翔实的专业教育课。

悠悠岁月、历历往事，有的事转身就忘，有的却铭记终生。这次专业教育课在一个阶梯教室里召开，他讲述了金属压力加工专业的基本概况，其中有几段话，至今我还记忆犹新。

同学们，你们是一个特殊的年级，三年级才回到金属加工系大集体的怀抱，我代表全系师生热烈欢迎你们的归来！你们之中，只有一半是东北人，经过两年的锻炼，关内的同学是否习惯了这里的生活？我是浙江杭州人，夫人是广东人，初来东北，无论是气候还是饮食都很不适应，但只要放眼未来，报效祖国，将自己的全部献给这片黑土地，慢慢就会好起来。我们一家人来了就再没离开过，早已把自己看作地地道道的东北人了。我告诉你们，吃玉米和高粱米是可以长大个的！（马老师的幽默赢得满堂笑声，大家兴高采烈地鼓掌。）从现在开始，你们进入了专业基础课的学习，一年之后将学习专业课，我们将会在教室、实验室经常见面。

东北全境解放后，工业区百废待兴，国家急缺高级冶金人才。钢铁与有色金属工业在国民经济发展和国防建设中具有举足轻重的战略地位。我国在产品质量、品种型号等方面，与国际先进水平相比还有差距。在振兴东北老工业基地的背景下，辽宁省确立了作为国家原材料基地和先进制造基地的发展战略，赋予了金属压力加工专业培养具有创新能力人才、开展高水平研究的责任和为发展地方经济作出贡献的使命。要求本专业的培训与教学进一步面向国民经济主战场，密切结合现代成形与控制技术迫切需要解决的关键问题开展研究。同时注重瞄准国际研究的制高点，开展前沿性研究及基础理论研究，为我国金属压力加工的技术进步和人才培养作贡献。

我们学校是为了中国的重工业发展而建立的，祖国丰富的宝藏，需要勘测—探矿—采矿—选矿—冶炼—加工，还有各环节必要的机械装备和电气控制，才能制造成为经济建设及国防军事的可用之材，我们东北工学院开办了现在这么多的专业，各具特色、缺一不可。我们系毕业生将来所承担的任务，是最后金属材料成型制造的产量、质量的关键技术。1952年院系调整后，我院进一步修订了专业教学计划和课程大纲，认真改进和充实教研组。建校以来，这种在实践中的改进，从未停止过。不断总结教学、实验过程中的经验教训，研究、完善教学方法，编写、翻译教材，一批优秀教师拓宽了专业知识面，构建了新的课程体系。

同学们，你们任重而道远，需要刻苦努力、勤奋学习，不能辜负国家的期望！

早在建校之初，我们学校就力戒纸上谈兵，注重理论联系实际。来自生产第一线的靳树梁院长更是对此身体力行。他带领几位青年教师为本溪钢铁公司成功地解决了高炉结瘤问题；在四川威远钢铁厂高炉改造失败，四处求助，甚至借鉴了苏联经验仍无济于事的情况下，他切中要害，提出科学、有效的解决方案，为高炉的正常生产作出了贡献。工科院校要实行厂校合作，教学要面向生产，东工与多家厂矿企业、科研院所签订了合作合同，共同对生产中存在的问题进行多方面的科学研究。作为学生要强化认识实习、生产实习和毕业实习。

我是从东北有色局调到学校的，在企业工作了近20年，参加了南下招聘团，为东北重工业恢复建设招贤纳士；曾任技术科科长、主管工程师，主持抚顺301铝厂恢复生产；后至锦西葫芦岛锌厂、沈阳冶炼厂、沈阳矿山机械厂、苏家屯铜加工厂帮助解决生产问题；参与创建哈尔滨101厂，为支援国防建设尽过绵薄之力。我深深地体会到"理论联系实践"的重要性。人要获得知识，无外乎有两种途径：一是学习理论知识；二是科学实验和生产实践，两者缺一不可。学习知识固然重要，但忽视了实践，就会前功尽弃，一事无成。同学们在刻苦学习理论知识的同时，还要通过实验、实习，认真培养自己的动手能力。实践是通过亲身体验得出的结论，多实践便多积累经验，经验多便多获得知识，实践往往比理论更有力量，是理想与现实之间的桥梁。多实践才能为社会主义建设多出力、多作贡献！

专业教育报告如春风扑面，师恩似海深！报告结束后，同学们茅塞顿开、受益匪浅，随即报以热烈的掌声！

50多年来，马龙翔教授为我国金属加工行业的生产企业、高等院校、研究院所培养了一大批高层次人才，其中有4名毕业生当选为中国工程院院士。金属压力加工专业由轧制技术及连轧自动化国家重点实验室、材料电磁过程研究教育部重点实验室（部分）、材料成形与控制工程研究所三个教学与科研实体组成。研究领域涵盖固态成形、液态成形、半固态成形及液固成形一体化等先进成形方式。金属加工工程、自动化、多学科交叉，形成了一支在国内外具有重要影响、能够组织和承担重大科研项目的团队。

马龙翔教授生前著书
《我走过的道路》

马龙翔教授的一生有很多称呼，"马科长""马主任""马院长""马教授""马老师"……如果问他这一生最喜欢的身份是什么，他的回答一定是"马老师"。为什么这么说呢？据我们"老五届"校友、马老师之子马先同学追忆，父亲在临终前，子女喊他爸爸他没有反应，孙女唤他爷爷他亦不应答，只有当学生喊他马老师的时候，他才有了回应。是的，马老师一生倾注教书育人，直至生命的最后一刻，最关注、最牵挂的还是他的学生们。

半个世纪一晃而过，弟子向敬爱的马老师汇报：我虽然不是您最出色的学生，但您却是我最崇敬的老师！我虽然离开了冶金行业，但触类旁通、心领神会，您的教诲让我刻骨铭心、受用终身！您平易近人、和蔼可亲的样子，已经印在我的脑海之中。您治学严谨、精益求精的工作作风是我做人、做事的楷模。

作者简介——

陈绍龙，男，教授，中共党员，湖北武汉人，1963年考入东北工学院（现东北大学）金属加工系，1968年毕业分配到辽宁八家子铅锌矿劳动锻炼十年。1978年10月考入武汉建材学院（现武汉理工大学）教师研修班学习，1980年8月结业，国家再分配到山东建材学院任教。曾任山东建材学院无机材料系副主任、水泥研究所所长、济南大学设计研究院院长。参加完成28家水泥厂工艺设计任务，其中担任项目总负责人、总设计师12次；完成省、部级科研课题5项，获省科技进步奖2项；获国家发明专利3项及实用新型专利5项，参编国家标准1项、省部级标准3项；编著材料学科（水泥）专著9部，公开发表科技论文200余篇。曾兼任中国硅酸盐学会常务理事，中国水泥协会外加剂分会专家委员会常务副主任。2017年12月被授予"中国水泥协会工作先进个人"称号，2019年4月被授予"全国水泥粉磨领域杰出贡献人物"称号。

纪念李华天教授

唐学樑

20世纪70年代初，我与李华天老师相识。当时自动控制系（东北大学信息学院前身）无线电教研室根据社会上对电视技术人员的需要，办了一个电视班。我作为一名物理教师参加了电视班的教学工作，就这样我来到了自控系。我在什么场合和李老师相识，已没有印象，但我认识他毫不奇怪，因为他不是一般的教师，我知道他是自控系主任，他在新中国成立后从美国回到了祖国的怀抱。而他认识我却是件不寻常的事，因为我只是外系一名普通的青年教师。

李华天教授

有一次，我在机电学馆前遇到了李老师，他热情地邀我到他家看他自己安装的电视机，我很感动。我看到电视机的线路板立在桌子上，仿佛刚完成调试。后来使我更感动的事发生了，电视班的同学到辽宁无线电八厂（地址在抚顺）参观，我去了，李老师也去了。吃过午饭后大家休息，李老师对我说："你头发长了，我给你理发吧。"我大吃一惊，随后就顺从而愉快地接受了他的"高级服务"。这两件事在我的内心打上了深深的烙印，这烙印四十多年来一直闪着清晰的亮光。

我1975年调到武钢时，武钢正在搞一米七轧机工程，李老师作为冶金部技术工作组的成员，来武钢参加冷轧薄板厂计算机控制系统的建设工作。我有幸在武钢第二招待所与李老师亲切交谈，他总是那样和蔼可亲，总是那样平易近人，总是那样热情助人。他被工程指挥部授予"技术专家"荣誉称号。

光阴似箭，日月如梭，一晃四十多年飞驰而过。当我步入老年，更加懂得感恩，更加感激李华天老师。虽然他已离开了我们，我还是由衷地恳切地向他表示深深的谢意。

我最近在与老同学滕福仁的通话中，谈到了对李华天老师的敬仰之情，刚巧他也与李老师有过交往，一提到李老师，他便赞不绝口。1969年12月，为了发展集成电路技术，沈阳市成立了离子束注入机会战组，滕老师和李老师在会战组中共事过。滕老师说："李老师不但水平高、工作出色，而且特别平易近人、乐于助人。他给我出了很多好主意，对我帮助很大。会战组的同事们到北京出差，他请大家吃北京烤鸭。我母亲摔断了腿，他立即把他家的拐杖送来。他是一位楷模啊！"我又一次体会到了李老师的心灵之美，他那关心人体贴人帮助人的真挚爱心散发着温暖人心的光芒！

我上网搜索到了有关文章：《永远怀念李华天老师——回忆李老师的几件事》（《东北大学报》2007年3月，作者杨佩祯）、《恩师如父》（《中国教育报》，2004年7月10日，作者刘积仁）、《衔接两代人的"高峰区"——记著名计算机专家、东北大学教授李华天》（《计算机世界》，1995年第44期，作者高丽华）。我看到，李华天老师在自己光荣的历史上书写出豪迈的新篇章。他对东北大学教学、科研和高科技产业的发展，对我国计算机事业的发展，以及促进互联网时代的到来作出了卓越的贡献。不论是关心人体贴人帮助人的真挚爱心散发的温暖人心的光芒，还是高眼光开先河高创收的巨大成就闪耀着震撼人心的光芒，都是他生命的火花！李老师伟大的爱心和伟大的成就共铸了他伟大的人生！

李华天教授离我们而去已经多年了，但我永远怀念他！

作者简介——

唐学樑，原东北工学院物理教研室教师。1975年因两地生活调转工作至武汉钢铁公司，1996年退休。

潘德惠老师——我怀念你

童调生

我是东北工学院（现东北大学）自动控制专业1961级的学生，毕业后分配到湖南大学任教。某天早上我正在写关于东北工学院学习的回忆录，写到了对我的数学老师潘德惠的回忆。我打了个电话探访潘老师的情况，惊悉潘德惠老师已于两个月前逝世。我的眼泪夺眶而出，潘德惠老师对于我可谓"一日"为师，终身为父，恩重如山。

我在班级中由于学习成绩突出被选为学习委员，和老师们的交往多，和潘老师的关系最为密切。毕业以后，直到1990年还与他有联系。

潘老师是我的严师，记得有一次上数学习题课，他走到每一个学生旁边都要仔细地检查。走到我的座位旁边他立刻发现我有一道习题的数字运算错了，立刻指出来，并且较严肃地说："这是不应该发生的错误。"我辩解说："我这道题目的推导是没有错的，只是数字运算时出了错。"他用更严厉的口吻批评我："数字运算错了，就是全错了。你是学工程的，如果设计一架飞机上的控制系统，你的数字计算错误可能导致重大的事故，难道你辩解说我的方案是对的，只是数字算错了来推卸你的责任吗？"他进一步严厉地批评我，"这是小学生都不应该犯的错误。"虽然我当时感到非常尴尬、面红耳赤，但我心服口服，而且受益终身。参加工作以后，每接一个科研项目我都牢记潘老师的教诲，要有严谨的作风，哪怕一个细枝末节都不放过。有一次我到潘老师家中，他教导我，你不能把数学仅仅看成一门知识，数学还是一种思维的方法。他说柏拉图是一个哲学家，但是他招收学生要考几何学，就是这个道理。他还向我们讲述数学发展中的重要历史事件，例如牛顿创造微积分，欧拉创造变分法都是为了探索大自然的规律。

在数学的教学中他还引入了许多20世纪科学上的重大发现，他知识渊博，对近代物理中的广义相对论、量子力学与近代几何学的关系侃侃而谈；对控制论与矩阵论、泛函的关系发展长篇大论。潘老师虽然有些幽默，但不苟言笑，有些冷峻。但当谈到苏联数学家庞特里亚金在最优控制方面的成就、几何学的发展时，竟然眉飞色舞。

　　这些都无形中激发了我对数学的极大兴趣，在东北工学院学习阶段开始自学变分法、矩阵论，为我以后在控制理论方面的研究打下了初步的基础，我还对非欧几何产生了极大兴趣。

　　潘德惠老师是一位好老师，他讲课逻辑性强、学风严谨、言传身教。在教学中能够结合科学上的一些最新成就，启发学生的兴趣。潘老师能左右手写字，写得又快又端正，可见他是一个左右脑都很发达的人。

　　我在教学和科研中也取得了一些成绩，例如，我参加教学的头几年就用上了潘老师的教学方法，20世纪60年代发表了快速控制的论文并引入课堂教学，获得了学生的好评，在湖南大学大礼堂向全体教职员工做启发式的教学报告。20世纪80年代，在控制理论方面发表了多篇论文，后又创建了湖南大学工业自动化博士点，这些成绩都与潘老师的教育分不开。

　　虽然潘德惠老师已经离我们而去，但他的音容笑貌会永远地留在我的心中。他不愧为一位真正的"人类灵魂工程师"！

作者简介——

　　童调生，男，1934年生，中共党员，二级教授，博士生导师，享受国务院政府特殊津贴。1950年12月加入中国人民解放军军事干部学校，成为猎潜舰海军战士。1961年毕业于东北工学院自动控制专业，1978年开始指导硕士研究生，1990年创建湖南大学工业自动化博士点（即现控制理论与控制工程博士点），为该点的首任博导，也是湖南省该学科第一位博士生导师，培养了众多学术造诣深、成就卓然的硕士、博士生。在科研方面主持了多项国家项目，获多项省部级科研奖。在最优控制奇异解、增广控制等理论方面取得了创造性的成果，学术著作《电气工程最优控制》获得国家科技图书二等奖。72岁退休后继续从事科学哲学的研究，并在十多所高校讲学，其成果发表在《中国社会科学报》《艺术教育》《长沙晚报》等重要报刊上，著书《问道——文化新论》，2021年由光明日报出版社出版。

忆军训教官王国刚

关伟晖

一九八七年虽然已过去很久，那些往事依然历历在目。

八月仲夏，我反复摩挲那份象征天之骄子委任状的东北工学院（现东北大学）录取通知书，难以置信。因为超常发挥，本来只能勉强考上市属本科院校的我竟然歪打正着，被为了避免高考志愿空白的尴尬而唯一填写的这所重点大学意外录取了。八月末，懵懵懂懂地完成所有入学程序，我的大学生活在毫无头绪的状态下拉开帷幕。

院里的新生欢迎仪式、系里的师生见面会……给我留下的只有恍惚的记忆残骸。大学生活的最初三天，我脑海中单曲循环的是：侥幸跨入"豪门"的我能否在这所重点大学顺利完成学业？

紧张的军训也没能缓和我内心的焦虑。教官排长似乎一直在有意观察我的动态，并在一次互动中迅速拉近彼此。排长王国刚比我还小三个月，黑龙江牡丹江人，一米七的偏瘦身材，黑黑的小麦肤色——我敢断定那是军队的"副产品"，绝非天然。他跑步的姿态很轻盈，这恰好是我擅长的领域。他数次故意进入我的视线，终于我忍不住调侃道，排长跑步肯定是一把好手啊！国刚排长倒是坦率，说他是全团比武百米的亚军。刹那间我体内的荷尔蒙冲破阈值，决定和排长比试一下，发令前还叮嘱他一定要拿出真正实力。在同学们震耳欲聋的助威声中，激烈的短兵相接戛然而止，我以微弱的优势战胜了国刚排长。稍事休息，我有点自大地对国刚排长说，如果到了你们团我是不是就能拿百米冠军？国刚排长轻描淡写地说，他们教导团的冠军百米成绩是10秒8，是重点培养准备参加全军运动会的苗子。同学们一阵唏嘘，我才意识到他刚才肯定有所保留。国刚排长平复一下喘息，说我刚才百米冲刺时的精神状态真好。

枯燥乏味的队列式持续了一周，那几天的秋老虎又格外猖狂。在站姿训练中，一名来自贵州的同学不幸晕倒，同学们的愤懑情绪终于爆发，几个同学将上衣脱掉，露出和愤怒脸庞极不相称的白净皮肤、肌肉无力的躯干。这个事件动静很大，很快教官连长和指导员都跑到我们排询问情况。部队的几个教官简单碰头后，我们全连集结。连指导员当着大家面让国刚排长出列，我们居心叵测，期待好戏上演。指导员命令国刚排长脱去上衣，那几个刚才脱掉军装的同学面面相觑，不知指导员的意图。国刚排长脱下上衣，露出棕色的皮肤，线条清晰的胸肌、腹肌、肱二头肌……几个同学不由自主啧啧称赞之际，连指导员一声向后转，然后指着国刚排长后脑勺一个很明显的疤痕说："你们的排长不想讲，我来告诉大家这块疤的来历，"我至今还记得连指导员结束的话音，"每个合格的战士都有一段鲜血编织的故事！"

说来也奇怪，那次事件之后，不但同学们的训练热情高涨了几个层次，曾经张牙舞爪的秋老虎也在一场绵绵秋雨后变得和颜悦色起来。有天下午，过了集合时间，同学们迟迟看不到教官的身影，几个"嘴大"的同学开始绘声绘色八卦广播，直到兴奋的国刚排长出现在大家面前才收住。一个好消息一个坏消息，国刚排长将选择权交给我们。兴头上的同学们当然想先听好消息。原来，新生团部批准我们营作为全团的持枪方队，这是整个学校1900多人的团只有我们不到300人能享受的待遇。大家抚摸着刚刚领到的钢枪爱不释手，好半天我才鼓起勇气，嗫嚅问起那个坏消息。国刚排长收起笑容，郑重宣布，因为时间紧任务重，从现在开始，持枪方队每天晚上要抽出两个小时进行加强训练。

不该发生的意外还是在不该发生的时间意外发生了。第一个训练的夜晚本来大家都格外投入，动作科目完成出色，可偏偏休息的时候，我同组的同学突然兴起，学起影视剧里日本人的模样向我发起进攻。我当然不甘示弱，端起上着明晃晃三棱刺刀的"五六半"迎击……月光下，两道银色光影交相辉映，引得黑暗中响起此起彼伏的喝彩声。我正"杀"得兴起，突然感觉身后一阵怪风，紧接着腰部一震，身体弹出去好几米远，手中的枪也掉落到地上，一个趔趄勉强稳住后才听清国刚排长的一连串咆哮，那位"日本兵"同学早瘫坐在地上不知所措。全排紧急集合，月光下的国刚排长涨黑着脸庞，沉默数分钟后终于怒吼，只强调一件事情，"枪口和刺刀永远只能对向敌人！"

隔日中午，我看准时机，向国刚排长诚挚道歉，我从"八卦"同学那里得知他因为这件事被连长狠训了一晚上。国刚排长不置可否，还关切地问我的腰，说他情急之下出手太重。我刻意做个显示柔韧性的动作，握住了国刚排长伸过来的手，彼此心照不宣。

大概是每天都摸枪的原因吧（休息的时候会偷偷进行瞄准射击的动作），我们连的实弹射击成绩拿了全团第一，我取得五枪49环的优秀成绩。打靶归来，国刚排长悄悄塞给我一个苹果，说是他们中午吃饭发的，送给今天成绩最好的战

士。我接过苹果，体会那种暖暖的温度。

军训的重头戏阅兵仪式开始前，国刚排长才依依不舍离开我们方队，他那天的任务是阅兵式标兵，不能再陪伴凝聚他汗水的一排。和负责口令指挥的三排长交接后，国刚排长深深望了我们一眼，微笑转身。

嘹亮的阅兵进行曲响彻沙场，大家的信心随着铿锵节奏盈满爆表。此刻，所有人已然化身钢铁战士，"向右看""一、二"，正步、劈枪，整齐划一的步伐……主席台前，瞬间爆发出热烈的掌声和欢呼，我们连的方队迈着坚定的脚步，向前，向前，向前！

胜利的喜悦始终萦绕在我们营的联欢晚会现场，我们连如愿以偿拿到持枪分列式方队评比第一名！营长动情发表总结报告，接着营教导员宣布优秀教官和全优学员名单，只有三名教官获此殊荣，当念到一排长王国刚的时候，我们排沸腾起来，不知道谁带的头，所有人都把自己的军帽扔得好高好高。当我以为表彰结束的时候，更加震惊的名字被念到，我竟然出现在全优学员的行列中。捧着每个排仅有两个名额的荣誉证书，我激动地和给我颁奖的国刚排长拥抱在一起，使劲拍打他坚实的背阔。

同学们五花八门的才艺展示后，教官们选出他们的杰出代表——营教导员压轴出场，他推说自己没什么准备，请国刚排长来给他伴奏。国刚排长从一个同学手中拿过吉他，简单拧了几下，几个指头闪转腾挪，刹那间，礼堂里回荡起悦耳的音符。教导员唱的是当时正流行的《心声》，尽管有点词不达意，但国刚排长的配乐极度到位，我们都为排长的深藏不露而震惊。在同学们的强烈要求下，整个舞台留给了国刚排长，一阵撕心裂肺的魔幻前奏，国刚排长开始低声吟唱：

> 忍着最痛的伤
>
> 找个最冷清的地方
>
> 关上所有的窗
>
> 儿女情长统统都收藏
>
> 抖落一身风霜
>
> 还要历经多少沧桑
>
> 就让热情激昂
>
> 放出万丈光芒
>
> 这次是
>
> 最后的辉煌……

四年以后，当毕业联欢会上有人唱起这首歌的时候，我悄悄离开了喧嚣的礼堂。那一刻，我回忆起我的军训教官，也算是我大学的启蒙老师——王国刚！

　　许多年之后，我已经忘记当时如何和他道别，除了一封他回自部队的信笺。我失去了王国刚排长的所有音信，唯有那曲回荡耳畔的《最后的辉煌》。国刚排长，只希望现在的你一切安好。

作者简介——

　　关伟晖，1991年毕业于东北工学院（现东北大学）化学系应用化学专业，现于杭州翁意影视文化传媒有限公司工作。

我的"大物"老师

——记辽宁省本科教学名师陈肖慧教授

朱轩玉　迟美琪

在课堂教学中，她谦虚慎行、治学严谨、不断创新；与学生接触时，她温和亲近、循循善诱，令人如沐春风。她拥有孩童一般对新鲜事物的好奇，又善于将所学应用于实践教学中，她在新时代下目光灼灼，引领着线上教学新模式。

陈肖慧教授从教30余年来一直奋斗在教学一线岗位。2002年入职东北大学理学院物理系，承担了大量的本科课程。她所教授的"大学物理"（双语）课是学校唯一一门国家级的双语示范课。她先后获得辽宁省普通高等学校本科教学名师、宝钢优秀教师、校级优秀共产党员等称号。她作为"大学物理"课程负责人，带领课程团队先后获得国家精品资源共享课、国家首批一流课程（2门）、辽宁省一流本科课程（2门）。

传道解惑，立德树人

"师者，所以传道授业解惑也。"

当回忆陈老师的时候，我会想到什么？这是我在写下这段文字时候思考的第一个问题。我可能会忆起在开课前的QQ群交流，也会想起阶梯教室里的年级大课。我可能会忆起在慕课做过的一个接一个测验，到了第二学期还有小组自由讨论课，以供我们做课题延伸。陈老师的教学方法让我接触到一个新潮的物理世界，这个世界将基础物理学理论与我的专业应用相结合，时至今日仍使我在日常科研中受益匪浅。

在大一刚刚接触"大学物理"课程时，陈老师在QQ群里做"课程预热"。正式开课之前，让各位同学就一些理论展开讨论，群里不乏激烈的观点交锋，热闹场面仿佛"百家争鸣"。陈老师也经常参与我们的讨论，并且经常幽默地指出我们存在偏差的地方。以QQ群的形式，陈老师可以在课前了解我们自主学习的情况，课后帮助我们归纳总结，以达到对知识的充分吸收运用。另外，陈老师在课程安排中引入慕课（MOOC），这是我在大学阶段第一次尝试在线上自学课程。MOOC作为一个巩固书本知识及延伸课外内容的平台，将原书本上的知识加以拓展。它所提供的国内外大学精品课程，更让我受益匪浅。在信息时代，我们成长的速度与获取、消化知识的效率密切相关。有了MOOC这个学术"望远镜"，我得以看得更高，看得更远。

到了第二年，陈老师对于提高我们学习的自主性做了新的尝试。我们有幸得以参加讨论小组，以主题探讨的形式展开课外延伸。陈老师会在每次课前发布本次研讨的主题，并由同学们自我推荐或被推选的方式作为主讲人。我有幸在一堂课中主讲"激光干涉引力波天文台（LIGO）"。在课前准备时，我向陈老师请教了诸多学术问题和授课经验。在授课结束后，陈老师也一同参与到同学们的讨论中，并指出我在演讲过程中存在的不足。这些经验磨炼了我的勇气与自信，使得我现在有勇气站在诸多学术同仁面前阐述成果，并努力变得不畏惧质疑与反对，坚定地捍卫自己的观点。

今年是我在海外求学的第五个年头。时至今日仍能回忆起在申请阶段，陈老师给予我的建议与帮助。在大学生活中，陈老师以身作则，向我们展示了一位恩师的风范与气度。在未来，陈老师的谆谆教诲仍将是我前行的动力。

陈肖慧教授的课堂教学

"疫"不容辞，教学相长

2020年，突如其来的新冠病毒感染疫情，打乱了线下教学正常的节奏，东北大学因此成立了疫情防控期间线上教学专家组，用以强化疫情防控期间线上教学的业务指导，为在线教学的顺利开展保驾护航，陈肖慧老师担任BB平台教学专家指导组组长。"无论在何时何种条件下，与同仁们互通有无、互相促进，穷尽最大可能为学生们准备一堂精彩的课，就是我们义不容辞的职责！"陈肖慧老师说。

如果说2020年的线上教学是应对疫情的非常之举，那么从2016年暑假开始，陈老师就带领大学物理课程团队成员研究制作在线开放课程MOOC，是早早地看到了互联网时代的大势所趋，走在时代前列的教学方式"变轨超车"。

回顾大学物理团队取得的成绩，陈老师说，非常幸运有一个团结合作、不怕困难的团队。2016年暑假，带领课程团队研究在线开放课程时，陈老师在最开始制作在线开放课程时发现老师们的压力很大，平台功能不完善、控制不好时长、教师面对摄像机手足无措等问题都会出现。然而，陈老师有着对新事物强烈的好奇心和研究精神，面对制作线上课程的困难，她甘之如饴且沉醉其中。2017年初，"大学物理（热学、振动波、光学、近代物理）"和"大学物理（力学、电磁学）"在"中国大学MOOC"上线，两个课程都分别包括一整套完整的课程体系。"要了解国家的需求，做什么都要想在前面，做一个有准备的人。"2018年，她带领课程团队制作的"大学物理"线上课程荣获国家级精品在线开放课程。早就接触过在线课程录制及教学的大学物理教学团队，面对2020年疫情下的考验，比大多数教师都能更快地进入线上教学的状态。

陈肖慧教授作为线上教学专家组成员，带领组内教师一同对雨课堂、校内BB平台等多个线上教学平台进行对比和探索，同时对腾讯、钉钉、ZOOM等视频会议软件进行了研究和探讨，推出《BB平台使用常见问题及解决方案》等一系列答疑手册，系统梳理解答师生在平台使用中遇到的各类问题。近90%的在线授课教师通过培训或专家指导答疑熟悉并掌握了在线教学方式，打通了在线教学"最后一公里"。

心存大我，服务社会

志存高远，意守平常，终成千里。

由于长时间的线上教学，陈老师的肩颈经常酸痛不适，头晕也常常发生。有次凌晨3点，她突发眩晕症，觉得天旋地转，头晕得厉害，第一反应便是会不会耽误当天的课程，她摸着手机找另一位老师替课后才去考虑自己的身体，待身体稍有好转后便又坚持上课。这份职业的责任感已经在陈肖慧教授身上内化于心，外化于行。

"物理系还有很多年轻的教师，要多培养他们。"陈老师认为，一位优秀的教师不应该只是课教得好，更应当胸怀教师的责任与担当，向他人、向社会传递积极的能量。作为大学物理课程负责人，陈老师从不自视甚高，她非常愿意与年轻教师接触，了解年轻人的想法。

"陈老师在工作上投入了巨大的精力，所有她能想到的事情她都会去做，她也推着下面的年轻人去做，每一步的课程改革和创新我们都没落下，年轻人在她的带领下也都在成长。"大学物理课程团队成员崔晶磊说。

对于年轻教师的培养，陈老师还会定期组织教研室开展教学研讨会等活动，例如找一些年纪大的老师给年轻教师分享授课经验，找其他研究方向的专家进行交叉学科的交流及现代教育技术的培训等。

陈老师认为，教师除了服务本校学生之外，还应让知识产生社会效应，尤其像"大学物理"这种公共基础课，更应该服务社会。她带领教研室教师，目前已经和辽宁省12所高校建立了在线开放课程跨校修读的合作关系，与其他高校共享资源、教学理念和方法等。陈老师除了带领教研室教师与高校展开合作，还与辽宁省科学技术馆展开合作交流，两次带领教研室教师前往辽宁省科学技术馆。科技馆有展台和展品，但是现场的工作人员在向参观的游客介绍时，往往因不了解展品的科学原理而无法解释清楚。陈老师和其他教师对科技馆的工作人员开展培训，帮助他们更好地了解并向游客传达展品背后的科学依据。教师也可以在科技馆录制一些展品的讲解视频，拿到课堂上给学生们展示和讲解。

其实，对待学生的感情，陈老师是有一个变化的过程的。起初她认为，教师只是一份工作，把课讲好、把学生教会就可以了。她心态的转变是从自己的孩子高考开始的，作为一名母亲，她更加理解如今高考中千军万马过独木桥的艰辛，也真心盼望自己的孩子能在大学学有所成。而自己作为大学教师，她不再认为这只是一份工作，教师更是一份高尚的事业，不仅要教书更要育人，要对学生负

责。陈老师感慨道："学生落下了要推他一把，有时候学生就差你推他一下，推他了，就成功了。"

作者简介——

朱轩玉，1996年生，毕业于东北大学中荷学院卓越1405班，现于澳大利亚昆士兰大学攻读工学博士学位。

迟美琪，1995年8月生，辽宁本溪人，2019年9月加入中国共产党，2020年获得硕士研究生学历后参加工作。现任东北大学党委宣传部文化建设办公室宣传干事。

40多年前照片勾起的回忆

梁全胜

宅家休闲时翻看大学期间的相册，一下子就把我的思绪带回到40多年前在东北工学院的大学时代。

前排为田志芬老师（左三）、谢绪恺老师（左四）、杨自厚老师（左五）、王立平老师（左六）

1972年招收"工农兵学员"，我有幸进入东北工学院自控系74工企5班学习。这张照片拍摄于1976年元旦，照片上的人员和毕业照上的几乎没有变化，但它的意义却非同一般，令我终生难忘。

为解决我国不能生产热轧钢板的困难，国家从德国和日本引进了1700轧钢生产线，杨自厚老师作为专家被抽调去武钢安装调试设备，这是他临行前全班师生为他送行而拍摄的合影。重温这张40多年前的照片，一张张熟悉的面孔，一件件往事，不禁浮现在我的眼前，把我带回了我24岁那年的东工校园。

我们班共有34名学员，分别来自部队、厂矿、农村和生产建设兵团。全班13名共产党员、21名共青团员，都是工作几年又有一定领导职务或是劳动模

范、先进工作者及技术骨干才被层层选拔到大学学习的，他们是那个时代的佼佼者。如哈尼族同学徐文和来自云南钢厂，他当时是厂党委常委，是厂级领导班子中最年轻的干部。5名来自部队的同学都担任连级职务，作为后备干部被保送到大学深造。

我们这个班是幸运的，班主任杨自厚和任课老师谢绪恺、高宝贤都是国内知名的教授和专家，田志芬、王立平、马希贵和温明久老师也是院内教学能力非常强的骨干教师。同学们的基础知识较差，但大家深知学习机会来之不易，肩负的担子很重，因此学习非常刻苦，常常熄灯后打着手电筒在被窝里通宵达旦苦读，利用有限的时间，获取更多的知识。边学理论边实践是那个年代特有的教学方式，记得最有意义的是杨老师、谢老师带领全班同学在沈阳低压开关厂实习期间，成功完成了剪切线可控硅全桥控制柜的设计、生产和安装。机柜从原理设计到生产制造的每一个环节都是在老师的指导下完成，实现了理论和实践的完美结合，共生产了17台套用于机械设备的自动控制，大大提高了生产效率。现在想来可谓"知行合一"的典范。

三年的学习，我们不仅从老师那里学到了专业知识，更从他们身上看到了老一辈知识分子教书育人，诲人不倦，德艺双馨的高贵品格。同时东工所传承的"自强不息、知行合一"的校训精神也时时刻刻感染着我们，荡涤着我们的灵魂，这是我们在东工收获的精神财富。同学们毕业后用这种精神激励自己，在不同的岗位上努力工作，都为祖国的建设作出了自己的贡献。

东北大学机电学馆

2017年9月是我们毕业40周年，18名同学返回母校，师生相聚感慨万千，看到学校今日辉煌的巨变，同学们由衷地高兴。杨自厚老师于2009年11月仙逝，但他为东工自控专业的发展、为中国冶金轧钢事业所作的贡献已载入史册，人们永远缅怀他。看到谢绪恺、田志芬和王立平老师身体健康，我们非常欣慰。尤其是谢绪恺老师虽已94岁高龄，仍笔耕不辍，还在为莘莘学子编著教材《高数笔谈》，令人感佩！

同学们都年近七十岁了，在今后的生命中仍要以"自强不息、知行合一"的东大校训激励自己。

祝母校越办越好！祝师生们身体健康！

作者简介——

梁全胜，男，1952年12月生，1969年8月在哈尔滨国营松江电机厂参加工作，1973年11月入党，1974年9月入东北工学院自控系工企5班学习。1977年9月毕业入哈尔滨国营星光机械厂设计所任技术员、工程师，1984年7月任厂组织部干事。1985年2月选调到哈尔滨市政府办公厅，历任主任科员、副处长、哈尔滨友谊宫副总经理、哈尔滨手表厂副厂长、办公厅外联处处长。1999年5月任哈尔滨市政府驻海南办事处主任(副局长级)，2002年9月任市政府驻大连办事处主任（正局长级），2013年1月退休。

我的恩师王金波教授

柳静献

王金波教授

王金波，1930年7月1日生，辽宁抚顺人，1953年毕业于东北工学院采矿系并留校任教，教授，国务院政府特殊津贴获得者。曾任东北大学安全环保研究所所长、中国劳动保护科学技术学会名誉理事、中国环保工业协会袋式除尘委员会常委、中国职业安全健康协会工业防尘专业委员会顾问、科技部中国技术市场协会过滤与分离专业委员会顾问、中国金属学会冶金安全学会首届理事、辽宁省劳动保护科学技术学会副理事长、辽宁省职工劳动保护技术学会副会长等职。曾荣获冶金部安全生产先进工作者、冶金部教学改革成果一等奖、全国冶金教育先进工作者、劳动部劳动保护科技进步二等奖、辽宁省环境保护先进科技工作者、辽宁省科技进步二等奖、沈阳市安全生产先进工作者、沈阳市优秀科技工作者、东北大学先进工作者等荣誉称号和奖励。

王金波教授长期从事通风安全、劳动保护和过滤材料的教学与研究工作，组织创办了东北大学安全工程专业，主编了国内首本《系统安全工程》教材，为我国培养了大量安全工程专业人才；创建了东北大学滤料检测中心，成立了中国环保产业协会袋式除尘委员会，研发了密度渐变大容尘量空气过滤材料、针刺毡滤料，打破国外垄断，开启了中国过滤材料产业的新时代，获得了国家首届科技发明奖。曾承担科技部、劳动部、冶金部及诸多企业委托的科研课题，获多项省部级科技奖励。王金波教授教书育人，堪称师表，品德高尚、甘为人梯、心系学生、桃李天下，为我校安全学科的发展和我国除尘与过滤材料领域作出了重要贡献。

百年东大，历经岁月洗礼，初心不改，砥砺前行。东北大学百年来的发展历程，留下无数的感人故事，这一个个看似平凡的故事，构成了百年东大的宏伟画卷，历久弥新，催人奋进。恩师王金波教授与我，就是其中的点滴，虽然历经三十七个春秋，却似陈年老酒，醇厚绵香。

我与恩师相识于1985年，作为东北工学院首届安全工程专业的学生，带着对未来美好生活的憧憬来校报到，但对专业的懵懂却挂在每位同学的脸上。记得入校报到后新生培训期间，一天班长通知，王金波教授要来给同学们做安全专业介绍的报告，以便让同学们尽快了解所学专业。第一次要与大学教授面对面，脑海中想象着报告人的形象与气质。当年，我作为一名来自农村的学生，信息渠道很少，除了在电影中看见过少数几个身着中山装、戴眼镜的大学教授镜头外，几乎没有教授的印记。在同学们的热烈掌声中，一个头发灰白、衬衫整洁、和蔼可亲、未戴眼镜的中年人站到了讲台上，微笑着进行自我介绍，在欢迎同学们后，转入正题。王金波教授作为安全工程专业的主要创始人，给我们认真、细致地讲解了当时全国的安全生产形势、安全工程专业的重要性，以及未来同学们所将从事的工作。提问环节中，针对同学们关于毕业后的工作问题，王老师更是用浅显易懂、富有感染力的语言告诉同学们，中国地大物博、人口众多，随着社会发展，将来工业生产规模会越来越大、从事工业生产的人数也会逐年增加，随之而来的生产事故与职业病防治任务会更加艰巨，安全工程专业的毕业生将供不应求，未来完成大学学业后，同学们都会找到满意的工作。从收到录取通知书到入学以来将近2个月的困惑，经过王老师生动的专业辅导课后终于有了答案，同学们豁然开朗、兴奋异常、掌声雷动，气氛一下达到了高潮。

1992年，安全工程专业部分教师与硕士毕业生合影
（一排左起：史文举老师、刘玉顺副教授、王金波教授、王英敏教授、张国权教授、
徐竹云老师、张歆伟老师；二排左四为本文作者）

2001年，王金波教授（左二）、作者（左三）与指导的本科毕业生合影

王老师在教学中兢兢业业、深入浅出。为了让同学们深刻理解专业知识，王老师经常采用案例教学，显著提升了教学效果。王老师担任我们专业主干课"系统安全工程"教师，安全工程作为当时国内高校新办专业，所有课程和教材都没有现成的。于是王老师就广泛收集专业文献、查阅各种资料，从英文、日文、俄文（恩师精通三种外语）的书籍期刊中找寻相关知识，构建了本课程的教学大纲、知识体系、授课内容，撰写了完善详尽的内部教材，两年后正式出版，成为国内最早的《系统安全工程》教材之一。采用案例教学更增加了同学们对知识点的掌握与实践。记得1986年发生了两起震惊世界的重大灾难：美国挑战者号航天飞机和苏联切尔诺贝利核电站发生了人类有史以来最严重的爆炸事故。在"系统安全工程"授课中，王老师查阅无数的资料后（当时获取资料的途径主要是图书馆的有限杂志），画出了两起事故的故障树和事件树来定义所有可能的基本事件，演绎事故过程，列出事故发生不可或缺的事件集合，避免事故所需控制的最少事件集合，使同学们感觉既新鲜又实用，更增加了大家对课程的兴趣和对未来从事企业安全工作的信心。

19世纪70年代，王金波教授（右一）与企业技术人员合作研发了
"密度渐变大容尘量空气净化滤料"获得了1978年首届国家发明奖

19世纪70年代，王金波教授（左三）与教研室老师讨论科研项目

王老师很注意培养同学们的活动能力和综合素质。恩师社会活动能力很强，在本专业领域全国闻名，创建并担任许多专业协会的核心职务。王老师利用这些便利条件，尽可能多地创造机会，提高同学们的能力与兴趣，以使我们尽快适应毕业后的工作。记得大三时，恩师指导本专业三个年级的百余名同学，成立了东北工学院"大学生安全协会"，在成立大会上，还邀请了沈阳市相关领导做安全行业现状及未来发展报告，一下子拉近了书本与现实的距离；组织同学们成立《大学生安全报》编委会，鼓励学生们自己撰写论文，使同学们有了日常交流专业知识的窗口。王老师还自己出资印制《大学生安全报》，同学们的论文虽然还有些稚嫩，但看到自己的作品变成印刷品，成就感跃然于心；大学毕业时，王老师指导全班同学把自己的毕业论文改写成学术期刊论文的标准格式，并资助印刷成《东北工学院安全工程专业毕业生论文集》，不仅作为同学们毕业时的珍贵礼物，更是同学们初到工作岗位时，向周围同事展示自己学术能力和专业水平的重要资料。

1995年，王金波教授在东北大学大学生安全协会年会上讲话

　　我本科毕业后有幸跟着恩师攻读研究生，继续聆听恩师教诲。王老师在科研上严谨认真、精益求精，在生活上关心同学，对年轻人帮扶无数、甘为人梯。每次出差途中，都能聆听恩师对本次出差所涉及专业技术的详尽讲解，感受到王老师与科研单位对技术的精益求精，更熏陶了作为科技人员应该坚守的技术底线；恩师创立的"东北大学滤料检测中心"经过几代人的努力，目前已成为中国乃至世界大气环保领域的一个特色品牌，在中国环保行业中享有极高声誉。印象中，王老师助人为乐，时刻关心同学们的学习和日常生活，有求必应，经常主动伸出援手。因为王老师社会资源丰富，凡有同学找工作时需要老师写推荐信之类，无不欣然允诺。他还主动联系相关科研院所和生产企业的老熟人和亲朋好友，经常帮助安全专业毕业生找到心仪的工作。王老师在关心年轻人的成长上更是不遗余力、处处尽心，记得在一个项目报奖时，把我师兄排第一、我排第二，恩师则缀名最后，充分体现了恩师甘为人梯的高风亮节。

王金波教授（左四）参加中美工程技术研讨会

王金波教授到滤袋生产企业考察并进行现场指导

　　恩师多才多艺，退休后，还组织有共同爱好的退休教师成立东北大学小提琴协会，活跃并丰富了退休教师的生活。

王金波教授在安全专业校友毕业20周年座谈会上即兴演奏小提琴

王金波教授发起成立东北大学离退休教职工小提琴协会，
经常组织协会成员参加校内外的文艺演出

将近四十年的时光，不仅积淀了东大安全专业的品牌和影响力，更浓缩了前辈的付出和心血，以及对学生和后辈的挚爱！

东北大学即将迎来建校100周年，作为东大学子，我们要不忘师恩、铭记教诲、砥砺前行，奋发有为，为东北大学一流大学建设贡献我们的力量！

作者简介

柳静献，东北大学资源与土木工程学院安全工程系教授，博士生导师。东北工学院安全工程1985级本科生，1989级研究生。1992年3月获得硕士研究生学历后留校任教，一直从事安全工程、除尘滤料的研究与教学工作。

喜庆百年东大，感恩百岁宁恩承

魏向前

　　2023年是东北大学建校100周年，也是我走进东北大学校门并与之相伴相依51周年。在迎接母校庆祝百年华诞的日子，翻开相册，有很多的往事让我至今印象深刻。其中，一张1993年与宁恩承先生的合影让我的心情久久不能平静。那是他老人家晚年为帮助东北大学恢复校名，多次往返大洋两岸中最重要的一次。那一次，他代表张学良老校长见证东北大学掀开新的历史篇章。

1993年4月22日，宁老再次来沈阳代表张学良老校长出席东北大学恢复校名庆典时，与作者合影

　　宁恩承，1901年4月生于辽中县。在南开大学读书时，发表《轮回教育》一文，令中外学人赞誉。将美国金氏《统计方法》译为中文，使国人学习掌握现代统计方法成为可能。二十五岁得到张学良将军赏识，资送伦敦大学学习金融银行专业，又转读牛津大学，毕业后就任沈阳边业银行总稽核，帮助张氏父子主理财政。三十三岁时，宁恩承获任南京政府财政部特派员及华北四省直接税务局局长。此间，倡导并亲自起草和推行中国第一部所得税法，堪称中国所得税之鼻祖。三十五岁时参与中国货币改革，废止金银元而改用法币，开中国流通纸币之先河。20世纪40年代，宁先生历任中国农民银行总稽核、沈阳世合公银行总经理及台湾高新公司总经理。20世纪50年代初移居香港，任大学校长。20世纪50年代末定居美国旧金山，任加州大学伯克利分校校董。

宁恩承先生三十岁时蒙时任东北大学校长的张学良将军信任，出任东北大学秘书长、代校长，主持东北大学校务。他积极倡导成立东北大学大学委员会，集科学家、教育家、政治家于一体，指导和支持东北大学办学。他精心理校，严格治学，到1931年9月，东北大学发展成为理、工、文、法、农、教育六个学院和八个专修科的办学规模最大、著名学者云集、教学设备先进的国内一流高等学府。

1931年9月18日夜里，日军进攻东北军驻地北大营的炮弹从东北大学校园上空掠过。宁恩承先生在危难时刻处乱不惊，从容应对。一方面安排疏散师生，组织员工护校；一方面严词拒绝侵略者的威胁，联络北平（京）租借校舍，毅然带领师生迁校。在北平，宁老四处奔波，安排食宿教室，艰难复校，维系了东北大学的存在，进而维系了东北人心。东北大学能够生存下来并发展到今天，宁老起到关键作用，作出重大历史性贡献。

自20世纪80年代开始，宁老师多次跨越重洋，倡导恢复东北大学校名，写信给国家有关部门，参加争取恢复校名的活动。也就是从这个时候开始，我作为东北工学院恢复东北大学校名办公室的负责人之一，有幸参加宁恩承先生来东北工学院的接待工作，并作为学校与宁老先生的直接联系人一直与宁老保持联系。经过广大海内外校友和东北工学院师生的8年努力，时间到了1992年8月，东北工学院恢复东北大学校名初见端倪。1992年11月，宁老收到恢复东北大学校名即将被批准的消息后，不顾九十三岁高龄，再次从旧金山专程飞赴台湾向张学良老校长报告，请老校长为东北大学题写校名。11月30日张学良老校长欣然题写"东北大学"。12月16日15点43分，我们收到宁老用传真发来的张学良老校长题写的"东北大学"四个字，表明对恢复东北大学校名的态度。当接到宁老传真发来张学良老校长题写的校名时，我几乎是冲到主管复校工作的杨佩祯副院长办公室，报告这一喜讯。12月17日，我陪同时任东北工学院院长蒋仲乐和副院长杨佩祯，带着张学良老校长题写的"东北大学"四个字赶到北京，向国家教委汇报。恢复东北大学校名的申请终于获得批准。1993年4月22日宁恩承先生再次从旧金山飞来沈阳，受张学良老校长委托出席"庆祝东北工学院恢复东

1992年11月30日，张学良先生题写东北大学校名

北大学校名大会"，并为东北大学校牌剪彩。

恢复校名后的东北大学各项事业取得长足发展：1995年成为国家"211工程"重点建设的大学；1998年东北大学划归教育部直属；2001年学校进入国家"985工程"重点建设大学行列；2017年成为国家"双一流"大学。东北大学今天的发展，得益于海内外东大人的共同努力，得益于在校师生的团结奋斗。此时此刻，我们不会忘记百岁高龄的宁老不顾个人安危对东北大学成功恢复校名作出的历史性的贡献。这也是宁恩承先生为东北大学作出的第二个重大贡献。

宁老参加东北大学恢复校名大会时，住在学校内的东荣宾馆。大会的第二天，我陪老人家聊天时，他拿出一张宾馆的信纸给我看，上面写了十几个人的名字。这是他准备建议学校成立东北大学校董事会提议聘请的校董名单。我深为这位九十三岁老人为东北大学今后所做的打算而感动。尤其他提出的聘请名单中，有诺贝尔奖获得者李政道、李远哲，著名数学家陈省身，担任过复旦大学校长的谢希德，台湾"中央研究院"院长吴大猷，美国加州大学伯克利分校校长田长霖，"海峡两岸关系协会"会长汪道涵等世界顶级著名学者。宁老说，办大学，要有大师。宁老要亲自去台湾，请张汉公聘请这些名人为东大校董。

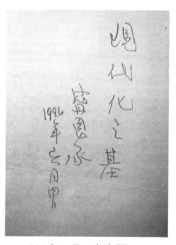

1996年6月，宁老题写的
"现代化之基"

对于宁老的建议，学校自然非常重视，决定筹备成立校董会。蒙学校领导的信任，让我负责筹备校董会的具体工作，也因此与宁老的联系更加紧密。1996年6月4日，九十六岁高龄的宁恩承先生邀请并亲自陪同美国加州大学伯克利分校校长田长霖先生来东北大学访问。当我问宁老此为何故？宁老写下（大学）"现代化之基"赠送给我。

同年6月13日，东北大学校董会成立，张学良老校长任名誉主席，宁恩承先生被推选为校董会名誉副主席。时任冶金工业部部长刘淇任东北大学校董会主席；诺贝尔奖获得者杨振宁教授、李远哲教授，以及吴大猷、陈省身等任东北大学校董会常务董事；国内一批著名学者和近百家大型企业家出任校董。著名科学家、前全国政协副主席钱伟长亲赴沈阳出席校董会成立大会。东大校董会集中外著名学者于一堂，扩大了东北大学在海内外的影响，成为恢复校名后东北大学办学的"大脑"，为学校的发展提供了重要支撑。这是宁老师为东大所作的第三大贡献。

钱伟长出席东北大学校董会成立大会并与部分常务董事合影
（前排左起：赫冀成、左铁镛、阎明复、张捷迁、杨振宁、钱伟长、
宁恩承、张榕明、崔宝璐、蔡冠深）

　　办大学需要钱，这是当年宁老代张学良老校长主持东北大学校务时的切身感受。刚刚参加完校董会成立大会，宁老就飞赴香港去找老朋友何世礼。何世礼先生是香港首富何东之子，早年留学美国、英国。学成归来后，其父让他来东北找张学良谋事，张学良安排他在身边任侍从副官。东北大学校董会成立后，宁老第一个找到何世礼。何世礼二话没说表示认捐50万美元支持东大发展。东北大学以此款为基础，在学校机电学馆南面建了可同时容纳五千人上课的"何世礼教学馆"，缓解了教室紧张的局面，改善了教学环境。为了表达对何世礼先生的感谢，也是宁老做事有始有终，兑现对捐赠人的承诺。1998年8月，九十八岁高龄的宁恩承老先生再次不顾个人安危，不远万里来到沈阳亲自主持"何世礼教学馆"的竣工剪彩仪式。尤其感人的是，九十八岁老人一定要去机场迎接何世礼先生。那一天晚上，沈阳桃仙机场同时出现三位年近百岁的老人（另一位是何世礼先生当年的部下），同为支持东北大学办学而来，那感人的场面，令在场所有人泪目！此后，宁老自己又捐出多年积蓄设立"东北大学宁氏奖学金"和"宁氏基金"，期望东大为国家培养顶尖人才。这是宁老为东大作出的第四个贡献。

　　自1993年东北大学恢复校名后，宁老亲自安排东北大学代表团访问台湾，实现东北大学新老校长的历史性会面。至1998年，作为东北大学校董会名誉副主席，宁老先后五次率东大代表团赴台湾和夏威夷拜谒东北大学名誉校长张学良先生，报告学校工作，聆听老校长教诲，扩大了东北大学在海内外，特别是在海峡两岸的影响。这是宁老为东大所作的第五个贡献。

1993年11月，于台湾新竹东北大学新老校长历史性会面

宁老身在异国、心系家乡、深爱东大。他为东大所作的这些重大贡献，无一不闪烁爱校、爱乡、爱国家、爱人类和重教兴学之精神。东大同窗、东北同乡，每念及宁老，都被其爱校精神所震撼。宁老的爱校精神已成为东大的财富，东大人将世代相传，发扬光大，使之成为学校发展的动力。可以说，这是宁老为东大作出的最大贡献。

东北大学代表第六次拜访张学良老校长

回首宁老百年生涯，他曾以天津大学校长张伯苓先生为师，也曾在留学英国时与老舍先生同窗，老舍先生的名著《二马》曾请宁先生审稿；他还曾和周恩来先生有多次交往，与张学良将军情深意重；他曾在蒋介石帐前谋事，也曾与杜鲁门打过交道。然而，他无论何时，无论身处何地，一身正气、爱憎分明、处事严谨、为官清廉，努力为国家尽责，乐于为他人解忧，高风亮节，德高望重，堪称一代宗师，敢为世人楷模，永远是我们学习的榜样。

宁老一生不但事业辉煌，对家庭的管理也非常令人折服。宁老的六个女儿克瑞、克嘉、克美、克清、克立、克良，个个出类拔萃。她们分布在世界几个国家，均受到良好的教育。她们当中，有大学教授，有优秀的医生，还有著名的律师。她们举止言谈，高贵典雅，让周围人敬佩不已。2003年9月，六个女儿率领各自家属一行十七人齐聚东北大学——她们尊敬的父亲曾经为之倾尽心血和一生钟爱的地方，亲手将父亲生前留给她们各自的十万美元捐赠给东北大学。学校用这六十万美元改造东北大学图书馆，实现了宁老生前要为东大建图书馆的愿望。改造后的东北大学图书馆更名为"宁恩承图书馆"，为在校师生和海内外校友再一次树立了爱校、爱乡的典范。

宁老百岁，呕心沥血，为东北大学作出的历史性贡献，我们所有东大人都不能忘，永远心存感恩。感恩这位百岁老人，在年轻时为维系东北大学的生存做出的关键性决定；感恩他老人家晚年不惜个人安危，推动东大恢复校名，改写东大历史，为东北大学发展提供更加广阔的历史舞台；倡导并帮助东北大学成立校董会，支持东北大学发展；筹集资金帮助学校改善办学条件。今天，在庆祝东北大学建校百年之际，我们对宁老更加感恩！感恩！感恩！

公元 2000 年农历二月十六是宁恩承老师百岁寿辰。家乡东北素有百岁华诞九九庆之约。1999 年 4 月 2 日，旧金山湾区包括加州大学伯克利分校田长霖校长在内的社会各界名流、亲朋好友欢聚一堂，为世纪老人宁恩承举办百岁庆典。为感恩宁老为东北大学的发展建设作出的杰出贡献，时任东北大学校长赫冀成教授代表学校亲赴旧金山为恩师和师母贺寿。我作为东北大学校友总会秘书长和时任学校外事处长高英学陪同前往。在祝寿会上赫冀成校长不无感慨地说，"东北大学能快速发展，得益于有两位百岁的老校长襄助：一位是张学良，一位就是宁恩承"。

这次陪同赫校长到访旧金山有两件事让我一直心存感激。一件事是宁老邀请我去旧金山参加他老人家的生日庆典。第二件事是我们到了旧金山宁老家里，宁老的第一句话是问我：你的烟戒了吗？老人家的话让我感动得不得了。那是半年前宁老到沈阳为何世礼教学馆竣工剪彩期间，我曾建议宁老写《自传》，以让更多的东北同乡了解张学良的东北大学，了解宁老一生为东北大学做出的努力，了解宁老的百岁精彩人生。宁老欣然接受了我的建议，但同时也给我提了一条要求，就是让我戒烟。此后，在与宁老频繁通信过程中，老人家也几次问到我戒烟的情况。我虽然也努力戒过一段时间，但是并未坚持下来。没想到老人家一直把让我戒烟的事记在心上。今天在大洋彼岸一见面就问我戒烟情况，让我惭愧万分。后来，为了兑现对宁老的承诺，我终于彻底结束了三十六年的吸烟历史。可以说，是宁老给了我一个健康的体魄。对此，我一直心存感恩。第二件事是我们到了旧金山宁老家里。宁老的第一句话是问我：你的烟戒了吗？老人家的话让我感动得不得了。那是半年前宁老到沈阳为何世礼教学馆竣工剪彩期间，我曾建议宁老写自传，以让更多的东北同乡了解张学良时期的东北大学，了解宁老一生为

东北大学做出的努力，了解宁老的百岁精彩人生。宁老欣然接受了我的建议，但同时也给我提了一条要求，就是让我戒烟。此后，在与宁老频繁通信的过程中，老人家也几次问到我戒烟的情况。我虽然也努力戒过一段时间，但是并未坚持下来。没想到老人家一直把让我戒烟的事记在心上，更是在大洋彼岸一见面就问我戒烟情况，让我惭愧万分。后来，为了兑现对宁老的承诺，我终于彻底结束了三十六年的吸烟历史。可以说，是宁老给了我一个健康的体魄。对此，我一直心存感恩。

宁恩承自传《百年回首》

在与宁老相伴的日子里，我一直想为宁老做点什么，报答老人家对学校作出的贡献和对我本人的厚爱。1998年11月，赫校长从美国带回来宁老自传的全部书稿，书名为《百年回首》。校长说，既然是你建议宁老写自传，那就由你负责把这本书出好。我高兴地接受了这个任务。经过与东北大学出版社李毓兴社长密切配合，克服诸多困难完成了审稿工作。在准备印刷前，却出了个小插曲：我打电话问宁老，《百年回首》的书名请谁题写？宁老说，那就请赫校长写。赫校长非常重视，一连写了十几遍，并从中选出写得最好的一幅。可突然有一天，接到从北京发给我的挂号信，打开一看，是"百年回首"四个字，是老舍夫人胡絜青的墨宝。我打电话问宁老用哪一个？宁老告诉我，校长和胡先生的两个书名都用。最后，按照赫校长的意见，胡先生写的"百年回首"用作书名，赫校长写的"百年回首"用作书的腰封。去旧金山为宁老祝寿时，我们带上200本《百年回首》，宁老非常高兴，特别喜欢，连说感谢。

抚摸着1993年与宁老在东荣宾馆的合影，心潮澎湃，多少往事涌上心头。感恩的话说不尽，思念的情理不断。此生能与宁老相识，我感到非常幸运和自豪。是他的爱校精神，时刻激励我像爱护自己的眼睛一样爱护东北大学，为东大的发展尽心尽力，作出应有贡献。

在庆祝东北大学建校一百年之际，展望未来，全体东大人一定会踔厉奋发，把东北大学建成世界一流大学，绝不辜负张学良、宁恩承两位百岁老校长对东北大学的殷殷期望！

作者简介

魏向前，中共党员，教授，1950年2月生于辽宁绥中。1976年10月于东北工学院毕业留校任教。历任机械系教师、团总支书记；学校教师工作处科长，学校政策研究室副主任、校长办公室副主任；校友总会、校董会、基金会办公室主任。组建东北大学校友总会（国家一级社团），任秘书长；创办张学良教育基金会（国家一级社团），任秘书长；兼任中国高等教育学会基金会工作研究分会副秘书长、校董会研究分会副秘书长；教育部摄影专业教学指导委员会理事。出版专著六部，发表论文三十八篇；获优秀共产党员、全国高校校友工作先进个人等称号；获辽宁省教学改革成果一等奖、教育部教学改革成果国家级优秀奖。在争取东北大学恢复校名、拜见张学良老校长、团结海内外校友支持学校发展、组建东北大学校董会和校园文化建设等方面作出突出贡献。

第五章

同窗情深

大一时的那间教室

张 巍

人生短短几十载，哪个寒来最难忘？岁月匆匆春秋去，哪个暑往历悲喜？我回答，是大学一年级的那一年，是大一时的那间教室。

五十一年前，那个秋老虎余威未减的季节，我们钢冶系加热设备与工程一班的35名同学，各自背着行囊，从祖国的四面八方，汇聚在东北工学院。我们的宿舍在一舍西侧，教室在冶金学馆3-11。冶金学馆3-11，宽敞明亮且空间高大。南侧墙壁上三扇上下贯通双层玻璃窗，老式的木制窗框，涂着绿色油漆。北侧面向走廊的墙壁有一排透亮的玻璃窗。教室正前方是讲台和黑板。四排单人课桌椅铺满整个教室。

顺着南侧窗户往外看，冶金学馆品字型建筑围合着方形的广场，各种灌木植物丛生，黄刺梅、迎春花、玉锦带等，还有叫不出名字的矮棵树丛。

冶金学馆就像一头昂首挺胸半卧的雄狮，坐落在校园的东南方向，向人们诉说着共和国冶金工业创业的历史。

入学一年后，班里将有四名同学被选派到校预师班学习，为欢送他们，全班同学照了一张"全家福"（作者前排左三）

在这间教室里，我第一次参加评选享受国家学校助学金，体会国家对大学生

348

的关怀。班级中有一名从广西壮族自治区来的同学，因患重病，春节不能回家。就是在这间教室里，记不清开了多少次大大小小的会。党支部书记、班长带领大家，及时通报这名同学的病情发展，制订全班同学的排班陪护时间表和出院后的补课计划，在沈的同学陪伴他度过了在东北的第一个寒冬。

一个个建议，一项项措施在这里落实，一片片情谊在这间教室里传递着。

教室不仅仅是上自习、上课、开联欢会的地方，它还见证了我们的成长，感受着同窗的温暖，荡漾着青春的气息，留下了数不清的情谊。

唐代诗人韦应物有诗曰："浮云一别后，流水十年间。欢笑情如旧，萧疏鬓已斑。"十年，一个岁月的符号。五十一年，又流逝了多少光阴多少青春？

作为东北大学的莘莘学子，一路走来，母校奋勇争先的爱国情怀，自强不息的立校之魂，知行合一的求学态度，早已融进了我们的血液，铸就了东大人的忠魂。

作者简介——

张巍，1976年毕业于东北工学院（现东北大学）热能工程专业，后留校工作，现已退休。

毕业40年东大学子情

吕俊杰

转眼间，距离我大学毕业已经40年了。1979年8月22日，我收到了东北工学院（现东北大学）的录取通知书，有幸成为了东大人。2023年7月我将满60周岁，8月13日我工作整整40年，可以退休了，2023年9月，在我的甲子之年将迎来东北大学的百年校庆。

我是1979年8月25日离开长寿老家的，从长寿港坐船溯江而上，到重庆朝天门，整整一天。8月26日我独自远行，从重庆菜园坝火车站启程，告别亲人故土，转两次车，经过两天三夜铁路距离为3393千米的长途跋涉，背着背篓、拎着竹席、穿着汽车轮胎皮做的凉鞋走进了东北工学院的大门。

当时物资缺乏，每月只有几斤米，更多的是面粉、高粱米、土豆，吃窝窝头是家常便饭。但是国家对大学生非常关心，除了不交学费和住宿费外，还每月发放10元至17.5元不等的助学金，基本满足了生活需要。

东北工学院有四个著名的建筑，分别是采矿学馆、冶金学馆、机电学馆和建筑学馆，雄伟壮观。如今已成为了保护性建筑群，大学期间的学校主楼是当年沈阳市的最高建筑，每逢节日五星红旗升起在主楼顶，我们非常自豪。

1979年是恢复高考的第三年，能考上全国重点大学很难！我班（原1979级钢铁冶金1班，刚入学时叫炼铁班，简称79铁）入学时有34人，来自全国各地。每天上课上自习都去抢占座位，生怕考试不及格被退学或留级，在"概率论与数理统计"的复习考试中，我因复习太累导致眼睛充血，让我记忆犹新！

如今同学中有澳大利亚科学院与工程院两院院士、中国科学院外籍院士、现英国萨里大学校长逯高清。还有几位同学也是国际冶金材料领域的知名学者（如澳大利亚昆士兰大学著名教授王国雄等），以及现定居在日本、挪威、加拿大的金仁杰、唐铠和朱良同学。班上的同学中还有多位企业家（如唐山市的优秀民营企业家刘树钢、原东北轻合金公司总经理钟利等）、技术专家和省部级劳模、全国优秀教师，还有多位厅局级领导（如原杭州钢铁集团公司总工程师何光辉；原中冶赛迪集团总工程师、副总经理，原西安电炉有限公司党委书记兼董事长，现中冶赛迪集团党委常委兼纪委书记余维江；原中国保利集团公司财务部副主任、保利南方集团有限公司副总经理、常务副总经理，后任保利南方集团有限公司董事总经理、兼任深圳市保利城实业有限公司董事、保利哈尔滨科技股份有限公司董事长、广东保利康药业连锁店有限公司董事长、广州保利网络科技有限公司董事、湖南保利房地产开发有限公司董事的韩清涛；原辽宁物产集团公司总经理韩建平等）。大家在不同的工作岗位上为国家富强、民族振兴、社会进步做出了不平凡的业绩。

2019年9月初，雨后的杭州，空气清新，西子湖畔，鸟语花香，班上的17名同学从英国、澳大利亚、日本和国内各地相约在此，大家畅谈改革开放40年来国家的巨变，感恩这个伟大的时代，感恩母校东北大学对我们的培养！

同窗4年情，一生东大人，东大毕业40年，一生钢铁强国梦。我们这些莘莘学子将继续在未来的人生中铭记母校和老师的教诲，不忘初心，为实现中国梦再谱新篇。

作者简介

吕俊杰，男，中共党员，重庆科技学院二级教授，1963年7月生，重庆市长寿区人，1979年9月至1983年7月在东北工学院（现东北大学）钢铁冶金系钢铁冶金专业学习，1988年6月研究生毕业于北京科技大学。先后主持国家、省部级及大中型冶金企业的教学及科研项目26项（国家级项目4项），公开发表冶金专业、高等工程教育研究论文及各类短文221篇，出版著作9部，其中，个人独著3部、主编2部、著2部、编2部。获省部级奖共6项，其中，获省部级高等教育教学成果一等奖3项，重庆市人民政府科技进步二等奖1项，四川省和重庆市高等教育教学成果二等奖各1项。2006年获"重庆市高校优秀中青年骨干教师"称号，2010年获"宝钢教育基金全国优秀教师"称号，2012年获"重庆市教育系统优秀共产党员"称号，2014年获"全国钢铁工业先进工作者"（省部级劳动模范），并获"全国优秀教师"称号，2015年获"重庆市教书育人楷模"称号，2018年获"重庆市名师奖"称号，2021年获重庆英才计划教育领域名家名师称号，并于同年12月入选重庆市总工会"吕俊杰冶金工艺优化劳模和工匠人才创新工作室"，2022年8月被重庆市委宣传部、重庆市文明办、重庆市教委等六部门联合授予"重庆市新时代好老师"荣誉称号。

那个激情燃烧的夜晚

宋建军

　　大学四年，历经一千多个日日夜夜，有很多令人难忘的时刻。而让我印象最深的，是1981年初冬的那个夜晚，至今回忆起，仍然觉得激情澎湃，心潮久久难以平静。

　　1981年10月18日，是中国足球历史上最光荣的一天。那一天，中国男足在第十二届世界杯预选赛亚洲区四强赛中踢出了极具观赏性的比赛，在有中国"一代球王"之称的容志行带领下，古广明、沈祥福纷纷建功，在首都工体以3：0击败亚洲冠军科威特，赢得一场酣畅淋漓的胜利，点燃了中国足球冲出亚洲、进军西班牙世界杯决赛圈的希望之火。那场球踢出了中国足球血性强悍的一面，容志行、蔡锦标均是带伤上阵，铁门李富胜神奇地扑出一粒必进的点球，全场将亚洲冠军踢得一点脾气都没有。那个时候的国足真的是让人热血喷张！

　　当时我们刚刚入学一个多月，住老四舍。那天晚上球赛转播的时候，数百名同学挤在二楼转廊处的电视机前观看。随着跌宕起伏的比赛进程，同学们不时发出一阵阵欢呼声，为中国足球加油。后来同学越聚越多，后面的人把寝室的桌子、凳子搬出来，摞起来站在上面看，整个走廊水泄不通。以至于后面的同学根本看不到电视画面，只能听着宋世雄那充满激情的解说，和大家一起欢呼着，享受这难得的时刻。

　　随着完赛的哨声吹响，同学们尽情地喝彩、雀跃，兴奋得无以言表！一阵喧闹过后，一些同学跑出宿舍，把洗脸盆拿出来敲，大家在四舍门前空地上喊呀跳呀，使劲地宣泄着青春的荷尔蒙。后来，同学们把学生会的大鼓推了出来，用力地敲。一时间锣鼓喧天，群情激昂。

　　似火的激情释放出来后，意犹未尽的同学们集合在一起往学校中心花园走去，在采矿学馆门口，与一舍、二舍、五舍过来的同学碰上了面，大家又是一阵热烈的欢腾。汇合后，几面大鼓擂得震天响，一时间响彻整个校园。陆续有更多的同学聚集过来。

　　这时，有学生会的同学提议，太晚了，大家一起喊一喊口号，然后回去休息。便带头喊起了口号。高呼一阵口号后，大家仍然觉得不尽兴，几个宿舍的同学一商量，向大家一挥手，汇合后的队伍便浩浩荡荡地走出了北校门，往中心城区走去。

一路上，同学们先是举着一些火把，后来路过几个卖冬菜的便民点，大家把插在四周的红旗全部拔了出来，高举着红旗前行。

行进中，同学们一边不停地敲锣打鼓，一边不时有节奏地高喊着"冲出亚洲，走向世界！""团结起来，振兴中华！"等口号。好多同学把嗓子都喊哑了。

队伍一路经过南湖桥、方形广场，沿和平大街往中山公园前行，又转向辽宁省委。

我们那可是上千人的队伍，走在大街上，声势还是很浩大的。行进途中，不停地有市民朋友加入进来，和我们一起欢呼。

步行几公里，转了几个方向后，我们的队伍最后一直走到了中国医科大学。然后，医大整个校园都闹腾了起来，医大的好多同学从各自的宿舍楼下来和我们汇合在一处，尽情欢呼。还有部分同学意犹未尽，围着医大的女生宿舍楼转了好几圈，高喊着"下来！下来！下来！"，热切地邀请医大的女生们加入我们欢庆的队伍。

不知不觉，夜深了，我们依依不舍地告别医大的学生们，走在了回学校的路上。

途中，同学们仍然余兴未尽，不时发出一阵阵呼叫，并一再喊起振奋人心的口号，惹得沿途街道旁好些市民纷纷开灯打开窗子往外看，不知道发生了什么事。

那天晚上，我穿着拖鞋，跑了十几里路，居然一点不觉得冷。

如今已经过去四十多年，在沈阳南湖之畔的冬夜里，洋溢着青春活力的同学们尽情欢呼的那一幕，仿佛仍在眼前，当年那喷薄的激情依然在脑海中萦绕，久久不能忘怀。

我喜欢这样的激情！

我非常庆幸，能够考入东工（那时母校还叫"东北工学院"），我的大学，给予我的都是满满的正能量！

那一夜，让我对我的大学有了更多的期待。

作者简介——

宋建军，1981级管理工程专业本科生，1985年毕业留校工作三年，1988年调到武汉钢铁设计研究院，现任凯信联合控股有限公司董事。

东大——温暖富足的家

陈桂平

卧虎藏龙蕴东大，苍穹海空盛名嘉。

培香琢玉桃李熠，绝顶会凌天地华。

我自怜出身贫寒，但自从考入东大，便鲤鱼跳龙门，有了个温暖富足的家。她不仅给我知识，给我力量，给我健康的体魄，更给我不屈不挠、战胜困难的钢铁意志，给我善良忠厚、报效祖国的优秀品德。东大，我心中永远闪亮的灯塔，使我在希望中迈步，在奋斗中前行，在关爱中成长，在幸福中徜徉……

1958年，刚刚升入初中的我茅塞顿开，立志为祖国的钢铁事业作贡献！自此，"咬定青山不放松""任尔东西南北风"。待到填报高考志愿时，我毅然将全国顶级冶金高校——东北工学院（现东北大学）填报为第一志愿。

"未洗染尘缨，归来芳草平。"1964年的一个炎炎夏日，我娘和院里的邻居正在树荫下摇着芭蕉扇乘凉，"叮铃铃"随着一阵铃响，邮递员骑着绿色自行车来到院中，他举着通知书大声喊："恭喜陈桂平，考上大学了！"嗡，一群人蜂拥而上，娘静静地坐在那里，无形的喜悦，悄悄地挂在脸上，但瞬间眉头紧皱，学费、路费怎么去筹？

"道由白云尽，春与青溪长。"1961—1964年，经过那极端困苦的岁月，我们迎来了曙光。拿着学校发给我的10元路费，我从远离邯郸的峰峰矿区的太安村，经邯郸、保定、天津多次倒车，到达沈阳。1200千米的路程，一路颠簸，两天几乎不吃不喝，劳累疲倦，但激动快乐的心情，无法形容。在踏上挂着"东北工学院"红色大条幅的校车的那一刻，一路忐忑不安的心，瞬间安定下来。因为，我多年的目标，今日实现了；长途跋涉，终于到"家"了。听着车站广场上空传来的钟声，我默默地流下激动的泪水。

"但将千岁叶，常奉万年杯。"从低矮的农村小屋，一步跨进奉天城的高等学府，巨大的反差令我不知所措。裤兜里缝着娘东借西凑硬塞给我的20元钱，我不知应该先买书本，还是先订餐券。正犹豫中，班长王秉东告诉我可以每月享受15元助学金。15元，是每月国家给予我的伙食费，让我衣食无忧，安心读书；

15元，是人民给予我的勉励，让我努力学习，报效祖国。寒门出孝子，我省下一些餐券，兑换成钱，买书墨纸张。娘给的钱，原封不动，邮回家乡，我不想让拧着小脚四处奔波的娘，为我欠下"巨额"饥荒。"慈母手中线，游子身上衣。"思念中，耳边突然响起"生我是娘，教我是党……"韩瑛慷慨激昂的歌声，正是我内心深处的表白：没有党，我怎能登上这梦寐以求的殿堂！没有党，我怎能端正思想，积极向上！"谁言寸草心，报得三春晖。"我暗下决心，一定要努力学习，回报祖国对我的教育与培养。

我班（69工企3班）共35名同学，老大哥崔玉祥，革命烈士后代，上学期间一切费用由国家供给。还有蔡溪华，出身不好，因考分特高被院长柳运光破格录取。我班8个女生，如亲姐妹般住在一个宿舍，我自知被褥破旧，怕影响寝室卫生，就主动住上铺。女孩们臭美但衣服少，我们就经常换着外衣穿，至今想起，油然而生的是对她们的无尽思念和牵挂。

东大，我亲爱的母校，不仅关心我们知识的积累，更关心我们的身体健康。在二十世纪五六十年代，沙眼广泛流行，并成为当时主要致盲原因。学校一面组织对此病进行筛查，一面培训各班的卫生员，在各个学生食堂，利用茶余饭后，为患者治疗。我班是和善热情、心灵手巧的孙玉琴担任卫生员，她每天中午急匆匆地赶到食堂，草草地吃几口饭，便"上岗"，为本班患有沙眼的同学进行治疗。而我，却反其道而行之，每天上午上完课后，先在教室做作业，几乎最后一个去食堂。这样做，一是打饭不用排队，二是此时孙玉琴已为其他同学做完治疗，有大把的时间从容地为我的病眼做"手术"。她先用药棉为我清洁双眼，然后一只手翻开我的眼皮，再用另一只手，轻轻地拿着一个枣核状微微带刺的东西，在我的上下眼皮上，慢慢地、有条不紊地轻轻擦拭，之后，再滴上眼药水，

卫生员孙玉琴

让我闭目养神几分钟后，扶我一起返回宿舍。"松叶堪为酒，春来酿几多。"时隔59年的今日，每每想起长达一个多月的医治过程，我都美美地沉浸在无限的享受之中。"犹有报恩方寸在"，真诚祝福一生为东大教育事业而奋斗的老教授孙玉琴，永远幸福安康！

1965年，入学后第一个暑假，我们自控系1969届的全体同学，响应毛主席"在大风大浪中成长"的号召，去解放军3348部队当兵锻炼，最主要的任务是到大海中学游泳。7月15日清晨，我们兴奋地爬

上部队的大卡车，中午时分，开到了盖县九寨村头。哇，一眼望去，碧海波澜壮阔，蓝天万里无云，从没见过大海的我们，还没等站稳脚跟，就开心地奔向大海。

跟着部队一起学习游泳，我们这么多旱鸭子，扑腾腾一齐跳进大海，令担任教练的年轻的战士们时刻为我们的安全担心。每次下海训练，都是他们在海里用身体筑起一道警戒线，就连董存瑞的战友、战斗英雄、部队老首长郅顺义，也浸在海水中，提心吊胆地守护着我们。尽管炎炎烈日把脸晒得通红，尽管苦涩的海水不时呛进喉咙，我们依旧在短暂的训练中，将游泳练得驾轻就熟。此生，我最牛的一句话就是："我在大海中学会了游泳！"

董存瑞的战友老英雄郅顺义和我们在一起

一个月的训练转眼而逝，为提高我们的身体素质和磨炼我们战胜困难的意志，部队首长决定，从盖县出发，夜行军返回师部海城，我班8名女生，插班到师部气象班，和战士们一起，背着整齐的行李包，排着长长的队伍，进行行军训练。漫长的路途中疲倦和困乏不断席卷而来，我和几个能编快板的战士，跑前跑后地说着快板鼓舞士气。记忆犹新的几句是"学英雄，做好汉，迈开双腿勇向前"。班排之间，连队之间还一波接一波地拉歌，这边唱"我是一个兵……"那边唱"日落西山红霞飞……"70多千米的路程，三天拿下。说的容易，走起来真的很难，同学们脚上起泡了，跟老乡借根针，拔根头发纫上，穿到燎泡里。白天睡老乡家的火炕，烫得我睡不着，就趴在炕沿的木头边上。虽然劳累，但我们内心却非常充实。每逢有人问我为什么总是疾走如风时，我就骄傲地回答：

"因为是部队拉练出来的兵！"

气象班的全体战士和我班全体女生合影留念

1965年8月中旬，下连当兵结束时师部直属连与我们临别前合影留念

"谁言寸草心，报得三春晖。"2013年9月，在张佩霞、秦振华等同学的精心运作下，在纪念建校90周年大庆的日子，我班在母校聚会。我回来了，回到供养并培育我，关心并宽容我，激励并保护我的家；回到我一生视为灯塔，一生牵牵挂挂，一生眷眷恋恋，慈爱达贵的家——东北大学。

我爱您，东大！衷心祝福我的母校，我那温暖富足的家。

作者简介——

陈桂平，女，汉族，1945年生，河南安阳人。1964年9月至1970年8月，在东北工学院自控系学习（1969届工企3班）。1970年8月至1984年5月，在河北宣化钢铁公司工作。1984年5月至1988年5月，在石家庄机床附件厂工作。1988年5月至2000年12月，高级工程师，在石家庄制药集团工作。2001年1月退休后，到河北老年大学文学班、诗词班学习，石家庄市作家协会会员、河北省诗词协会会员。

同学间的纯真情

陈万里

2023年适逢母校东北大学建校100周年，2022年是我们1974级无线电专业班毕业45周年。散落在国内、海外的东大校友，都在思考这些年有何成绩向母校汇报。我们无线电班同学也要制作一本电子纪念册，作为同窗们永久的大学纪念，更想把它视作一份小小的纪念品，赠予母校，以感念培育之恩。

在这个特殊的年份，不免使我回想起了东工就学期间，那些尘封了近半个世纪的同学往事。

在我入学东工的几年时间里，赶上了唐山、海城和沈阳等地的大小地震，辽宁省辽河、浑河、太子河三大河堤遭受了严重破坏。为保护国家财产、保证居民生命安全，省市政府决定东工全体在校生，停课开赴三河大堤沿线，参加抢修河堤的战斗。

新中国成立后，东北工学院是冶金部所属高校，以钢冶、采矿等为主要专业方向，我所就读的自动控制系比较时髦，但不是学校的主体系部。东工的钢冶、采矿、有色、材料等系部专业班级学生绝大多数都是男生，通常每班只有四五名女生。更离谱的是，听说有个采矿或钢冶系某班，有一期全是男生，没有一名女生。

我们1974级无线电班却恰恰相反，全班31名学生，女生占了17名，男生成了"少数派"。因此，在校期间，我无论是当班长，或后任班级党支部副书记，总有同学开我的玩笑：万里，你可是"娘子军"的党代表啊！

后来抢修三河大堤时，东工指挥部分配抢修任务。那时我作为班级主要干部，抢修任务压力很是巨大，因为工地的广播喇叭，每天收工前都要公布各班的施工进度。工程开头的前几天，以女生为主的我班全力抢修，多数达到东工班级的平均进度水平，最好时候是"中等偏上"，稍不留意就是"中等偏下"。

那时候，各系各班同学真的是比着干，看着钢冶系班级"膀大腰圆"的男生高喊着"冲啊！"的口号，奋勇争先的时候，我班同学的劲头和体力，根本就没法与他们比拼。可我班的优势是党员多，占到了9名，而后又发展了两名"火线入党"同学，总数为11名。党支部带领党员"冲锋陷阵"，团支部号召团员全力配合，班级持续克服了女生多、伤病多等多重困难，一直"锲而不舍"地日夜奋战。在工程即将完工的后期，东工学生们的心理和体力疲劳期来了，那些曾经进度很快的班级进度明显变慢，而我们班却一直咬牙坚持，突破原来的工作量，并且抢修技术日益熟练，完成任务的速度明显加快。

到了工程结束时，我们班在自控系竟然反超了不少班级，还获得了完成任务优胜的奖旗。同学们欢呼雀跃，十分惊喜！事实证明，短时期内精神的坚持和提振，会产生意想不到的效果。几十年过去了，如今翻看那时班级获得优胜的集体照片，我依然感到激动和欣喜。

我们班同学另一个显著特点是真诚互助。一名郭姓女生前半夜突发肚子疼痛，几个男生得知立即出手相帮，到二舍食堂借了一部手推车，赶紧把她送到医大二院急诊室。等到医生确诊是阑尾炎，几人返回东工二舍住处时，已经是后半夜了。第二天清晨，那几个男生不顾昨晚的劳累又按时去上课了。

二年级时到鞍山钢铁公司"开门办学"，一名范姓男生在车间突然肚子痛得迈不开步。我和几个男生立即背着他赶往鞍钢医院，路途真是不近，几个人换班用了半个多小时才把他背到急诊室，诊断的结果是胃穿孔，需要住院治疗。尽管我们几人很辛苦，但能及时救护同学，都感到由衷的欣慰，忘记了赶路辛劳。

毕业那年的上学期，班里陆姓男生由于蚊虫叮咬，确诊为急性脑炎，且必须立即入住传染病医院。那个年月的医院救治手段还比较落后，要求脑炎患者头部温度保持在正常体温之下。党支部发动全班同学参与救治，男生换班在医院24小时陪护，女生在沈阳市内到处寻找冰块和冰水，给他的头部降温。

为了赶时间抢救这名同学，全班同学自动弃课一周。系里尽管不同意，最后还是默许了停课。在同学们全力配合与医生的救治下，陆同学终于出了重症病房。医生说，这个患者没留下一点后遗症，真是个奇迹。这离不开你们班同学拼力抢救！

一转眼几十年过去了，我作为班级主要干部经历了三次印象深刻的班级病患救助，当时很劳累也很心焦，可如今回想起来无限欣慰。在东工时为同学服务，毕业离开大学后同学们也帮了我不少，所以说大学同窗的情分须终生铭记，同学们的互帮互助要常记心中！

作者简介——

　　陈万里，1977年毕业于东北工学院自控系，教授、教授级高工，双正高，经济学博士，教育、管理双硕士。广东东软学院原副校长、硕士生导师、东大上海校友会副会长、佛山校友会名誉会长。国际注册高级职业经理人，国际注册管理咨询师（CMC），荣获"中国优秀管理咨询师""全国社科先进个人"称号。完成各级科研课题19项，出版教育、管理专著10部，发表论文70篇。

　　曾任东大校办产业管理处处长、科技园建设办公室主任、校团委书记，计算机系副书记。沈阳北商技术股份公司（已上市）副总裁，长白工控有限公司董事总经理，西东控制集团公司副总裁，东软集团成都培训基地总经理，成都东软学院业务总监。

我们的汗水浇筑过辽宁三河大坝

邓世军　葛　明

　　2023年即将迎来东北大学建校100周年，巧的是这一年也是我们踏进东北工学院（现东北大学）校园50周年。思绪驱使我翻开影集，那一张张泛黄的照片把我带回东大校园，我为自己当时有一部海鸥120照相机感到庆幸，它定格了我们美好青春的瞬间，现在抚摸着这一张张照片，就像抚摸着那逝去的激情岁月。照片中有一张全班同学最看重的集体照：全班几十名同学和老师一起坐在大坝的斜坡上，曾经的光头已经长满了黑发，穿着工作服还扎着草绳，老师和同学的关系已经好到勾肩搭背，一杆旗帜在风中猎猎作响，每个人的脸上都洋溢着胜利者的微笑。

全班同学和老师坐在辽宁三河大坝上

　　每一次看这张照片我都会产生一种时空穿越的感觉。那是48年前的1975年，那年2月4日，辽宁海城、营口发生7.3级大地震，地震造成一万多人伤亡并毁坏了城市和村庄，尤其是主要河流的堤坝受损严重，如不及时抢修，一旦丰水

期到来就会出现洪灾。为抗震救灾，学校通知停止寒假，所有学生立即返校。

4月4日，学校接到辽宁省委《关于抢修辽河、浑河、太子河受震大堤大会战的决定》，要求全省所有大专院校师生全力以赴参加三河大堤大会战。东北工学院党委第一书记霍遇吾立即召开全校师生动员大会，学院、系、专业、班级一律按团、营、连、排民兵编制做好战斗准备。我们机械系1973级真空班被编为三营三连一排。

接到参战令后，全班师生个个豪情满怀，纷纷向党组织表决心："人民送我上大学，我上大学为人民""党指向哪里，我们就战斗在哪里"。就像即将上战场的战士一样，全班男生基本上都剃成光头，做好了苦战一场的准备。

4月9日风骤雨急，我们焦急等待，是夜雨停。4月10日凌晨2点集合号声响起，参战的全体师生急忙背上行装，带上头天发的干粮登上篷布大卡车。5点10分，130多辆大卡车浩浩荡荡地从学校西门出发，红旗被晨风吹得呼啦啦作响，我们的歌声也随风在空中飘扬。越接近震中道路越难行，雨后泥泞，再加上救灾车辆反复碾压，卡车行驶起来就像漂浮在海浪上的小船，很多同学都晕车了。当我们的车队进入台安县时受到了夹道欢迎，看到欢迎队伍中幼儿园的孩子们那嫩嫩的小手挥舞小红旗时我潸然泪下。

经过十二个小时的艰难跋涉，我们终于在下午五点多到达了宿营地。营房是沈阳机电局的工人师傅风餐露宿日夜赶工，在一片田野上搭建的几十座帐篷，帐篷内两边用木板各架起了双层通铺，我们打开背包一个挨着一个铺好褥子，这就是我们的"家"了。由于帐篷内地面泥泞，大家又找了一些芦苇秆铺在地上。这场景使我想起了《钢铁是怎样炼成的》中的保尔，当年他修铁路时应该比这还艰苦吧。

4月11日，沈阳民兵师全体指战员汇集在堤坝上召开现场誓师大会，4月12日抢修大坝的会战正式打响。我们的任务是消除大坝的裂缝隐患、将大坝加厚加高，主要工作是从大坝100米之外取土、运到坝上然后夯实。没有任何机械施工，我们拥有的就是铁锹、小车、石夯和青春热血。整个大坝上红旗飞扬、人跑车忙，一幅人定胜天的动人景象。我忍不住写了一首打油诗：

千里大堤红旗漫，廿万大军齐呐喊。

车轮转处神鬼愁，银锹挥起移泰山。

移泰山，三河变，钢铁长城今筑建。

战士甘洒千滴汗，化作春雨润人间。

我们每天早上四点（甚至三点多）起床，一到大坝就热火朝天地干起来，老师们挖泥土装到独轮车上，同学们将装满泥土的独轮车推到大堤上再夯实。田间泥土特别泥泞，常见到人仰车翻，同学们还是将泥土一车车运到堤上。随着堤坝越垒越高，靠人拉手推小车也越来越难上大坝，大家想了一个办法，将没有轮胎的钢圈架在堤上当滑轮，用一根粗麻绳绕在钢圈的凹槽内，绳的一头钩在推车上，众人拉着另一头从堤上往下跑，滑轮理论的活学活用大大提高了工作效率。班级之间展开了竞赛，工地上广播宣传、各连队慰问演出为大家鼓劲加油，我们在这样的氛围下每天干十多个小时，直到天黑才回营房休息。在那个物资匮乏的时期，省里居然为我们提供了不限量的午饭，但还是经常感到饥饿难忍，有一天我正饿得在坝上两眼冒金星，终于看到送饭来了，可我却怎么也找不到碗，急得大叫，女同学赶紧腾出一个碗来给我救急。连日的高强度劳作，老师和同学们的手和脚都磨出了血泡（一天晚上我看到正在洗脚的霍永正，他那双脚都血肉模糊了），我们这些推车人的手都变成固定握把姿势了，手指握不拢也伸不直。就是在这样的情况下，我们班也没有一个人叫苦怕累，大坝在我们汗水的浇筑下不断增高。4月24日，我们连的地段提前完工了！当天又去支援六连，直到晚上八点，全系（营）负责的96米地段全部完工，才鸣金收兵。第二天全系（营）四点起床支援材料系，我有幸成为拉大绳的二十四勇士之一，我们12人一组，只听"嗨"的一声，装满泥土的小车就飞上坝顶，真是酣畅淋漓。4月27日，我校（团）负责的地段全部完工。我们站在雄伟的大坝上，看着清澈的浑河水顺从地从脚下流过，每个人的脸上都露出了胜利者的微笑（就是照片中的那种微笑）。

经过两天的总结表彰，4月30日全校（全团）师生又徒步行军60里奔辽中而去。辽中县的老百姓十里长路夹道欢迎我们，孩子们穿着节日盛装，敲锣打鼓挥舞花束，不断有人递上茶水，这使我想起了解放战争时老百姓欢迎人民子弟兵的场景。我们分散住在老乡家里，老乡们把最好的屋子让给我们住，一对新婚夫妇甚至把新房都让了出来。虽然此时的我们都很疲劳，虽然住的地方离工地较远，但老乡们对我们子弟兵般的恩情激励着每一个人，大家振奋精神又投入到每天起早贪黑的战斗中。5月8日，我们胜利完成了师部交给我们的第二阶段修坝任务。

根据辽宁地方志记载：1975年抢修三河大坝"4月12日全面展开施工，经过25万军民26天奋战，5月8日竣工。修复堤防除辽、浑、太三河堤防外，还有绕阳河、大凌河的堤防，修复堤防长达550公里。" 辽宁历史上这浓墨重彩的一笔中也有我们画上去的色彩啊！

1975年5月10日一大早，七百多辆卡车载着沈阳民兵师的"参战官兵"浩浩荡荡凯旋。沿途受到空前热烈的欢送，老乡们依依不舍的神情、孩子们纯洁无瑕的笑脸、飞舞的鲜花、喧天的锣鼓都深深印在我们脑海里。为了欢迎我们回校，我们的母校还特意增添了50盏路灯，寓意着我们光明的前程。

我从照片的时空中回到现在，是啊，48年弹指一挥间，当年的热血青年已过古稀之年。回首往事，看着我的一个个同学，真的要说：人生无悔。能成为东北大学的学子，我们是幸运的，在校期间人民有难我们能挺身而出是幸运的，能将"自强不息、知行合一"的精神灌注到我们的躯体是幸运的。就是在这样一群人中，成长出了30多名共产党员、成长出了全国劳模、成长出了科研专家、成长出了优秀干部，但不论我们走多远，都没忘自己是东大学子，没有母校的培育之恩就不会有我们的今天，我们无悔的人生就是献给母校百年诞辰的最好礼物。

作者简介——

邓世军，1951年1月生，1968年3月入伍。1976年毕业于东北工学院机械系真空专业。工程师、高级经济师。毕业后在武汉内燃机厂从事管理工作。退休后现任东北大学湖北省校友会副会长、秘书长。

葛明，生于1951年，当过铁道兵战士、国企工人，1976年毕业于东北工学院真空专业，正高级工程师。从事真空技术工作50年，曾任南光机器厂副总工程师、成都无极真空科技有限公司总经理、中国真空学会常务理事、四川真空学会副理事长、《真空》杂志编委，曾因首创中国大型涡轮分子泵，获中国真空学会科技成就奖。

那年那月，那些学生会的往事

宋铁瑜

2022年春季，新冠病毒感染疫情肆虐全国，沈阳市的许多地区都实施了封控管理。2022年4月6日我闲在家里，盘算着今年沈阳校友会的活动计划，哪些推迟哪些取消。对疫情下的校友会工作提出许多建议，还想着明年去参加东大百年的校庆……这时突然觉得应该放下焦灼，清空一切，于是怀念起在校读书时学生会的一些事情。

学生会的工作繁杂而细致

文艺部每年组织本系和学院的两次文艺汇演及大合唱比赛，周末安排交际舞会。鉴于我系男多女少，而沈医大女多男少，经横向磋商联系，在双方学院的支持下，每月一次乘大客车轮流到我系食堂和医大医疗系食堂跳交际舞。

学习部每年举办本系参加全院的数学、物理、英语竞赛，聘请名师名人做专题讲座。对不胜任授课的教师，向学院教务处反映。例如，讲到场论和拉普拉斯变换时，连续换了两任教师，直到谢绪恺老师执教鞭，一堂课征服了阶梯教室四个班的同学，下课时全体起立鼓掌。

宣传部每周组稿出版一期黑板报，每逢周末在宿舍二楼放映两个小时的电视节目。体育部每年组织十多个单项比赛和本系、学院的田径运动会，每天清晨召集早操，领着各班同学长跑。

生活部每周下午逐个寝室检查卫生，评比打分并予以公布。还不定期地组织学生参加社会上的清扫垃圾、扶老助困等"五讲四美"活动。新生报到时，在火车站设接待处。入学后集中进行学前教育。当年，我们的伙食费是每月16.5元，一周只吃一顿细粮，其余都是粗粮。我们体谅国家和学院的困难，但每在期中期末考试前，还是去找学院总务长刘福三反映，争取多拨些细粮和肉食。矿机732班来自河南林县的袁纯山同学，1979年初，发现患了肺癌，他家生活困难，无钱治病。生活部和学生会一起向院党委汇报后，发动全院学生为其捐款。十多天捐了1700多元钱、2500多斤粮票。《中国青年报》闻讯派记者来我系采访，不几天就刊登出专题通讯。

我们系学生会的同学来自五湖四海

宣传部部长赵周礼（曾任宝钢集团副总经理、湛江钢铁公司董事长）是从黄土高原走出来的陕北汉子，憨厚淳朴、耿直刚毅。体育部部长原名范月仙（曾任冶金部驻非洲工程部总代表），她是来自江苏水乡的南国美人，身高1.75米，丰肌柔韧，尤擅弹跳，是篮球队、排球队的主力。学习部部长黄锦江（曾在广州市几个私企担任董事长）是来自广州市的高材生，文思敏捷，笃志好学，一副眼镜，更显文质彬彬。文艺部部长高玉蓓（曾任冶金部教育司副司长）家住河北省唐山市，在唐山大地震中失去了父母。她容貌俊美，性格泼辣，长睫毛下的双眼亮而灵动。她通文达艺，能歌善舞。我入学前是沈阳煤炭设计院党委办公室主任助理，因年龄较大（28岁），大家都叫我"老大哥"。

机械系学生会共有二十几人，平时就是普通的学生，正常上课自习吃饭就寝，没有丝毫的特殊之处。每有任务，大家利用课余休息时间聚在一起，集思广益，勠力同心，相互配合，雷厉风行，是一个和睦友善、不图名利、热心为同学们服务的集体。

那时我们学生会成员差不多都是学习和品德优秀的学生。我是从全院5500名学生中评选出的19名三好学生标兵之一，评选标准是：考试科目成绩全部95分以上，考查科目成绩一律90分以上，这些是要凭真功夫的。赵周礼、高玉蓓、杨晓刚、黄锦江等也都是学习成绩优异，在各自的专业非翘楚即前茅之士。

毕业前的一次座谈会上，学生佟铁感慨地说，我们这一届同学年龄相差竟达十三岁，学生会何不把这四年难忘的相聚，制作成一本毕业纪念册？一语点醒了众人，心有同感，岂能默焉。有人问，时间来得及吗？十天！赵周礼迫不及待地表态："干！立即动手，昼夜加班呗！"我归纳了大家的意见，立即组建起编委会，先进行了初步的分工。

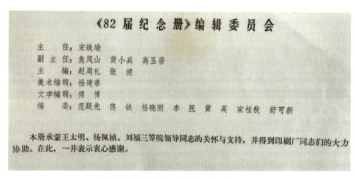

《82届纪念册》编辑委员会名单

赵周礼任主编，计划内容有：前言、导语，学院简介，学院各主要建筑彩色照片，19位院领导和28位正教授的标准照，五十幅各系同学的四年大学生活照片，9个系41个班和3个师资班共1540名学生的班级合影，全体学生的原籍和即将分配的工作单位，《毕业歌》。

黄小兵做了个最低的预算，每名学生需交2.2元。

时间紧迫，刻不容缓。在向院党委和院学生会汇报得到首肯后，我们连夜书写《致毕业班同学的公告》，天亮之前已分头贴到了各学生宿舍门前。一石激起千层浪，各系同学兴奋不已，群起响应，仅五天时间便交齐了全部资金。

摄影组舒可心（自控系）等人收集并补拍了所需的全部照片，杨建春设计了封面、封底和插图，傅博吟写了代前言的诗，卢铿（钢冶系）作词、雷雨生作曲，创作了《毕业歌》。最难的是，催收集齐分配到全国各地的1540名同学的工作单位和寄信地址。毕业前一天，我们把油印的《致亲爱的毕业学友一封信》分送到各宿舍的各寝室。约定分配到新工作岗位后，立即把单位名称和地址，寄给机械系学生会。

我们去学院印刷厂联系，却碰了钉子。印刷厂已实行自主经营自负盈亏，对只能拿出3388元钱，印数仅2000本，还有8幅彩照和80多幅黑白照片，且是横排版（260 mm × 185 mm）140多页的书，根本不感兴趣，淡淡一笑就把我们拒之门外了。

我们理解印刷厂的难处，这点钱确实不够这本书的印刷成本。但是，我们是东工的毕业生，印制纪念册是有意义的事情，母校不能不管我们。我们几人去院部找杨佩祯副书记。他听了我们的计划和印刷厂的态度，深表同情。起身领着我们一起去找分管印刷厂的副院长王泰明。王院长正襟危坐，威仪严峻，他不相信我们学生，一口回绝了。我们没有退缩，决不能因临门一脚受阻，而导致前功尽弃，辜负了1540名同学对我们的信任。一个月内，我们几乎天天往返于王院长办公室与印刷厂之间，锲而不舍、百折不挠、无休无止，翻来覆去地讲纪念册的意义和我们的困难。终于，王院长和印刷厂被我们诚挚执着、坚持不懈的精神打动，王院长指示印刷厂先印刷出版，然后再算成本，资金不足部分在学院明年预算中列支解决。

我系留校的杨建春、宋桂秋、黄英和分配到本市的佟铁等同学，轮换着天天跑印刷厂，询进度，验质量，先后四次校对。两个月后，一本印刷精良，装帧考究，几乎没有一个错别字的东北工学院《82届毕业纪念册》寄到了全国各地的1540名同学手中。

东北工学院《82届纪念册》

当我们把这2000本纪念册，用"倒骑驴"推回系学生会时，多日的焦虑忧思、奔波劳累全都烟消云散，成功的喜悦洋溢在每个人的脸上。我们想象着同学们收到这本纪念册时的兴奋，翻看自己和班级的照片、名字时的激动！

正如傅博同学创作的"前言"诗中的片段：

翻开它，想往事如虹，年华如火，
我们用汗水浇开了青春的烂漫花朵；
合上它，看前峰更高，前景更阔，
我们有信心去战胜未来的曲折坎坷。

学友异地重逢，翻开这本纪念册，
促膝相谈，看谁为四化贡献得最好最多；
紧张工作之余，翻开这本纪念册，
扪心自问，是否愧对母校的希冀和嘱托。

或是报上读到事迹，翻开这本纪念册，
学友光荣，骄傲和喜悦也充满自己的心窝；
或是攻关难题未下，翻开这本纪念册，
循址寄书，请同窗手足伸一只相助的臂膊。

时间会趋于遥远，记忆却不会淡漠，

每个人的心底都藏着思念的洪波；

理想会趋于切近，感情将越发炽热，

校园的桃李将把希望之花开遍山河。

作者简介——

宋铁瑜，1950 年生，1982 年毕业于东北工学院（现东北大学），曾任沈阳蓄电池厂厂长，市农机局、机械局、科技局、知识产权局局长，市政府副秘书长兼申报世界文化遗产办公室主任，沈阳高新区（浑南新区）管委会主任，地铁指挥部总指挥，市人大常委会副主任。现任东大沈阳校友会会长。

同窗相伴几度秋，再度聚首情依旧

——忆东北大学计算机058班毕业十周年返校聚会

黄子龙

东北大学，是我们梦开始的地方，是成长进步的摇篮，是记忆里的圣地，也是东大学子永远的心灵归宿。逢母校百年华诞之际，忆恩师同窗关爱之情，不禁感慨万千。大学四年，有欢笑也有泪水，有困惑更有成长，这里承载着我们青春年华最绚丽的一页，这里记录了恰同学少年最美好的回忆。纵然毕业多年，一想起汉卿会堂、大学生活动中心、何世礼教学馆、图书馆、逸夫楼等学校标志性建筑，便又如插上记忆的翅膀，回到熟悉的校园自由翱翔，享受书香与阳光，品味宁静与美好。

2019年5月11日，同学们在东北大学北门前合照

毕业十年对每位东大学子来说都是一个值得纪念、值得庆祝、值得团聚的日子。每当回忆起班级毕业十年聚会的场景，我都不禁嘴角露笑，这满是幸福的美好回忆必定永驻每名同学的心间。

五月沈城，春意盎然。带着对母校的眷恋，怀着对同窗的情谊，毕业整整十年的东北大学计算机科学与技术专业2005级8班的同学们选择在"爱回家"东北大学返校日当天回母校看看，只为了给亲爱母校一个惊喜，给毕业十年一次仪式，给青春人生一段回忆。

为搞好本次聚会，计算机058班专门成立了聚会筹备组，下设策划组、会务组、财务组、宣传组、联络组5个小组，分别负责21项具体工作；制定了《东北大学计算机058班毕业十周年聚会服务手册》，将任务分工压实到人，将活动流程具体到点，确保规划到每一个细节；定制了专属文化衫、制作了返校横幅、购买了带有东大logo的纪念品，为回校团聚做足了准备。

5月11日一早，母校便着上了节日的盛装，洋溢着迎接游子回家的喜庆氛围。五五体育场内，以学院为单位整齐排布的一个个签到服务台，让每一名校友都能找到回家的归属；各式各样合影留念的道具、布景，让同学们似乎又回到了十年前的青春年少；搭建好的T台，主持人在抓紧最后的排练，学弟学妹们也在欢快地讨论舞步细节……回到母校的一刻，让我们感到亲切、热情，就像期待已久的母亲，为远行的子女备足了丰盛的饭菜，只期待他们回家时的甜蜜微笑。

欢迎仪式上，孙雷副校长热情洋溢地欢迎校友回家。我作为同学代表代全体毕业生发言，道出了我们共同的心声，"东北大学是我们一辈子的牵挂。离开学校时，我们洒泪挥别，从那时便时时刻刻想着回来。从那天起，我们成了游子，而回母校也成了我们不变的信仰。"

欢迎仪式后，我们在当年尽情挥洒青春汗水的五五体育场追忆青春，像大学时一样，尽情摆着各种搞怪的动作，或三三两两、或整齐划一，生怕漏掉哪一个经典动作或者哪一位玩伴，我们只想用不停按下的快门，永久封存青春的光华。非常高兴的是，孙雷副校长走到我们的身边，与我们合影留念，共同见证美好的时光。

走进汉卿会堂，我们再一次重温1923年建校以来，母校历经的风雨和辉煌。母校非常贴心，校史馆里还专门安排了志愿者讲解员，这是一名大一的文法系女生，清晰详尽地为我们介绍了学校创业发展的沧桑岁月，听着一句句讲解，看着一张张照片、一件件文物，仿佛我们在时间隧道中穿梭，像按下快进键般快速浏览了母校的世事变迁，见证了她培养人才、抗日救亡、贡献建设的辉煌历程，我们也决心更加努力，用我们这代人的力量续写东大的辉煌。

临近中午，母校为我们备好了餐券，让我们再次回味舌尖上的东大。鸡腿饭是我们大学时的最爱，也是我们青春的记忆。味美、量足、货真价实的鸡腿饭，

同学们在汉卿会堂前合照

常常是上了一上午课的我们冲进食堂后的第一选择。这么多年了，鸡腿饭没有变，而母校用慈爱哺育我们成长的真情，也没有变。

饭后，我们一路徜徉，走回了二舍，这里是梦开始的地方，也是我们生活学习的温暖港湾，走回住过的寝室，看看当年睡过的床铺，当提起我们是2005年入的学时，学弟不禁发出"真的是老学长"的慨叹，我们也哑然失笑，叹时间如白驹过隙，最美的韶华在东大度过，这是我们的幸运，更是一辈子的幸福。

来到逸夫楼，怕吵到自习的学弟学妹，我们只是远远地看看熟悉的阶梯教室。想起了当年我们在这里疯狂刷题，偶尔抬头休息，还不忘猜度谁会是这学期的学霸，又不由自主再瞟两眼邻座的美丽女生。

在校园中一路走着，一路拍照，虽然记得老师们常常教导我们"两点之间线段最短"的定律，但为了多逛几处景点，多走几处角落，我们特意选择曲折的路线，只为了在东大多驻足一会儿，再停留片刻。

怕搅乱东大的宁静，我们选择到轰趴馆聊一聊、疯一疯，追忆当年的友情，畅谈青春的人生。我们都有一种感受，东大人，聚是一团火，散作满天星，无论企业、机关、军队、院校，各条战线都有来自东大的光和热。

抽离回忆的思绪，展望东大的明天，2023年是母校的百岁华诞，这是普天下东大学子的共同节日和隆重盛典。到那时，五湖四海的东大人，必将再次回母校团聚，为母校百岁华诞庆生。当下，每名东大学子更当躬身践行"自强不息、知行合一"的校训精神，踔厉奋发、笃行不怠，以优异的工作成绩向母校的百年华诞献礼，不断推动母校"双一流"建设迈上新台阶。

作者简介——

黄子龙，东北大学计算机科学与技术专业 2009 届毕业生，现工作于辽宁省人民政府，主要从事宏观经济分析等工作，连续三年参与起草省《政府工作报告》，为省主要领导起草讲话文稿 200 余篇，撰写调研报告 10 余篇。

朝花夕拾——忆东大同窗

李 洋

  2022年入秋，雪来得特别早，雨夹雪簌簌地下了一整天，树上斑斓的叶子还没来得及掉落就与这场雪来了一次不期而至的约会。车窗外是如此宁静，车内是我和儿子的二人世界，雨刮器发出有节律的唰唰声。此时，收音机里飘出水木年华演唱的《一生有你》，这旋律已多年没有听到，熟悉而陌生。"因为梦见你离开，我从哭泣中醒来。看夜风吹过窗台，你能否感受我的爱……"我眼前逐渐模糊，思绪穿越回那有冰雪，有笑声、有歌声、有少年、更有滚烫青春的校园时光。

  2001级城市规划班是个多元化的班级。共有31名同学，25根校草，6朵金花。分别来自7个省，分属5个不同的民族，操着不同的口音，有着不同的信仰。也不知是这些人机缘巧合被分到一个班级，还是在班级大熔炉中发生了奇妙的化学反应，班里每个同学都有专属的故事，都有有趣的灵魂。

  "翻译"的自信人生。"翻译"是个细皮嫩肉的山东帅小伙。因为与一个日军翻译官的老照片神似，"翻译"便取代了他的本名，至今有很多外班同学只知他叫"翻译"，不知他叫李朝辉。"翻译"天生有副好嗓子，《沙家浜·智斗》和《一剪梅》最为娴熟，人送绰号"东大费玉清"。他经常自信地说："我李朝辉办事滴水不漏！哈哈……"而就是这份自信经常被打脸。大一学"建筑制图"，好多同学学不明白，"翻译"学习能力超强，就充当了小导师，给同学们答疑解惑。在他的帮助下，大家水平突飞猛进。考完试，我问他考得咋样？他小脖子梗梗着，小胸脯挺挺着，神气极了。"考不了99对不起老师！不对，考了99也对不起老师，必须100！"结果，他的徒弟们分数都挺高，只有他拿着70多分的卷纸黯然神伤，也不知哪里出现了失误。那句"我李朝辉办事滴水不漏……滴水不漏……水不漏……不漏……漏……"好像在人们脑海中回响。

  楼兰公主沙拉。沙拉是来自新疆的哈萨克族女同学。她说她的家在中国这只大公鸡的尾巴尖尖上，她每次都要坐两天的火车，两天的汽车，两天的驴车，最后步行大半天才能到家。上学之路对于她如此艰辛。有一次，我对她说："沙拉，你的头发颜色好美，棕红的栗色，还特别自然。"她腼腆地笑笑没说啥。等再开学，沙拉从新疆特意带来了一种叫海娜的天然染料，她整整背了4000千米带给我，这是多么珍贵的礼物啊！沙拉是个心灵手巧的姑娘，学习"城市规划"非常得心应手，很快成为班级里数一数二的设计小能手。也许因为民族的个性，或是对大自然的敬畏，她的作品总让人耳目一新。最近看纪录片《河西走廊》，有一集说到出土的2000多年前的楼兰美女，戴着小皮帽，梳着马尾辫，蹬着小马靴……不知怎的，我又想起了沙拉，想起她俯身画图麻利地移动三角板，想起她把散落在图板上的棕红色马尾辫甩到背后。噢！沙拉才是生活在现实中的楼兰公主！

　　梁子的《羊皮卷》。梁子本名徐梁，与大侠徐良同音不同字，冥冥中梁子在我心中也多了几分侠义之气。每次上厕所都发现他蹲在那里看一本书——《羊皮卷》。我每次都打个招呼，心想"一个江苏人对养羊、扒羊皮还这么情有独钟。"多年后我才知道，此书是教别人如何变得越来越优秀的书，跟羊没啥关系。梁子很优秀，从生活里的小事中也能看出他的勤劳和善良。不止一次看到他一个人提着寝室的6个暖水瓶去打开水。我问他"其他人为啥不自己打水？你就惯着他们吧！"他笑着说："I'm strong！"于是，我们再看到他打水，就会叫他阿姆斯特朗。别看梁子一身腱子肉，铁汉也有柔情的一面。2002年夏天，我们班去辽阳核伙沟村写生，村里有个希望小学，条件不太好，大家都唏嘘孩子们求学不易，回沈阳后就把这事淡忘了。偶然发现梁子每天下晚自习都到一舍收集一个小时的空矿泉水瓶，久而久之各班同学们都知道城规班有个收集瓶子的健美先生。他把瓶子塞到床底下，到实在堆不下时一起卖掉，再把钱寄给核伙沟希望小学。在梁子的感召下，我们全班同学都觉得梁子是好样的，于是开始一起收集瓶子。从一舍东到一舍西，再到四舍女寝，每到晚上10点到11点，总能听到一群少年挨屋敲门，询问有没有空瓶子要扔。

　　要嫁就嫁大鹏一样的男人。王大鹏，当过我们班的班长。因为有孙继海一样的长相和脚法，盘带、传中、突破……他总是绿茵场上最靓的仔。多年后，他跟我说"李洋，我就不玩乒乓球了，总得给你留一项你力所能及的运动。"事实证明他并不是吹牛，过硬的身体素质让他成为当时的运动明星——"一舍东的科比+刘翔+C罗"。大鹏是时刻充满青春激情的大男孩。记得有一次他上午踢了一场足球，中午打了场篮球，又献了300 mL血。正赶上那天傍晚专用教室搬家，他一个人背一个绘图桌，手里还拎两个绘图凳，上上下下跑了好多趟，热心的他搬完自己的东西还帮女生搬。这些事全赶在了一起，当天晚上大鹏就发起了

40℃高烧，烧得直说胡话。送到医院，医生一检查说："这小伙不要命啦？献血还这么大运动量，导致免疫力降低，得了化脓性扁桃体炎，得住院。"住院期间同学们纷纷探望，听说一个女孩还给他送了黄色的菊花花束，大鹏看了哭笑不得。出院后大鹏身体大不如前，好久才缓过来。大鹏的爱情更是传奇，本以为大学期间他都不能尝到初恋的滋味，没想到就在临近毕业1个月的时候，小师妹慧眼识珠，一眼相中大鹏，两个人开始了可歌可泣的恋爱。听说大鹏毕业后，小师妹来了次说走就走的旅行，南下广州去找大鹏哥，还因为这事受了学校批评。我想这就是大鹏无以复加的魅力让小师妹义无反顾地爱慕吧。如今两人早已修成正果，还生了两个极具运动天赋的儿子，真是让人羡慕。跟同学们聊起这些往事，大家纷纷表示，如果自己是女生，要嫁就嫁大鹏一样的男人。

为爱"稚希"的"雪色浪漫"。曾稚，四川宜宾姑娘，喝五粮液吃燃面长大，天生性格又辣又燃，伶牙俐齿，说起话来有点连发射手+火炬树桩的效果。张希，江苏无锡小伙，身材魁梧，皮肤黝黑，性格却十分内向，经常笑呵呵不说话，像个大姑娘。性格迥异的两个人，能够碰撞出怎样的令人羡慕的爱情火花呢？那是2001年的冬天，同学们第一次在五五体育场上滑冰课，我们几个男生正在冰面撒欢，谁都没有注意到刚上冰就摔倒的小稚。也许是南方人的敏锐，或是早就偷偷关注这个美丽的川妹，不善言谈的小希将小稚扶起。然而小稚的伤远比想象中严重，右脚踝严重扭伤，不细心护理容易落下病根。这让远离家乡孤身在外求学的小稚担心极了，泪水簌簌地落在冰面。没想到第二天，虑事周全的小希向大鹏借了辆自行车，驮着小稚奔波在宿舍、食堂、教室之间。一来二去，两人感情迅速升温。天地一片苍茫的雪地上，从此多了一辆橙黄色的小自行车，坐在后座的女孩将脸轻轻贴在男孩的背上，那表情幸福极了，满满被保护的安全感。这表情四年后我在他们的结婚照上再次看到，小南天主教堂，也是飘雪天气。我想这就是为爱"稚希"的，独属于他俩的"雪色浪漫"吧。

是离愁，愿一生有你。美好的时光都是短暂的，一转眼就到了毕业前夕，同学们喝得烂醉，都加快语速，想说更多的知心话；都睁大眼睛，想把同学的样子记到心里；都互相拥抱，感受彼此带来的温暖。临别，大家共同唱起班歌——《一生有你》。

因为梦见你离开，我从哭泣中醒来。

看夜风吹过窗台，你能否感受我的爱？

等到老去那一天，你是否还在我身边？

看那些誓言谎言，随往事慢慢飘散。

多少人曾爱慕你年轻时的容颜，

可知谁愿承受岁月无情的变迁。

多少人曾在你生命中来了又还，

可知一生有你我都陪在你身边。

"爸爸，爸爸，你怎么一会儿笑一会儿哭啊？"儿子拍了拍我。时光隧道倏地带我穿越回现实。外边雪静静下着，发出"簌簌"的声音。车内收音机《一生有你》结束，仿佛多年前的曲终人散。我笑着擦去眼角渗出的热泪说："没事儿子，老爸想起了我们必然拥有也必将逝去的青春！"

作者简介——

李洋，东北大学江河建筑学院城乡规划系讲师。2001年9月—2005年7月于资源与土木工程学院城建系城市规划专业读本科。该专业于2013年并入江河建筑学院。

想念同学和那些花名

梁 镒

上大学以后，因为我们是采矿系，学生大都来自农村，小说《平凡的世界》也是农村背景，主人公孙少平后来在矿山工作，对我们来说也算是同行。几次的生产实习让我们对小说中的场景感同身受，很容易引起共鸣，阅读《平凡的世界》成了我们的必修课。同学大都读过《平凡的世界》，作为陕西人，我读得尤其熟，也经常对室友说："你们说出小说中任意一句话，我能说出上下句。"经他们测试，果不其然，就是在今天我写这篇文章的时候，仍然不需要查任何资料，完全凭自己的记忆去写。根据同学的特征与《平凡的世界》中的人物相匹配，脑海中想起他们的花名且持久地存在着。

小说中的孙玉亭，穷困潦倒，但他热心政治喜好开会好出风头，孟同学与他颇有几分相似，所以他就成了"孙玉亭"，从这个花名也引申出好多花名，但万变不离其宗。一次我与刘同学在我们宿舍，孟同学回来了，刘同学问，开会了？我一听便笑，孟同学一看，气得大骂，摔门而去。

小说中对"半脑壳"田二的描写是嘴角时常浮着一种不正常的微笑——这微笑看起来很神秘。他除捡破烂，还爱凑到什么地方，说他那句"永恒的格言"——世事要变了！我发现李同学经常有一种神秘邪魅的微笑，于是他成了"二哥"，以至于我们毕业十五年的聚会上，他当时的发言是，他在宿舍不排行老二，不知道什么时候一夜之间就成了"二哥"。

樊同学干事有一股愣劲，于是成了小说中田二的儿子"憨牛"，其实我内心很欣赏干事有股闯劲的人，这也是我所缺乏的。我在樊同学的毕业留念册上写了一首藏头诗，藏头应该是憨牛可爱，也表达了我对他的欣赏。

我和宿舍的高同学经常用漫才的语言调侃，我说，"二哥"应说啥？他答，世事要变了！我问，"憨牛"会说啥？他回答，爸。我大笑，他大骂。

小说中的安锁子，是主人公孙少平的师兄，一个粗壮粗俗的矿工，年龄大了，讨不着老婆，所以经常嘴里骂骂咧咧的。师傅是因救他去世的，一次他侮辱师母，被孙少平胖揍一顿，下班后他拿着酒到师傅的坟前，少平也在，他垂下了肉乎乎的脑袋。根据骂骂咧咧和肉乎乎两个特征，我给赵同学与李同学都起名"安锁子"，为了区别他们，分别叫"大安""小安"，"大安"是典型的北方人，"小安"是典型的南方人，他们住上下铺，互相看不上，北方人言语爽利，经常嘲讽南方人，南方经济发达，"小安"就回敬南方如何好，北方如何荒蛮。后来"大安"发火不愿意让我们喊他这个花名了，于是退而求其次，喊他"老同志"，其实他喜好闲逛，好似小说中到处游逛的王满银，我还给他起了"逛鬼"等花名备用。

小说中孙少平的女朋友田晓霞来到矿上，他们去爬山，回来晚了，安锁子拿手电给他们照路，孙少平给田晓霞介绍安锁子是他师兄，田晓霞热情地和他握手，他激动地在衣服上面擦擦手，跟摸着炭火一样马上就松开了。

我们采矿专业没有女生，我们宿舍只有"孙玉亭"在大四的时候与外校的老乡谈过一段恋爱，别人只有青灯为伴，黑夜很长。我和高同学经常感慨，安锁子也比我们强，至少他摸过田晓霞的手啊！

除去《平凡的世界》中的花名，还有其他各种类型的，我们宿舍的张同学，在开学不久学习近代史的时候，不知道怎么回事，他就成了"张子善"，于是有人喊"子兄"，有人喊"善弟"。张同学用现在的话说是文艺青年，有点多愁善感，他排行老四，于是我们又叫他"酸四"，他不屑与我们这些粗俗的家伙为伍，我与高同学经常商量，说老四的pH值又下降了，到了收拾他一顿的时候了。"酸四"在毕业前发感慨，说他的大学四年，是为别人喊他名字奋斗了四年。"酸四"的趣事也很多，前面提到的"憨牛"，普通话不标准，说"春"的时候是"村"，"酸四"写给他的毕业留言里面有春字，于是在下面备注，是"春天的春"不是"村子的村"。我们班有个唐同学，因为走路有点拉不开栓迈步的样子，我给他起的"老夹"，"酸四"给"老夹"毕业留念册上面的照片没有贴好，留言中写到注意把照片夹好，千万别掉了。

高同学喜好与别人打赌，赌注往往是鸡蛋或是二毛钱，于是他便成了"高二毛"。夏同学肤色黑，成了"夏黑子"，文艺点的叫"黑哥尔"。贾同学上晚自习的时候到处瞎窜，我与高同学经常能碰到他乱窜，问他干什么，他说在找"夏黑子"，我们说你们不是一起来的吗？他就哑然了，于是他便成了"哑然"。"哑然"也是文艺青年，当时因为我在中央广播电台发表了一篇文章，引来了很多笔友，很多信件实在回复不过来，所以我推荐几个"哑然"的同乡女生与他联系，后来打得火热，不知道是不是修成正果，如果是，他得谢谢我这个月老了。杨同学，本名谐音"羊球蛋"，在今天也是谐音梗。还

有腰身有点妖娆的刘同学"翠花";社会经验丰富的解同学"老油",个头不高但身体健壮的闫同学"史泰龙",衍变为"小史"或"阿龙";经常说别人有病的高同学成了"有病",还爱说"完事了",发音有点特点的高同学成了"完事了"。我与高同学经常调侃,说我们卧谈会的内容不像大学生啊!大概是因为我发言更有趣些,他们叫我"校长",后来他们竟因我说话不利索,说是小说的田五"链子嘴"。

那时的大学,尤其是我们采矿系的学生,生活远没有现在的大学生丰富多彩,把同学与花名代表的人物之间进行魔幻联动,带给我们很多快乐。那时我们的青春岁月,不论穷富,学霸学渣,人人有花名,所以很怀念那些日子,我希望我和我的同学们,出走半生,归来仍是少年,愿我们像当年一样率性潇洒,还能在一起喊出当年幽默的称呼。

我们这些《平凡的世界》里面走出来的学生,在东北大学一大批知识渊博、治学严谨的老师的教育和影响下;在《红楼梦》《平凡的世界》《穆斯林的葬礼》等文学的滋养下;在东北大学爱国主义的传统浸润下,走向工作岗位以后,爱国诚信,敬业爱岗,大都成为技术骨干和行业精英。现在我与大学很多同学保持着密切的联系,我们还能在一起谈谈生活,交流文学,大学是我们共同的精神家园。

我毕业后在外地工作,多年以来一直为生活奔波,其实刚毕业的时候我们的领导对我挺好,经常说所有毕业生中他最喜欢我,后来还通过他司机给我说,说我跟得不紧,否则早上去了,但我宁可不上去,也绝不站队违背内心。

今年我毕业二十六年了,我一直很怀念母校东北大学,也想给母校写点文字,但总没有写,老是觉得以自己拙劣之笔难以写出母校的博大。我对母校有一种复杂的感觉,有时觉得母校离得很近,仿佛就在昨日;有时觉得很远,觉得已经是很久很久以前的事情。

东大让我明白了世界之大,我之平常,极大地影响着我的人生观、价值观,我总是不能被那些煽情的眼泪感动,真正让我动情的是那些默默无闻的付出。

张学良老校长在给东北大学校友的诗中写道:不怕死,不爱钱,丈夫决不受人怜。顶天立地男儿汉,磊落光明度余年。东大的毕业生,都有着"凡你所在,便是东大"的担当,都很爱国、正直,践行着母校"自强不息、知行合一"的校训,我想,正是东大这种爱国严谨的培养,使东大学生爱国敬业,这种精神正是中华民族的脊梁。

现在我常想起母校,不知先生们的身体是否还好,不知又有多少新楼拔地而起，不知学校的樱花树长高了多少，不知多少学子走向母校，也不知学弟学妹是否珍惜学校时光。

作者简介——

梁镒，1972年生，陕西岐山人，1997年毕业于东北大学资源与土木工程学院采矿系采矿工程专业，中共党员，高级工程师。现在中国冶金地质总局下属单位工作。

母校为我插上翅膀

——海阔天空任我飞翔

李中和

六十五年前的1958年金秋季节，一列列蒸汽火车将我们从祖国各地带到了东北的最大中心城市沈阳，迎新校车把我们送到了坐落在南湖的新校区（原校址在铁西区），一进入雄伟壮观的东北工学院校门，我们的事业人生就从这里开始了。

好漂亮的校园！当时学院的南北由文化路直抵浑河畔，东西由三好街到南湖公园西侧，南湖公园也在学院范围内，中间并没有围墙，可谓地域广阔。四座教学专馆（建筑学馆、机电学馆、冶金学馆、采矿学馆）既美丽又宏伟，堪称当时沈阳的地标建筑，各学科实验室、实习工厂、体育馆和四个学生宿舍环绕在学馆周围犹如众星捧月，整个学院既像一座大花园，又如一座新型城堡。我们每个人都为自己能到这里生活和学习庆幸和自豪，也决心在这里学好知识和本领，增长才干，为祖国贡献毕生。

东北工学院是解放后国家新建的重点院校，既继承了原东北大学的矿冶系，又扩建了工业多科性专业，当时曾有"东方的莫斯科大学"的美誉，院长靳树梁是一位传奇科学家，据说在解放本溪时，曾派一个团的解放军去保护本溪钢铁公司和抢救时任本钢总工程师的这位专家。靳院长还是第一届中国科学院学部委员，他虽身兼多职，事务繁忙，还能每周抽出时间给学生上课。我们有色金属系是新建系科，建系初期有左铁塘、吴锦、马龙翔等诸多知名教授，我们轻金属冶炼专业也有邱竹贤、张日强和沈时美等老师，他们都是专业大家，他们知识丰富，教学严谨，为我们打下了良好的专业知识基础，让我们终身受益。

课堂上获取理论知识固然很重要，实验获得直观的实践能力也必不可少。学院设置了多学科实验室，以及机械厂、电工厂和有色金属加工厂等，我们轻冶实验室就具备了小型初步试验的条件。在这里也曾研究出电解质、节电炼铝、火法炼镁等科研成果，当时我们都有参与。在校期间还安排了三大实习：认识实习，生产实习和毕业实习，都是实打实地到生产现场，尤其是生产实习时和工人们一样倒班操作，初步培养了动手能力；毕业实习之后即做毕业设计，事实证明，这样的设计都可作为小型厂和车间的初步设计。这些实践能力的锻炼和培养，参加工作后显示出我们东工毕业生的特质和优势。在校五年，共安排基础课程、专业基础课程和专业课程44门，通过考试或考查结业，当时有些课程看似没什么用处，可是毕业后并不是所有人都分配到本专业的工厂或科研设计单位，有一部分人被分配到相关专业或其他工业门类，这时就显出那些考查课程的作用，也展现出众多科目和所获知识的广泛用途，为我们的日后工作打下了坚实基础。

我们班级是个有24人的集体，除了通过高考入学的22人，还有2名工农速成中学保送的调干学生，一名是本溪工厂的党总支书记孟大哥，一名是抗美援朝立过功的白衣战士韩姐，他们比我们大很多，但学习非常刻苦，对我们普通学生也很关爱，我们也视他们为亲哥亲姐，整个班级就像一个大家庭。这个家庭的当家人和主心骨就是连任五年的团支部书记，他团结同学、爱护同学，宁可耽误自己的学习时间也要为同学解决困难。生活在这样的和谐集体里，大家团结友爱，互相帮助，互相鼓励，每个学期没有任何一个人挂科补考，全部以优良成绩通过毕业考试和答辩。这样的集体怎能不使人留恋，也更激发我们投入工作的热情。

当年我们毕业时，国家统一分配到社会主义建设需要的岗位，我们专业毕业生主要被分配到冶金工业部所属的三〇一厂、五〇一厂和沈阳铝镁设计院，也有的被分配到相关企业，如轻合金加工厂、原子能材料厂和飞机制造厂等军工企业，无论分配到哪，大家都无二话，分配方案公布的第二天，同学们就依依惜别，准备到各自的岗位报到，那真是"毛主席的战士最听党的话，哪里需要就到哪里去，打起背包就出发"。随着国家经济建设的飞速发展和"备战备荒"的三线建设，我国的铝产量也由20世纪50年代的10万吨，增加到20世纪80年代的200多万吨。氧化铝厂和电解铝厂遍布西南和西北边远地区，我们同学大部分被调到这些工厂成了技术骨干和企业经营管理者。华北铝业公司、郑州铝业公司、青海铝厂、兰州铝厂、贵铝设计院，这些新单位都有我们同学任职，大家无论到天南海北都无怨无悔为国家的社会主义建设作出应有的贡献。现在我们已经退休，回想往事时用保尔·柯察金说的那句名言："不因虚度年华而悔恨，也不因碌碌无为而羞耻。"总结自己再贴切不过了。

作者简介——

　　李中和，1939年生，原东北工学院有色金属系金属冶金专业1963年毕业生，中共党员。1958年由海城高中考入东北工学院，1969年毕业后由国家统一分配到一〇一厂二〇三研究所任技术员。曾参加歼8飞机材料和潜艇用电池电极的研制工作，并获集体奖。后调到沈阳铜网厂任工程师、高级工程师、车间副主任、科研室主任、副厂长和沈阳铜网工业联合公司总经理等职务，期间参加辽宁省战术导弹军工会战，获先进集体奖，连续拉铸工艺改造项目获沈阳市科技大会奖。亲自主持的"大功率强磁场的工业屏蔽"项目获国家科技进步三等奖，"稀土元素铈在铍青铜中的行为研究与应用"等项目多次获得省市科技进步奖。发布论文20余篇，编著《铜丝铜网》一书。1989年调入沈阳市科委组建沈阳市科技经济评估中心任主任。1999年退休。

庆祝母校百年华诞，传承母校红色基因

——千名校友共同参与开展"五大工程"

窦盛功

始建于1923年的东北大学，2023年迎来自己的百年华诞。百年校庆，是凝聚海内外东大学子共创世界名校的强大动力，是回顾母校百年发展历史、总结凝练百年校园文化的极佳契机。

千名"老五届"校友开展庆祝母校百年华诞"五大工程"

我国从1966年到1970年毕业的五届大学生，被称为"老五届"。"老五届"的人生成长过程与共和国的发展历程完全同步。他们为新中国建设忘我地拼搏奋斗、奉献了自己的青春年华，涌现出了一大批可歌可泣的模范人物和英雄。

东北大学"老五届"共计六千余人，现都已进入耄耋之年。有生之年，有幸喜迎母校的百年华诞，亲眼目睹和亲身见证母校百年华诞这个重要的历史时刻，这对他们是莫大的荣幸。他们为此欢欣鼓舞，心潮澎湃，内心充满了无比的喜悦与兴奋。就是在这种心情和背景下，我校1969届的徐明发起倡议、200余名"老五届"校友共同积极参与，于2021年12月10日举办了东北大学"老五届"校友庆祝母校百年华诞启动仪式暨校友联谊会。在这次启动仪式上，徐明代表"老五届"校友发出了开展《庆祝母校百年华诞，传承母校红色基因》"五大工程"的倡议。这"五大工程"分别是：第一，敬送母校一块巨型校训石；第二，敬送母校两块百年校庆倒计时牌；第三，出版东大"老五届"校友《白山黑水壮我行》文集（上下两册）；第四，出版《东大"老五届"校友诗词选集》；第五，出版《东大"老五届"校友书画奇石收藏作品选集》。该倡议得到了广大"老五届"校友的一致赞同和积极响应。

于是，由徐明校友全额资助、呕心沥血、精心组织，上千名"老五届"校友热情积极参与，特别是8个系的11名"老五届"校友联络员全身心地投入，学校领导亲切关怀和强有力地推动，学校有关部门大力配合，在母校百年校庆倒计时一周年（2022年9月16日）之际，作为敬献母校百年华诞厚礼的"五大工程"如数圆满完成。

《白山黑水壮我行》文集是横跨百年校史的壮举

针对《白山黑水壮我行》文集的征稿，首先成立了以徐明为首的由22人组成的编委会。接着确立了征文的指导思想：作为共和国的骄子，东北大学"老五届"是东北大学百年史上的一个特殊群体。他们秉承东大"自强不息、知行合一"的校训精神，在逆境中抗争，在顺境中奋发，在祖国的各条战线上做出了突出的成绩，为祖国的社会主义建设和改革开放作出了重要的贡献。《白山黑水壮我行》文集应客观如实地记录下这段历史。同时提出了征文的内容要求和《白山黑水壮我行》的整体构架。

① 征文的内容主要是"老五届"校友发扬东大校训精神，顽强拼搏，自强不息，在各条战线上为祖国作出突出贡献的动人事迹和感人故事。

② 稿件的内容要符合党的精神，内容真实可靠。在提炼内容时，既不怨天尤人，又要深刻思索，理性地从中总结出积极的感悟和宝贵的经验，以期达到对自己和后人都是难得的有益精神财富和文化遗产的目的。

③《白山黑水壮我行》文集的整体构架分为三部分：《礼赞篇》（赞颂东北大学历任党政主要领导和教书育人的教师楷模）、《奋斗足迹篇》和《校园轶事篇》。

随之确定了审稿人员并公布了征文的范文。

东北大学"老五届"校友几千人，他们遍布祖国乃至世界各地，有的毕业后至今几十年都未曾谋面。因此，《白山黑水壮我行》文集的征稿、收稿、审稿、改稿、定稿是一项非常费心劳神的繁杂的系统工程。于是，徐明校友从学校原来的8个系中选定了11位校友作为开展"五大工程"的联络员。在徐明校友的带领和指导下，8个系的11位联络员齐心协力，在全校"老五届"校友的大力配合和支持下，很快建立起了"老五届"校友的三级微信群，即班群、系群和校群。因校群的人数上限为500人，一个校群满足不了校友们的需要，便建立了校群（一）和校群（二）。目前，仅校群里"老五届"校友的人数已达千人。

通过三级微信群，各系联络员在全校几千名"老五届"校友中开展网上征文活动。同时，在普遍号召的基础上，又"点"对"点"地进行对接，逐个人落实。其间，徐明校友先后组织主持召开了16次联络员会议，及时总结、交流征稿的进展情况，提出相应的要求。尽管这些联络员都已步入耄耋之年，有的身体欠佳，但都克服了年事已高的各种困难，不辞辛苦，召之即来，来之能战，战之必胜。甚至顶着自然灾害的不可抗力，逆行而上。因疫情防控的原因，其间的几次联络员会议是在公园里冒着严寒，数小时站立在室外召开的。

　　经过半年多的拼搏奋斗，《白山黑水壮我行》文集的征稿经过汇总统计，被选录用的优秀文稿共计101篇。其中，《礼赞篇》20篇，《奋斗足迹篇》59篇，《校园轶事篇》22篇。面对着奉献母校百年华诞的101篇文稿，以百篇精文为母校百年华诞庆生，联络员们欢乐喜悦的激动心情溢于言表。广大校友对此更是赞不绝口，纷纷在微信上发表了热情洋溢的留言。

　　《白山黑水壮我行》文集（上下两册）是我们"老五届"校友集体的回忆。它清晰地映照出校友们50多年前在东大奋发读书，走向社会后顽强拼搏励志前行的风采，它反映了"老五届"校友对党忠诚，对改革开放拥护和对母校深深的爱。百篇文稿从东北大学的老校长张学良到近代东北大学历届党政的主要领导；从"老五届"校友中的院士到普通的科技人员；从"老五届"校友中身居高位的领导，到普通的管理者；从"老五届"中的国家级大师、名家，到小微企业的顶梁柱；从100年前东北大学的成立、发展，到"老五届"奋发有为的足迹，直到今天学校"双一流"建设的校园文化，时空先后跨越了100年，在文稿中都有相应的涉及与记载。因此，许多"老五届"校友自豪地说：《白山黑水壮我行》文集是东北大学的百科全书，是开创了横跨百年校史的壮举。

　　"老五届"校友满怀激情，纷纷在微信上留言，对《白山黑水壮我行》文集给予了热烈的赞扬和高度的评价："《白山黑水壮我行》文集鸿篇巨著，永载史册，功德无量。""《白山黑水壮我行》文集功在当代，誉满全球，造福子孙，为东大百年华诞创建了一座流芳千古的丰碑，功照千秋！""《白山黑水壮我行》文集写出了老五届校友的拼搏精神、校园往事，令人振奋、感动、激励，心往神驰。""《白山黑水壮我行》文集是个大软件，其功德无与伦比。"

　　在《白山黑水壮我行》文集三审定稿的同时，《东大"老五届"校友诗词选集》也接续完成，先后征集到58位校友的458首诗词。这些诗词，句句经典，字字珠玑！每一首诗词的背后都有一个感人的故事，每一个故事中都蕴含着对母校培养的感恩情怀，寄寓着不忘恩师教诲的情感，显现着昔日同学们情同手足的情谊。抚今追昔，感慨不已！"老五届"同学这些诗句，意境幽深，读来让人为之动容，这些诗词的文笔优美，看了让人受益匪浅——母校情最难忘，师生情最深厚，同学情最真挚。

　　随后《东大"老五届"校友书画奇石收藏作品选集》的编辑也相继完成。最终征集到书法、绘画、奇石收藏作品200余件。一幅幅赏心悦目的精美书画作品，展现了东大"老五届"在半个世纪的奋斗历程中历经沧桑，事业有成，却依然笔耕不辍，水墨丹青，老有所为。这些出自理工男理工女之手的精湛书

画作品，形式多样、品味高雅、意蕴隽永，生动表达了"老五届"对祖国大好河山、悠久历史文化的无限热爱，彰显了丹青歌盛世，翰墨颂华诞的主旋律，充分展现了"老五届"积极向上的精神风貌和爱党、爱国、爱校的赤诚情怀，令人震撼，令人敬佩！对后辈学子是一种心灵的永久潜移默化、高尚情操的熏陶！

东北大学校长冯夏庭院士亲自为这三册4本书（简称为《三集》）撰写了题为《砥砺前行的赞歌》序言。冯校长像"老五届"的知心朋友一样，科学阐述了"老五届"这个特殊群体的历史定位和贡献，赞扬了"老五届"勤奋向上，忠诚担当的精神谱系和爱党、爱国、爱母校的情怀。赞扬"老五届"学长给东大40万校友做了个好榜样。

2022年9月16日，近200名"老五届"校友在沈阳万象城稻香迎囍皇宫欢聚一堂，举行《三集》发行赠书仪式。东北大学校长冯夏庭院士亲临赠书仪式现场，与"老五届"校友共襄盛举，共享这一美好时刻。在仪式上，冯校长以"高质量推动学校一流大学建设"为题发表了热情洋溢、催人奋进的讲话。赠书仪式的热潮此起彼伏，五届欢腾，校友同心。仪式现场的近200名校友都兴高采烈地获得了赠书。现场赠书仪式之后，又通过邮寄的方式向分布在全国各地的415名校友赠书540套。恰逢国庆佳节，全国各地的校友陆续在佳节期间收到了赠书，个个惊喜万分，犹如过年一般兴高采烈，纷纷在微信群里发表感言。浓浓的校情、师情和同学情不断掀起一个又一个高潮，一浪接着一浪。连日来，微信群里始终是激动人心的欢腾景象！

随后，我们召开了以"喜迎二十大，奉献新时代"为题的东北大学关工委工作研讨会，专题介绍了东大"老五届"校友开展的《庆祝母校百年华诞，传承母校红色基因》的"五大工程"。与会者对"老五届"学长的爱党、爱国、爱校的深深情怀十分敬佩，对学长古稀之年的义举深受感动。会上，举行了赠书仪式，将"老五届"学长的经典之作《三集》赠送给全校12个学院的二级关工委。当12个学院的关工委领导获得赠书后，都感激赞叹不已。他们说，这真是难得的以学长为榜样、开展学生传承母校红色基因教育的宝贵材料。

接着，我们又将"老五届"校友的《三集》分别赠送给学校图书馆、资料室及有关部门和领导，作为宝贵的经典文献在校史中永久记载，更作为宝贵的材料供后辈学子查阅以传承母校的红色基因。

千名"老五届"校友向母校敬献永载校园文化的校训石

校训是大学文化的核心与灵魂。"自强不息、知行合一"的东大校训精神是每个东大人融入血脉、挥之不去的文化基因。

饮水思源，"老五届"学子深情感恩母校的培养，无论时光如何转换，母校是我们永恒的精神家园。为了表达"老五届"学子感恩母校的一片赤胆忠心和无尽的热爱，为了给母校百年华诞敬献一份最珍贵的厚礼，1969届校友徐明代表"老五届"，历尽千辛万苦，终于在安徽灵璧寻找到一块能充分表达"老五届"心愿的校训石。这块校训石长7.2米，高2.6米，厚0.6米，重26吨。校训石从安徽灵璧装车出发，途经安徽、江苏、山东、河北、天津、辽宁五省，历经38个小时，行程1436千米，长途跋涉，一路顺利，于2022年9月1日23:50安全抵达。当红色超大型货车装载着披着红色缎带的校训石，在徐明校友专车的引导陪伴下（徐明校友在此前先到达距沈阳100多千米的辽中高速路口迎候），缓缓向学校大门开来。早已迎候在校门口的十几位年逾古稀的"老五届"校友，看到日想夜盼的校训石时，个个都激动得热泪盈眶，向前用颤抖的双手抚摸着这块校训石：校训石的正面有五个层次，每一层都有五座连绵起伏的山峰，纹理灵动大气，视觉雄伟壮观，似白山高高、黑水滔滔，和东北大学白山黑水的学校标识相契合；校训石的背面平展宽阔，纹路清晰美观，是天地造化、鬼斧神工的大自然杰作。满含热泪的"老五届"校友深情地凝望着眼前的校训石，多么想爬上车去亲吻她一口啊！

整个校训石工程项目，经过构思、设计、实施、运行、安装、镌刻等全过程，即校训石经过选石、购石、运石、迎石、立石、撰写校训石铭、确定八字校训篆刻位置、选定八字校训字体颜色，直至最后基座鹅卵石铺就到位，这期间花费的精力，付出的心血，充分表达了东大"老五届"校友向母校百年华诞献礼的爱校情怀。这精美的校训石，重峦叠嶂，波涌浪逐，给人厚重、庄严和大气磅礴之感。校训石的正面镌刻的"自强不息、知行合一"八个深红大字，伟岸且庄重。校训石的背面，刻有东北大学知名书法家朱利教授书写的167字的《校训石铭》。东大校训石落成的整体构思、设计、实施与运行，体现了"老五届"校友的大智慧、大手笔、大情怀！

校训石的落成是东北大学办学发展历程中具有里程碑意义的大事，标志着东北大学"自强不息、知行合一"的教育理念和人文精神内涵有了坚实的载体。校训石的落成，承载着学校对莘莘学子的殷殷厚望，要把校训精神内化于心，践之于行，不断增强爱校兴校的责任感、使命感。在这校训石落成的激动人心的幸福

时刻，祝愿我的母校东北大学在第二个百年奋斗目标的新征程中，践行"自强不息、知行合一"的校训精神，继往开来，续写辉煌壮丽的新篇章！

喜庆的日子！难忘的一天！在母校百年校庆倒计时一周年之际的2022年9月16日，学校举行了隆重的"东北大学'老五届'校友捐赠校训石揭幕仪式"。学校党委熊晓梅书记、校长冯夏庭院士、"老五届"校友代表和学校的师生代表共同出席了揭幕仪式。揭幕仪式由东北大学副校长孙雷教授主持，"老五届"校友代表、东北大学关工委常务副主任窦盛功教授讲话，校党委书记熊晓梅致辞。熊书记在致辞中高度赞扬"老五届"校友的爱校情怀。她说："'老五届'的各位校友，秉承弘扬爱国主义光荣传统，在国家改革发展大潮中拼搏奉献、力争上游，为国家现代化建设和经济社会发展作出了突出贡献，以骄人的业绩实现了报效祖国的人生理想和服务社会的人生价值。'老五届'校友耄耋之年仍心系母校建设，积极为学校改革发展鼎力相助、大力支持。这种饮水思源的赤子情怀是学校的宝贵精神财富，为广大师生校友树立了榜样，为学校事业发展提振了精神、增加了力量。"

在校训石揭幕仪式上，校长冯夏庭院士向徐明颁发了捐赠校训石证书，徐明代表"老五届"校友向冯校长等校领导赠送了"老五届"校友庆祝母校百年华诞而出版的《三集》。

校训石揭幕仪式向全球的东大学子全程直播。据即时统计，直播间总观看约600万人次，总点赞量约110万，最高同时在线人数5.6万。从海内外，从祖国四面八方，雪片一样发来热情洋溢的贺信和贺帖，相聚"云端"，深情地唱响对母校的赞歌！

"老五届"校友怀着万分激动的心情和学校领导、师生代表共同为这块校训石揭幕。此时此刻，"老五届"校友伫立在校训石前，深情地祝福母校：扬帆起航、再展宏图，向着"中国特色、世界一流"大学的愿景目标阔步前进，再铸东大的辉煌！

校训石的落成，既为校园增添了一道重要的文化景观，成为学校师生和后辈学子的重要打卡地，更为传承东大文脉、弘扬东大精神、赓续母校红色基因，发挥出重要作用。也必将进一步激励全体东大人和后辈学子，在新时代、新征程展现新气象、实现新作为！

作者简介——

　　窦盛功，男，1945年9月生，山东莱芜人。1965年考入东北工学院（现东北大学）机械系，1970年毕业后留校任团委书记，荣获全国优秀团干部、新长征突击手荣誉称号，出席中国共产主义青年团第十一次全国代表大会。1983年开始从事教学工作，1997年晋升为教授，东北大学教学名师，创建了"人力资源管理与开发"精品课，先后出版了《人力资源管理与开发》《组织行为学教程》《智商（IQ）与情商（EQ）》等8部专著。被中共中央组织部和教育部选派到中国井冈山干部学院工作两年。曾任辽宁省行为科学学会常务副会长、秘书长，辽宁省管理科学研究会常务副会长、秘书长，东北大学老教授协会常务副会长、秘书长。

后记

在东北大学迎来建校百年之际，东北大学百年校庆丛书之一《我的大学》终于付梓出版了！这是一本汇集了100余名校友的百余篇优秀文章的特别的书，有学子写给母校建校百年的祝愿，有校友对在母校青春时光的纪念，有东大人在校园生活点滴中积累的深厚情谊，这些共同勾画出东大人的东大、东大的东大人，在建校百年之际，充分地寄托与表达了东北大学海内外校友、全体师生员工和社会各界友人的爱校、思校、念校、祝校之情。

汲取各方文录，铸就知行荣光。在这里，他们真实地描述了在校期间的校园生活，青春奋斗的足迹历历在目；在这里，他们不辜负期许的目光，描绘着师魂无悔的年华；在这里，他们目睹母校的一砖一瓦，字里行间厚植深深的爱校情怀。在东大校园里，有教学楼、图书馆、实验室里钻研的身影，有跑道上、体育馆中、球场里欢呼雀跃的动态，有食堂中、超市间、凉亭下开心生活的印记……翻开这本书，你会从字里行间感受到其间的所思所感，品味个中的幸福和美好。在与母校同行的日子里，甘甜的校园生活，诗意的青春岁月，一句教诲，一声问候，绽放出绚丽多彩的人生。

2021年末，百年校庆办公室和校友总会办公室联合发布了《"我的大学"东北大学百年校庆征文启事》，面向热爱东北大学、关心学校发展的海内外校友、全体师生员工和社会各界友人征稿。在征集到的百余篇文章中，经过两次评选工作（初审和终审），评选一、二、三等奖和优秀奖等作品。在"我的大学"主题征文活动获奖作品中优中选优，收录了部分作品集结为《我的大学》这本书。在此，我们对参与征文评审的初审评委马亮、吕洁卉、陈田、张旭华、陈均、杨明、李佳佳、张璐、尚育名、段亚巍，参与终审的评委丁义浩、刘延晖、闫研、李鹤、沙海影、张雷、姜玉原、张忠英等老师表示衷心的感谢和崇高的敬意！正是因为他们的大力支持、配合和帮助，才使得征文工作得以顺利完成，为本书组稿工作奠定了坚实基础。

2022年1月，学校组织成立了《我的大学》编委会，由百年校庆办公室和对外联络与合作处负责具体的编撰工作，制定了详细的邀约、写作和编撰计划，先后有二十余名师生参与，他们是：李鹤、刘延晖、陈田、刘佳、高广、王庚华、姜宇飞、王晓英、杨琳娟、张博雯、马亮、李佳佳、杨明、黄丽红、张旭华、吕洁卉、刘苗、邱梦雪、张竞文、尚育名、原红欣、石天、张祎、武玮、陶天琦等老师，以及王莹、孙琳等同学。近一年的编写过程，历经数遍的内容整理、文章润色，编委会成员以饱满的热情和全力以赴的态度投入图书的编撰工作。对于每位成员来讲，文稿整理、修改既充满困难又富有挑战，但是大家不辞辛苦，尽职尽责地完成了本项艰巨任务。

桃李不言，下自成蹊。本书的学术价值和作用主要体现在这是广大师生、海内外校友和社会各界人士献给东北大学百岁华诞的生日礼物，字里行间展现出同学情、师生情、母校情；记录了校内外师生和东大的精彩故事，是东北大学的珍贵记忆；通过诗歌和散文等体裁文章，将深厚情谊和校园轶事汇入本书中，使一幕幕难忘的东大学习生活跃然纸上，加深了在校师生和广大校友的爱校情怀，使东大传统、东大文化、东大精神得以生动传承。

在本书写作过程中，熊晓梅书记、冯夏庭校长和孙雷副校长等校领导在百忙之中给予热情的关心和支持，孙雷副校长作为主审并为本书作序，在此一并致谢。

由于时间、篇幅所限，本书难以全面囊括学校百年跨越式发展的光辉成就，难以全面代表40多万名东大学子的热切心声。敬请包容谅解，望不吝赐教。

让我们谨以此书献给东北大学百岁华诞，以及关心并支持学校发展建设、为学校教育事业奉献汗水和心血的人们！

本书编委会

2023年3月于沈阳